레닌 평전 1

당 건설을 향해

레닌 평전 1

당 건설을 향해

토니 클리프 지음 | 최일붕 옮김

책갈피

레닌 평전 1 : 당 건설을 향해

지은이 | 토니 클리프
옮긴이 | 최일봉
펴낸곳 | 도서출판 책갈피
주소 | 서울시 성동구 무학봉 15길 12 2층(133-020)
등록 | 1992년 2월 14일(제2014-000019호)
전화 | (02) 2265-6354
팩스 | (02) 2265-6395
이메일 | bookmarx@naver.com
홈페이지 | http://chaekgalpi.com/

첫 번째 찍은 날 2010년 6월 15일
네 번째 찍은 날 2023년 10월 13일

값 21,000원

ISBN 978-89-7966-060-9 03300
ISBN 978-89-7966-059-3(세트)
잘못된 책은 바꿔 드립니다.

차례

일러두기

1. 이 책의 내용 중 인용처는 모두 후주 처리했다.

2. 각주 중에서 국역된 책을 소개한 것은 옮긴이가 넣은 것이고, 나머지는 지은이가 독자의 이해를 돕기 위해 넣은 것이다.

3. ≪ ≫ 부호는 책과 잡지를 나타내고, 〈 〉 부호는 신문과 주간지를 나타낸다. 논문과 신문 기사 제목은 " "로 나타냈다.

4. 이 책에서 쓰인 날짜는 구력을 기초로 삼은 것이다. 구력은 신력보다 13일 늦다.

5. 본문에서 [ ]는 옮긴이가 우리말로 옮기면서 독자의 이해를 돕고 문맥을 매끄럽게 하기 위해 덧붙인 것이고, 지은이가 덧붙인 것은 [― 지은이라고 표기했다.

한국어판에 부치는 지은이 머리말

이 책은 혁명적 사회주의자로서 레닌의 생애와 사상을 다루는 세 권짜리 연구서의 첫째 권으로서 1975년에 처음 출판됐다. 이 책은 레닌이 마르크스주의 전통에 이바지한 가장 중요한 사항들, 즉 사회주의 조직의 이론과 실천에 기여한 바에 초점을 맞추고 있다. 게오르크 루카치는 노동계급이 자본주의를 전복하는 데 필요한 의식을 어떻게 발전시키는가 하는 문제를 다루면서 이렇게 말했다. "레닌은 이 문제를 그 이론적 근원까지 파고 들어가서, 결정적인 실천의 측면, 즉 조직의 측면에서 해결하려 한 최초의, 그리고 오랫동안 유일했던 지도자이자 이론가였다."[*] 이 책에서 나의 목표는 레닌을 두 종류의 왜곡 ― 소위 '현존 사회주의' 나라들(소련, 동유럽, 북한 등)에서 레닌 사후에 이루어졌던 왜곡, 그리고 서구 자본주의 나라들에서 흔히 있는 왜곡 ― 에서 구해 내는 것이었다. 그들은 레닌을 소련을 강대국으로 만든 창설자쯤으로 여겼고, 따라서 레닌을 스탈린이나 그 후계자들과 나란히 연속선상에 올려놓았다. 하지만 그 뒤로 왜곡의 성격은 바뀌었다. 동구권에서 레닌은 '현존 사회주의'의 우상이었으며, 무오류의 타고난 천재로 둔갑했다. 이와는 정반대

---

[*] 국역 : ≪레닌≫(루카치 외, 녹두).

로, 서구에서는 폭정의 원조격인 악당이자 스탈린주의가 저지른 온갖 죄악의 장본인이 됐다.

동유럽에서 혁명이 일어나고 소련이 붕괴하고 난 지금은 레닌에 대한 후자의 시각이 판을 치고 있다. 우익 역사가 리처드 파이프스 같은 냉전의 역전 용사들은 러시아 혁명에 관한 자신들의 책에서 레닌을 사악한 광신자로 묘사한다. 나는 ≪레닌 평전≫ 2권에서 1917년 10월 러시아 혁명이 역사상 가장 철저하게 민주적인 사건이었다고, 그리고 피억압·피착취 대중의 자발적 반란으로 추동되고 노동자·병사 소비에트로 조직된 러시아 노동계급의 권력 장악에서 절정에 이른 혁명 과정의 산물이었다고 설명했다. 그러나 그들이 그렇게 할 수 있었던 것은 볼셰비키당의 지도가 있었기 때문이고, 볼셰비키당은 오로지 꽉 짜인 한 무리의 중간계급 음모가 집단이 아니라 대단히 민주적인 노동자 대중정당이었다. 레온 트로츠키가 그의 역작인 ≪러시아 혁명사≫*에서 쓴 바대로, "지도하는 조직이 없다면, 대중의 행동력은 피스톤 상자에 담기지 않은 증기처럼 흩어져 버릴 것이다. 하지만 그래도 역시 사물을 움직이는 것은 피스톤이나 상자가 아니라 증기다."

안타깝게도 1917년 10월의 활력은 지속되지 못했다. ≪레닌 평전≫ 3권에서는, 볼셰비키가 혁명을 선진 자본주의 나라들로 확산시키려고 노력했음에도, 어떻게 러시아 소비에트 공화국이 결국 적대적인 자본주의 세계 속에서 고립됐는지 설명했다. 경제 봉쇄의 압력과 반혁명의 공격 때문에 경제는 붕괴했고, 그와 함께, 혁명을 일으켰던 노동계급도 거의 해체됐다. 볼셰비키는 자신들이 더는 존재하지 않는 노동계급을 대신해 행동하고 있음을 깨달았다. 1917년 10월을 강탈하고 배반한 스탈린주의 관료가 성장할 수 있었던 것은 바로 이런 현실의 역사 과정을 통해서였다.

---

* 국역 : ≪러시아 혁명사≫(레온 트로츠키, 아고라).

그러나 ≪소련 국가자본주의≫*에서 논증한 대로, 스탈린주의의 등장은 틀림없는 반反혁명이었으며, 10월 혁명의 성과를 남김없이 부수뜨렸다. 반혁명은 1936~1938년의 공포정치에서 옛 볼셰비키당의 생존자들을 대량 학살함으로써만 계속될 수 있었다. 그 결과 남은 것은 진정한 사회주의와는 아무 상관도 없는 사회, 즉 노동계급 착취에 굳건한 바탕을 둔 관료적 국가자본주의 사회였다. 레닌은 이 과정이 완결되기 전에 눈을 감았지만, 그가 마지막에 의식적으로 한 정치 행동은 스탈린에게 반대하는 것이었다. 그러므로 스탈린주의와 레닌의 정치는 근본에서 다르다. 레닌은 마르크스가 쓴 대로 노동계급의 자기해방으로서 사회주의를 바라보는 고전 마르크스주의 전통에 서 있었다.

1917년 10월은 이 자기해방을 위해 대중적 혁명정당이 필요하다는 것을 보여 주었다. 그러나 이런 당은 하늘에서 뚝 떨어지는 게 아니다. 그것은 건설돼야 한다. ≪레닌 평전≫ 1권은 볼셰비키당이 어떻게 건설됐는지 설명해 준다. 그것은 길고 험난하며 굴곡이 심한 과정이었다. 처음에는 1880년대와 1890년대 초 조그마한 마르크스주의 학습 서클에서 시작됐다. 그리고 여러 가지 우여곡절을 겪으면서 성장해 나아갔다. 1890년대 중반 이후에는 노동자 운동에 개입했고, 1900년대 초에는 규율 있고 집중된 조직을 건설하려고 노력했고, 1905년 혁명이라는 거대한 '예행연습'(트로츠키가 부르듯)과 뒤따른 패배의 기간을 경험했고, 노동자 투쟁이 부활하는 시기를 거친 뒤 1914년에 이르러서 볼셰비키는 대중정당이 됐다.

이런 경험을 통해 우리는 일정한 기본적 교훈들을 두루 얻고 있다. 첫째 교훈은 사회주의 조직을 건설하는 것이 언제든 가능하다는 점이다. 패배와 탄압으로 아무리 억압적인 상황이라 하더라도, 마르크스주의 전통의 기본 사

---

* 　국역 : ≪소련은 과연 사회주의였는가≫(토니 클리프, 책갈피).

상을 중심으로 조직된 활동가들의 중핵이 창출될 수 있다. 둘째로는 당 건설의 방법이 처음부터 끝까지 고정불변의 것은 아니라는 점이다. 계급투쟁의 상황이 바뀌고 조직 자체가 성장함에 따라, 조직이 사용하는 전술도 바뀌어야 한다. 그래서 레닌은 ≪무엇을 할 것인가?≫에서나 1903년 멘셰비키와의 분열기에는 엄격한 직업혁명가 조직을 옹호했던 반면, 1905년에는 볼셰비키가 "당 문호를 개방"하고 투쟁을 통해 새로 급진화한 젊은 노동자들을 대거 입당시켜야 한다고 주장함으로써 혁명을 맞이했던 것이다. 레닌은 "막대 구부리기" — 새로운 상황에 적응하고, 가장 혁명적인 당에서도 생겨날 수 있는 관성을 극복하기 위해 재빠르고 정확하게 전술을 전환하는 것 — 실천을 완성했다. 셋째로 전술의 이런 유연함이 단순한 기회주의와 다른 점은, 바로 그것이 레닌의 경우처럼 사회 변화에 관한 명확한 마르크스주의적 개념에 뿌리박고 있다는 것이다. 사회주의를 이룩하기 위한 일반적인 전략과, 그 전략의 한 부분으로서 특정 시기에 수행하는 다양한 전술은 반드시 서로 구별해야 한다. 각각의 시기마다 의식적으로 이루어진 레닌의 "막대 구부리기"가 옳았음을 입증해 준 것은 바로 1917년 10월 25일, 러시아 노동자들이 권력을 장악한 그 날이었다.

스탈린 체제가 [1989~1991년에] 붕괴했다고 해서 고전 마르크스주의가 무용지물이 된 것은 전혀 아니다. 마르크스와 엥겔스, 레닌, 트로츠키로 이어지는 혁명적 사회주의 전통은 변함없이 경제 위기와 대중의 빈곤, 전쟁, 대립이 지배하는 세계와 관련이 있다. 따라서 당 건설의 이론과 실천 — 레닌이 그토록 근본적으로 기여한 — 은 여전히 탐구할 가치가 있다. 한국의 독자들이 이 책의 유익함을 확인하리라 기대하며 이 책을 권한다.

1996년 새해 아침에 런던에서
토니 클리프

01 | 나로드(민중)주의에서 마르크스주의로

무릇 종교에서는, 성인聖人은 물론 그의 조상까지도 특별한 숭배의 대상이 된다. 이와 꼭 마찬가지로, 스탈린주의적 신화 날조자들은 레닌이 혁명적 신념을 어린 시절부터 갖고 있었을 뿐 아니라 그의 부모한테서 물려받기도 했다고 우겼다. 1960년 소련 마르크스·레닌주의 연구소의 후원으로 모스크바에서 출판된 602쪽짜리 공식 레닌 전기*를 보면, 레닌의 아버지는 진보적이고 급진적인 교육자로 그려져 있으며 심비르스크에 있던 그의 집은 일종의 혁명가 클럽처럼 묘사돼 있다. "알렉산드르(레닌의 형)가 그 클럽을 이끌었고", 레닌도 "자주 토론에 참가해 커다란 성공을 거두었다"는 것이다.

이 모든 것은 완전히 엉터리다. 레닌의 아버지 일랴 니콜라예비치 울랴노프는 진보적인 교육자가 결코 아니었다. 1869년에 그는 볼가강 연안의 소도시 심비르스크를 관장하는 장학사 직책에 임명됐다. 1874년에는 여기서 다시 심비르스크 주州 전체를 감독하는 교육감으로 승진했다. 당시 그는 주정州政

---

* 국역 : 《레닌》(이재화 편역, 백산서당).

자문위원을 겸임하고 있었고, 스타니슬라브 1급 훈장을 받았으며, 사람들한테서 각하라는 칭호로 불렸다. 이렇게 해서 그는 14등급 가운데 제4등급에 해당하는, 세습 신분의 고위 귀족 대열에 올라섰다.

레닌 아버지의 출세에서 이 두 시점 — 1869년과 1874년 — 이 중요한 해였다. 레닌은 1901년에 쓴 "젬스트보의 박해자들과 자유주의의 한니발 장군들"[1]이라는 글에서 지방정부(젬스트보)에 대한 차르의 투쟁 역사를 추적했는데, 거기서 그는 이 두 시점이 차르 관료 기구가 이 지방 자치기관의 힘을 억누르고 공교육의 통제권을 장악한 바로 그 시점이라고 지적한다. 일랴 니콜라예비치가 교육부에서 차지한 지위, 그리고 그가 관료제 사다리에서 꾸준히 출세한 것은 혁명가의 이미지에는 말할 것도 없고 급진주의자의 이미지에도 전혀 어울리지 않는다.

한때 레닌은 1881년 알렉산드르 2세가 암살당했을 때 자신의 아버지가 슬픔에 젖어서 관복을 꿰어 입고 심비르스크 성당에 나가 전제자의 죽음을 얼마나 애도했는지를 회상한 적이 있다. 레닌의 아버지는 죽을 때까지 독실한 그리스 정교회 신자였으며 확고부동한 차르 체제 지지자였다. 혁명가의 아버지도 혁명가이기를 기대할 이유는 어디에도 없다.

성인 숭배자들은 여기서 더 나아가 레닌에게 초인적 속성이 있었던 것처럼 묘사한다. 그들은 레닌이 완벽한 인간으로 태어났고, 실제로 어렸을 적부터 마르크스주의자이자 혁명가였다고 말한다. 제우스의 머리에서 큐피드가 튀어나온 것처럼, 혁명 과정에서 운명적으로 노동계급을 지도하고 대표하도록 예정된, 날개 달린 당이 그의 대머리 속에서 튀어나왔다는 것이다! 그러나 사실은 이와 아주 다르다. 청년 레닌이 마르크스주의자가 되기까지는 수개월, 실제로는 수년 동안의 탐구와 고민이 필요했다. 레닌은 먼저 그의 아버지가 가졌던 보수적 사상과 결별해야 했고, 그 다음에는 그의 형이 가졌던 나로드(민중)주의 사상과 결별해야 했다.

1887년 5월 8일 레닌의 형 알렉산드르 일리치 울랴노프는 차르 암살을 모의했다는 죄목으로 교수형을 당했다. 당시 나이 겨우 17살이던 어린 블라디미르에게 이 사건은 커다란 충격이었다.

그는 자기 형이 정치에 관심이 있으리라고는 생각도 하지 못했다. 알렉산드르는 과묵하고 내성적이었으며, "항상 생각에 잠겨서 슬픈 표정이었다." 그는 자신의 정치적 소신을 가족 전부에게 숨기고 있었다. 심지어 알렉산드르보다 두 살 많은 안나조차 그가 암살 음모에 관여하는 동안 페테르부르크에 함께 있었는데도 그의 정치에 대해서는 아무것도 몰랐다. 그 사건이 있은 지 몇 년 후인 1893년, 사회민주주의자 랄라얀츠가 레닌에게 그 사건에 대해 물어보았을 때 레닌은 이렇게 대답했다고 한다. "3월 1일 사건에 내 형이 참여했던 것은 가족 전부는 물론이고 나에게도 무척 놀라운 일이었습니다."[2]

울랴노프 가족은 친밀했고 아주 화목했다. 알렉산드르가 자신의 정치 활동을 숨긴 이유는 가족에게 피해를 주지 않기 위해서였다. 그는 자기 어머니와 꼭 마찬가지로 무척 착한 사람이었다. 그의 누이 안나는 이렇게 썼다. "그는 매우 단호하고 침착했지만, 보기 드물게 다정하고 공손하고 감수성이 예민한 성격까지 함께 갖추고 있었다. 하지만 그런 면보다는 오히려 엄격하고 성실하고 용감한 성격이 더 돋보이는 그런 사람이었다."

알렉산드르보다 네 살 적었던 블라디미르는 언제나 형을 본받으려 했다. 시리얼을 버터와 먹을 것인지 우유와 먹을 것인지 물으면, 그는 "사샤가 먹는 대로 먹지요" 하고 대답했다고 한다. 그는 모든 것을 "사샤가 하는 대로" 하고 싶어했다. 단, 정치를 따르는 것만 빼고 말이다. 1886년 알렉산드르 울랴노프가 여름방학을 가족과 함께 보내려고 페테르부르크에서 돌아왔을 때 경제학에 관한 책을 몇 권 가져왔다. 그중에는 마르크스의 ≪자본론≫도 있었다. 안나의 회상에 따르면, 당시 블라디미르는 형과 한방을 썼는데도 형이 가져온 책들을 읽기는커녕 쳐다보지도 않았다고 한다. 안나는 그 당시만 해

도 레닌이 정치에 관심이 전혀 없었다고 기록했다.[3]

알렉산드르의 처형處刑은 레닌에게 깊고 영구적인 영향을 미쳤고, 아마도 그에게 두 가지 대안을 던져 주었을 것이다. 즉, 순교한 형의 뒤를 따라 나로드니크(민중주의자) 테러리스트가 될 것인가, 아니면 겁을 먹고 아예 혁명 활동의 길에서 물러설 것인가.

스탈린주의적 신화 날조자들의 눈으로 보면 모든 것이 단순하다. 그들에게 딜레마란 애당초 존재하지도 않는다. 그들은 레닌이 형의 처형 소식을 듣고 이렇게 외쳤다고 우긴다. "아니야, 우리가 그 길을 따를 수는 없어. 그 길은 우리가 갈 길이 아니야."[4]

이것이 단지 그 몇 달 전에야 종교와 결별했고, 그때까지 마르크스의 이름조차 들어보지 못했으며, 단 한 권의 불법 서적조차 읽지 못했기에 러시아 혁명운동사에 관해서는 아무것도 모르는, 열일곱 살 먹은 어린 소년의 반응이라는 것이다!

레닌의 전기를 쓴 트로츠키는, 도대체 블라디미르가 누구에게 이토록 현명한 말을 했겠느냐고 냉소적으로 묻는다. 그의 아버지에게 했던 것은 분명 아니다. 왜냐하면 그는 그 1년 전에 죽었기 때문이다. 알렉산드르에게 했던 것도 아니다. 왜냐하면 그는 이제 막 형장의 이슬로 사라졌기 때문이다. 누이 안나에게 했던 것도 아니다. 왜냐하면 그는 감옥에 있었기 때문이다. 그의 어머니에게 했던 것도 아니다. 왜냐하면 그는 페테르부르크에 가서 아들을 살려 달라고 이 장관 저 장관 찾아다니며 애원하고 있었기 때문이다. 그래서 트로츠키는 [비꼬는 투로] 이렇게 썼다. "블라디미르는 책략가다운 그의 영감을 열세 살 난 디미트리와 아홉 살 먹은 마리아에게 털어놓았음이 분명하다!"

만약 레닌이 1887년 3월에 형의 뒤를 따르거나, 그것과는 다른 혁명 투쟁의 길을 가기로 했거나, 아니면 아예 혁명 활동 자체를 회피하기로 결심했다면, 그 다음 6년 동안 그가 한 행동은 도무지 이해할 수 없는 것이 된다. 레닌은 어떠한 정치 활동에도 관여하지 않았다. 대신에 그는 탐구를 했다.

1887년 6월 말, 울랴노프 가족은 카잔으로 이사했다. 레닌은 그곳 대학에서 법학 공부를 시작했다. 그러나 학업은 금방 중단됐다. 그는 12월 4일 학생 시위에 참가했는데, 거기서 중요한 구실을 하지 않았는데도 경찰서에서 하룻밤을 보낸 후 학교와 카잔 시에서 쫓겨났다. 단지 그가 알렉산드르의 동생이라는 이유 때문이었다. 블라디미르와 나머지 가족들은 코쿠시키노로 이사했다. 코쿠시키노는 카잔에서 30마일쯤 떨어진 곳이었는데, 그곳에 그의 어머니가 소유한 땅이 있었다.

1888년 가을 안나를 제외한 울랴노프 가족 전체는 다시 카잔에서 거주할 수 있게 됐다. 안나는 1887년 3월 알렉산드르의 방을 찾아갔다가 체포돼 수감 중이었다. 블라디미르는 여기서 한 사회주의 서클에 들어갔다. 이 서클에 관해서는 지금도 전해지고 있는 것이 거의 없다.

그 서클은 소수의 학생으로 이뤄져 있었고, 거기서 그들은 좋은 책을 돌려 읽고 토론을 벌였다고 한다. 카잔에서 가장 중요한 서클은 페도세예프가 지도하는 서클이었다. 페도세예프는 당시에 이미 마르크스주의자였다. 그 당시 볼가 지역에 살면서 급진적 서클에서 활동하던 막심 고리키에 따르면, 페도세예프는 1887년에 벌써 플레하노프의 첫 번째 주요 마르크스주의 저작인 《우리의 차이》를 지지했다고 한다. 페도세예프 그룹은 소규모 불법 서고와 지하 인쇄소까지 갖추고 있었다. 블라디미르는 카잔에 있는 동안 그들 가운데 비중이 작은 몇몇 회원들과 관계를 맺었다.

1889년 7월 카잔에 검거 선풍이 불어 닥쳤다. 페도세예프와 그의 서클 회원들뿐 아니라, 레닌이 속한 서클 회원들도 체포됐다. 하지만 울랴노프 가족은 5월 3일 카잔에서 사마라 근처 알라카예프카 마을로 이사했으므로 다행히 레닌은 체포를 면할 수 있었다. 그해 10월 11일 그들은 다시 사마라로 이사했다. 레닌은 여기서 1893년 8월 말까지 머무르다가 페테르부르크로 갔다.

레닌이 사마라 같은 오지에서 기꺼이 4년을 보냈다는 사실은, 그가 그때까지도 정치 활동에 투신할 마음의 준비가 돼 있지 않았다는 사실을 충분히 입증하는 증거다. 그는 여전히 탐구에 열중하면서 어떤 길로 가야 할지 결정하려 했던 것이다. 사마라에는 산업이라 할 만한 것이 거의 없었기에 사실상 어떠한 산업 노동계급도 없었다. 카잔과 달리 대학도 없었고, 따라서 학생도 없었다.

그래서 그 도시에는 노동자 투쟁도 학생 시위도 없었다. 레닌에게는 알렉산드르의 뒤를 따를 것인지, 알렉산드르의 뒤를 따르지 않는다면 어떤 길을 갈 것인지 결정하기 위해 이 시기가 필요했다. 청년 레닌이 나로드(민중)주의에 매력을 느꼈던 것은 분명하다. 스탈린주의적 신화 날조자들이 뭐라고 말하건 간에 말이다. 1887년 카잔에서 레닌과 함께 체포된 동료 학생 한 명은 경찰서 유치장에서 무슨 일이 있었는지 기록한 바 있다. 그때 체포된 학생들은 대부분 쾌활하게 농담을 주고받고 있었다고 한다. 어느 순간 누군가가, 혼자 떨어져 앉아 생각에 잠겨 있는 레닌에게 석방되면 무엇을 하겠느냐고 물었다고 한다. 울랴노프는 이렇게 대답했다. "내가 생각할 게 뭐가 있겠어? …… 내 앞길은 이미 형이 닦아 놓았는데."[5]

사마라에서 레닌은 경험 많은 테러리스트 지하 운동가들을 찾아다녔고, 비밀 활동 기술에 관해 꼼꼼히 물었다. 레닌은, 나중에 볼셰비키당을 조직할 때 활용하게 된 지식들을 이런 식으로 얻었다. 스탈린주의적 신화가 날조되기 전에는, 청년 레닌이 나로드니키의 영향을 받았다는 사실을 입증할 증거들이 아주 많이 발견됐다. 그것을 입증한 사람 가운데 나중에 마르크스·엥겔스·레닌 연구소 소장이 된 아도라츠키가 있다. 그에 따르면, 1905년에 레닌은 자신이 나로드니키 사상의 영향을 많이 받았다고 말했다.

레닌은 1888년까지만 해도 자신이 나로드니키 테러 운동을 대단히 높이 평가했고, 그래서 나로드주의 사상에서 벗어나는 데 상당한 시간이 걸렸다고 인정했다. 아도라츠키는 "사마라에서 보낸 마지막 시기인 1892~1893년쯤에는 비록 나로드나야 볼랴와 인연을 맺은 흔적(예컨대 테러리즘에 대한 각별한 태도)이 남아 있긴 했지만, 레닌은 이미 마르크스주의자가 돼 있었다"고 쓴 바 있다.[6]

몇 년 뒤 레닌은 ≪무엇을 할 것인가?≫(1902년)에서 다음과 같이 썼다.

그들[러시아 사회민주주의자들] 가운데 많은 사람들이 나로드나야 볼랴의 추종자로서 혁명 사상에 입문했다. 젊은 시절에는 거의 그들 모두 테러리스트 영웅들을 열렬히 숭배했다. 그러한 영웅적 전통이 주는 감동에 더는 사로잡히지 않기 위해서는 투쟁이 필요했다. 투쟁과 동시에 여전히 나로드나야 볼랴에 충성하려 했던 사람들, 젊은 사회민주주의자들이 깊이 존경하던 사람들과 인간관계도 끊어야 했다.[7]

크룹스카야는 회고록*에서 이 말을 인용하면서 이 구절이 레닌 자신의 이야기이기도 하다고 덧붙였다.

사마라에서 레닌을 잘 알고 지냈던 랄라얀츠는, 1893년 3월에 레닌이 "나로드나야 볼랴의 테러에 어느 정도 공감"했고 이런 경향 때문에 그들 사이에 의견 충돌이 생겼다고 말한 바 있다. 1893년 가을 레닌이 페테르부르크의 사회민주주의 서클에 들어가려 했을 때 테러리즘 문제를 철저하게 심사받았는데 테러리즘 쪽에 매우 우호적인 것으로 확인됐다.[8]

블라디미르에게는 오랜 기간에 걸친 철저한 탐구가 필요했다. 왜냐하면 나로드주의 뿌리가 깊기 때문이기도 했고, 뒤에 가서 다시 보겠지만, 당시의 급진적 젊은이들이 나로드주의와 마르크스주의의 차이를 명확하게 알지 못

----

* 국역 : ≪레닌을 회상하며≫(나제주다 꼰스딴찌노브나 끄룹스까야, 박종철출판사).

하고 있었기 때문이기도 했다. 또 다른 이유를 들자면, 마르크스주의 사상이 러시아의 활발한 산업 노동계급 운동의 피와 살이 되지 못하고 있던 탓이기도 했다.

블라디미르의 주요한 탐구 대상은 마르크스의 ≪자본론≫ 1권과 2권이었다(3권은 아직 출판되지 않은 상태였다). 그는 ≪자본론≫을 평생 동안 대단히 깊이 연구했다. 그에게 ≪자본론≫은 생각을 정리하기 위한 지침이었다. 그는 ≪자본론≫에서 새로운 사상의 원천을 끊임없이 발견했다. 나중에 스스로 말했듯이 레닌은 마르크스와 "의논하는" 법을 배웠다. 이 시기에 그는 1860~1870년대 러시아의 급진주의 저널들도 탐구했다. 이렇게 해서 레닌은 나로드주의에 대한 방대한 지식을 얻을 수 있었다. 뒷날 그는 1893~1899년 나로드니키와 논쟁을 벌이고 처음으로 글을 쓰게 됐을 때 이 지식을 아주 잘 활용했다. 나중에 그는 자기 생애에서 1888~1893년만큼 많은 책을 읽은 적도 없다고 회상한 바 있다.[9]

또한 그는 러시아 국민경제와 관련된 통계자료들을 진지하게 연구했다. 그런 다음 러시아의 사회·경제 상황을 조망하기 위해 최초의 독자적인 논문들을 썼다. 우연하게도 1893년 한 해 분만 보존돼 있는 사마라 도서관의 기록을 보면, 블라디미르는 정부 통계자료든 나로드니키의 경제학 연구서든 간에 관련 출판물들을 하나도 빼놓지 않고 찾아보았던 듯하다.[10]

레닌은 나로드주의나 마르크스주의와 관련해 자신의 태도를 결정하기 위해 수년 동안 탐구가 필요했다. 형이 당한 비극은 그에게 너무나 크나큰 충격이었으므로 그는 성급하게 결정을 내릴 수 없었다. 레닌은 1889년에 마르크스의 ≪자본론≫을 탐구하는 데서 출발했다. 그렇다고 해서 그가 나로드주의에서 등을 돌리기로 마음먹었다는 말은 아니다. 나로드니키도 마르크스를 연구했기 때문이다. 레닌은 1891년에 가서야 비로소 플레하노프의 저작들을 읽게 됐고 그런 다음에야 비로소 나로드주의와 결별하기로 마음먹게 됐던 듯하다.

트로츠키가 아주 잘 지적했듯이, "플레하노프의 저작이 없었다면 아무도 사회민주주의 입장에 도달하지 못했을 것이다."[11] 1919년 어느 앙케이트 설문지에 레닌은 1893년에 사회민주주의자(이 말은 당시 마르크스주의자와 동의어였다)가 됐다고 분명히 썼다.[12] 1920년, 언제부터 혁명운동에 참여하기 시작했는지를 묻는 또 다른 앙케이트 설문지 항목에 그는 "1892~1893년"이라고 썼다.[13]

청년 블라디미르가 형의 운명에 관한 소식을 듣자마자 올바른 길을 선택한 것으로 묘사하는 스탈린주의적 신화는 심리학적으로도 터무니없을 뿐 아니라, 레닌의 지적·감정적 솔직함에 대한 모욕이기도 하다. 스탈린주의적 신화는 레닌을 완고하고, 메마르고, 생명 없고, 요지부동인 인간 별종으로 그려 놓고 있다.

형이 겪은 비극을 피하기 위해서라도 레닌은 나로드주의를 오랫동안 탐구해야 했다. 사실 그의 형은 거사 전날 밤까지도 자신이 옳은 길을 선택했는지 의심하고 있었다.

차르 암살을 모의했던 해[1886년 — 지은이] 마지막 주에도, 그[사샤 — 지은이]는 여전히 암살 계획에 반대했다. 그때 그는 특정한 정치 행동의 바탕이 돼야 하는 원칙을 명백히 하기 전에 그 정치 행동에 참가하는 것은 어리석은 일이며 자멸적인 일이기까지 하다고 말했다. 그는 더 많은 이론적 탐구가 필요하고 목적과 수단을 좀 더 정확하게 규정해야 한다고 생각했다. …… 그러나 그들은 그의 망설임을 이렇게 비난했다. "우리 동지들이, 우리 친구들이 희생당하고, 우리 국민 전체가 억압당하고 우롱당하고 있는데, 우리가 팔짱을 끼고 가만히 보고만 있을 것인가? 이러한 시기에 이론적 원칙에 몰두하는 것은 결국 항복하는 것이나 다름없다. 이론 탐구는 속물들도 할 수 있다. 그러나 혁명가는 투쟁해야 한다." 물론 이것은 미숙함의 목소리요, 조급함의 목소리요, 젊음의 목소리였다. 하지만 혁명적 명예를 소중히 여겼던 알렉산드르는 그 말에 민감했고, 따라서 그가 옳았는데도 굴복하고야 말았다. 그는 팔짱을 끼고 가만히 보고만 있으려 하지 않았다.[14]

모든 시대의 사상은 앞선 시대의 사상들과 밀접한 관계가 있다. 1887년 레닌의 정신 상태를 이해하려면 그의 형이 지녔던 사상을 반드시 고려해야 한다. 레닌의 지적 발전은 나로드니키의 유산에서 시작됐고 나로드니키의 유산과 관련 있었던 것으로 봐야 한다. 나로드주의에 대한 태도를 결정하기 위해 레닌은 다른 진지한 과학적 사회주의자들과 마찬가지로, 타인의 견해에 의존할 수 없었고 스스로 나로드주의라는 주제를 탐구해야 했다.

사실 그는 트로츠키 같은 다음 세대의 러시아 마르크스주의자들보다 훨씬 더 오랫동안 탐구해야 했다. 우선, 트로츠키가 나로드니키 테러리즘 때문에 레닌의 형이 교수형당한 것과 같은 정신적 충격을 겪지 않았음은 물론이다. 둘째, 트로츠키는 레닌보다 아홉 살이나 젊었으므로 레닌보다 훨씬 늦은 1896년에야 혁명 정치와 관련을 맺게 됐다. 그때는 이미 마르크스주의자들이 노동자 파업에, 심지어는 총파업에까지 실질적으로 관여하고 있었다. 그러나 1887년에는 사정이 달랐다. 당시 마르크스주의 운동은 다 합쳐 봐야 망명자들 4~5명으로 이루어져 있었고, 여기저기에 흩어져 있던 소수의 학생들만이 그들을 지지하고 있었다. 그러나 트로츠키조차 나로드니키 사상과 투쟁해야만 했다. 트로츠키가 니콜라예프에서 가입한 단체는 나로드니크를 자처하는 사람들로 이루어져 있었다. 그들은 마르크스주의를 모호하게 인식하고 있었다. 그 단체에서 단 한 사람, 알렉산드라 소콜롭스카야라는 젊은 여성만이 — 아버지가 나로드니크였는데도 — 자신을 마르크스주의자라고 선언했다. 트로츠키는 처음에 나로드니키 편이었으나 알렉산드라 소콜롭스카야 덕분에, 몇 달 동안 논쟁을 거친 뒤 마르크스주의자가 됐다.(나중에 트로츠키는 소콜롭스카야와 결혼해 딸 둘을 낳았다. 이들 모녀의 운명은 트로츠키의 운명과 비극적으로 연결돼 있었다.)

블라디미르 일리치 울랴노프처럼 진지하고 활동적인 사람이 왜 5~6년 동안 어떠한 정치 활동에도 투신하지 않았는지를 이해하기란 어려운 일이다. 레닌이 기다렸던 이유를 설명하려면, 먼저 나로드주의의 본질, 나로드주의 사상과 마르크스주의 사상 사이의 상호관계를 파악해야 한다. 그리고 나로드니키 영웅주의가 당시 급진적 청년들의 마음속에 불러일으켰던 깊은 열정에 대해서도 알아야 한다. 또한, 당시 러시아 마르크스주의의 아버지라는 소리를 듣던 플레하노프가 나로드주의를 비판하며 발전시킨 이데올로기적 대안도 이해해야 한다. 그리고 마지막으로 개인의 결단은 순수한 이성뿐 아니라 이념과 행동의 상호관계에서 영향을 받는다 — 레닌의 경우도 마찬가지다 — 는 점에서, 당시 노동계급 운동의 실상을 파악할 필요가 있다. 즉, 얼마나 많은 파업이 일어났고, 마르크스주의자들과 나로드니키가 파업에 얼마나 영향력을 행사했는지를 알아야 한다.

이 모든 것을 적절하게 다루려면 상당한 지면이 필요할 것이다. 그러나 이 시기에 벌어진 사상적·정치적 투쟁들을 이해하지 못하면 레닌의 발전도 설명할 수 없다. 레닌의 정치·사상의 뿌리는 그보다 앞선 두 세대에 걸친 나로드니키의 혁명 전통과 깊이 맞닿아 있다. 그리고 레닌에게 그 전통은 알렉산드르의 순교에서 절정을 이루었다. 따라서 나로드주의가 러시아 마르크스주의로 발전하는 과정을 찬찬히 살펴봐야 한다. 레닌의 개인적 발전은 러시아의 혁명적 지식인들, 그리고 엷은 혁명적 노동자층의 발전과 밀접히 연관돼 있다. 그의 정치적 전기는 운동의 역사와 결합돼 있다.

나로드니키

나로드주의 운동은 19세기 중반에 시작된 급진 운동이었다. 이 운동은 크림

전쟁과 농노해방(1861년) 시기에 생겨나서 1860년대와 1870년대에 널리 퍼져 명성을 얻었고, 1881년 차르 알렉산드르 2세의 암살에서 절정에 이르렀다가 그 뒤 급속히 쇠퇴했다. 그러나 나로드주의 운동은 그 후에도 그 잿더미 속에서 여러 번 되살아났다.

나로드주의의 토대는 1850년대와 1860년대에 헤르첸이 놓았다. 그는 무엇보다도 러시아에서는 농민이 사회주의의 토대가 될 것이라고 믿었다. 1851년 헤르첸은 프랑스 역사가 미슐레에게 이렇게 썼다. "프랑스의 미래가 노동자의 것이라면, 러시아의 미래는 농민의 것입니다."

헤르첸은 공동 소유의 공장이 아니라, 러시아에 남아 있는 집단 소유 공동체 ─ 오브시나obshchina ─ 가 사회주의의 토대가 될 것이라고 생각했다. 그래서 그는 러시아에서는 자본주의 발전을 피할 수 있다고 주장했다. 헤르첸은, 1773~1775년 농민전쟁의 지도자 에멜리안 푸가초프를 예로 들면서, "저는 러시아에서 농민전쟁 외에는 어떠한 혁명도 있을 수 없다고 생각합니다" 하고 마치니에게 편지를 쓴 적이 있다. 헤르첸은 이 농민혁명이 "페테르부르크의 얼음장 같은 제정"을 깨부술 것이라고 주장했다. 즉, 농민혁명이 국가를 파괴할 것이고, 그러면 러시아 고유의 정기적인 토지 재분배가 유지될 것이고 프롤레타리아와 기아는 출현하지 않을 것이다. 헤르첸은 또, 혁명이 농촌 내부의 자치를 발전시킬 것이라고 주장했다. 그는 이렇게 반문했다. "왜 지금 러시아 농촌공동체가 파괴돼야 하는가? 그동안 러시아의 정치가 발전하는 내내 농촌공동체는 계속 보존돼 왔는데 말이다. 또 유럽식 제정 아래서도, 모스크바 차르 체제의 무거운 멍에 아래서도 손상되지 않고 남아 있는데 말이다."

그런데 러시아에서 과연 그러한 혁명이 일어날 수 있을까? 그는 두 가지 이유로 이 질문에 긍정적인 답을 할 수 있었다. 첫째는 러시아 농민들의 힘이었다. 러시아 농민들은 오랜 압제 속에서도 인간성을 잃지 않았고, 동시에 자신들이 당국과 멀리 떨어져 독립해 있다고 느끼고 있었다. 둘째는 무엇보다도 근대 러시아의 정신적·지적 삶이었다.[15] 그래서 헤르첸은 민중에게 헌신할 혁명가들만 있으면 된다고 생각했다. 1861년 학생들에게 보낸 호소문에서 그는 이렇게 썼다. "민중에게로! …… 그곳이 바로 여러분이 있을 장소다. …… 여러분이 러시아 민중의 서기가 아니라 민중의 병사라는 것을 입증해 보여라."

체르니셰프스키는 헤르첸보다 더 극단적인 결론에 도달했다. 나로드주의 역사가인 프랑코 벤추리는 헤르첸과 체르니셰프스키의 관계를 다음과 같이 설명했다. "헤르첸은 민중주의를 창조했다. 그러나 체르니셰프스키는 민중주의 정치가였다. 그는 민중주의에 가장 확고한 내용을 부여했다. 그뿐 아니라 그는 1853년부터 1862년까지 탁월한 선전 활동을 펼쳐서 민중주의 사상뿐 아니라 민중주의의 주요 행동 노선에도 영감을 주었다."[16]

체르니셰프스키는 1848년 7월에 쓴 일기에서 "사회주의 사상에 대한 확신이 갈수록 커진다"고 썼다. 그는 이미 이러한 확신을 러시아어로 옮길 필요를 느끼고 있었다. 러시아에서 '혁명'이란 말과 '사회주의'란 말은 무엇을 뜻하는가? 이 물음에 대해 그는 오로지 농민반란만이 유일한 희망이라고 대답했다. "부족한 것이 있다면 여러 지방에서 일어나는 봉기들 사이에 통일성이 없다는 것뿐이다."[17] 헤르첸에게 보낸 익명의 ― 그러나 체르니셰프스키와 그의 친구 도브롤류보프의 견해임이 확실히 드러나는 ― 편지는 농민 봉기를 호소할 것을 분명히 제안했다.

분명히 당신은 러시아 사정을 잘못 알고 있소. 자유주의 지주들, 자유주의 교수들, 자유주의 작가들은 우리 정부의 진보적 계획에 희망을 걸어보라고 당신에게 달콤하게 속삭이고 있소. 당신은 알렉산드르 2세도 니콜라이 1세처럼 본색을 드러내고야 말 것이란 사실을 단 한 순간도 잊어서는 안 되오.

러시아가 진보했다는 소문에 속지 마시오. 러시아는 정확히 예전 그대로일 뿐이오. …… 희망에 속지 마시오. 다른 사람들을 속이지도 마시오. …… 그렇소. 우리의 처지는 끔찍하고 참을 수 없는 상태라오. 오직 농민의 도끼만이 우리를 구원할 수 있소. 이 도끼 말고는 어떤 것도 소용이 없소. 내가 생각하건대, 당신도 이미 그렇게 이야기해 왔고, 그것은 명백한 진실이오. 우리를 구원할 다른 수단은 아무것도 없소. 당신은 문제를 평화적으로 해결하기 위해 할 수 있는 모든 것을 다 했소. 그러나 지금은 당신도 태도를 바꾸고 있지 않소? 기도를 위해 종을 울리지 말고 돌격을 위해 종을 울리시오. 러시아 민중에게 무장하라고 호소하시오.[18]

체르니셰프스키도 헤르첸과 마찬가지로 오브시나를 사회주의의 토대로 보았다. 그러나 그는 족장 시대부터 전해 내려온 이 제도를 이상화하지 않았다. 오브시나는 서구 사회주의를 통해 거듭나고 변모해야 했다. 체르니셰프스키에게 주된 적은 자본주의가 아니라 러시아의 후진성이었다. 즉, "아시아적 생활 조건, 아시아적 사회구조, 아시아적 질서"가 그의 주된 적이었다. 따라서 그의 으뜸가는 목표는 차르 정권을 타도하는 것이었다.

1860년 페테르부르크에서 '러시아 청년단'으로 알려진 소규모 지하 조직이 탄생했다. 이 단체의 직접적 목표는 "현 사회의 모든 토대를 근본적으로 변화시킬 가치 없는 유혈 혁명"이었다. 그들에게 영감을 주는 원천은 체르니셰프스키였다. 체르니셰프스키는 1862년에 체포돼 표트르파벨 요새에서 18개월 남짓 복역한 뒤, 시베리아로 유형가서 강제 노동을 하게 된다. 그는 그로부터 20년 뒤인 1883년 아스트라한에서 거주하는 것이 허용됐고, 1889년 임종을 몇 달 앞두고서야 비로소 고향인 사라토프로 되돌아 갈 수 있었다.

1862~1863년에는 '제믈랴 이 볼랴(토지와 자유)'라는 조직이 탄생한다. 이 조직은 주로 학생들로 이루어진 그룹들의 느슨한 집합체였다. 체르니셰프스

키는 체포당한 후에도 여전히 이 운동의 정신적 지주로 남아 있었다. 제믈랴이 볼랴가 탄생함으로써 제정에 맞선 테러 활동이 전성기를 맞게 된다. 1866년 4월 4일 드미트리 카라코조프라는 학생이 차르를 암살하려 했으나 실패해 처형당했다. 그러나 그의 암살 시도는 반세기 뒤 차르 체제 전복으로 끝나게 될 혁명 드라마의 제1막에 불과했다.

1860년대는 1861년 2월 19일의 농노해방으로 시작해서 나로드주의의 위대한 영웅들 가운데 하나인 네차예프가 표트르파벨 요새의 독방에 수감되는 사건으로 끝났다. 네차예프는 '민중의 복수'라는 이름의 철저한 음모 조직을 건설하려 했다. 이 조직의 목표는 농민 봉기를 지도하는 것이었다. '민중의 복수'가 구상한 봉기 계획은 실패로 끝났고 어떠한 봉기도 일어나지 않았다. 네차예프의 노력은 단지 독방에 갇히는 것으로 끝났을 뿐이다.

혁명운동의 두 번째 물결은 1870년대 초 네차예프의 음모적 방식을 벗어던지고 완전히 다른 방식을 이용하는 것으로 시작됐다(여기에는 네차예프 조직이 자기 조직의 한 동지를 살해한 데 대한 반감이 깊이 작용했다). 그래서 지식인들이 농촌에 가서 농민들을 계몽하려는 대대적인 순례가 있었다. 1874년 한 해에만 무려 4000명이나 되는 사람들이 투옥돼 심문받거나 적어도 경찰의 횡포에 시달렸다는 사실에서, 이 운동이 얼마나 널리 퍼져 나갔는지를 짐작할 수 있다.[19]

1874년 "광란의 여름"이라 부른 시기에 수많은 남녀 청년들은

자기 가정, 재산, 명예, 가족을 모두 포기하고 인생에서 딱 한 번 느낄 수 있는, 동시에 한 번 잃으면 영영 되찾을 수 없는 그러한 기쁨과 열정과 신념을 갖고 이 운동에 투신했다. 그것은 아직은 정치 운동이라기보다는 종교 운동 비슷했다. 왜냐하면 그것은 종교 운동이 가진 전염병적 성격을 전부 갖고 있었기 때문이다. 사람들은 어떤 현실적 목적을 달성하려는 데 그치지 않고,

깊이 자각한 임무 즉 도덕적 완성을 향한 열망을 만족시키려 했다.[20]

　러시아 농민들은 혁명적 지식인들의 생각만큼 쉽게 사회주의 사상을 받아들이려 하지 않는다는 것이 입증됐다. 지식인들은 농민들과 의사소통하기가 대단히 어렵다는 것을 깨달았다. 또한, 농민들은 지식인들을 믿지 않았고 심지어 자신들을 도와주기 위해 농촌에 뛰어든 그들을 경찰의 손에 넘겨주는 경우도 허다했다.

　이제 나로드니키 운동은 실천에서 경험을 얻게 됐고, 그 결과 새로운 정책을 채택해야 했다. 농민이 행동할 준비가 돼 있지 않다면, 혁명가가 그들을 대신해서 행동해야 했다. 나로드니키 운동의 새로운 지도자 트카초프는 몇 년 뒤인 1879년에 쓴 글에서, 민중 속으로 들어가는 운동이 "완전한 재앙"이었다고 말하고는 다음과 같이 자랑스럽게 덧붙였다.

　우리는 이러한 재앙이 불가피한 것임을 가장 먼저 지적했다. 우리는 가장 먼저 …… 청년들에게 치명적인 반혁명의 길을 단념하고 직접적인 혁명 활동으로, 중앙집권적 혁명 투쟁 조직의 전통[즉, 네차예프 경향의 전통 ─ 지은이]으로 다시 돌아오라고 호소했다. 우리의 목소리는 광야의 울부짖음이 아니었다. …… 혁명 세력을 규합해서 전투 조직을 만들고, 정권을 혼란에 빠뜨리고 정권에 맞선 테러 활동을 벌이는 것이야말로 처음부터 우리 강령의 기본 요구였다. 그리고 이제 이런 요구들은 마침내 실행되기 시작했다. …… 현재 우리의 유일한 과제는 정권에 테러를 가해 정권을 혼란에 빠뜨리는 것이다.[21]

　그래서 민중 속으로 들어가는 운동이 끝난 뒤 무게 중심은 다시 테러리즘 쪽으로 옮겨 갔다. 1878년 1월 24일 베라 자술리치라는 젊은 여성이 혼자서, 보골류보프라는 죄수에게 태형笞刑 처분을 내린 페테르부르크 경찰 우두머리트레포프 장군을 저격했다. 5월에는 키예프의 헌병대장이 암살당했다. 1879년 8월에는 크라프친스키가 러시아 헌병대 사령관을 암살했다. 베라 자술리치와 달리, 크라프친스키는 혼자가 아니었다. 그는 제믈랴 이 볼랴의 당원이었다. 그때쯤 제믈랴 이 볼랴는 아주 잘 조직된 규율 있는 조직이었다.

1879년 4월 2일 알렉산드르 솔로보프는 제믈랴 이 볼랴에 자신이 알렉산드르 2세를 암살하겠다고 말했으나 제믈랴 이 볼랴는 그를 돕지 않았다. 결국 그의 암살 기도는 실패했다. 그로부터 몇 주 뒤 제믈랴 이 볼랴 내부에서 '자유 아니면 죽음을'이라는 이름의 활동적인 테러리스트 조직이 결성됐다. 1881년 3월 1일 이 조직은 차르 암살에 성공했다.

그러나 혁명가들의 소망과 달리 결과는 참담했다. 그들의 행동은 대중 봉기를 불러일으키지 못했다. 오히려 제정을 강화시켜 모든 혁명 활동에 대한 탄압을 불러왔을 뿐이다. 테러리스트들의 초인적 용기와 불굴의 신념도 제정을 타도하기에는 충분하지 못했던 것이다.

마르크스주의를 '각색'하는 나로드니키

러시아 마르크스주의의 발전 과정을 이해하려면, 나로드니키가 마르크스주의에 대해 어떤 태도를 보였는지 알아야 한다. 1848년부터 몇 년 동안 마르크스와 엥겔스의 저작들은 러시아에 합법적으로 들어올 수 있었다. 왜냐하면 그 책들은 검열관의 표현에 따르면, 러시아와 관계없는 "추상적 사변"을 담고 있기 때문이었다.[22] 1872년 마르크스의 ≪자본론≫ 1권이 러시아어로 출판됐다(이것은 영어판, 프랑스어판보다 몇 년이나 앞선 것이었다). 이 책은 나오자마자 3000부가 팔렸다. 1880년에 나로드나야 볼랴(민중의 자유) 집행위원회는 마르크스에게 다음과 같이 편지를 보냈다. "시민! 러시아의 지적이고 진보적인 계급은 …… 당신의 학술 저작의 출판을 열렬히 환영했습니다. 그들은 러시아 생활의 최상의 원리들을 과학적으로 이해할 수 있게 됐습니다."

나로드니키는 마르크스가 설명한 자본의 시초 축적과 영국 산업혁명의 잔학성, 잉여가치론, 자본주의적 분업과 소외에 대한 비판, "형식적인" 부르주아 의회 민주주의에 대한 비판이 러시아에서 모든 노력을 기울여 자본주의 발전을 막아야 함을 입증하는 것이라고 해석했다. "마르크스에게서 자본주의 발전이 값비싼 대가를 치른다는 교훈을 얻은 나로드니키는 이러한 대가를 치르길 거부했다. 그래서 그들은 고대의 사회생활 양식을 부흥시켜 새로운 조건에 적용할 수 있을 것이라는 가능성에 희망을 걸었다."[23]

마르크스는 자본주의가 봉건제보다 진보적이라는 사실, 비록 형식적이고 한계가 있긴 해도 의회 민주주의가 제정보다 진일보한 것이라는 사실을 알고 있었다. 그러나 나로드니키는 이러한 사실을 알지 못했다. 나로드니키 경제학자들은 ≪자본론≫에서 배운 지식을 활용해, 러시아에서 비자본주의적 발전의 가능성과 필연성을 입증하는 책들을 썼다. 이러한 나로드니키 경제학자들 가운데 가장 독창적인 인물은 V V라는 가명을 사용한 보론초프다. ≪러시아 자본주의의 운명≫(1882년)이라는 책에서 그는 다음과 같이 주장했다. 러시아 자본주의는 뒤늦게 출발했으므로 생산물을 판매할 해외시장을 찾아낼 수 없을 것이다. 동시에 국내시장도 확대되는 것이 아니라 축소될 것이다. 왜냐하면 자본주의는 농민과 장인을 파멸시켜 그들의 구매력을 감소시키기 때문이다. 러시아라는 바다에서 자본주의는 상층계급의 욕구를 충족하는데 필요한 근대 공업이라는 작은 섬들을 창출하는 것 이상으로 발전할 수 없을 것이다. 따라서 자본주의는 지배적 생산형태가 될 수 없다. 자본주의는 농민과 장인을 파멸시킬 뿐, 그들에게 일자리를 줄 수도 없고 그들을 "사회화된 생산"으로 끌어들일 수도 없다. 자본주의는 노동 착취를 통해 내포적으로 발전할 수는 있어도 고용 증대를 통해 외연적으로 발전할 수는 없다. 일반적으로 후진국에서 자본주의는 파멸을 초래할 뿐이다. 즉, "서투르게 모방된 자본주의"이거나 "역사의 사생아"일 뿐이다. 러시아라는 바다에 섬처럼 존재하는 자본주의는 국가의 인위적인 산물일 뿐이다.

이처럼 마르크스주의를 각색한 나로드니키는 근본적으로 공상적 사회주의자들이었다. 그들은 사회주의를 더할 나위 없는 이상理想으로 여겼지만 러시아 대중의 잠재력을 보지 못했기 때문에, 현재의 대중과 미래의 대중 사이의 실질적인 인과관계를 창출할 수 없었다. 나로드주의 이론가인 미하일로프스키는 이러한 이중성을 두 종류의 진리, 다시 말해 실제로 존재하는 "검증의 진리"와 당위인 "정의의 진리"로 표현했다. 그는 "당위의 세계, 즉 진실하고 정의로운 세계"는 역사 발전의 객관적 경로와 아무런 관계가 없다고 주장했다. 마르크스가 자기 시대 공상적 사회주의자들이 가진 세계관의 주요 특징들이라고 설명한 것은 나로드니키에게도 잘 들어맞는다. 마르크스는 ≪공산당 선언≫에서, 공상적 사회주의자들의 주된 결점은 "프롤레타리아가 ……그들의 눈에는 어떠한 역사적 주도권이나 독립적 정치 운동도 갖지 못한 불쌍한 계급으로 비쳤다"는 사실이라고 말한 바 있다. 즉, 그들은 계급투쟁의 관점이 없었기에 프롤레타리아를 단지 "가장 고통받는 계급"으로만 바라봤다는 것이다.[24] '프롤레타리아'를 '농민'으로 바꾸기만 하면, 마르크스의 설명은 러시아 민중주의자들에게도 꼭 들어맞는다. 그들이 가진 공상적 견해에서 지식인의 임무에 대한 엘리트주의적 관념이 생겨났다. 즉, 그들은 역사를 만들어 가는 것은 지식인이고 지식인의 임무는 무지몽매하고 수동적인 대중을 지도하는 것이라고 생각했다.

경제 발전 수준이 각각 다른 여러 사회의 사람들이 똑같은 하나의 종교를 믿고 거기에 각각 다른 내용을 부여할 수 있듯이, 나로드니키 지식인들이 이용한 '마르크스주의'는 노동계급 운동의 마르크스주의와는 달랐다. 1895년 2월 26일자 편지에서 만년의 엥겔스는 '마르크스주의'와 나로드주의의 기괴한 결합에 대해 다음과 같이 설명했다.

당신들의 나라처럼 근대적 대공업이 원시적인 농촌공동체에 접목돼 있고, 동시에 문명의 모든 중간 단계들이 공존하는 그러한 나라에서는, 게다가 전제정권 때문에 지적 생활이 만리장성으로 봉쇄돼 있는 그러한 나라에서는, 이렇게 사상들이 거짓말 같고 기묘하게 결합되는 현상은 놀랄 일이 아닙니다.[25]

우리는 민중주의자들의 사회철학을 연구해서 중요한 저작을 남긴 월리키의 말에 동의하지 않을 수 없다. 그는 다음과 같이 말했다. 민중주의는

서구 자본주의에 대한 러시아적 반응이자 서구 사회주의에 대한 러시아적 응답이었다. 즉, 서구 자본주의와 서구 사회주의에 대한, 자본주의 초기 단계에 놓여 있는 후진 농업국 지식인의 반응이었던 것이다. 고전적 러시아 민중주의가 뭐니 뭐니 해도 마르크스주의에 대한 반응이라는 점은 충분히 이해할 만하다. 왜냐하면 당시 마르크스는 유럽 사회주의 운동에서 지도적 인물인 동시에 자본주의 발전에 대해 가장 권위 있는 책을 쓴 사람이었기 때문이다. 고전적 민중주의가 완전히 날개를 펴기 시작한 시기가, 러시아에서 마르크스주의 사상이 퍼져 나간 첫 번째 시기와 일치한다는 사실은 결코 우연이 아니다. …… 마르크스와의 만남이 민중주의 이데올로기가 형성되는 데서 최고로 중요했다고 말해도 과언이 아니다. 마르크스가 없었다면 민중주의 이데올로기는 당시 모습과 아주 달랐을 것이다.[26]

나로드주의와 마르크스주의 사이에 밀접한 관계가 있다는 것을 이해하지 못한다면, 당시 러시아 마르크스주의자들이 나로드주의와 결별하면서 겪었던 커다란 어려움도 이해할 수 없을 것이다. 러시아 마르크스주의의 아버지 플레하노프가 이러한 장애물을 넘어서는 데는 수년이 걸렸다. 그의 제자 블라디미르 일리치 울랴노프의 앞길에도 이러한 장애물은 다시 등장했다.

나로드니키의 영웅주의

1860년대와 1880년대 나로드니키 사상을 대충 훑어보는 것만으로는 나로드주의의 진면목을 결코 정확히 알 수 없다. 나로드니키는 자신들의 사상을 매우 열렬히 신봉했다. 이런 열정 덕분에 나로드니키는 수많은 위험과 고통에 맞설 수 있는 도덕적 용기와 결단력을 갖고 있었다. 나로드니키는 수백 명씩 표트르파벨 요새의 독방으로, 시베리아로, 심지어 교수대로 끌려갔다.

　나로드니키의 영웅주의를 목격한 사람 가운데 미국 작가 조지 케넌만큼 좋은 목격자도 없을 것이다. 처음에 그는 나로드니키에 적대적이었다. 1882년에 그가 테러리스트들을 공공연히 비난했기 때문에, 러시아 당국은 그에게 러시아에 들어와서 감옥과 강제 노동 수용소를 방문하는 것을 허락했다. 당국은 러시아 혁명가들을 부정적으로 바라보는 케넌의 태도가 세계 여론을 러시아 정부 편으로 끌어당기는 데 도움이 되기를 바랐다. 그러나 케넌은 1884년부터 1886년까지 시베리아에서 지낸 뒤, 다음과 같이 말할 수밖에 없었다 (미국 잡지 《센추리》의 1888년 8월호에 도즈 여사가 인용한 편지에서). "내가 시베리아에서 보고 배운 것들이 내 영혼의 밑바닥까지 휘저어 놓았다. 그것은 나에게 인간 경험의 신세계를 열어 주었고, 모든 면에서 나의 도덕 기준을 끌어올렸다."

　나는 진실로 영웅의 기질을 가진 사람들을 알게 됐다. 그들은 역사에 등장한 그 누구보다도 고결한 인물들이었다. 그들은 이상을 향한 놀라운 용기, 불굴의 정신, 자기희생, 헌신을 보여 주었고, 나로서는 그들을 따라 가는 것이 도저히 불가능해 보였다. …… 나는 정신적으로 균형을 잃은 광신자들, 폭탄 투척자들, 냉혹한 암살자들을 만난다는 생각으로 시베리아에 갔다. 그러나 시베리아를 떠날 때, 나는 눈물이 그렁그렁한 채 바로 그 사람들을 끌어안고 작별 키스를 했다.[27]

1880년대는 끔찍한 반동의 시대였다. 알렉산드르 2세가 암살당한 뒤 러시아 전체는 공동묘지 같았다. 더 이상의 저항도 거의 찾아볼 수 없었다. 1883년 나로드나야 볼랴 집행위원회에서 가장 뛰어난 인물 가운데 한 사람인 베라 피그네르가 체포됐다. 이듬해에는 로파친이 체포됐다. 그는 해외에 있는 동안 마르크스·엥겔스와 긴밀하게 접촉하다가 페테르부르크로 돌아와서 테러 활동을 부활시키려 했으나 곧 체포되고 말았다. 그가 체포되면서 수많은 주소가 경찰 손에 넘어 갔고, 그래서 그나마 남아 있던 당원들마저 붙잡혔다.

당 자체가 이미 없어져 버린 1885년 10월 1일치 〈나로드나야 볼랴〉 마지막 호에서는 당시 지식인들의 분위기를 다음과 같이 음울한 어조로 묘사하고 있다.

완전한 지적 파탄, 사회생활의 가장 근본적인 문제에 대해 완전히 모순되는 견해들이 판을 치는 혼돈, …… 한편에서는 개인적이고도 사회적인 비관주의, 다른 한편에서는 사회·종교적인 신비주의, …… 온갖 변절자들이 득실거렸다. 기존 체제에 안주한 지식인일수록 자신은 병들었고, 농민에게 염증이 난다고 솔직하게 고백한다. 우리에게 생존할 시간을! 급진적이고 자유주의적인 잡지들이 퇴색해 가는 것을 보면, 사회적 관심도 쇠퇴하고 있음을 알 수 있다.[28]

제1차세계대전 기간에 감옥에서 쓴 글에서, 로자 룩셈부르크는 이 시기를 다음과 같이 묘사하고 있다.

알렉산드르 2세가 암살당한 뒤, 어마어마한 절망의 분위기가 러시아 전역을 뒤덮었다. …… 알렉산드르 3세 정부의 납지붕들[감옥들]은 무덤처럼 고요함만이 가득했다. 러시아 사회는 절망적 체념 속에 빠져들었다. 그때는 평화적

개혁에 대한 희망이 모두 사라져 버린 듯했고 모든 혁명운동이 좌절돼 버린 듯했다.[29]

이 시기의 특징은, 나로드니키의 주요 지도자 가운데 하나였던 레프 티호미로프의 변절에서 극명하게 드러난다. 그는 유럽에서 ≪나는 왜 혁명가의 길을 포기했나≫라는 제목의 참회록을 출판했다(그는 곧바로 제정의 강력한 지지자가 됐다). 그 밖에도 예전에 혁명가였던 많은 사람들이 제정 타도를 반대하면서 비폭력주의를 설교했던 레오 톨스토이를 예언자로 모시기 시작했다. 환멸과 무기력에 빠진 지식인들에게는 톨스토이의 가르침이 도덕적 피난처로 보였던 것이다.

그러나 전반적인 반동의 물결 속에서도 약간의 소용돌이는 있었다. 가장 중요한 사건은 알렉산드르 울랴노프가 중심인물로 참여한 1887년 3월의 암살 음모 사건이었다. 여기에는 6명이 참가했다. 그들 가운데 울랴노프를 포함한 세 명은 나로드나야 볼랴 지지자를 자처했고 나머지 세 명은 사회민주주의자를 자처했다. 그러나 이들 사이의 차이는 분명하지 않았다.

알렉산드르 자신은 마르크스 저작을 부지런히 읽긴 했으나, 여전히 나로드니키였다. 이것은 그가 조직을 위해 쓴 강령인 "나로드나야 볼랴 테러파의 강령"에서 명백히 드러난다. 그는 농민이 아니라 산업 노동계급을 주된 혁명 세력으로 보았다. 또 사회주의는 "자본주의적 생산과 자본주의 계급 구조의 필연적 결과"라고 생각했다.[30] 그러나 이 강령에서 그는 "또 다른 가능성"을 배제하지 않았다. 즉 "민중의 관습에, 그리고 지식인과 정부의 성격에 특수하고 유리한 조건이 존재한다면 사회주의로 이행하는 좀 더 직접적인" 길이 가능하다는 것이었다.

알렉산드르의 강령에 따르면, 자본주의는 사회주의에 도달하기 위해 반드시 거쳐야 하는 단계는 아니다. 자본주의는 단지 "특정 사회집단의 의식적 개입 없이 이행 과정이 저절로 실행되도록 방치된 경우"에만 필연적인 것이다. 이 강령에서는 "노동계급을 교육하고 조직할" 필요성을 인정하고 있었다. 그러나 대중 속에서 혁명 활동을 수행하는 일이 "현재 체제에서는 거의 불가능하기" 때문에, 이러한 과제는 미룰 수밖에 없었다. 따라서 노동계급을 정치 무대에 등장시키기 위해서는 먼저 테러라는 수단을 통해 제정을 전복해야 한다는 것이다.

이러한 독특한 절충은 나로드주의와 마르크스주의를 결합하려는 시도였다. 앞에서 지적했듯이, 알렉산드르는 생각을 정리할 시간이 필요했다. 그러나 시간이 주어지지 않았다. 1893년에 레닌은 랄라얀츠에게, 알렉산드르는 "자신을 마르크스주의자로 여겼다"고 말한 바 있다. 물론 이것은 과장이다. 알렉산드르의 비극은 그가 전환의 시대를 산 전환적 인물이라는 데 있었다. 이바노프 라줌니크는 러시아 사회 사상에 관한 저작에서, 1880년대의 전환기적 성격을 다음과 같이 묘사했다. "그들 앞에는 나로드니키 운동이 있었고, 그들 뒤에는 마르크스주의가 있었다. 그들 자신은 이념적 진공 상태에 빠져 있었다."[31]

'제믈랴 이 볼랴'와 갈라서는 플레하노프

우여곡절 끝에, 1878년과 1879년에 대중선동 — 민중 속으로 들어가기 — 지지자들과 테러리즘 지지자들 사이에 세력 다툼이 벌어졌다. 전자의 경향을 대표하는 인물은 게오르기 발렌티노비치 플레하노프였다.

1879년 10월에 제믈랴 이 볼랴는 더는 존재하지 않았다. 대중선동 지지자들은 체르니 페레델(흑토 재분배당)이라는 이름의 독립 조직을 결성했다. 이 이름은 글자 그대로 '흑토' 민중(즉, 농민)에게 토지를 평등하게 재분배한다는 뜻이었다. 한편 테러리스트들은 나로드나야 볼랴라는 이름을 채택했다. 볼랴

Volya라는 단어에는 두 가지 뜻이 있으므로, 이 이름은 '민중의 의지'를 뜻하기도 했고 '민중의 자유'를 뜻하기도 했다.

체르니 페레델은 사실상 사산死産된 거나 다름없었다. 조직의 창립자 가운데 하나인 도이치는 회고록에서 "그 조직은 탄생 첫날부터 운이 없었다"고 불평했다. 조직의 지도자 가운데 하나로서 조직의 역사를 기록했던 아프테크만은 그의 책 서두에 우울한 어투로 다음과 같이 썼다. "체르니 페레델이라는 조직이 태어난 시기는 좋지 못했다. 신은 그 조직에 생명을 주지 않았기 때문에 그것은 태어난 지 석 달 만에 숨을 거두었다."[32]

플레하노프, 악셀로드, 자술리치, 도이치는 조직 내부의 배신자 때문에 차례차례 해외로 망명해야 했다. 그 뒤 경찰의 잇따른 검거로 조직의 인쇄소가 습격당하고 망명하지 않은 조직원들이 거의 모두 체포됐다. 그래서 그 조직은 사실상 해체돼 버렸다. 하지만 체르니 페레델은 중요한 역사적 임무를 수행할 운명을 떠맡게 된다. 민중주의에서 마르크스주의에 이르는 가교를 놓았던 것이다.

노동계급을 향해

나로드니키는 자신들의 문제를 명확한 이론에 바탕을 두고 이해하지 않은 채 개인으로서 차례차례 산업 노동계급으로 향했다. 이러한 작은 흐름을 고려하지 않고는, 러시아 마르크스주의의 발전을 이해할 수 없다.

1870년 차이코프스키가 이끄는 한 학생 서클이 러시아 역사에서 최초로 노동계급 조직화의 씨를 뿌렸다.* 그들이 이런 일을 한 이유는 프롤레타리아

---

* 차이코프스키는 10월 혁명 뒤 아르찬겔 백군 정부의 괴수로 프랑스 망명지에서 삶을 마감했다.

를 사회주의 혁명의 주체로 보았기 때문이 아니었다. 오히려 공장 노동자들을 농민들에게 나로드니키의 메시지를 전파해 줄 대행자로 보았기 때문이었다.

그들은 숙련이 가장 덜 돼 있고 농촌의 생활과 정서에 가장 직접 속박돼 있는 노동자들과 접촉했다. 원칙적으로 그들은 언제나 금속 노동자보다는 섬유 노동자를 선택했다. 왜냐하면 섬유 노동자야말로 그들이 진짜 민중이라고 생각했던 사람들을 대표하고 있었기 때문이다. 그들 가운데 가장 활동적인 선전가의 한 사람인 니조프킨은, 금속 노동자들은 이미 도시 문명의 때가 묻었다고 말했다. 그들은 좋은 옷을 입고, 더는 공동체 생활을 하지 않으며, 협동조합의 전통이 그들 속에서는 이미 죽어 버렸다는 것이다. …… 반면 섬유 노동자들은 …… 아직도 시골풍으로 옷을 입고, 공동체 정서에서 곤드레만드레 취하는 습관에 이르기까지 전형적인 농촌 관습을 계속 유지하고 있다는 것이다.[33]

차이코프스키 추종자들은 그 수가 매우 적었다.

차이코프스키를 따르는 페테르부르크 그룹의 조직원이 얼마였는지 정확히 얘기하기는 어렵다. …… 그로부터 거의 반세기가 지난 1928년, 그때까지 살아남은 세 사람이 …… 1871년부터 1874년 사이에 활동하던 옛 동지들의 정확한 명단을 작성하려고 한 적이 있다. 그때 그들은 모스크바에 19명, 오데사에 11명, 키예프에 8명, 그리고 하리코프, 오렐, 카잔, 툴라에 몇 명이 더 있었던 것으로 추정했다.[34]

차이코프스키 추종자들은 3~5명의 노동자 소모임과 개별적으로 관계를 맺고 그들에게 읽기와 쓰기를 가르치는 것에서 정치 활동을 시작했다. 그런 다음 지리, 역사, 물리 등의 과목을 가르쳤다. 러시아 반란의 역사, 인터내셔널,

독일 노동운동, 정치경제학(마르크스 저작에 기초한) 같은 주제들로 강연을 하기도 했다. 도서관을 설립해, 노동자 봉급의 2퍼센트를 유지비로 받고 이용할 수 있게 하기도 했다. 그러나 불행하게도 차이코프스키 추종자들은 경찰의 탄압을 견뎌내지 못했다. 1873년 그들 조직은 사실상 해체되고 말았다.

차이코프스키 추종자들이 페테르부르크에서 활동하는 동안, 오데사에서는 훨씬 더 중요하고 훨씬 더 프롤레타리아다운 조직이 생겨났다. 이 단체의 지도자는 자슬라프스키였는데, 그는 8~9개월 동안 이 단체를 지도했다. 이 단체의 이름은 남부 러시아 노동자 동맹이었다. 러시아 제국에서 진정으로 노동계급의 성격을 띤 조직으로는 이것이 처음이라 할 수 있다.[35] 남부 러시아 노동자 동맹의 중앙 조직에는 50~60명의 조직원이 있었고, 두 차례의 파업 투쟁을 지원할 수 있었다. 첫 번째 파업은 1875년 1월 벨리노 벤데리치 공장에서 일어난 것이었고, 두 번째 파업은 같은 해 8월 길리에 블랑샤 공장에서 일어난 것이었다. 두 번째 파업에서는 선언문을 작성해 배포하기도 했다. 남부 러시아 노동자 동맹의 영향력은 오데사뿐 아니라 흑해 연안을 따라 다른 도시들로도 급속히 뻗어 나갔다. 남부 러시아 노동자 동맹의 강령은 몇 가지 참신한 내용을 담고 있었다. 남부 러시아 노동자 동맹은 "(1) 자본과 특권 계급의 억압으로부터 노동자 해방 사상을 선전하고 (2) 앞으로 벌어질 기존 정치·경제 질서에 맞서는 투쟁에 대비해 남부 러시아 노동자들을 조직하는 것"을 자신의 과제에 포함시켰다.[36] 1875년 말 누군가의 밀고로 남부 러시아 노동자 동맹의 지도자들이 모두 당국에 체포되는 바람에 조직은 사실상 와해됐다.

1874년 초의 검거로 차이코프스키 조직의 간부들이 날아가 버리긴 했지만, 페테르부르크 노동자들 사이에서 혁명적 사상이 느리고 미미하게나마 멈추지 않고 퍼져 나갔다. 그 뒤 6년 동안의 이러한 흐름을 극적으로 표현한 사건 가운데 하나가 바로 1876년 12월 6일 카잔 성당 광장에서 벌어진 시위였다. 이 사건은 러시아 혁명운동 역사의 이정표가 됐다. 당시 이 시위에서 중심 구실을 한 플레하노프는 몇 년 뒤 이 사건을 묘사한 바 있다. 1875년 봄 간수에게 살해된 한 학생의 장례식에서 지식인들이 벌인 시위에 자극을 받아, 일단의 노동자들이 독자적으로 시위를 벌이자고 제안했다. 그들은 플레하노프에게 2000명가량의 노동자들이 시위에 참가할 것이라고 장담했다. 시위 당일 성당 앞에 군중이 모여들기 시작했지만 주로 학생들이었고 노동자들은 얼마 되지 않았다. 그때 참가한 군중의 숫자는 150명에서 500명까지 다양하게 얘기된다. 혹시라도 노동자들이 더 많이 오지 않을까 해서 잠시 시위 행진을 미루었으나, 모든 노력이 수포로 돌아갈 수도 있다는 위험 때문에 플레하노프는 벌떡 일어서서 연설을 시작했다. 그리고 다음과 같은 구호로 연설을 끝마쳤다. "사회혁명 만세, 제믈랴 이 볼랴 만세." 구호와 함께 "토지와 자유"라고 적힌 붉은 깃발이 펄럭였다. 이 자그마한 시위는 러시아 역사상 최초의 노동자 시위였다.

1877년과 1879년 사이에 페테르부르크에서 파업 물결이 일었다. 모두 26건의 파업이 있었는데, 이것은 1890년대까지 다시 반복되지 않았던 전례 없는 수준의 기록이었다. 바로 이 무렵 페테르부르크에서 북부 러시아 노동자 동맹이라는 새로운 노동자 조직이 생겨났다. 조직원은 약 200명이었고, 페테르부르크의 모든 노동계급 지구에 산하 조직이 있었다. 이 단체의 창립자는 뱌트카 지방 출신으로 농민의 아들인 목수 스테판 할투린이었다. 그러나 북부 동맹은 몇 달 활동하지도 못한 채, 경찰의 습격으로 파괴돼 1890년에 가서는 사실상 없어졌다.

플레하노프는 1879년 체르니 페레델을 지도하게 되면서 나로드니키 테러리즘과 결별했다. 그는 선전을 강조했으며 경험을 바탕으로 노동계급으로 향할 것을 주장했다. 하지만 농민을 사회주의 혁명의 주체로 보았던 나로드니키 사상과 그의 사상을 연결하는 탯줄은 아직 잘려 나가지 않고 있었다.

1879년 2월 플레하노프는 이렇게 썼다. "공장 선동이 날로 늘어가고 있다. 선동은 그날그날의 뉴스로 이루어져 있다." 이 선동은 "혁명가들이 선험적으로 내리는 이론적 결정들이 어떠하든 간에 세속의 삶 자체가 전면에, 그 올바른 장소에 가져다 놓는 ……" 그런 문제들 가운데 하나다. "이유가 없는 것은 아니었지만, 과거의 우리는 농촌 대중에게 모든 희망을 걸었고 모든 힘을 집중했다. 당시 혁명가들에게 도시 노동자들은 다만 부차적인 고려 대상일 뿐이었다."

농민들은 "좀 더 보수적이고 소심한 가족 성원들의" 영향 아래 있지만 "도시 노동자들은 …… 전체 국민 가운데서 가장 활동적이고, 가장 선동에 감화되기 쉽고, 가장 쉽게 혁명적으로 변할 수 있는 계급이다."

우리나라의 대규모 산업 중심지는 수만, 때때로 수십만의 노동자들을 끌어모으고 있다. 십중팔구 이 사람들은 농촌에 있는 사람들과 똑같은 농민이다. …… 농업 문제, 오브시나의 자치, 토지와 자유 문제, 이 모든 것은 농민과 마찬가지로 노동자들의 정서에도 친숙한 문제들이다. 한마디로 농촌에서 떨어져 나간 것이 아니라 농촌의 일부인 대중의 문제다. 그들의 대의도 농민과 똑같고, 그들의 투쟁도 농민과 똑같을 수밖에 없으며 똑같아야 한다. 게다가 도시에는 농촌 인구의 꽃인 젊은이들, 즉 더욱 모험심 강한 사람들이 모여 있다. …… 그곳에서 그들은 농민 가족의 보수적이고 소심한 구성원들과 떨어져서 지낸다. …… 이 모든 이유 때문에, 그들은 사회혁명이 일어났을 때 농민의 소중한 동맹자가 될 수 있을 것이다.[37]

플레하노프에 따르면, 다가오는 혁명은 농민혁명이겠지만 노동자는 근본적으로 농민이나 마찬가지이기 때문에, 대단히 귀중한 농민의 동맹자가 될 수밖에 없다. 아울러 노동자는 농촌의 농민과 도시의 지식인 사이의 매개자로서 행동하게 될 것이다. 플레하노프와 결별한 뒤 몇 년 동안, 나로드나야 볼랴 역시 산업 노동자들에 대한 선전 활동에 더욱 치중하자고 호소했다. 그들은 ≪나로드나야 볼랴의 계획≫(1883년)에 실린 "당의 준비 활동"이란 강령적 기사에서 이렇게 썼다. "도시의 노동 대중은 그 지위로 보나 그 거대한 발전 정도로 보나 혁명에서 각별히 중요하므로, 당은 이 대상에 진지하게 주의를 기울여야 한다."[38]

그러나 산업 노동자들 속에서 선전 활동을 벌이는 데서, 나로드니키의 태도 ─ 1879년 당시 플레하노프의 태도를 포함해서 ─ 와 마르크스주의자의 태도 사이에는 근본적 차이가 있다. 마르크스주의자는 "혁명을 위해 노동자가 필요한 것이 아니라 **노동자를 위해 혁명이 필요하다는 점을 확신**"한다.[39] 그러나 나로드니키에게 노동자는 혁명을 위해서만 중요할 뿐이다. 나로드니크는 "왜 노동계급인가?" 하고 묻는다. 반면 마르크스주의자는 노동계급이 역사의 객체가 아니라 주체이기 때문에 "왜 마르크스주의인가?" 하고 물을 뿐이다.

우리는 프롤레타리아 속에서 활동한 나로드니키의 태도에서, 실천이 이론보다 앞서 발전한 사례, 즉 일관성 있는 노선 변화를 하는 데 필요한 이론적 결론을 끌어내지도 않은 상태에서 전술이 변한 사례를 다시 한 번 본다. 나로드주의는 당시에 사라지지 않고 그 뒤에도 계속 살아남았다. 마르크스주의 요소는 나로드주의 사상 체계 내부에서 출현했다.

마르크스주의의 선구자 플레하노프

1880년과 1882년 사이에 플레하노프는 줄곧 나로드주의에서 마르크스주의로 이동했다. 그래서 1883년에 노동해방단이 탄생했다.

또한, 1883년에 플레하노프는 러시아 최초의 사회주의 저작인 ≪사회주의와 정치투쟁≫을 썼다. 이 저작 자체도 결코 적은 분량이 아니었는데, 일 년쯤 뒤 그는 또다시 방대한 분량의 저작 ≪우리의 차이≫를 출판했다. 볼셰비키 역사가 포크로프스키는 이 저작에 "19세기 말까지 러시아 마르크스주의가 상투적으로 사용한 기본 사상이 모두" 담겨 있다고 말한 바 있다.[40]

플레하노프는 농민 공동체를 연구하고 분석한 뒤, 러시아의 미래는 농민과 그들 "공동체"의 것이 아니라고 말했다. 그는 공동체 내부 농민들 사이에서 불평등과 개인주의가 늘어나고 있음을 입증하는 인상 깊은 자료를 제시했다. 그는, 한편으로 수많은 농민이 분급지分給地를 경작할 능력을 상실해 왔으며, 자신의 권리를 다른 농민에게 넘겨주고 임금노동자로 전락하고 있음을 보여 줬다. 또 다른 한편으로는 부농, 즉 쿨라크(kulak은 러시아어로 '주먹'을 뜻한다)이 갈수록 자신의 소유지뿐 아니라 다른 농민의 분급지까지도 경작해 왔으며 토지를 새로 구입하거나 임대하고 임금노동자를 고용해 왔음도 보여 줬다.

또한 플레하노프는 공동체의 과거를 이상화하려는 생각을 비판했다. "우리나라의 농민 공동체는 …… 사실상, 러시아 절대왕정의 주요 버팀목이다. 그리고 갈수록 농촌 부르주아지의 손아귀에 들어가 러시아 농촌 인구의 대다수를 착취하는 수단이 되고 있다."[41] 그는, 러시아에서는 시장의 부족 때문에 자본주의가 발전할 수 없다는 나로드니키 경제학자 V V의 주장을 반박했다. 그는 폭넓은 역사적 안목으로 콜베르의 프랑스, 관세동맹 하의 독일, 그리고 미국의 예를 들면서, 영국의 압도적인 지배에서 성장하는 신생 산업을 보호하기 위해 국가가 항상 경제에 개입했다는 사실을 입증해 보였다.

나아가 V V의 주장과는 반대로, 국내 시장은 자본주의 발전에 선행하는 전제 조건이 아니라, 자본주의 발전 자체 때문에 창출된다는 점을 입증해 보였다. "부르주아지가 시장을 만들어 냈지, 이미 만들어져 있는 시장을 발견한 게 아니다."[42] 수공업자의 몰락과 화폐 관계의 농업 침투가 시장을 창출한다는 것이다. "어떤 나라든지 자연경제에서 화폐경제로 이행하는 데는 반드시 국내시장의 엄청난 팽창이 뒤따른다. 그리고 우리나라에서 국내시장은 틀림 없이 전적으로 부르주아지가 지배할 것이다."[43]

나로드니키와 달리 플레하노프는 러시아 사회와 경제가 자본주의로 이행 하지 못하도록 막을 수 있다는 생각은 공상일 뿐이라고 주장했다. 그는 사회 주의자들이 미래의 주역인 산업 노동계급 쪽으로 눈을 돌려야 한다고 결론내 렸다. "오늘날 농촌 인구는 후진적인 사회 조건 속에서 살고 있기 때문에, 의식적이고 정치적인 **주도권**을 쥘 능력이 산업 노동자들보다 부족할 뿐 아니 라, 우리나라의 혁명적 지식인들이 시작한 운동을 민감하게 받아들이지도 않 는다. 게다가 농민들은 현재 어렵고 위태로운 시기를 겪고 있다. '대대로 내 려오는' 경제적 토대는 허물어지고 있고, 해체될 운명에 처해 있는 농촌공동 체 자체는 농민이 보기에도 믿을 수 없는 것으로 되고 있다. 이것은 '유서 깊은' 나로드주의 기관지 〈네델랴〉도 인정하는 바다. 반면, 새로운 형태의 노 동과 생활은 이제 막 형성되기 시작하고 있고, 이 창조적인 과정은 산업 중심 지에서 더욱 격렬하게 나타나고 있다."[44]

플레하노프는 차르 체제에 맞선 임박한 러시아 혁명에서 노동계급이 주역 을 담당할 것이라고 주장한 최초의 인물이었다. 그래서 1889년 7월 제2인터 내셔널 창립 대회에 부치는 성명서에서 그는 다음과 같이 선언했다. "러시아 의 혁명운동은 오직 노동자의 혁명운동으로서만 승리할 수 있다. 그 밖의 다 른 길은 있지도 않고 있을 수도 없다!"[45]

여전히 나로드주의 쪽으로 쏠려 있는 플레하노프

그러나 플레하노프는 여전히 나로드니키에게 매력을 느끼고 있었다. 나로드 니키 사상은 그의 저작 곳곳에서 발견된다. 특히 1883년과 1884년 저작에서 는 더욱 그러했다. 그때까지 그는 미래의 사회민주주의자들과 나로드냐야 볼랴를 대비시키지 않았다. 다만 그는 나로드나야 볼랴가 마르크스주의를 채택해야 한다고 요구했을 뿐이다. ≪우리의 차이≫에서 그는 다음과 같이 썼다.

우리는 지금 러시아 마르크스주의자들이 강령으로 삼아야 할 내용을 처음으로 러시아에서 활동하는 동지들에게 제시하고 있다. 하지만 그렇다고 해서 우리가 나로드나야 볼랴와 경쟁하는 것은 결코 아니다. 그 반대로 우리는 나로드나야 볼랴와 궁극적이고도 완전한 합의에 도달하기를 간절히 원할 뿐이다. 나로드나야 볼랴가 앞으로도 계속 혁명 전통에 충실하고자 한다면 그리고 러시아 운동을 현재의 정체 상태에서 구출하고자 한다면, 반드시 마르크스주의 당이 돼야 한다고 우리는 생각한다.[46]

그는 농촌공동체의 구실을 비판했지만, 그 점에서조차 나로드주의와 아주 많이 타협했다. 그래서 그는 다음과 같이 썼다.

사회 상층부에 맞서 노동자 당이 결정적으로 승리했음을 알리는 종이 울릴 때 다시 한 번 그 당은 ― 오로지 그 당만이 ― 국가의 생산을 사회주의적으로 조직하는 데서 주도권을 장악할 것이다. …… 그때에도 존재할 농촌공동체는 사실상 더 높은 차원의 공산주의 형태로 이행하기 시작할 것이다. …… 그때서야 비로소 공동체적 토지 소유는 가능할 뿐 아니라 현실적인 것이 될 것이고, 우리나라 농촌이 특이하게 발전하리라는 나로드니키의 꿈도 실현될 것이다.[47]

또한 그는 나로드니키의 개인적 테러리즘과도 타협했다. "그리고 테러는 어떠한가? …… 우리는 현재의 해방운동에서 테러 투쟁이 하는 중요한 구실을 결코 부정하지 않는다. 그것은 우리가 처한 사회적·정치적 조건에서 자연스럽게 성장해 왔다. 그리고 그 투쟁은 반드시 더 나은 것을 향한 진보에 박차를 가할 것이다." 나로드니키 당은

오늘날의 사회에서 가장 혁명적인 계급인 노동계급으로 향해야 한다. ……
우리는 투쟁을 더욱 폭넓고, 더욱 다양하고, 그래서 더욱 성공적인 것으로 만들 수 있는 길을 지적하고 있다. …… 정부에 대항한 테러 투쟁을 수행하는 데는 또 다른 사회 구성원들[즉, 노동자들과는 다른 — 지은이]이 훨씬 더 적합하다. 노동자들 속에서 선전 활동을 한다고 해서 테러 투쟁이 불필요해 지는 것은 아니다. 오히려 테러 투쟁은 일찍이 없던 새로운 기회를 얻게 될 것이다.[48]•

또한 플레하노프는 나로드니키가 지식인 지향의 엘리트주의 태도를 취한 것을 그냥 보아 넘겼다.

우리나라의 사회주의 지식인에게는 오늘날의 해방운동을 이끌어야 할 의무 가 있다. 그들의 당면 임무는 우리나라에서 자유로운 정치제도를 수립하는 것이어야 한다. 아울러 사회주의자들에게는 노동계급이 러시아의 미래 정치 생활에 능동적으로 참여하고 거기서 이익을 얻을 수 있도록 해야 할 의무가 있다. …… 바로 그런 이유 때문에 사회주의 지식인들이 미래의 부르주아 정

• ≪우리의 차이≫ 1905년판에서 플레하노프는 1884년 테러리즘에 대해 쓴 이 구절에 다가 다음과 같이 어설픈 설명을 덧붙이고 있다. "사람들은 이 구절에 근거해서, 노 동해방단이 테러리즘에 공감했다고 말한다. 그러나 실상 이 조직은 시종일관 테러 투쟁이 노동계급에게는 알맞지 않은 것이라고 생각했다. 그렇지만 당시 상황에서 신 앙처럼 테러리즘을 신봉하는 지식인들의 활동을 이러쿵저러쿵 비난하는 것은 분명 쓸데없는 일이었다."[49]

당들뿐 아니라 현재의 통치 체제에 대해서도 될 수 있는 대로 노동자들을 많이 조직하고 준비시켜야 할 의무가 있다.[50]

플레하노프는 진정한 마르크스주의를 러시아에 들여와서 혁명의 요구에 부응하는 무기로 만들었다. 그는 노동계급이 장차 일어날 러시아 혁명의 주체임을 발견했다. 이렇게 진보를 이루기 위해서는 폭넓은 역사적 안목이 필요했는데, 플레하노프는 분명히 이러한 안목이 있었다. 그는 당대에 가장 학식 있고, 가장 통찰력 있고, 가장 교양 있는 사람 가운데 하나였다. 그는 강한 이성과 독창성의 소유자였으며, 수많은 분야에서 비판적이고 창조적인 재능이 있었고, 뛰어난 문학적 자질까지 겸비하고 있었다. 그는 유기화학, 지질학, 인류학, 동물학, 비교해부학 등과 같이 실로 다양한 분야를 연구했다. 그의 탐구 영역은 미학, 인종학, 문학, 인식론, 예술에 이르기까지 무척 다양했다. 그는 마르크스주의 문학비평을 처음으로 시도했으며, 다른 수많은 영역에서도 마르크스주의적 연구를 처음으로 시도했다.

일찍이 1880년대에 급진적 지식인들이, 수십 년 동안 투쟁하면서 순교자들의 피로 신성불가침해진 나로드주의에 흠뻑 빠져 있던 상황을 상상해 보지 않는다면, 플레하노프가 러시아 혁명운동에 얼마만큼 중요한 기여를 했는지 이해하기는 어려울 것이다. 그것을 상상해 볼 때만, 처음으로 마르크스주의를 러시아 상황에 적용한 개척자가 됐을 때 느끼는 흥분을 이해할 수 있을 것이다. 레닌은 플레하노프가 최초로 쓴 마르크스주의 논문 ≪사회주의와 정치투쟁≫이 러시아에서 가지는 중요성은 ≪공산당 선언≫이 서유럽에서 갖는 중요성에 버금간다고 평가했다. 레닌에 따르면, 플레하노프의 저작 ≪일원론적 역사관의 발전에 대해≫(1894년)는 "러시아 마르크스주의자 세대 전체를 길러 냈다." 그리고 트로츠키도 다음과 같이 말했다. "1890년대 마르크스주의자 세대는 플레하노프가 놓은 기초 위에 서 있었다. …… 레닌은 마르크스와 엥겔스 다음으로 플레하노프한테 많은 빚을 졌다."[51]

노동해방단의 '영향력'

청년 블라디미르가 플레하노프의 사상을 받아들이는 데 그토록 긴 시간이 걸린 이유는 당시 그 사상이 아직 운동과 결합하지 못한 채 사상으로만 존재했기 때문이다. 즉, 누구도 이 사상을 지지해서 대중파업을 벌이거나 시위를 벌이지 않았다. 사실 1883년부터 1893년까지 10년 동안 노동해방단은 망명 그룹으로 존재했을 뿐이다. 실제로 그것이 마르크스주의 운동의 전부였다.

결성 당시 노동해방단 조직원은 겨우 5명이었다! 플레하노프, 악셀로드, 도이치, 베라 자술리치, 이그나토프가 전부였다. 얼마 지나지 않아 노동해방단은 3명으로 줄어들었다.

이그나토프는 노동해방단 그룹에 상당히 많은 자금을 지원했는데, 1895년 결핵으로 사망했다. 결성 당시부터 그는 결핵 때문에 노동해방단의 조직 활동에 능동적으로 참여하지 못했다. 도이치는 러시아로 책자를 발송하는 일을 조직하려다가 1884년 중반에 체포됐다. 그래서 플레하노프와 나머지 두 사람은 10여 년 동안 사실상 완전히 고립된 처지에 놓여 있었다. 물론 1880년대 내내 러시아의 여러 도시에 노동자들 속에서 활동하던 서클들이 있긴 했다. 그러나 이들 서클은 대단히 취약했고 활동의 결과도 지지부진했다. 반면에 경찰 탄압은 아주 효과적이어서 그런 서클들은 어느 곳에서든 거의 뿌리를 내리지 못하고 완전히 고립된 채로 지냈다. 그런 조직들이 존재했는지 파헤치는 데만도 수십 년의 역사 연구가 필요했을 정도다. 이들 서클은 가장 열악한 조건에서 1890년대에 활발한 활동을 펼칠 준비를 하면서, 중요한 지하활동을 벌이고 있었다.

1884년 불가리아인 학생 블라고예프(그는 나중에 불가리아 공산당을 창당하게 된다)가 이끄는, 지식인과 노동자로 구성된 작은 그룹이 노동해방단에 이렇게 편지를 보냈다. "우리는 노동해방단과 우리의 견해에 공통점이 대단히 많다고 결론내렸습니다." 훨씬 풍부한 학문적 준비와 훨씬 더 위대한 혁명적 경험을 가진 '해외의' 동지들에게 경의를 보내면서

블라고예프 서클 회원들은 정규적으로 관계를 맺고, 책자를 보내고, 강령의 주요 쟁점에 대해 토론할 것을 요청했다. 그리고 자금을 지원하겠다고 약속했다. 플레하노프가 악셀로드에게 '우리의 고생은 헛되지 않았어요' 하고 안도감에 젖어 외쳤던 것도 놀랄 일은 아니었다. 이렇게 해서 협력이 시작됐지만, 협력은 겨우 일 년 만인 1885~1886년 사이의 겨울에 끝나 버렸다. 블라고예프 그룹도 과거의 다른 조직들처럼 경찰 공격으로 파괴당한 것이다.[52]

블라고예프 그룹이 파괴되고 얼마 되지 않아 토치이스키 서클이라는 조직이 생겨났다. 그러나 이것도 단명에 그쳐 1888년에는 자취를 감추었다. 경찰이 이 조직을 파괴하기가 무섭게, 1889년에 또 다른 혁명 조직이 생겨났다. 이 조직은 그룹의 지도자던 금속 노동자의 이름을 따서 브루스네프 그룹으로 불렸다. 브루스네프 그룹의 조직원들 가운데는 보그다노프, 노린스키, 셸구노프, 페도르 아파나셰프 같은 저명한 노동자들이 많았다. 그러나 1892년에 가면 브루스네프 그룹도 경찰 공격으로 없어지고 만다.

1880년대는 대개 아주 작은 마르크스주의 선전 서클들이 노동자들 속에서 활동한 시기였다. 대체로 이 시기는 암흑의 시대로 기억된다. 그래서 "1880년대의 인간상"은 한마디로 실의에 차고 절망과 나태에 빠진 모습으로 나타난다. 문학에서 이런 분위기는 체호프의 희곡에서 잘 드러났다. 반야 아저씨, 이바노프 등의 등장인물은 모두 절망과 소심한 행동이 어떤 것인지 잘 보여 주는 인물이다.

1880년대에는 노동자들의 파업도 거의 없었다. 1881년에서 1886년에 이르는 6년 동안 단지 48건의 파업이 일어났을 뿐이다.[53] 그나마 이런 파업에조차 마르크스주의자들은 거의 아무런 영향도 끼치지 못했다. 1893년 러시아의 어떤 노동사학자는 당시까지 러시아에서 벌어진 노동쟁의가 "사회민주주의 조직들과 어떤 종류의 연관도 없었다"고 썼는데,[54] 이것은 아주 잘 맞는 얘기였다.

공통점과 차이점

청년 블라디미르 울랴노프는 사상을 명확히 하고 나로드주의와 자신의 관계를 검토하기 위해서 나로드니키와 논쟁하는 글을 쓰기 시작했다. 20년 뒤 그는 "누구든 논쟁을 통하지 않고는 새로운 견해를 발전시킬 수 없다"고 썼다.[55] 사상의 역사는 사상투쟁의 역사다. 이러한 초기의 논쟁적 저작들은 공허한 학술 저작이 아니라, 러시아 사회·경제 발전의 사실적 측면들을 깊이 탐구해서 얻은 성과였다. 레닌은 자신이 살고 있는 사회의 실상을 알고 싶어했다. 왜냐하면 레닌도 사회의 급속한 변화 과정에 참여할 수밖에 없었기 때문이다.

사마라 시절이 끝나갈 무렵 울랴노프는 ≪사회민주주의자와 민중주의자의 논쟁≫이라는 필사본 책자를 써서 동지들에게 읽혔다. 이것은 아마도 사마라에서 있었던 논쟁을 대화체 형식으로 요약한 것으로 추측된다. 불행하게도 이 논문은 소실됐다. 그 다음에 그는 "농민 생활의 새로운 경제적 발전(포스트니코프의 남부 러시아 농경에 대해)"이라는 제목으로 책 한 권 분량의 서평을 썼다. 통계자료로 가득 차 있는 이 서평은 원래 합법 잡지에 기고한 것이었으나 실리지 못했다. 아마 너무 길기도 하고, 당시 지배적이던 나로드니키의 관점을 날카롭게 비판했기 때문인 것 같다.

울랴노프는 사마라의 학습 서클에서 이 수고手稿를 낭독했고, 그래서 그의 권위가 곧바로 확립됐다. 그러한 혁명가들의 글을 지치지도 않고 수집한 보안경찰 덕분에, 이 서평의 필사본 2부 가운데 1부가 오늘날까지 전해 온다. 이 서평에서 울랴노프는 당시 겨우 23살이었는데도 러시아 농촌의 사회 · 경제 상황을 매우 예리하게 분석했다. 그 내용은 대부분 5년 뒤 그가 쓴 저작 ≪러시아 자본주의의 발전≫으로 흡수됐다.

울랴노프의 세 번째 저작 역시 나로드니키를 비판한 것이었다. 그 논문은 1893년 가을 "이른바 시장 문제에 관해"라는 제목으로 페테르부르크에서 쓴 것이다. 레닌은 한 마르크스주의 서클 모임에서 그 글의 핵심 내용을 발표했다. 그 모임에서는 젊은 마르크스주의자 크라신이 "시장 문제"라는 주제의 강연을 한 뒤 토론이 벌어졌다. 당시 그 모임에 참석한 사람들에 따르면, 레닌의 글은 참가한 모든 사람에게 깊은 감명을 주었다고 한다.[56] 이 논문을 보면 레닌이 마르크스의 ≪자본론≫ 2권을 아주 명확하게 이해하고 있었음을 알 수 있다. 그것은 러시아에서는 시장의 부족 때문에 "외연적" 산업 발전이 불가능하다는 V V 의 이론을 명쾌하고 통렬하게 비판했다(이것의 필사본은 오랫동안 유실된 것으로 알려졌으나 1937년에 발견됐다). 1894년 울랴노프는 주요 저작 ≪'민중의 벗'이란 무엇이며 그들은 어떻게 사회민주주의자와 싸우는가(마르크스주의자에 반대하는 〈루스코예 보가츠트보〉 기사들에 대한 응답)≫를 썼다.*

이 논문은 3권의 두꺼운 노트에 촘촘하게 쓰여 돌려 읽혔다. 이 노트는 페테르부르크에 있던 소수의 마르크스주의자들 사이에서 뚜렷한 반향을 불러일으켰고 곧 먹지로 복사돼 손에서 손으로 돌아다녔다. 이 저작은 1부와 3부만 전해져서 레닌 ≪전집≫(러시아어판 제4권)에서 199쪽 분량을 차지하고 있다. 이 모든 내용을 깨끗하게 노트에 기록해서 다시 한 글자 한 글자 먹지

---

* ≪루스코예 보가츠트보≫는 당시 유명한 나로드니키 이론가 미하일로프스키가 편집한 경제학, 사회학, 철학, 문학 분야의 지도적 이론지였다.

로 옮기는 데 들어간 순전한 노동량은 정말이지 상상을 초월한다.

그 다음 주요 저작은 1894년 말에서 1895년 초에 썼는데, 이것 역시 나로드니키를 비판한 것이었다. 이 저작은 ≪나로드주의의 경제적 내용과 스트루베 씨의 책에서* 나타난 나로드주의의 경제적 내용에 대한 비판(부르주아 문헌에 반영된 마르크스주의)≫이다. 이것도 꽤 긴 저작으로 레닌 ≪전집≫에서 166쪽 분량을 차지한다. 이 논문은 그의 저작 중에 처음으로 인쇄돼 출판됐다. 그러나 경찰이 대부분을 압수했기 때문에 사본 몇 권만 남아서 전해 온다.

1895년의 나머지 기간과 1896년에 울랴노프는 나로드니키를 비판하는 글을 전혀 쓰지 않았다. 그러나 1897년에 그는 ≪경제적 낭만주의의 특징을 말한다(시스몽디와 우리나라의 시스몽디주의자들)≫이라는 118쪽짜리 이론 저작을 써서 나로드니키를 더욱 호되게 비판했다. 마지막으로 그는 주요한 이론적 저작 ≪러시아 자본주의의 발전≫을 썼다. ≪러시아 자본주의의 발전≫은 535쪽이나 돼 사실상 ≪전집≫ 3권의 거의 전체를 차지하는 방대한 저작이다. 이 책은 러시아의 경제 발전에 대한 마르크스주의 분석을 담고 있고, 나로드니키의 주장들을 하나하나 반박하고 있다. 울랴노프는 경찰에 붙잡혀 감옥에 갇혔다가 시베리아에서 유형 생활을 하는 동안 ≪러시아 자본주의의 발전≫을 쓰기 위한 자료 수집과 연구를 하고 마침내 연구를 책으로 완성해 냈다. 그는 이 책을 쓰기 위해 299종의 국내 문헌과 독일어, 프랑스어, 영어로 된(또는 러시아어로 번역된) 38종의 외국 문헌을 참조했다. 이 책들은 감옥과 시베리아에서 지내는 동안, 멀리 떨어진 도서관에서 우편으로 구입하거나 빌린 것들이었다. 이 저작은 그의 시베리아 유형 마지막 해(1899년)에 일리인이란 필명으로 출판됐다.

앞에서 열거한 저작들은 많은 점에서 이미 플레하노프가 개척한 길을 따

---

* 스트루베, ≪러시아의 경제 발전 주체에 대한 비판적 논평≫, 1894년, 페테르부르크.

르고 있다. 레닌은 플레하노프에게 진 지적인 빚에 대해 감사의 뜻을 기록하는 것을 잊지 않았다. 레닌은 독창성 같은 것을 거의 염두에 두지 않았다. 아마도 그는 자신의 위대한 스승이며 자신에게 영감을 준 체르니셰프스키의 다음과 같은 말을 기억하고 있었을 것이다.

> 독창성에 너무 매달리면 독창성 자체가 손상된다. 진정한 독립성은 독립적이지 않을 수도 있다는 것을 항상 생각하는 사람에게만 주어진다. 나약한 사람만이 자신이 강한 성격을 갖고 있다고 이야기한다. 그리고 당황한 처지로 쉽게 내몰리는 것을 두려워하는 사람만이 다른 사람에게 영향받기를 두려워한다. 지금 유행하는 독창성에 대한 지나친 관심은 형식에 대한 몰두다. 진정으로 내용을 가진 사람은 결코 독창성에 대해 지나치게 걱정하지 않을 것이다. 형식에 몰두하게 되면 근거 없는 거짓말과 공허함에 빠지게 된다.[57]

하지만 나로드니키를 비판한 레닌의 저작들은 진정으로 많은 점에서 독창적이었고 플레하노프와는 근본적으로 달랐다. 일단, 이 젊은 제자는 늙은 스승이 지닌 폭넓은 역사 지식을 갖고 있지는 못했다. 플레하노프가 다양한 나라의 역사적 사례를 이용해서 원시공동체의 운명에 대한 인류학적 연구 등을 한 반면, 레닌의 저작에서는 그러한 연구들을 찾아볼 수 없다. 또한 플레하노프 같은 박식함과 세련된 비유, 화려한 문체도 찾아볼 수 없다. 그러나 사회·경제 현실을 파악하는 데서는 레닌이 훨씬 더 뛰어났다. 그는 통계자료를 이용해서 플레하노프가 쓴 어떤 글보다도 훌륭하게 현실 상황을 상세하게 분석했다. 예컨대, 레닌은 새로운 자본주의 관계가 침투하면서 나타난 너무도 복잡한 봉건적 예속 형태들을 그 누구도 따라올 수 없을 만큼 통찰력 있게 분석했다. 울랴노프는 여전히 플레하노프의 제자였지만 두 가지 상호 관련된 쟁점에서, 그것도 아주 결정적인 쟁점에서 스승에게서 독립해 자신만의 독창적 사상을 발전시켰다. 그것은 (1) 자본주의 발전에 대한 태도와 (2) 나로드니키에 대한 태도였다.

첫째 쟁점에 대한 차이는 ≪나로드주의의 경제적 내용과 스트루베 씨 책에서 나타난 나로드주의의 경제적 내용에 대한 비판≫에서 가장 분명하게 드러난다. 그 차이를 알려면 이러한 차이가 생겨난 배경을 살펴봐야 한다. 오랫동안 제정 당국은 마르크스주의를 그리 신경 쓰지 않았다. 그 점은 1870년대와 1880년대에 ≪자본론≫ 1권과 2권이 각각 제정 검열관의 검열을 통과한 것만 봐도 알 수 있다.

1872년 제정 검열관 스쿠라토프는 ≪자본론≫ 1권에 대한 보고서에서 다음과 같이 말했다. "러시아에서는 단지 소수만이 이 책을 읽을 것이며, 그 중에서도 극소수만이 이 책을 이해하리라고 단언할 수 있다." 알렉산드르 3세 당국도 전혀 망설이지 않고 ≪자본론≫ 2권을 통과시켜서 이것 역시 1885년 러시아어판으로 출판됐다. 왜냐하면 이 책은 "내용에서나 표현에서나 전문가가 아니면 이해할 수 없는 딱딱한 경제학 연구서"이기 때문이라는 것이었다.[58]

당시 차르는 나로드니키를 주된 적으로 보았기 때문에, 그들을 격파하도록 부추기기 위해 1890년대 중반까지 "합법 마르크스주의"를 허용했다. 일찍이 1880년대에 이미 한 보안경찰 정보원이, 더 위험한 나로드니키에 일격을 가하도록 마르크스주의 세력이 커나가게 내버려 두자고 권고한 일도 있었다. 어떤 점에선 마르크스주의 저작들이 대부분 나로드주의의 위신을 깎아내렸기 때문에, 제정 관료들은 마르크스주의가 자신들의 주된 적의 사상을 없애 버리는 데 도움을 주리라고 생각했다. 정부는 마르크스주의자들 자체는 아무런 문제가 되지 않기를 기대했다. 니즈니노브고로드 경찰서장은 마르크스주의자들이 "현재로서는 위험하지 않다"는 의견을 밝힌 바 있다. 또 페테르부르크의 한 지방 검사는 그들이 "아직은 단지 이론가들일 뿐"이라고 말하기도 했다.[59]

1894년 표트르 스트루베가 마르크스주의적 지향이 분명하다고 할 수 있는 ≪러시아의 경제 발전에 관한 비판적 논평≫이라는 책의 출판을 신청했을 때, 제정 검열관은 책의 출판을 허용했다. 그래서 1894년 9월 이 책의 출판으로 "합법 마르크스주의" 시대가 열렸고, 그 시기는 그 다음 5년 동안 계속됐다.

레닌은 마르크스주의 문헌을 합법으로 출판할 수 있는 기회를 잘 활용했다. 예컨대, 그는 ≪러시아 자본주의의 발전≫을 합법적으로 출판했다. 하지만 그는 처음부터 자신과 지도적인 합법 마르크스주의자 스트루베 사이에 명확한 분리의 선을 그었다. 스트루베의 책은 나로드주의를 날카롭게 비판하긴 했지만, 동시에 자본주의를 변명하기도 했기 때문이다.

그러나 플레하노프는 그 책을 찬양하기만 했다. 스트루베와 마찬가지로 플레하노프도 러시아 자본주의 발전의 모순적이고, 고통스럽고, 비극적인 측면을 대부분 그냥 지나쳤다. 그는 너무도 자주 자본주의 공업화를 옹호하다시피 하며 글을 썼다. 그는 나로드니키의 "주관주의"에 반대해 엄격한 "객관주의"를 주장했다. 그가 믿는 대로라면 과학적 사회주의자는 사회주의가 당위이기 때문이 아니라 장엄하고 항거할 수 없는 역사 진행의 최종 단계이기 때문에 사회주의를 위해 투쟁한다는 것이었다.[60] "사회민주주의자는 역사라는 강물의 흐름을 따라서 헤엄친다."[61] 역사 발전의 원동력은 "인간의 의지와 의식과는 아무런 관계가 없다."[62] 그람시가 플레하노프를 "통속 유물론으로 타락"했다고 비판한 것은 매우 옳은 말이었다.[63] 플레하노프는 근본적으로 이런 태도 때문에 다음과 같은 스트루베의 말을 찬성하면서 인용할 수 있었다. "우리에게는 문화가 없다고 결론내려야 하며, 따라서 우리는 자본주의라는 학교에 들어가야 한다."[64]

레닌은 스트루베나 플레하노프 못지않게 나로드니키를 비판했지만 레닌의 태도는 이들과 근본적으로 달랐다. 레닌은 ≪나로드주의의 경제적 내용과 스트루베 씨 책에서 나타난 나로드주의의 경제적 내용에 대한 비판≫의

첫머리부터 마르크스주의란 "각 나라가 자본주의 단계를 반드시 거쳐야 한다고 믿는 신념"이나 그런 종류의 잘못된 사상과 아무런 관계가 없다는 점을 분명히 했다.[65]

마르크스주의는 러시아의 역사와 현실 속에 존재하는 사실들에만 바탕을 두고 있다. 또한 마르크스주의는 [나로드주의와 마찬가지로 ─ 지은이] 노동계급의 사상이다. 마르크스주의는 단지 러시아 자본주의의 성장과 그 성과들에 대해서 널리 알려진 사실들을 완전히 다르게 설명할 뿐이다. 그리고 이 나라의 현실이 직접 생산자들 편에 선 사상가들에게 제시하는 임무를 완전히 다르게 이해할 뿐이다.[66]

레닌은 스트루베의 "편협한 객관주의"를 날카롭게 비판했다.

['편협한 객관주의'는] 과정의 불가피성과 필연성을 입증하는 데 그칠 뿐이다. 그것은 이 과정의 각 단계마다, 그 속에 내재한 계급 모순의 형태를 드러내려는 노력을 전혀 기울이지 않는다. 객관주의는 일반적 과정을 묘사할 뿐이다. 적대계급들의 투쟁이 어떻게 그 과정을 만들어 내는가 하는 점은 완전히 무시된다.[67]
　　특정 사실들의 필요성을 입증하려 할 때 객관주의자는 사실들을 항상 옹호하게 될 위험이 있다.[68]

객관주의에 반대해, 레닌은 유물론적 방법을 제시한다. 레닌에 따르면, "유물론자는 계급 모순을 폭로하고 그렇게 해서 자신의 관점을 분명히 한다."[69]
　　레닌이 볼 때 자본주의는 봉건제보다 진보적이었다. 왜냐하면, 자본주의는 자신의 무덤을 파는 자를 만들어 내기 때문이다. 자본주의는 수많은 대중을 봉건적 동면 상태에서 일깨워 조직한다. 바로 여기에 자본주의의 진보성이 있다. 또한 자본가들에 맞선 프롤레타리아의 계급투쟁을 첨예하게 만드는 것이야말로 마르크스주의자의 주된 임무다.

플레하노프와 악셀로드는 번갈아 가며 스트루베에 대한 레닌의 글을 비판했다. 그들 눈에는 레닌이 자유주의 부르주아지를 너무 신랄하게 비판하는 것처럼 보였다. 악셀로드는 레닌과 한 토론을 이렇게 회상한 바 있다.

자네는 내가 준비한 글에서 표명한 경향과 정확히 정반대의 경향을 보이고 있네. …… 나는 …… 지금의 역사적 운동에서 러시아 프롤레타리아의 당면 이익이 다른 진보적인 사회 성원들의 핵심 이익과 일치한다는 사실을 알려 주고 싶네. …… 둘은 모두 똑같이 긴급한 문제에 직면해 있다네. …… 제정 타도 [말일세] …….

울랴노프는 웃으면서 대답했다.

아시겠지만, 플레하노프도 제 글에 대해서 똑같은 말을 했지요. 플레하노프는 자기 생각을 이렇게 생생하게 표현했습니다.

자네는 자유주의자에게 등을 돌리지만, 우리는 우리 얼굴을 돌린다네.[70]

이러한 의견 차이는 미래에 벌어질 자유주의자에 대한 태도를 둘러싸고, 한편으로 레닌과 다른 한편으로 플레하노프, 악셀로드 사이에 생긴 대립을 예고하는 것이었다. 플레하노프의 ≪사회주의와 정치투쟁≫을 주의 깊게 읽어 보면, 플레하노프가 자유주의자와 궁극적으로 어떠한 관계를 맺을 것인지 예견할 수 있다. 그는 이 팸플릿에서 반차르 혁명의 목적을 "입헌 민주정 요구"로 제한해야 한다고 주장했다.

아직은 머나먼 훗날에나 나타날 '붉은 유령'으로 사람들을 겁먹게 하지 않는다면, 그러한 정치 강령은 일관된 민주주의의 적들을 제외한 모든 사람들이 우리 혁명정당에 공감하게 만들 것이다. 또한, 사회주의자들뿐 아니라 대단히 많은 우리나라 자유주의의 대표자들도 그러한 강령에 동의할 수 있을 것이다. …… 그러면 자유주의자들은 참말로 자신의 이해관계 때문에 '정부에 대항해서 사회주의자와 연대해' 행동하도록 '강제'될 것이다. 왜냐하면 그들은 혁명적 출판물들에서, 제정 전복은 다가올 사회혁명의 신호탄이 될 것이라는 증거를 더는 발견하지 못할 것이기 때문이다. 동시에 좀 더 대담하고 좀 더 진지한 자유주의 사회 성원들은 더는 혁명가들을 비현실적이고 환상적인 계획이나 세우는 철모르는 어린애쯤으로 여기지 않을 것이다. 혁명가들에게 하나도 좋을 게 없는 이런 평가는 혁명가들의 영웅주의와 정치적 성숙함을 존경하는 사회적 태도에 자리를 내줄 것이다. 이러한 존경은 점차 능동적 지지로 발전할 것이다. 심지어 독립적인 사회운동으로까지 발전할 것이다. 그래서 마침내 제정 전복의 시간을 알리는 종이 울릴 것이다.[71]

또한, 레닌은 나로드주의를 대하는 태도에서도 플레하노프와 달랐다. 1893~1895년에 레닌은 자신과 나로드니키 사이에 분명한 분리선을 그었지만 (1883~1884년에 플레하노프가 했던 것보다도 훨씬 더 철저하게), 나로드주의에 진보적이고 민주적이며 혁명적인 면이 있다는 사실을 결코 잊지 않았다. 레닌과 달리 플레하노프는 일단 나로드주의와 완전히 결별한 뒤로는 나로드주의에서 어떠한 진보성도 찾아내려고 하지 않았다.

[레닌은 말한다 — 지은이] 나로드주의의 강령을 하나하나 따져보지 않고 송두리째 부정하는 것은 …… 분명히 잘못일 것이다. 우리는 그것에 담긴 반동적 측면과 진보적 측면을 분명히 구분해야 한다. 나로드주의는 토지와

낡은 생산양식에 농민을 묶어 두려는 조처들 — 예컨대, 분급지 같은 양도할 수 없는 권리 등 — 을 주장한다는 점에서 반동적이다. 화폐경제의 발전을 저지하려 한다는 점에서도 마찬가지다. …… 그러나 다른 측면도 있다. 즉, 자치를 주장하는 것이라든지, 값싼 신용 대부, 기술 개선, 시장을 효율적으로 조절해서 민중(즉, 소규모) 경제를 실현하려는 것 등. …… 이러한 전반적인 민주주의 조처들은 진보적이다. …… 이론적인 면에서 나로드주의는 야누스와 똑같다. 한쪽 얼굴은 과거를 바라보고 다른 쪽 얼굴은 미래를 바라본다. 현실 생활에서 소생산자는, 한쪽 얼굴은 과거를 바라보기 때문에 경제체제 전체와 그 체제를 통제하는 계급을 살펴볼 필요를 알지 못한 채, 또는 알려고 하지도 않은 채 자신의 소경작지가 늘어나기만을 바란다. 한편 다른 쪽 얼굴은 미래를 바라보기 때문에 자신을 파멸시키는 자본주의에 적대적 태도를 취한다.[72]

수년 동안 레닌은 플레하노프가 주장한 것과 달리 자유주의자들, 즉 카데츠당과 동맹하려 하지 않았다. 오히려 레닌은 나로드주의의 프티부르주아 상속자들, 즉 트루도비키와 동맹하려 했다. 1912년 레닌은 나로드주의에서 "가치 있는 민주주의적 핵심"을 뽑아내려는 노력과 볼셰비즘 사이에 연관이 있음을 지적했다.

마르크스주의자는 나로드니키적 공상의 껍데기 속에서, 농민 대중이 지닌 진지하고 단호하며 전투적인 민주주의라는 건강하고 가치 있는 핵심을 뽑아내야 한다. 1880년대의 옛 마르크스주의 문헌을 보면 당시에는, 이러한 가치 있는 민주주의적 핵심을 뽑아내기 위해 체계적으로 노력했음을 알 수 있다. 훗날 역사가들은 이러한 노력을 체계적으로 연구해서 그것과 20세기의 처음 10년 동안 '볼셰비즘'이라고 부른 것 사이의 연관을 밝혀낼 것이다.[73]

잘못된 사회주의 이론인 나로드주의와 투쟁해야 했을 때, 멘셰비키는 교조적 태도를 취하다 보니 자유주의·지주 자본주의를 타도하고 민주주의적 자본주의를 쟁취하려는 프티부르주아 대중투쟁 이론으로서 나로드주의가 가진 참되고 진보적인 역사적 내용을 그냥 지나쳤다. …… 농민운동이 반동적이라는 생각, 따라서 카데츠가 트루도비키보다 훨씬 진보적이라는 생각은 …… 실로 끔찍하고, 바보스럽고, 배신적인 사상이다.[74]

레닌은 거듭거듭 강조했다. "러시아 사회민주주의자들은 항상 나로드니키의 이론과 경향에서 혁명적 측면을 뽑아내고 흡수해야 한다는 것을 잘 알고 있었다."[75]

또한 레닌은 ≪무엇을 할 것인가?≫에서 혁명적 마르크스주의자는 조직 체계에서도 나로드니키의 긍정적인 성과를 그냥 지나쳐서는 안 된다고 주장했다.

1870년대 혁명가들이 건설했던 위대한 조직을 …… 우리는 모범으로 삼아야 한다. …… 차르 체제에 단호하게 전쟁을 선포한 중앙집권적 투사 조직이라면 …… 반드시 그러한 조직을 본받아야 한다. …… 오직 마르크스주의를 전혀 이해하지 못할 때만(또는 마르크스주의를 '스트루베주의' 정신으로 '이해'할 때만), 노동계급의 자생적 대중운동이 상승하면 우리 자신은 제믈랴 이 볼랴의 훌륭한 혁명가 조직을 건설할 의무에서 면제될 수 있다고 주장할 것이다.[76]

플레하노프는 처음에 레닌의 스승이었다가, 그 다음에는 나이 많은 동지로, 마침내 화해할 수 없는 반대파로 변신한다. 그러나 처음부터 제자 레닌은 스승 플레하노프에게서 독립해 있었다. 나로드주의에 반대해 러시아 마르크스주의를 거듭거듭 옹호하고 주장했던 그때부터 말이다.

1장을 마무리하며

우리는 청년 울랴노프에게 플레하노프나 다른 사람들이 끼친 영향을 살펴보는 데 관심이 없다. 왜냐하면 중요한 것은 레닌이 그들에게 무슨 빚을 졌는지가 아니라, 빚진 것으로 무엇을 만들어 냈는가 하는 사실이기 때문이다. 그리고 이것은 빚진 자 개인의 경험과 역사에, 그리고 투쟁에서 그가 한 행위에 달려 있다.

나로드주의와 결별한 것, 스트루베의 자유주의에 대한 독창적 태도, 그리고 변증법적 태도, 즉 나로드주의가 혁명적 민주주의 운동인 한 그것을 비판적으로 지지하는 것, 이 모든 것은 장차 레닌이 자신의 사상을 발전시키는 과정에서 취했던 근본 태도였다. 레닌은 자신의 정치 역정을 통틀어 프롤레타리아, 농민, 부르주아지 이 세 사회 계급에 대한 혁명적 사회주의자들의 관계를 근본적인 것으로 여겼다.

이 시기 레닌의 저작들은 이미 그가 나중에 이론적으로 발전하는 데서 중심이 될 주제를 맹아 형태로 담고 있다. 자유주의 부르주아지에 대한 가차없는 비판, 농민에 대한 프롤레타리아의 헤게모니, 주로 농민운동 성격을 띤 식민지 민족해방운동과 선진 공업국 프롤레타리아 사이의 동맹 같은 것들 말이다. 농민은 프티부르주아적이기 때문에 프롤레타리아와 부르주아지 사이에서 동요하는 계급이다. 농민은 봉건제와 제국주의에 대항해 투쟁하는 한에서 혁명적이다. 하지만 사유재산에 집착하는 한에서는 반동적이다. 프롤레타리아는 농민과 동맹해야 하는 동시에 농민에게서 독립해 있어야만 한다. 프롤레타리아는 농민과 융합하지 않으면서, 또 농민이 동요할 때 같이 동요하지 않으면서 농민을 지도해야 한다. 레닌의 태도를 보면, 서유럽에서 들어온 마르크스주의가 나로드니키의 혁명 투쟁이라는 러시아의 전통과 융합해 있음을 알 수 있다.

　마르크스는 이렇게 썼다. "철학자들은 지금까지 세계를 해석했을 뿐이다. 그러나 문제는 세계를 변혁하는 것이다." 레닌은 단지 자신의 개인적 열정과 행동뿐 아니라, 나로드니키의 영웅적 전통에 힘입어 이러한 과제를 수행했다. 위대한 나로드주의의 영웅 젤랴보프(그는 알렉산드르 2세 암살을 조직했다)는 이렇게 말했다. "역사는 너무 천천히 움직인다. 따라서 우리는 역사를 밀어붙여야 한다." 레닌은 바로 그렇게 할 태세가 돼 있었다. 레닌은 러시아 프롤레타리아를 대표했다. 젊은 계급, 러시아 프롤레타리아는 농민과 매우 가까웠지만 그렇다고 해서 관습과 보수주의의 족쇄 때문에 방해받지는 않았다. 그들은 대담하고 용감했다. 왜냐하면 주변에 억압받고, 굶주리고, 힘없고, 굴욕당하는 수많은 민중, 즉 농민이 있었기 때문이다. 프롤레타리아가 민주주의를 위해 싸울 때 그들은 단지 자신들의 계급 이해 때문에만 그러는 것이 아니다. 동시에 그들은 전체 민중의 대표자로서, 무엇보다도 농민의 대표자로서 싸우는 것이다. 나로드니키처럼 개인으로서 '민중 속으로' 가는 것 대신에 레닌은 농촌의 지도자인 프롤레타리아한테 갔다. 이제 2장부터 바로 이런 얘기를 다루고자 한다.

02 | 마르크스주의 학습 서클에서 산업투쟁으로

1893년 8월 31일 블라디미르 울랴노프는 페테르부르크에 도착했다. 그는 같은 해 9월 공과대학 학생들로 이루어진 한 마르크스주의 서클에 들어갔다(그 서클에는 크르지자노프스키, 라드첸코, 스타르코프, 크라신 등이 있었다). 앞서 본 것처럼 1892년 봄에 경찰은 페테르부르크에 있던 브루스네프 그룹 조직원들 대다수를 체포한 바 있다. 그러나 브루스네프 그룹의 노동자 조직원들은 체포되지 않고 남아 있었다. 또한 다소 느슨한 지하 노동자 조직들이 계속 존재했다. 그 조직들의 구성원은 주로 — 전부는 아니지만 — 노동자였고, 그들의 주된 관심사는 학습이었다. 그 서클들(크루즈키)에 속해 있던 노동자들의 지식욕은 끝이 없었다.

플레하노프는 이런 학습 서클에 가입한 노동자들을 다음과 같이 묘사했다.

공장에서 10시간에서 11시간 정도 일을 하고 밤이 돼서야 집으로 돌아오지만, 그들은 새벽 1시까지 잠을 자지 않고 책을 읽었다. …… 나는 그들이 관심을 가졌던 이론 문제들이 다양하고 풍부한 데 감동받았다. …… 그들은 정치경제학에서 화학, 사회 문제, 다윈의 이론에 이르기까지 모든 종류의 문제에 관심을 가졌다. …… 그들이 이런 지적 욕구를 만족시키려면 족히 10년은 걸릴 것이다.[1]

그러한 노동자들에게 혁명적 저작에서 원하는 것이 정확히 무엇이냐고 물으면 아주 다양한 대답을 들을 수 있었다. 그들은 대부분 몇 가지 이유로 바로 그 순간 그들의 특별한 관심사였던 문제들의 해결책을 원했다. 그 노동자들의 마음속에서는 그러한 문제들이 크게 늘어 가고 있었던 것이다. 또한 그들은 저마다 자신의 취향이나 성격에 따라 특별히 선호하는 문제가 있었다. 어떤 이는 신의 문제에 관심이 있었기 때문에, 혁명적 문헌들이 주로 사람들의 종교적 믿음을 깨뜨리는 데 주력해야 한다고 주장하기도 했다. 또 어떤 이는 역사 · 정치 문제나 자연과학에 관심이 있었다. 나와 안면이 있던 공장 노동자들 가운데는 특별히 여성 문제에 관심이 있는 사람도 있었다.[2]

유대인 노동자 사회주의 학습 서클의 지도자들은 매우 다양한 주제로 노동자들을 계몽하려 했다. 그들 가운데 빌나의 레온 베른슈타인이라는 사람은 학생들에게 "미개 종족부터 의회와 노동조합이 있는 영국인에 이르기까지 인간의 다양한 생활"에 대해 강연했을 뿐 아니라, "세계는 어떻게 창조됐는가, 태양과 땅, 바다와 화산은 어떻게 창조됐는가" 하는 것을 가르쳤다. 또 어떤 서클에서는 "사회 계급, 노예제, 농노제, 자본주의의 출현을 주제로 토론했다. 서클 회원들은 다윈과 밀[영국의 철학자 · 경제학자]을 공부했고 러시아 문학의 걸작들을 읽었다."[3]

당시 러시아 노동자 운동을 연구한 어떤 역사가는 다음과 같이 썼다.

그러한 노동자들은 자신들의 절망적인 사회적 처지를 벗어날 수 있는 길을 교양과 계몽에서 찾았다. 그래서 그들은 학습 서클이 제공하는 기회를 열심히 이용하려 했다. 인식능력이 뛰어난 많은 노동자들은 학습의 근본원리를 터득했을 뿐 아니라, '과학'과 그들을 둘러싼 세계를 과학적으로 이해하는 데 깊은 관심을 보였다.[4]

은밀하게 열린 1891년 메이데이 기념집회에서 어떤 노동자가 동지들에게 한 연설은 학습 서클 회원들의 두드러진 태도를 생생하게 보여 준다.

지금 우리가 할 수 있는 것이라곤 노동자들을 교육하고 조직하는 임무에 전념하는 것뿐입니다. 이것은 우리 정부가 가하는 위협과 장애에 상관없이 달성해야 하는 임무입니다. 우리의 노력이 결실을 맺게 하려면, 우리는 최선을 다해 우리 자신과 다른 사람들을 지적·정신적으로 교육해야 합니다. 우리는 힘닿는 데까지 이러한 일을 해야 합니다. 그러면 우리 주위 사람들은 우리를 지적이고 정직하고 용기 있는 사람으로 여길 것입니다. 아울러 그들은 우리를 더 많이 믿고 우리를 자신들의 모범으로 삼을 것입니다.[5]

실천에서 크루즈키는 마르크스주의 사상을 조용히 퍼뜨리면 혁명이 더욱 앞당겨질 것이라고 생각했다.

서클들은 사회주의의 학교가 되고자 했다. 그러나 때때로 노동자들은 서클들을 단지 학교로만 여겼다. 그들은 지식에 자신들의 모든 희망을 걸었지만 혁명적 이론에는 거의 귀를 기울이지 않았다. 이런 태도는 1892년에 빌나의 어떤 노동자가 "좋은 어머니와도 같이 지식은 우리를 고통의 바다를 건너 생명의 땅으로 인도할 것이다" 하고 말한 것에서 명백히 드러난다.[6]

그들은 모호한 전망을 내놓았다. 스크보르초프의 견해는 이 점을 전형적으로 보여 준다. 그는 초기 러시아 마르크스주의자들 중 한 명이었고, 니즈니 노브고로드에서 처음으로 마르크스주의 서클을 결성한 사람이었다. 그가 가르친 미츠케비치라는 학생은 스크보르초프의 태도를 다음과 같이 묘사했다.

우리는 노동자 운동의 장래에 대해 장시간 대화를 나눈 적이 있다. 그때만 해도 우리가 노동자 운동이 미래에 어떤 형태로 전개될 것인지를 아주 추상적으로 생각했다는 것이 스크보르초프가 내놓은 전망에서 명백하게 드러난다. 그는 다음과 같은 전망을 내놓았다. 마르크스를 학습하는 노동자들의 수가 갈수록 늘어날 것이다. 그들은 갈수록 더 많은 노동자들을 이 학습 서클로 데려 올 것이다. 머지않아 러시아 전역이 그러한 서클들로 뒤덮일 것이다. 그렇게 되면 우리는 사회주의 노동자 정당을 건설하게 될 것이다. 하지만 그는 이러한 당이 해야 할 임무는 무엇이며 그 당이 투쟁을 어떻게 수행해야 하는지에 대해서는 여전히 명확한 전망을 내놓지 못했다.[7]

이바노보보즈네센스크에 있던 사회민주주의 '노동자 동맹'의 공식 규약은 "인류의 진보를 실현하기 위해 비판적으로 사고하는 개인들"과 자신의 주된 목표가 "좀 더 교양 있는 남녀 노동자들 사이에서 선전 활동"을 벌이는 데 있다고 선언하는 사람을 조직원으로 규정했다.[8]

설상가상으로, 많은 서클 회원들이 일반 노동자들 사이에서 고립됐다. "오랫동안 사회주의자 세계에서 지적인 이유식만을 먹고 자란 결과, 많은 노동자들이 외모에서 그리고 그들이 가진 학식의 범위와 깊이에서 지식인들과 거의 구별할 수 없게 됐다."[9]

대부분 숙련 업종 출신인 '선진' 노동자들은 지식인들만큼이나 일반 노동자들 사이에서 고립됐다. 그들은 동료들보다 세련된 말투를 썼고, 책에 대한 지식을 뽐냈으며, 심지어 민주주의를 지향하는 지식인보다 옷을 더 까다롭게 입었다. 그들 가운데 많은 이들이 술과 담배를 멀리했고 욕을 하지 않았기 때문에, 때때로 파시코프파 신재성경 소책자파의 신재로 오해를 받았고 동료 노동자들에게 웃음거리가 됐다. 더욱 놀라운 일은 그들이 파업이나 그 밖의 다른 기초적인 저항들에 냉담하게 반응했다는 사실이다. 그러한 투쟁이 갈수록 자주 일어나고 있었는데도 말이다.[10]

마르토프에 따르면, 서클의 노동자들은

자신들을 후진적인 다수의 처지에서 벗어나 새로운 문화 환경을 창조해 나가는 개인들로 여겼다. 그러나 이것이 주된 문제는 아니었다. [주된] 문제는 이런 생각 때문에 그들이 미래에 자기 계급이 성장하는 과정 전체를 너무도 단순하고 합리주의적인 태도로 바라봤다는 데 있었다. 그들은 서클에서 독서를 통해 얻은 지식과 새로운 도덕관념을 확산시키면 노동계급이 부상하리라고 생각했다. 그들과 논쟁해 보면 놀랍게도 그들이 가진 전반적인 사회적 사고방식이 관념적이라는 사실, 그들의 사회주의가 여전히 철저하게 추상적이고 공상적이라는 사실을 알 수 있었다. 계급투쟁을 통해서 비문화적인 환경 자체를 바꿀 수 있다는 생각은 ─ 그 환경에 대항해서 그들 자신의 사회적 자각이 생겨났는데도 ─ 그들에게는 여전히 낯선 것이었다.[11]

어떤 노동자들은 심지어 "대중에게 은혜를 베푼다는 식의 경멸적인 태도"를 갖기도 했다. "대중은 사회주의의 가르침을 받을 자격이 없다고 말할 수 있다"는 것이었다. 많은 사람들에게 서클은 단순히 "지식을 얻는 수단이자, 노동자 대중이 살던 암흑 상태에서 벗어날 수 있는 개인적 탈출구"에 지나지 않았다.[12]

선동을 향해

1891년의 기근 때문에 플레하노프는 마르크스주의 운동의 새로운 장을 열 수 있었다. 그리 성공하지는 못했지만 말이다. 어쨌든, 기근 때문에 그는 서클 활동에서 대중 선동으로 나아가게 됐다. 그는 ≪러시아의 기근 동안 사회주의자들의 임무≫라는 팸플릿에서, 프롤레타리아 속에서 '선전'과 '선동' 두 가지 차원의 교육 활동을 해야 한다고 주장했다. 그는 이렇게 설명했다. "종파라면 좁은 의미의 선전에 만족할 수 있다. 그러나 정당은 결코 그럴 수 없다. …… 선전가가 많은 사상을 하나 또는 소수의 사람들에게 전달하는 반면, 선동가는 오직 하나 또는 몇 가지 사상을 다수의 사람들에게 전달한다. …… 그러나 역사는 대중이 만드는 것이다."[13]

그의 주장을 요약하면 다음과 같다. 혁명가들은 "사회주의 노동자 서클을 조직"하는 데서만 머무르지 말고, 밖으로 나가 8시간 노동 같은 정치적 · '경제적' 구호들에 바탕을 두고 대중의 불만을 폭발시켜야 한다. 이러한 요구들은 모든 노동자들을 사회주의 운동 쪽으로 끌어당길 수 있다. "그러면 가장 후진적인 노동자를 포함해 모든 노동자들이 적어도 몇 가지 사회주의적 조처들을 취하는 것이 노동계급에게 가치 있는 일이라는 사실을 분명히 확신할 것이다. …… 노동시간 단축 같은 경제적 개혁은 노동자들에게 직접 이익이 된다는 점 때문에라도 그 자체로서 좋은 것이다." 당의 임무는 바로 "현재의 운동에 적합한 경제적 요구들을 정식화하는 것"이다.[14]

플레하노프의 외침은 러시아 노동자들 사이에서 아무런 반향도 얻지 못했다. 그러나 러시아 제국의 서부, 즉 폴란드에서 살고 있던 유대인 노동자들한테서 응답이 있었다. 대체로 폴란드의 사회주의 운동은 러시아보다 훨씬 앞서 있었다. 옛 소련의 역사가 발크는 다음과 같이 썼다. "폴란드의 사회주의 운동은 처음부터 대중운동이었을 뿐 아니라 노동자 운동이었다. 이 점은 러시아의 혁명적 사회주의 운동과 크게 다르다. 러시아의 운동은 지식인들과 서클들이 이끌었다."[15] 1891년 5월 폴란드의 많은 도시에서 파업 물결이 일었다. 그것은 이듬해 로즈의 총파업으로 절정을 이루었다.

　유대인 사회주의자들은 선동을 조직하는 데서 갈수록 많은 성공을 거두었다. 유대인이 많이 사는 지역에서는 파업이 매우 자주 일어났다. 이러한 파업 운동은 1895년 비알리스토크의 직물공장 파업으로 절정에 달했다. 당시 1만 5000명이나 되는 노동자들이 파업에 참가했다. 사실 유대인 노동자들은 노동조합 조직화에서 러시아 노동자들보다 앞서 있었다. 1907년 말 페테르부르크 노동자들은 7퍼센트만이 노동조합으로 조직돼 있었다.[16] 반면에 1900년 비알리스토크에서는 유대인 노동자의 20퍼센트가, 빌나에서는 24퍼센트가, 고멜에서는 40퍼센트가, 민스크에서는 25~40퍼센트가 노동조합으로 조직돼 있었다.[17]

　따라서 노동자들 사이에서 선동하라는 플레하노프의 요구를 나중에 유대인 분트로 조직된 유대인 사회주의자들이 제일 먼저 받아들인 사실도 놀랄 만한 일은 아니다. 1894년 유대인 사회주의 조직의 지도자인 크레머는 마르토프와 함께 ≪선동론≫이라는 소책자를 썼다. ≪선동론≫은 마르크스주의 서클 회원들이 "자기완성"에만 몰두하는 것을 날카롭게 비판했다. "명백히 노동자 사회민주주의자들은 대부분 우리가 쓸모없는 것이라고 비판하는 바로 그런 일(서클 선전)에 몰두해 있다." ≪선동론≫은 서클주의의 성과를 평가하면서 다음과 같이 말했다. "따라서 뛰어나고 유능한 노동자들만이 이론적 지식을 습득했다. 그러한 노동자들은 현실의 삶과 주변 조건들을 아주 피상적으로만 이론과 관련지어 생각한다. …… 지식을 얻으려는 노동자들의 투쟁, 곧 암흑에서 벗어나려는 노동자들의 투쟁은 과학적 사회주의의 일반 원리를 그들에게 속여 팔려는 목적에 이용당했다."[18]

　[사회민주주의자의] 임무는 노동계급 사이에서 고립된 노동자 지식인을 만드는 것이 아니라 선동가들을 훈련하는 것이었다. 노동자 대중은 추상적인

지적 활동으로는 사회주의 사상을 습득할 수 없다. "대다수 대중은 지적 사고가 아니라 객관적 상황 전개를 통해 투쟁으로 이끌린다."[19]

[경제 — 지은이]투쟁은 …… 노동자들에게 자신의 이익을 옹호하는 것을 가르치고, 노동자들의 용기를 북돋아 주고, 노동자들 자신의 힘에 대한 믿음을 주고, 단결의 필요성을 깨닫게 하고, 해결해야 하는 더욱 중요한 과제들을 노동자들에게 제기한다. 따라서 더 중대한 투쟁에 대한 준비를 갖춘 노동계급은 이러한 핵심 문제들을 다루는 데까지 나아간다. 이렇게 더 의식적인 형태의 계급투쟁은, 기존 정치 상황을 노동계급에 유리하게 바꾸기 위한 정치 선동의 토양을 만들어 낸다. 사회민주주의 강령은 더욱 구체화한다.[20]

노동자들을 투쟁으로 불러 모을 수 있는 그런 사소한 쟁점들을 파악하려면 노동자들이 어떠한 문제에 가장 쉽게 흥분하는지를 이해하고, 선동을 시작하기에 가장 알맞은 때를 고르고, 특정 시간과 장소에서 어떤 투쟁 방식이 가장 효과가 있는지를 알아야 한다. 그러한 것들을 알려면, 선동가는 노동 대중과 끊임없이 접촉해야 하고, 각각의 공장에서 일어나는 사태 전개의 추이를 항상 관찰해야 한다. 각각의 공장에는 수많은 문제가 있다. 노동자들은 아주 사소한 세부 사항에도 관심이 있을 수 있다. 어떤 요구를 정확히 언제 제출해야 하는지 명확히 아는 것, 싸움이 일어날 수 있는 시기를 미리 아는 것, 바로 그것이 선동가의 임무다. …… 대중의 생활 조건을 알고 대중의 정서를 알면 …… 선동가는 자연스럽게 노동자들의 지도자가 될 것이다.[21]

그래서 ≪선동론≫은 대중의 지도자로서 사회주의자의 임무를 다음과 같이 규정했다.

사회민주주의자의 임무 가운데 하나는 공장 노동자들 속에서 그들의 일상적인 필요와 요구를 바탕으로 끊임없이 선동하는 것이다. …… 사람들은 선동가의 사회민주주의적 견해가 대중을 이끌 방침을 결정할 것이라고 생각한다. 선동가는 항상 대중보다 한 걸음 앞서야 한다. 그는 대중 자신의 투쟁에 관해 설명해야 한다. 즉, [기업주들의 이해와 ― 지은이] 노동자들의 이해가 화해할 수 없는 것임을 더욱 총체적인 관점에서 설명해야 한다. 이렇게 해서 대중의 시야를 넓혀 나가야 한다.[22]

≪선동론≫은 '단계'론을 바탕으로 기업주에 맞선 산업투쟁과 제정에 맞선 정치투쟁의 관계를 기계적으로 분리했다. 나중에 이러한 단계론은 '경제주의'가 발전하는 이론적 토대가 됐고, 레닌은 경제주의를 아주 격렬하게 비판했다. ≪선동론≫에는 다음과 같이 쓰여 있다.

당분간 대중에게 더 광범한 과제를 제시하는 것을 삼가야 한다. 사회민주주의자는 노동자들이 개별 기업주들과 맞붙는 것이 아니라 투쟁 경험을 통해 전체 부르주아계급과 그들 뒤에 있는 정권과 맞붙게 해야 한다. 사회민주주의자는 바로 이런 경험을 바탕으로 선동을 확대하고 심화해야 한다.[23]

처음에 서클 회원들은 대체로 ≪선동론≫에 대해서 아주 적대적인 반응을 보였다. 마르토프는 키에프와 하리코프에서 온 사회민주주의 서클 대표들이 빌나를 방문해 선동을 채택하는 데 반대했다고 기록하고 있다. 그들 가운데 한 사람은 선동은 "오랫동안 힘들게 구축했고, 서클의 선전 활동 전체를 떠받치고 있는 엄격한 음모 체계를 무너뜨릴" 것이라고 주장했다. 또 다른 대표는 "사회민주주의자의 진정한 임무는 '계급의식적인 노동자 전위'를 훈련하는 것인데, 선동은 프롤레타리아 의식의 겉면만을 건드릴 뿐이다" 하고 말하면서 선동에 반대했다. "그들은 그러한 전위를 '다재다능하고 교육받은 노동자 마르크스주의자들'로 이해했다."[24]

초기 러시아 노동자 운동에 관한 저서를 펴낸 아키모프는 마르크스주의 서클 회원이었던 노동자의 말을 인용하고 있다. "유인물은 시간 낭비일 뿐이다. 도대체 유인물 한 장으로 무엇을 설명할 수 있을까? 노동자에게는 책을 줘야 한다. 유인물로는 어림도 없다. 노동자는 배워야 한다. 서클에 들어와야 한다!"[25]

키예프에서 온 동지는 다음과 같이 말했다고 한다.

내가 한 여성 노동자를 만나러 갔더니 눈물을 흘리고 있었다. 나는 무슨 일로 그러느냐고 물었다. 그 노동자는 이렇게 대답했다. 예전에 한 노동자 서클의 회원이었던 몇몇 친구들이 찾아와서 서클에 들어가 훈련받지도 않은 채 뻔뻔스럽게 설교나 하려 든다고 조롱했다는 것이다. 이렇게 말이다. "그들은 너를 설익은 사회민주주의 선동가로 만들어 놓은 듯한데, 그렇지? 가르치기 전에 먼저 배우려고 해야 할 게 아냐!"[26]

아브람 고르돈이라는 노동자는 《지식인들에게 보내는 편지》라는 소책자에서, 사회민주주의 지식인의 임무는 노동자들에게 봉사하는 것이지 노동자들을 "혁명의 총알받이"로 이용하는 것이 아니라고 주장했다. 그는 선동이 노동자들을 반#무지 상태로 놔두어 부르주아 출신의 지식인 지도자들에게 영원히 의존하게 만들려는 또 다른 시도라고 비난했다.[27]

이런 태도를 비판하면서 아키모프는 다음과 같이 말했다. 그러한 노동자들은

이러한 전술 변화의 깊은 의미를 이해하지 못했다. 그들 눈에는 지식인들이 노동자 서클 안에서 선전 활동을 포기함으로써 자신들의 문화적 소임도 함께

포기하는 것처럼 보였다. 또 지식인들이 무의식적이고 자생적인 대중운동을 악용하려는 것처럼 보였고, 노동자들을 순전히 '총알받이'로만 취급하는 것처럼 보였다. 실제로 서클에 속한 노동자들은 운동에 입문한 지식인 출신 혁명가들보다 덜 민주적인 것으로 입증됐다. 그러한 노동자들은 스스로 대중보다 우월하다고 느꼈고, 무식한 노동자들이 모임에 나타나면 화를 냈다. 그 결과 그때까지 모범을 보여 온 식자공을 포함해 모든 업종의 노동자들이 운동을 떠났다.[28]

서클에 가입한 노동자들은 대부분 "가장 고결한 의미에서 스스로 깨우치는 것이 사회주의 운동의 알파요 오메가라고 생각했다. 그래서 그들은 '비판적으로 사고하는 개인'으로 성장하기 위해 모든 시간을 바치는 것이 아니라 선동 재능으로 사람들을 획득해 대중에게 영향을 미치는 데 필요한 최소한의 지식만 그들에게 가르쳐야 한다는 사상을 얼토당토않은 것으로 생각했다."[29]

서클들 내부에서 이토록 강력한 반대가 있었지만 선동은 뿌리를 내렸고 결국 서클주의를 밀어냈다. 1894년 4월 ≪선동론≫ 한 부가 모스크바에 도착했다. ≪선동론≫은 그곳에서 다시 먹지로 복사돼 러시아 전역의 사회민주주의 그룹들로 전달됐다. 1896년 제네바에 있던 노동해방단은 악셀로드의 서문을 달아 ≪선동론≫을 인쇄해 해외로 널리 배포했다.

시험에 떨어진 플레하노프

서클 노동자 회원들의 대다수는 선동으로 전환하지 못했다. 그런데 1891년에 선동으로 전환해야 한다고 처음으로 주장한 사람이 바로 플레하노프였는데도, 막상 선동을 실천으로 옮기자 플레하노프와 노동해방단은 대중의 요구에 부응할 수 없음이 드러났다.

1892년 초 페테르부르크에서 온 보덴이라는 뛰어난 젊은 마르크스주의자가 플레하노프를 방문했다. 그는 노동자들을 위해 대중용 책자를 써 달라는 브루스네프 그룹의 요청을 플레하노프에게 전달했다. 플레하노프는 이 어린 실천가가 "마르크스주의 사고방식을 배우려는 열망이 부족하다"며 빈정거렸다. 보덴은 플레하노프가 "오랜 세월 동안 쌓인 짜증"을 한꺼번에 부리면서 말하는 듯했다고 썼다.[30] 1895년까지 보덴 같은 사절은 단지 6명뿐이었고, 그런 방문은 모두 화해할 수 없는 충돌을 빚어냈다. 플레하노프의 아내 로살리야 마르코브나는, "[플레하노프의 말에 따르면] 우리와 어깨를 견주기 위해 다양한 지방에서 온 이런 라살 같은 자들이 …… 촌스럽고, 조야하고, 건방졌기" 때문에 그가 짜증을 냈다고 썼다.[31]

1897년에 키예프 출신의 마르크스주의자 투찹스키가 플레하노프와 악셀로드를 만나러 스위스로 갔다. 그는 러시아 노동자들을 위한 일련의 대중적 선전 소책자를 발간해 달라고 부탁했다. 플레하노프와 악셀로드는 그런 일을 할 시간이 없다면서 즉시 거절했다.[32]

사실, 그 1년 전만 해도 노동해방단은 주로 러시아의 노동자 운동과 산업투쟁에 대한 소식을 다룰 ≪리스토크 라보트니카≫(노동자 신문)라는 잡지를 출판하기로 동의한 바 있었다. 그러나 플레하노프 자신은 그 일에 관여하기를 거절했고, 베라 자술리치와 악셀로드는 그 일을 떠맡는 것을 달가워하지 않았다. 1896년에 쓴 편지에서 베라 자술리치는, ≪리스토크 라보트니카≫에 실린 기사들에서 "희망 없고 믿을 수 없는 구절들"을 보고 "혐오감을 가지기 시작했다"고 불평했다.[33] 악셀로드는 이렇게 썼다. "물론 내가 없어도 그런 종류의 우스꽝스러운 잡지를 출판하는 일은 가능할 것입니다."[34] 2년 뒤 그는 플레하노프에게 보낸 편지에서, 자신과 베라 자술리치는 "그렇게 볼품없는 출판물을 편집해야 하는 의무에서 벗어나고 싶습니다" 하고 썼다.[35]

노동자 대중용 출판물을 발간하려는 열정이 없었기 때문에, ≪리스토크 라보트니카≫ 제1호는 출판을 결정하고 나서도 반 년이 훨씬 지나서야 선을 보였다. 점입가경으로, 1896년 11월에서 1897년 11월 사이에 그 잡지는 단 한 호가 나왔을 뿐이다!

노동해방단이 이론적으로는 대중선동으로 전환하는 것을 지지했으면서도 대중선동을 실천하는 것을 달가워하지 않았던 이유는, 1880년대와 1890년대 초 혁명이 임박했다는 전망이 보이지 않았기 때문이다. 노동해방단은 바로 이 시기에 결성됐다. 베라 자술리치는 노동해방단과 새로 떠오르는 러시아 선동가들 사이의 간극을 솔직하게 인정했다. 그는 플레하노프에게 보낸 편지에서 이렇게 썼다. "우리가 이 사람들과 한 조직 안에서 함께 일할 수 없다는 사실이 명백하지 않습니까? 그 사람들이 나쁘기 때문이 아닙니다. 그것은 단순히 세월의 차이 때문이고, 이해하는 것의 차이 때문이고, 분위기의 차이 때문입니다."[36] 몇 주 뒤 그는 다시 이렇게 편지를 썼다.

이미 행동하고 있거나 진지하게 행동할 준비를 하는 학생 조직원들과 젊은 망명가들은 모두 실제로 우리에게 반대하고 있습니다. 그들은 힘으로 충만해서 러시아가 자신들을 지지하고 있다고 느낍니다. …… 우리는 동맹의 기능을 수행할 수 없습니다. 노동자 출판물을 만들어 내는 기능 말입니다. …… 우리는 러시아 노동자들의 요구를 만족시킬 노동자 출판물을 발간할 수 없습니다. 모든 사람이 우리가 그 일을 할 수 있는 사람들에게 방해가 되고 있다고 느끼는 듯합니다. …… 그들은 절대로 그들의 이상을 실현할 수 없을 겁니다. 하지만 그들에게는 그런 이상이라도 있지만 우리는 그렇지 못합니다. 그들은 그런 종류의 활동을 갈망하지만 우리의 지도 밑에서는 아닙니다.

나는, 우리 자신이 노동자 출판물을 편집한 결과가 훌륭하지 못했기 때문

에 우리를 비판하는 사람들에게 그 일을 한번 해 볼 기회를 줘야 한다고 솔직하게 인정하고 싶습니다.[37]

공장 선동가 레닌

레닌 자신은 산업 선동의 필요에 완전히 부응했다. 어느 정도인가 하면, 레닌의 공식 전기에서 뭐라 말하든 간에 1894~1896년에 그는 ≪선동론≫을 일면적이고, 기계적이고, '경제주의적'이라고 부인하지 않았던 게 사실이다. 이 시기 그의 저작은 ≪선동론≫이 제안한 노선과 정확하게 일치한다.

1895년 감옥에 있을 때 레닌은 사회민주당 강령 초안을 작성했다. 이 문서는 감옥 바깥으로 은밀하게 전달됐으나 금세 분실됐다가 혁명 이후에야 다시 발견됐다. 그 문서는 ≪선동론≫에 대한 레닌의 견해를 매우 명확하게 드러내 주는 흥미 있는 글이다. 레닌은 거기서 다음과 같이 썼다.

사활적 요구들을 위한 투쟁, 양보를 얻기 위한 투쟁, 생활 조건을 개선하기 위한 투쟁, 임금 인상과 노동시간 단축을 위한 투쟁, 노동자들이 지금 러시아 전역에서 시작된 이러한 투쟁들로 전환하고 있다는 사실은 러시아 노동자들이 엄청나게 진보하고 있다는 것을 뜻한다. 바로 그런 이유 때문에 사회민주당과 계급의식을 갖춘 노동자들은 모두 주로[강조 — 지은이] 이 투쟁에 그리고 이 투쟁을 촉진하는 데 관심을 가져야 한다.[38]

레닌은 이렇게 주장했다. 먼저, 경제투쟁은 노동자들에게 경제적 착취의 본질을 드러내 준다. 둘째, 노동자들에게 투쟁 정신을 불어넣는다. 셋째, 노동자들의 정치의식을 발전시킨다. 정치의식을 포함해서, 계급의식은 경제투쟁에서 자동으로 발전한다.

노동자들의 계급의식은, 노동자들이 자신들의 조건을 개선하고 해방을 이룰 수 있는 길이 대공장의 자본가와 공장주 계급에 맞서 투쟁하는 것뿐임을 이해하는 것을 뜻한다. 나아가 어떤 개별 국가의 노동자들도 모두 그 이해관계가 똑같다는 사실, 그들은 모두 사회의 어느 계급과도 다른 독자적 계급이라는 사실을 이해하는 것을 뜻한다. 마지막으로 노동자들의 계급의식은, 지주들과 자본가들이 국정에 영향력을 행사하려고 노력했고 또 노력하고 있는 것과 꼭 마찬가지로, 노동자들도 자신들의 목표를 이루려면 그래야만 한다는 사실을 이해하는 것을 뜻한다.

노동자들은 어떤 방법으로 이것을 모두 이해하게 되는가? 그들이 고용주들에 대항해 벌이기 시작하는 투쟁의 경험을 통해 그렇게 할 수 있다. 점점 발전하고 있고, 더욱 격렬해지고 있으며, 대공장이 성장할수록 더 많은 노동자들을 끌어들이는 바로 그 투쟁의 경험을 통해서 말이다.

노동자 대중은 자신의 생활 조건 때문에 국정에 대해 곰곰이 생각할 만한 여가도 기회도 갖지 못하는(가질 수 없는) 처지에 놓여 있다. 그러나 노동자들은 일상 요구를 쟁취하기 위해 공장주들에 맞서서 벌이는 투쟁을 통해 자동으로 그리고 필연적으로 국가와 정치의 문제, 러시아 국가는 어떻게 통치되는가 하는 문제, 법률과 조례는 어떻게 생겨났는가 하는 문제, 그리고 그것은 누구의 이익에 봉사하는가 하는 문제에 대해서 생각하게 된다. 또한, 공장에서 일어나는 각각의 싸움은 필연적으로 노동자들을 법률, 정부 기관과 충돌하도록 만든다.[39]

레닌은 1894~1896년 사이에 쓴 선동 전단들과 소책자들에서 일관되게 이런 식의 사상을 추구했다. 레닌은 명확하지는 않았지만 점차 정치적 결론들에 도달했다. 예컨대, 1895년 감옥에서 쓴 ≪공장 노동자들에게 부과된 벌금

법 해설≫에서는 다음과 같이 결론지었다. 노동자들은

정부와 정부 관리들이 공장주 편이라는 사실, 그리고 법률은 사용자가 노동자들을 쉽게 억압하기 위한 수단으로서 만들어진다는 사실을 이해하게 될 것이다. …… 이 점을 이해하기만 하면 노동자들은 자신들을 방어하는 수단이 오직 하나라는 사실, 즉 공장주와 불공정한 법 집행에 대항해 힘을 합쳐 투쟁하지 않으면 안 된다는 사실을 이해할 것이다.[40]

그러나 당시 레닌의 어조는 꽤 온건했다. 예컨대, "손턴 공장의 남녀 노동자에게"라는 유인물을 보면, 오로지 경제문제만 주로 다룰 뿐 정치에 대한 언급은 찾아볼 수 없다. 그 전단은 이렇게 아주 온건한 말로 끝난다. "동지들, 우리는 혁명을 일으키기 위해 이런 요구들을 주장하는 것이 아닙니다. 우리는 단지 현행 법률을 근거로 다른 공장의 노동자들이 모두 누리는 것을 요구할 뿐이며, 우리 자신의 권리를 우리가 지키지 못하기만을 바라는 자들이 우리한테서 빼앗아 간 것을 되돌려 받으려고 요구할 뿐입니다."[41]

1895년 11월 "우리나라 장관들은 무슨 생각을 하고 있을까?"라는 글에서 레닌은 편의상 차르를 논외로 하자면서, 반反노동계급적 각료들이 고용주들에게 유리하게 만든 새로운 법률에 대해 얘기한다. 노동자와 농민에게 차르는 여전히 "작은 성부"였다. 레닌의 누이 안나는 레닌이 "곧바로 차르와 기존 사회체제에 반대하는 얘기부터 시작한다면 당연히 노동자들의 반감만을 살 것이다" 하고 말했다고 한다.[42]

1894년 말 레닌과 크르지자노프스키는 그레신코펠손, 니키틴스폰티, 랴홉스키와 모임을 열었다. 당시 이들은 각각 빌나, 모스크바, 키예프의 마르크스주의 그룹에서 활동하고 있었고, 모두 빌나 파업 운동을 직접 경험했다. 그 모임은 ≪선동론≫의 기본 사상을 받아들였다. 이 모임에 이어서 레닌, 마르토프, 크르지자노프스키 등은 1895년에 페테르부르크 노동계급 해방투쟁 동맹을 결성했다. 동맹은 스무 명 남짓 되는 지식인과 노동자로 이루어져 있었고, 페테르부르크 노동자들 속에서 사회민주주의 선동을 시작하는 데 핵심 구실을 했다. 마르토프와 레닌은 누구나 인정하는 동맹의 지도자였다. 그들의 주요 활동은 공장에 배포할 전단을 만드는 일이었다. 레닌은 이 일을 할 때 나데즈다 콘스탄티노브나 크룹스카야의 도움을 많이 받았다. 레닌은 1894년에 처음 이 젊은 여성과 만나서 몇 년 뒤 결혼했다.

1890년 크룹스카야는 브루스네프 그룹에 가입해 5년 동안(1891~1896년) 페테르부르크 시 외곽 산업 지구의 '일요야학'에서 학생들을 가르쳤다. 그는 일요일과 매주 2회씩 노동자들에게 산수와 역사, 러시아 문학을 가르쳤다. 학생들은 문맹자에서 매우 높은 수준의 지식을 갖춘 노동자들에 이르기까지 다양했다. 그 학교는 진지한 노동자들과 접촉할 수 있는 기회를 제공했다. 젊은 크룹스카야 같은 마르크스주의자 선생들이 끌렸던 점도 바로 이 점이었다. 선생들 가운데는 알렉산드라 칼미코바, 리디아 크니포비치, 엘레나 스타소바 등이 있었다. 알렉산드라 칼미코바는 부유한 여성 출판업자이자 유명한 서점의 주인이었는데, 나중에 망명 시절 레닌이 처음으로 만든 신문 〈이스크라〉에 자금을 지원했다. 또, 리디아 크니포비치는 〈이스크라〉를 몰래 배포하는 일을 하게 되고, 엘레나 스타소바는 1917년 크룹스카야를 대신해서 당비서 일을 맡아보게 된다. 그 학교의 마르크스주의자 선생들은 서로 협력해서 활동하려고 지하 서클을 조직했다.

노동자들은 '학교 여선생들'에게 무한한 신뢰를 보냈다. 그로모프 목재 하치장에서 일하는 경비원은 항상 어두운 얼굴을 하고 있었는데, 야학에 나와서 기쁨에 찬 얼굴로 아들을 얻었노라고 말했다. 또, 폐병에 걸린 직물 노동자는 정열에 넘치는 자신의 구혼자에게 읽기와 쓰기를 가르쳐 달라고 부탁했다.

한평생 신을 믿어 온 감리교 신자는 고난주일이 돼서야 루다코프(또 다른 학생)한테서 신이 존재하지 않는다는 사실을 배우게 됐다며 만족스럽게 적어내기도 했다.[43]

그 학교는 혁명적 노동자들을 길러 내는 곳이었다.

우리 조직에 속한 노동자들은 사람들을 관찰해서 누가 서클에 들어오기에 적당한지, 누가 운동에 동참할 수 있는지 알아내려고 학교에 다녔다. 이 노동자들은 학교의 여선생을 모두 똑같이 대하지는 않았다. 선생들이 우리 서클의 활동을 얼마나 잘 알고 있는지에 따라 구별을 두었다. 여선생이 '우리 편'이라고 인정되면, 노동자들은 선생에게 이런저런 말로 자신들을 소개했다.[44]

크룹스카야는 학교의 노동자 학생들에게 쉬운 말로 이야기했고, 동맹의 전단을 만드는 데 필요한 공장 상황에 관한 정보를 수집하고 전단을 공장에 배포하는 일을 조직하는 활동 전체에서 중심 구실을 했다.

동맹은 전단 제작에 필요한 정보를 얻기 위해, 선생들을 통해서 접촉한 노동자들에게 질문지를 배포하기 시작했다. 설비공 이반 바부시킨은 이렇게 기록했다. "우리는 질문지를 받았다. 질문지에 대답을 적어 넣으려면 공장 생활을 주의 깊게 관찰해야 했다. …… 내 연장통은 항상 온갖 통지서로 꽉 차 있었다. 나는 우리 공장의 일당 액수를 눈치 채지 못하게 적느라고 애를 썼다."[45]

레닌은 다음과 같이 썼다.

나는 결코 다시 되풀이하고 싶지 않은 '첫 번째 실험'을 생생하게 기억한다. 나를 자주 방문하던 한 노동자에게 그가 다니는 대공장의 주요 상황을 샅샅이 알려고 몇 주 동안 계속 '질문'을 했다. 실로 엄청난 노력을 들인 뒤에야 비로소 나는 간신히 (하나의 공장을!) 묘사하는 데 필요한 자료를 손에 넣을 수 있었다! 면담이 끝나자 그 노동자는 이마의 땀을 훔치더니 빙그레 웃으면서 "당신 질문에 대답하는 것보다 잔업을 하는 게 더 쉽겠네요" 하고 말했다.[46]

이렇게 수집된 정보는 편집을 거쳐 개별 공장의 노동자들에게 돌릴 전단으로 작성됐다. 전단은 모든 노동자들이 이해하는 구체적 문제들을 다루었다.

레닌은 몇 개월 동안 노동법을 연구했다. 그 덕분에 공장에 주로 적용된 관련 법률과 법 집행에 대해 명쾌하게 설명할 수 있었고, 노동자들이 관리자에게 제시할 요구들을 잘 정리해서 표현할 수 있었다. 크룹스카야는 다음과 같이 썼다.

블라디미르 일리치는 노동자들의 생활 조건을 알 수 있는 세부 사항들에 관심이 있었다. 그런 특징들을 하나하나 모아서 노동자들의 생활 전체를 파악하려고 노력했다. 그는 노동자들에게 혁명적 선전을 더 효과적으로 하는 데 도움이 되는 것은 무엇이든 찾아내려고 애썼다. 당시 지식인들은 대부분 노동자들을 잘 이해하지 못했다. 서클에 들어와서 노동자들에게 일장 연설을 늘어놓는 게 고작이었다.[47]

예컨대, 손턴 공장에 대한 자료를 어떻게 수집했는지가 기억난다. 내가 가르치던 크롤리코프라는 학생에게 도움을 청하기로 결정했다. 손턴 공장의 분류 기술자였던 크롤리코프는 과거에 페테르부르크에서 추방당한 적이 있었다. 나는 블라디미르가 세운 계획에 따라 그에게서 모든 정보를 수집하기로 했다. 크롤리코프는 누군가에게 빌린 멋진 모피 코트를 입은 채 그 안에다 온갖 정보를 수록한 연습장 뭉치를 숨겨 가지고 왔다. 그리고 보충 설명을 해 주었다. 이 자료들은 매우 가치 있는 것이었다. 블라디미르 일리치는 그것을 보더니 거의 덮치듯이 달려들었다. 그 뒤 아폴리나리아 알렉산드로브나 야쿠보바와 나는 머리에 수건을 둘러 여성 노동자처럼 꾸민 다음 독신자 숙소와 기혼자 숙소를 둘러보았다. 그곳의 환경은 너무나도 끔찍했다. 블라디미르 일리치는 오로지 이렇게 모은 자료만을 토대로 글을 쓰고 전단을 만들었다. 손턴 공장의 남녀 노동자들에게 배포된 전단들을 보라. 다루는 주제들을 뒷받침하는 지식이 얼마나 자세한지를 대번에 알 수 있다. 그 무렵 함께 활동하던 모든 동지들에게 이것은 얼마나 알찬 교육이 됐던가! 우리가 세부 문제에 주의를 기울이는 법을 배운 것도 바로 그 무렵이었다. 우리는 이러한 세부 문제들을 얼마나 마음 속 깊이 새겼는지 모른다.[48]

당시 선동이 실천에서 어떤 모습으로 나타났는지는 크룹스카야의 회고록을 보면 알 수 있을 듯하다. 크룹스카야는 레닌이 쓴 한 전단의 운명에 관해 다음과 같이 썼다. "블라디미르 일리치가 세미야니코프 공장 노동자들을 상대로 쓴 첫 번째 전단이 기억난다. 그 무렵 우리에게는 기술적 수단이 전혀 없었다. 우리가 손으로 그 전단을 인쇄체로 옮겨 적고, 그렇게 옮겨 적은 것을 바부시킨이 배포했다. 그나마 네 부 가운데 두 부는 경비원이 집어 가고, 나머지 두 부가 손에서 손으로 돌려 읽혀졌다."[49]

페테르부르크 동맹 ― 레닌과 마르토프와 그 동지들 ― 의 산업 선동 결과는 그리 좋지 않았다. 한 역사가는 다음과 같이 썼다.

1895년 11월 10일 페테르부르크 동맹에서 등사기로 인쇄한 [손턴 노동자들에게 보내는 ― 지은이] 레닌의 성명서가 나왔지만, 같은 날 직조공들은 경영자한테서 양보도 얻어 내지 못한 채 일하러 돌아갔다. 산업투쟁의 불길에 바람을 일으키려는 스타리키Stariki[베테랑들, 즉 레닌, 마르토프 등 ― 지은이]의 첫 번째 노력은 실패로 끝나고 말았다.

손턴 공장 파업이 진행 중일 때, 레페름 담배 공장에서(11월 9일) 자생적 파업이 일어났고, 4일 뒤에는 스코로호드 구두 공장에서도 파업이 일어났다. 이 두 파업에서 스타리키는, 중부 노동자 그룹 노동자들이 그 공장들에서 수집한 자료들을 바탕으로 파업 노동자들의 요구를 담은 성명서를 만들었지만 사태 발전에는 아무런 영향을 끼치지 못했다. 왜냐하면 두 파업 모두 아무런 양보도 얻어내지 못한 채 금방 끝나 버렸기 때문이다. 그러나 그들의 노력은 불법 조직의 주장을 전파하는 데 일조했다.

경찰에게 공격당하기 전에 스타리키가 영향을 미치는 데 성공한 단 하나의 파업은 푸틸로프 공장의 한 작업장에서 벌어진 것이었다. 푸틸로프 공장의 노동자이자 중부 그룹의 대표자 가운데 한 사람인 지노비예프는 증기기관 부문에서 일하는 노동자들에게 파업을 촉구하는 성명서를 썼다. 마르토프가 그 성명서를 등사했다. 그 결과 12월 5일 하루 동안 작업이 중단됐다. 하지만 같은 날 마르토프가 케니크 공장의 방적공들에게 써 보낸 호소문은 아무 효과도 없었다.

실제 성과로 본다면, 11월과 12월 초 스타리키가 찍어 낸 호소문과 성명서들은 사실상 아무런 성과도 없었다.[50]

1895년 12월 레닌을 포함한 6명의 동맹 조직원들이 체포됐다. 게다가, 새해 들어 마르토프를 비롯해서 몇 명이 더 체포됐다. 그러나 그들의 투쟁이 열매를 맺지 못한 것은 아니었다. 몇 달 뒤 러시아 역사상 첫 번째 대중파업이 사회민주주의 깃발 아래서 일어나게 된다. 이 파업은 1896년 5월 페테르부르크에서 일어난 직물 노동자들의 파업이었다. 동맹의 조직원들, 좀 더 정확히 말해서 체포를 모면한 조직원들은 이 대규모 파업에서 핵심 구실을 했다. 처음에 그 파업은 니콜라이 2세의 대관식을 축하해 선포된 3일간의 휴일에 대해 임금을 지급하지 않은 것에 항의하는 행동으로 시작됐으나,

곧 노동시간 단축과 임금인상을 위한 투쟁으로 발전해 20개 공장의 노동자 3만 명에게 확산됐다. 파업은 3주 동안 지속되면서 1일 노동시간 10시간 30분을 쟁취하려는 싸움으로 변해 갔다. 마침내 직장으로 복귀하기로 결정했을 때, 모든 공장의 노동자들은 똑같은 시간에 똑같이 되돌아갔다. 그것을 단순히 러시아 역사상 최대 규모의 파업이라고만 할 수는 없다. 그것은 처음으로 개별 공장의 한계를 뛰어넘은 파업이었다. 페테르부르크 동맹은 여기에서 핵심 구실을 했다. 러시아 혁명운동의 기나긴 역사에서 처음으로 혁명가들이 대중을 행동으로 이끌었던 것이다. 이제 사회민주주의 운동은 중요한 운동이 됐다.

1895년 말 이후로 러시아가 얼마나 많이 변했는지는 당시 재무부 장관이 공장 감독관들에게 보낸 비밀 공문을 읽어 보면 금방 알 수 있다. "운이 좋게도 러시아에는 서유럽과 똑같은 의미의 노동계급이 존재하지 않는다. 따라서 우리에게는 노동문제도 없다. 또한 러시아에서는 서구식 노동계급이나 노동문제가 생겨날 토양이 결코 조성되지 않을 것이다."[51]

승리 속의 패배

그러나 운동의 성공은 심상치 않은 내부 투쟁을 불러일으켰다. 사회민주주의 운동은 "경제주의" 경향과 "정치적" 경향으로 분화하기 시작했다. 서클 공동체의 일면성 ─ 이론에 대한 지나친 강조 ─ 을 교정하려는 노력은 똑같은 동전의 뒷면인 "경제주의"로 빠졌다. 이런 위험은 이미 ≪선동론≫에 내재해 있었다. 1898년에 레닌과 그 밖의 사람들은 이것을 통찰력 있게 지적했다. ≪선동론≫이 내린 다음과 같은 결론을 명심해야 한다.

사회민주주의자들의 임무는 현존하는 사소한 필요와 요구들을 바탕으로 공장 노동자들 속에서 꾸준히 선동하는 것이다. 이 선동이 일으킨 투쟁은 노동자들을 훈련시켜 자신들의 이익을 방어하도록, 더욱 용기를 내도록 만든다. 또한 이 투쟁은 노동자들 자신의 힘을 확신하도록 만들고 단결의 필요성을 자각하도록 만든다. 그래서 이 투쟁은 궁극적으로 노동자들이 해결해야 하는 더 중요한 문제와 맞서게 만든다. 이런 식으로 더욱 중대한 투쟁을 준비한다면, 노동계급은 자신의 가장 중요한 문제들을 해결하는 데까지 나아갈 것이다.

이런 공식은 장차 '경제주의자들'의 특징이 되는 단계론이 침투할 여지를 남겨 두었다. 즉, 사회주의자는 선동의 범위를 순전히 경제문제들로만 제한해야 한다는 것이다. 그리고 그 범위를 먼저 한 공장에만, 그 다음에는 여러 공장의 요구로만 제한해야 한다는 것이다. 둘째, 노동자들은 협소한 경제선동이 일으킨 투쟁 자체의 경험을 통해 정치의 필요성을 알게 된다는 것이다. 따라서 사회주의자들이 러시아 전체가 직면한 전반적인 정치·사회 문제들에 대해 선동할 필요는 없다는 것이다. 레닌, 마르토프 등이 체포된 뒤 페테르부르크 동맹은 '경제주의' 쪽으로 빠르게 이동했다. 새로 동맹에 들어와 활동한 동지들은 이론적 훈련이 덜 돼 있었다.

크룹스카야는 이렇게 썼다. "모든 활동이 선동에 집중됐다. 선전에 대해서 생각할 시간조차 없었다. …… 사회민주주의자들의 영향을 받아 1896년 직조공 파업이 일어난 뒤 많은 동지들이 자만에 빠졌다. '경제주의'가 성장하는 토대가 구축된 것이다."[52]

그로부터 약 50년 뒤에 고참급 멘셰비키 지도자 단은 자신의 정치적 유언장에서 사회민주주의 운동에서 '경제주의' 경향이 등장한 배경을 다음과 같이 설명했다.

동맹이 경제선동을 하면서 제기한 정치적 주장에 호응해, 수많은 노동자들이 처음으로 능동적이고 조직적인 투쟁을 시작했지만, 그들은 정치적 해방을 먼 훗날에나 달성할 '궁극' 목표로만 받아들였다. 그들은 '당면' 실천의 목적을, 파업과 임금 손실을 무릅쓰고라도 동맹의 이름을 걸고 제기할 만한 경제적 요구들로만 국한했다. 대중투쟁의 불길 속에서 형성되기 시작한 새로운 선진 노동자들, 즉 새로운 '노동자 지식인들'은 이 점에서 마르크스주의 지식인들의 성향과는 말할 것도 없고 제1세대 사회민주주의 노동자들의 성향과도 근본으로 달랐다. 제1세대 사회민주주의 노동자들은 경제투쟁이라는 '실천적' 길을 통해서가 아니라 소모임을 통한 '이데올로기적' 길을 통해서 사회민주주의 운동에 입문했던 것이다.[53]

이 시기 사회민주주의 운동을 다룬 한 역사가는 '경제주의자들'을 다음과 같이 올바르게 평가했다.

사회민주주의 활동에서 선보인 선동 방법은 경제주의에 뿌리를 두고 있음을 알 수 있다. 이런 방법을 고안한 사회주의자들은 노동자들이 정치에 무관심하다고 생각했기 때문에, 경제적 이익과 국가의 정치 질서 사이에 ― 그들이 주장하는 바에 따르면 ― 끊을 수 없는 관계가 있다는 것을 입증함으로써 노동자들의 무관심을 극복하자고 제안했다. 이론에서야 선동이 정치적일 수 있었지만, 실천에서는 경제적인 것에만 머물러 있었다. 사회주의자들은 전술적 편의상, 정치를 선동의 뒷배경 정도로 밀쳐 두었다. 그렇게 한 것은 정치를 경제에 원칙의 문제로 종속시키는, 본래의 경제주의로 한 걸음 나아가는 것일 뿐이었다. 그래서 러시아에서 경제주의는 대중적 노동운동이 출현한 뒤인 1896~1897년에 등장하게 됐다.[54]

'경제주의'의 충격 그리고 그와 관련된 사회주의 운동에 대한 위협과 더불어, 또 다른 두 가지 요인이 당시 러시아 노동운동에 영향을 끼쳤다. 하나는 차르 보안경찰의 노동정책이었다. 다른 하나는 독일 사회민주당의 베른슈타인이 이끄는 강력한 수정주의 경향의 등장이었다. 독일 사회민주당은 그때까지 세계에서 가장 중요한 사회주의 정당이었다.

보안경찰은 '경제주의' 사상이 러시아에서 등장하고 있던 산업투쟁에 대한 반응으로 탄생했다고 생각했다. 1898년 보안경찰의 우두머리 트레포프 장군은 다음과 같이 썼다.

노동자들의 사소한 필요와 요구가 혁명가들의 반정부적 목표에 이용당하고 있다면, 되도록 빨리 정부가 이 무기를 장악하는 것이 중요하지 않을까? 그 무기가 혁명가들에게 그토록 가치 있는 것이라면, 그들의 과제를 달성하도록 보장하는 무기 자체를 그들의 수중에서 빼앗아야 하지 않을까? …… 경찰은 혁명가들이 관심을 두는 문제에 똑같이 관심을 가져야 한다.

모스크바 보안경찰의 우두머리 주바토프 치안감은 이런 논리에 따라 경찰이 조종하는 노동조합을 조직했다. 처음에 그는 '경제주의' 선동이 가장 성공한 유대인 노동자들 속에서 그렇게 했고, 그 다음에는 러시아 노동자들 사이에서 그렇게 했다. 그것은 가퐁 신부가 페테르부르크에서 노동조합을 조직하면서 절정에 달했지만, '피의 일요일'로 연결돼 1905년 혁명이 일어나는 것으로 끝났다.

'경제주의'를 부추긴 두 번째 요인인 독일 수정주의는 1899년 1월 에두아르트 베른슈타인이 쓴 ≪사회주의의 전제들과 사회민주당의 임무≫가 출판됨으로써 러시아에 알려졌다. 이 책의 중심 사상은 점진주의, 즉 자본주의를 개혁해서 사회주의에 도달할 수 있다는 단계론이었다. 베른슈타인은 다음과 같이 썼다. 사회민주당의 영향력은 "오늘날보다 훨씬 더 커질 것이다. 만약 사회민주당이 낡아 빠진 구호들에서 자신을 해방할 수 있다면, 그리고 지금의 실제 모습처럼 사회민주주의 개혁 정당으로 거듭나기 위해 투쟁할 수 있다면 말이다. 일반으로, 이른바 사회주의 운동의 궁극 목표는 나에게 아무 의미도 없다. 운동이야말로 모든 것이다." 이런 생각은 러시아 '경제주의자들'의 사상과 완전하게 일치한다. 그들도 노동자들의 생활 조건을 조금씩 그러나 구체적으로 개선할 수 있는 '운동'만을 중요하게 생각했다. 따라서 운동의 전반적인 정치적 목표, 무엇보다도 차르를 타도한다는 목표는 완전히 사라져 버렸다.

베른슈타인의 수정주의와 '경제주의' 사이의 관련은 "크레도(신조)"(1899년)라는 문서에서 구체적으로 표현됐다. 그것을 쓴 사람은 그 무렵 해외 러시아 사회민주주의 연맹의 성원이던 쿠스코바였다. 그 문서는 베른슈타인의 수정주의가 이론적 토대라고 솔직하게 선언하며 다음과 같이 주장했다. 노동계급 운동의 일반 법칙은 "최소 저항 노선"을 따라야 한다. "러시아에서 최소 저항 노선은 결코 정치 활동 쪽으로 나아가지 않을 것이다. 끔찍한 억압 때문에 정치 활동에 대해서 많은 이야기를 할 수밖에 없고, 명백히 이 문제에 대해서 주의를 집중할 수밖에 없지만, 그렇다고 해서 정치 행동이 나타나는 일은 결코 없을 것이다." 또한, 그 문서는 "러시아에서 최소 저항 노선"은 사용자들에 대항한 경제적 행동이자 노동조합을 조직하려는 시도라고 주장했다.

경제투쟁도 힘들지만, 엄청나게 힘들지만, 경제투쟁을 하는 것은 가능하며, 사실 대중 스스로 이미 그러한 투쟁을 하고 있다. 경제투쟁을 통해 조직하는 법을 배움으로써, 경제투쟁 과정에서 정권과 끊임없이 충돌함으로써, 러시아 노동자들은 마침내 러시아 상황에 딱 맞는 노동운동과 조직 ― 또는 조직 형태 ― 을 창출할 것이다. 현재 러시아 노동운동이 지금까지도 아메바 상태에 있다는 사실을, 아직 어떠한 형태도 갖추지 못했다는 사실을 우리는 단언할 수 있다. 이렇다 할 조직 형태를 갖춘 파업 운동은 아직 러시아 운동의 구체적 형태라고 할 수 없지만, 양적인 관점에서 보더라도 불법 조직은 고려할 만한 가치가 없다(지금의 조건에서 쓸모없다는 사실은 제쳐 놓더라도 말이다).

…… 러시아 마르크스주의자가 무엇을 할 수 있겠는가? 독립적인 노동자 정당에 관한 얘기는 우리의 토양과 맞지 않는 이질적인 목표와 성과 들을 옮겨 놓은 결과일 뿐이다. ……

러시아 마르크스주의자가 나아갈 길은 하나밖에 없다. 그것은 프롤레타리아의 경제투쟁에 참여하고 프롤레타리아의 경제투쟁을 지원하며 자유주의 저항운동에 참여하는 것이다.[55]

따라서 사회주의자들의 임무는 노동자들의 노동조합 건설 노력을 지지하고, 정치투쟁에서는 자유주의자들을 지지하는 것이었다.

레닌은 시베리아 망명 중에 "크레도"의 사본 한 부를 받아 보고 서둘러서 "러시아 사회민주주의자들의 항의"(1899년 8월)라는 제목으로 답변을 썼다. "항의" 초안은 미누신스크 지방의 망명지에서 마르크스주의자 17명이 모인 회의에서 토론된 후 채택됐다. 그 일로 레닌은 사회민주주의 서클들 사이에서 널리 알려졌고, 덕분에 "항의"의 목적을 잘 달성할 수 있었다. 수년 뒤에 마르토프가 이야기한 바에 따르면, "항의"는 시베리아 도처에 흩어져 있던 망명가 수백 명을 혁명적 마르크스주의로 불러 모았다고 한다.[56]

1883~1899년에 러시아 마르크스주의자들은 노동계급 사이에서 고립된 선전 종파에서 노동자들의 당면한 일상 투쟁에만 머무르는 선동 조직으로 괴상하게 발전했다. 즉, 순수한 이론에서 협소한 실천으로 발전한 것이다. "크레도"에 대한 레닌의 날카로운 비판은 이론과 실천의 종합이 필요하다는 사실을 명확하게 입증해 주었다.

일반으로 대중이 흔히 알고 있고, 특히 "크레도"의 필자들이 흔히 알고 있는 악명 높은 베른슈타인주의는 마르크스주의 이론을 협소하게 만들려는 시도다. 즉, 혁명적 노동자 당을 개혁주의 정당으로 바꾸어 버리려는 시도다.

한편으로, 노동계급 운동은 사회주의 운동과 분리되고 있고, 노동자들은 경제투쟁을 하는 데 도움을 받고 있지만 노동자들에게 사회주의 목표와 전체 운동의 정치적 과제를 설명하려는 노력은 전혀 없다. 다른 한편으로, 사회주의는 노동운동과 분리되고 있다. 다시 러시아 사회주의자들은, 노동자들이 경제투쟁에만 머무르고 있으므로 반정부 투쟁은 지식인들만 해야 한다는 얘기를 갈수록 많이 하기 시작했다.[57]

이를 비판하며 레닌은 마르크스주의자의 관점에서 노동계급의 경제투쟁과 정치투쟁의 종합을 제기한다.

사회주의자들에게 경제투쟁은 혁명정당으로 노동자들을 조직하기 위한 토대다. 왜냐하면 경제투쟁은 자본주의 체제 전체에 대항한 노동계급의 투쟁을 강화하고 발전시키기 때문이다. 경제투쟁 자체를 완결된 어떤 것으로 받아들인다면, 그 내부에 사회주의적인 것은 아무것도 없을 것이다. …… "프롤레타리아의 경제투쟁 지원"은 부르주아 정치인의 과제다. 사회주의자들의 과제는 더 나아가 경제투쟁을 사회주의 운동으로, 혁명적 노동계급 정당의 성공으로 이끄는 것이다. 사회주의자들의 과제는 경제투쟁과 정치투쟁을 떼려야 뗄 수 없이 결합시켜 사회주의 노동계급 대중의 단일한 계급투쟁으로 나아가게 하는 것이다.

대중 속에서 하는 선동은 가장 광범해야 한다. 될 수 있는 대로 모든 문제에 대해서, 그리고 모든 종류의 억압에 대해서 경제 선동과 정치 선동이 함께 이루어져야 한다. 우리는 이런 선동을 활용해서 점점 더 많은 노동자들을 혁명적 사회민주당의 대열로 끌어들이고, 모든 종류의 정치투쟁을 부추기고, 정치투쟁을 조직하고, 노동자들의 자생적인 정치투쟁을 단일한 정당의 투쟁으로 전환시켜야 한다. 따라서 선동은 정치적 항의를 광범하게 확대하고 더 조직적인 정치투쟁으로 나아가게 하는 수단이 돼야 한다. 지금 우리의 선동은 너무 제한돼 있다. 다루는 문제의 범위도 너무 협소하다. 따라서 우리의 과제는 이러한 협소함을 정당화하는 것이 아니라 우리 스스로 그 협소함을 극복하고 우리의 선동을 심화·확대하는 것이다.[58]

개혁주의의 역사적 뿌리는 서클주의와 그것에 대한 반작용이 모두 일면적이라는 데 있다고 레닌은 지적한다. "초기에 러시아 사회민주주의자들은 순전히 선전 서클 활동에만 머물러 있었다. 대중 선동을 채택했을 때, 우리가 항상 반대편 극단으로 치우치지 않은 것은 아니었다."[59]

그는 또, 조직상의 협소함이 서클주의 단계와 산업 선동 단계의 특징이었는데, 이런 협소함 때문에 '경제주의'가 발전했다고 지적한다.

사회민주주의자들은 소규모 지역 노동자 서클들로 고립된 채 활동했기 때문에, 지역 그룹의 모든 활동을 결합시키고 올바른 노선으로 혁명운동을 이끌 수 있는 혁명정당을 준비할 필요성에 충분한 주의를 기울이지 않았다. 본래 고립된 활동이 우세하면 경제투쟁도 우세하게 마련이다.[60]

레닌과 마르토프 같은 정통 마르크스주의자들과 '경제주의자들'의 대립은 조직상의 차이를 안고 있었다. 이것은 장차 볼셰비키와 멘셰비키 사이에서 벌어질 조직상의 논쟁을 예견하는 것이기도 했다. 그러나 미래에 두 경향의 주역들이 될 레닌과 마르토프는 이 논쟁에서 같은 편이었다.

1896년 페테르부르크에서 성공적인 파업이 일어난 뒤, 새로 운동에 입문한 많은 노동자들과 지식인들은 페테르부르크 동맹이 직업혁명가들의 중핵이 돼서는 안 된다고 주장했다. '경제주의자들'은 동맹의 정치적이고 매우 음모적인 성격은 지식인들이 정치 활동에 우선순위를 부여하고 노동자 대중의 현실적 요구를 이해하지 못한 데서 비롯했다고 설명했다. 사실, 활동이 주되게 경제선동으로 이루어진다면 음모와 중앙집권주의의 필요성은 더욱 적어진다. '경제주의' 조직은 지역적 성격을 띤다. 한 공장이나, 기껏해야 한 지역에 있는 공장들에서 노동자들이 부딪히는 문제에만 관심을 갖기 때문이다. 따라서 느슨한 지역 노동자 조직 정도면 충분하다. 중앙집권주의 대 지역주의는 정치적 혁명가들과 '경제주의자들' 사이의 분열이 조직에 반영된 것이었다.

'경제주의자들'의 조직에서 직업혁명가들은 자신의 작업장을 떠나서도 안 되고 일상 거주지를 떠나서도 안 되는 노동자들로 대체돼 추방당한다.

앞서 본 것처럼, 대다수 서클 노동자들이 산업 선동으로 전환한 것은 아니었다. 그리고 산업 선동으로 전환한 노동자들은 거의 '경제주의'에 빠지지 않았다. '경제주의'에 굴복한 사람들은 주로 1896년 직물 노동자 파업이 절정을 이룬 산업투쟁 자체에서 배출돼 운동에 새로 입문한 사람들이었다. 그로부터 약 50년 뒤 멘셰비키 지도자 단은 이러한 사실을 볼셰비즘과 멘셰비즘의 발전과 관련지었다.

그 후 살아남아 1905년과 1917년 혁명을 경험한 이 '첫 소집자들' 가운데 가장 탁월한 노동계급 출신 사회민주당원들(바부시킨, 셸구노프, 샤포발, 폴레타예프 등)이 볼셰비키 대열에서 출현했다는 사실과, 1890년대 후반 파업 운동을 거치며 '노동자 지식인' 소리를 듣던 사람들 속에서 오랫동안 멘셰비즘의 주요 지지자가 된 미래의 합법·반합법 노조, 협동조합, 문화 계몽 단체 등의 노동운동 간부들이 출현했다는 사실은 주목할 만한 가치가 있다.[61]

막대 구부리기

1894~1896년의 시기는 레닌이 노동자들의 지도자로 발전하는 데서 중요한 시기였다. 크룹스카야의 말을 인용해 보자.

> 레닌이 페테르부르크에서 활동한 시기는 대단히 중요한 시기 가운데 하나였다. 그 시기 활동은 잘 알려져 있지 않고 사실 이렇다 할 활동도 별로 없었지만, 레닌 자신이 그렇게 말했다. 겉으로 드러난 결과는 전혀 없었다. 우리는 영웅적 행동에 관심이 없었다. 우리는 어떻게 하면 대중과 긴밀하게 접촉할 수 있을까, 어떻게 하면 그들과 친해질 수 있을까, 어떻게 하면 그들이 가진 최상의 염원을 표현하는 법을 배울 수 있을까, 어떻게 하면 그들에게 우리를 이해시키고 우리 지도를 따르게 하는 법을 배울 수 있을까 하는 점에 관심이 있었다. 그러나 블라디미르 일리치가 노동 대중의 지도자로 틀이 잡힌 시기는 분명히 페테르부르크에서 활동한 시기였다.[62]

그 무렵 공장 선동이 일면적이었는데도, 레닌은 항상 이 시기가 러시아 사회민주주의 운동의 발전에서 아주 중요하고 필요한 단계였다고 평가했다. 그는 공장 선동에 내재한 진보적 구실과 위험을 모두 기꺼이 인정했다. 그는 1900년 11월 9일 플레하노프에게 보낸 편지에서 다음과 같이 말했다.

> 물론 경제주의적 경향은 항상 오류였습니다. 하지만 당시에 그 경향은 너무나 미숙한 경향이었습니다. 한편, 경제주의 경향이 생겨나지 않았을 때조차 '경제' 선동은 지나치게 강조됐습니다(지금도 여전히 도처에서 그런 일이 벌어지고 있습니다). 그 경향은 1880년대와 1890년대 초 러시아에 존재하던 우리 운동의 조건에서, 어떻게든 앞으로 나아가기 위해서는 정당하고 불가피한 동반자였습니다. 당시 상황은 너무나 끔찍해서 당신은 상상조차 할 수 없을 겁니다.

그런 상황을 벗어나려고 발버둥 치다가 실패한 사람들을 비난해서는 안 됩니다. 이렇게 발버둥 치기 위해서는 어느 정도의 협소함이 필요하고 정당했습니다. 하지만 보세요. 이런 경향이 이론으로까지 부풀려지고 베른슈타인주의와 묶이면서 모든 사정이 급격하게 변했습니다. …… '경제' 선동을 지나치게 강조하면서 '대중' 운동에 영합하는 일은 자연스러운 것이었습니다.[63]

이렇게 기꺼이 한 방향으로 막대기를 완전히 구부리고 나서 그 다음에는 반대 방향으로 완전히 구부리는 것은 레닌이 평생 동안 간직한 특징이었다. 이러한 특징은 그가 혁명 지도자로 발전하는 초기 단계에서도 이미 아주 뚜렷하게 나타났다.

레닌은 투쟁의 모든 단계에서, 발전하는 사슬 가운데 핵심 고리로 보이는 것을 찾아냈다. 그 다음에 그는 다른 모든 고리가 종속돼야 하는 이 핵심 고리의 중요성을 거듭거듭 강조했다. 그런 다음 그는 흔히 이렇게 말했다. "우리는 너무 지나쳤어. 막대기를 너무 많이 구부렸던 거야." 하지만 이 말은 그가 틀렸다는 뜻이 아니었다. 그때그때의 주요 전투에서 승리하려면 모든 힘을 하나의 과제로 집중해야 했다.

투쟁의 다양한 측면들은 불균등하게 발전하기 때문에 모든 구체적 상황에서 항상 핵심 고리를 찾아내야 한다. 처음으로 마르크스주의 서클들의 토대를 놓아야 했을 때 핵심 고리는 학습의 필요성이었다. 그때 레닌은 학습의 핵심 구실을 강조했다. 다음 단계로 들어가서 서클주의를 극복할 필요가 생겼을 때, 레닌은 산업 선동의 중요성을 거듭거듭 강조했다. 다시금 투쟁의 성격이 바뀌어서 '경제주의'를 날려 버려야 했을 때, 레닌은 모든 힘을 다해 그 일을 해 냈다. 항상 그는 그때그때의 과제를 아주 명확하게 밝힌 뒤, 오로지 한 가지 목적에만 몰두한 채 가장 명백하고도 가장 맹렬하게 집중타를 퍼부으면서 필요한 것을 거듭 강조했다. 그 후에 다시 균형을 찾아서 막대기를 똑바로 세우고는 이번엔 반대 방향으로 그것을 구부렸다. 이런 방법이 그때 그때의 곤란을 극복하는 데는 유리했지만, 전술·조직 문제에 관해 레닌의 저작을 인용하는 사람에게는 위험한 것이기도 하다. 레닌의 경우만큼 적절하게 인용하기 힘든 경우도 없다. 만약 어떠한 전술·조직 문제에 관해 레닌을 인용하고자 한다면, 당시 운동이 직면한 구체적 문제를 매우 명확히 밝히지 않으면 안 된다.

이미 레닌의 초기 발전에서부터 명백히 드러나는 그의 또 다른 특징은 조직의 형식이 항상 역사적으로 결정된다는 생각이었다. 레닌은 추상적이고 교조적인 조직 체계를 채택해 본 적이 한 번도 없다. 그는 계급투쟁이 새로 발전할 때마다 당의 조직 구조를 변경할 태세가 돼 있었다. 레닌은 조직이 정치에 종속돼야 한다고 확신했다. 그렇다고 해서, 조직이 정치에 **독자적인 영향**을 미친다는 사실을 부정하지는 않았다. 조직과 정치는 서로 보완하는 관계다. 특정 상황에서는 조직이 우선권을 가질 수도 있다.

03 | 당 건설을 향해

"우리에게 혁명가 조직을 달라,
그러면 러시아를 뒤엎을 것이다."[1]

1898년 3월 민스크에서 러시아 사회민주당 '당대회'가 열렸다. 페테르부르크, 모스크바, 키예프, 〈라보차야 가제타〉 신문, 유대인 사회주의자 조직인 분트에서 파견한 대표 9명만이 참석해서 열린 당대회는 사소한 사건에 불과했다. 대회는 어떠한 강령이나 문서도 채택하지 못했다. 대회는 표트르 스트루베(나중에 자유주의 지도자가 됐다가 군주주의자로 변신한 '경제주의자')가 초안을 작성한 성명서를 발표한 뒤 전국 정당이라는 개념을 선언하고, 중앙위원 3명을 선출하고 끝났다. 대회가 끝나고 며칠 뒤 9명의 대표 가운데 8명과 3명의 중앙위원 가운데 2명이 체포당했다.*

그 무렵 레닌은 시베리아에 있었다. 1898년 당대회가 실패로 돌아간 뒤, 그는 러시아 사회민주주의 운동을 위기에서 구해 낼 전국 정당을 건설하려면

---

* 1차 당대회의 조직 개념은 연방주의적이고 느슨했다. 어떤 글을 보면, 중앙위원회는 다음 당대회까지 연기할 수 있는 문제에 대해서는 어떠한 결정도 내려서는 안 됐으며, 가장 긴급한 문제에 대해서만 자체적으로 의결할 수 있었다. 그때조차 중앙위원회의 결정은 만장일치여야 했다.[2]

신중하고 체계적인 준비가 필요하다고 확신하게 됐다. 시베리아 유형이 거의 끝날 때쯤, 몇 달 동안 깊이 생각한 끝에 레닌은 전국 신문을 발간할 계획과 국경을 넘어 신문을 밀수입해 도시와 공장에 배포할 배포자 조직을 생각하게 됐다. 레닌은 전국 신문이 지역 단위의 서클들을 하나의 전국 조직으로 통합하는 구실을 하고, 이론·실천 활동 둘 다를 명확하게 하고 통일시킬 것이라고 보았다.

크룹스카야는 이 시기를 이렇게 회상했다. "블라디미르 일리치는 걸핏하면 밤을 샜다. 그는 몹시 여위어 갔다. 그가 자기 계획의 세부 사항을 모두 점검하고, 나와 크르지자노프스키와 그것에 관해 토론하고, 마르토프·포트레소프와 편지를 주고받으며 외국으로 나가는 문제를 상의한 시기가 바로 이 시기였다."[3]

투쟁을 일반화하는 것이 필요하다

레닌이 일상적이고 파편화한 경제투쟁에서 다시 전국 정당 쪽으로 막대를 완전히 구부린 이유는, 1899년 하반기에 러시아 '경제주의'와 독일 수정주의의 등장으로 운동이 위험에 빠질 것을 우려했기 때문이다. 1899년 말에 쓴 "우리의 당면 과제"라는 글에서 레닌은 다음과 같이 썼다.

> 단일 공장의 노동자들이나 단일 산업 부문의 노동자들이 자신의 사용자에 대항해서 투쟁을 벌인다면, 이것은 계급투쟁인가? 그렇지 않다. 이것은 계급투쟁의 불완전한 맹아일 뿐이다. 전체 노동계급의 주요 대표자들이 모두 단일한 노동계급임을 자각하고, 개별 사용자가 아니라 자본가계급 전체와 이들을 지원하는 정부를 겨냥해서 투쟁을 시작할 때에야 비로소 노동자 투쟁은 계급투쟁이 된다. …… 노동자들을 조직하고 노동자들 속에서 선전과 선동을

수행함으로써, 억압자들에 대항한 노동자들의 자발적 투쟁을 계급 전체의 투쟁으로, 즉 명확한 정치적·사회주의적 이상을 지향하는 **정당**의 투쟁으로 바꾸는 것이 바로 사회민주주의자들의 임무다. 이러한 임무는 지역 활동만으로는 달성할 수 없다.[4]

따라서, 협소하고 경제주의적인 조직 개념을 극복해야 했다.

우리가 온 힘을 기울여서 극복해야 하는 주된 장애물은 '아마추어' 같은 협소한 지역 활동이다. 이 아마추어리즘 때문에, 러시아 노동계급 운동은 여전히 순수한 지역적 사건으로만 나타나고 있으며, 그래서 전체 러시아 사회민주주의 운동의 본보기로서, 전체 러시아 노동계급 운동의 한 단계로서 가져야 할 중대한 의미를 잃어버리고 있다.[5]

결론은 명확하다.

사회민주주의 사상의 씨앗은 러시아 전역에 널리 퍼져 있다. 사회민주주의 문헌의 가장 초기 형태인 노동자들의 전단은 페테르부르크에서 크라스노야르스크까지, 캅카스에서 우랄까지 전 러시아에 알려져 있다. 지금 부족한 것은 이 모든 지역 활동을 단일한 정당의 활동으로 통일하는 것이다. …… 우리의 아마추어리즘은 이만하면 충분하다! 우리는 **공동 행동**으로, 공동의 당 강령을 실현하는 방향으로, 당의 전술과 조직에 대한 공동 토론으로 나아갈 수 있을 만큼 충분히 성숙했다.[6]

사회주의자들의 통일을 이루기 위한 **핵심** 과제는 전 러시아에 배포할 신문을 발간하는 것이었다.

우리는 정기적으로 발간되고 모든 지역 그룹들과 밀접하게 연관 맺을 당 기관지의 창간을 당면 목표로 삼아야 한다.

다가오는 시기 내내 사회민주주의자들의 활동은 모두 이 목표를 지향해야 한다고 우리는 생각한다. 그러한 기관지가 없다면 지역 활동은 여전히 협소한 아마추어 활동에 머무를 것이다. 특정 신문을 통해 당의 견해를 올바로 대변하지 않는다면 당 건설은 상당 정도 공문구가 될 것이다. 중앙 기관지를 통해 결합되지 않는 경제투쟁은 전체 러시아 프롤레타리아의 계급투쟁이 될 수 없다. 당 전체가 모든 정책 문제에 관해 논평하고 다양하게 표출하는 투쟁에 방향을 제시하지 못한다면, 정치투쟁은 불가능하다. 중앙 기관지가 이러한 문제들에 관해 말하지 않는다면, 임무 수행에 필요한 일정한 형식과 규율을 집단적으로 구현하지 않는다면, 당 전체에 대한 모든 당원의 책임을 중앙 기관지를 통해 확립하지 않는다면, 혁명 세력을 조직하고 훈련시키는 것, 그리고 혁명적 기술의 발전은 불가능하다.[7]

레닌은 같은 시기에 쓴 "긴급한 문제"라는 글에서 마르크스주의자들을 전국 정당으로 결속시키면 운동의 분업을 발전시키고 효율성을 높일 수 있다고 주장했다.

개별 당원이나 각각의 당원 그룹들이 당 활동의 다양한 측면을 전문화하는 것이 필수적이다. 예를 들면, 어떤 사람들은 출판물을 복사하는 일을, 또 어떤 사람들은 그것을 국경 넘어 운반하는 일을, 세 번째 부문은 그것을 러시아 안으로 배포하는 일을, 네 번째 부문은 그것을 도시에 배포하는 일을, 다섯 번째 부문은 비밀 모임 장소를 마련하는 일을, 여섯 번째 부문은 자금을 모으는 일을, 일곱 번째 부문은 편지와 운동에 관한 모든 정보를 배달하는 일을, 여덟 번째 부문은 관계망을 유지하는 일을 전문화해야 한다. 이런 식의 전문화가 이루어지려면 학습 서클에서 일상 활동을 할 때보다 훨씬 더 끈기가 있어야 하고, 전례 없는 단조로운 일상 활동에 훨씬 더 집중해야 하고, 훨씬 더 위대한 참된 영웅주의가 필요함을 우리는 알고 있다.[8]

레닌은 두 가지 간행물을 염두에 두고 있었다. 격월간 이론지(미래의 ≪자리야≫)와 그보다 더 광범하게 배포되는 격주간지(〈이스크라〉)였다. 그 저널들은 조직·사상 측면에서 운동의 지반을 다지게 된다.

어떻게 '불꽃(Iskra)'이 꺼질 뻔했는가?

시베리아에 있는 동안 레닌은 다른 두 유배자인 마르토프, 포트레소프와 편지를 주고받았다. 그들은 전국 신문과 조직에 관한 레닌의 계획에 근본적으로 동의하고 있었다. 그들은 미래의 신문에 관해 장문의 편지를 주고받았다. 그 내용은 누가 신문에 기사를 쓸 것인지, 신문을 어디에서 인쇄할 것인지, 신문을 어떻게 도시로 밀반입할 것인지, 신문이 수많은 문제들에 어떤 태도를 취할 것인지 등에 관한 것이었다. 그들 셋은 매우 친밀했고 동년배인 데다가(포트레소프는 레닌보다 한 살 많았고 마르토프는 레닌보다 세 살 적었다) 유형도 거의 같은 시기에 끝나서, 신문 창간 계획을 실행하기 위해 모두 해외로 망명했다. 그들은 레닌이 '삼총사'라고 표현할 정도로 친한 사이였다.

또한 셋은 모두 플레하노프를 스승으로 여겨 존경했다. 그러나 1900년 8월 "러시아 마르크스주의의 아버지"와 만난 레닌은 엄청난 충격을 받았다. 그 사건은 충분히 언급할 만한 가치가 있다. 그 후 수십 년 동안이나 억눌러야 했던 레닌의 감성적인 면을 매우 흥미 있게 드러내 주기 때문이다. 그 사건은 레닌의 나이 든 스승들로 러시아 마르크스주의의 선구자 세대인 플레하노프, 악셀로드, 자술리치와 레닌 사이에서 미래에 벌어질 분열을 예고하는 것이라는 점에서도 중요하다.

그 만남은 장문의 비밀 보고서(레닌 ≪전집≫에서 18쪽 정도의 분량을 차지한다)에 설명돼 있다. 그 보고서는 크룹스카야와 마르토프 그리고 친밀한 몇몇 사람들에게만 보여 주려고, "어떻게 '불꽃'이 꺼질 뻔했는가"(불꽃을 뜻하는 〈이스크라〉의 이름을 따서 재치 있는 제목을 만들었다)라는 제목으로 쓰인 것이었다.

그 모임에서 플레하노프는

의심이 많았고, 남을 믿지 않았으며, 극단적으로 자신이 옳다고 우겨댔다. 나는 계속 신중하려고 했고 '상대방을 언짢게 하는' 것을 모두 피하려 했다. 그러나 끊임없이 자제하려고 해야 했기 때문에, 내 기분은 여간 크게 상한 게 아니었다. …… 〈이스크라〉의 전술 문제를 둘러싸고 '마찰'이 있었다. 처음부터 끝까지 플레하노프는 다른 사람들의 주장을 이해하지 않으려는 철저한 편협함과 무능력과 오만을, 정확히 말한다면 진지하지 못함을 드러냈다.[9]

스트루베의 '경제주의'가 출현했을 때 플레하노프는 둔감하고 올바르지 못한 태도로 대처한 바 있다. 그러나 플레하노프는 이 사실을 인정하려 하지 않았다. 그 점에 관해 레닌은 다음과 같이 이야기하고 있다.

우리는 스트루베에 대해서 인정할 수 있는 것은 인정해야 한다고, 우리 자신도 스트루베가 그렇게 된 데 어느 정도 책임이 있다고 말했다. 왜냐하면 플레하노프를 포함해 우리는 항의가 필요했을 때(1895년과 1897년) 항의하지 못했기 때문이다. 플레하노프는 책임을 조금도 인정하려 하지 않았고, 속이 빤히 들여다보이는 쓸모없는 주장을 늘어놓으면서 그 문제를 명확히 하지도 않고 얼버무리려 했다. 미래의 공동 편집자들 사이의 동지적인 대화 과정에서 이러한 외교술은 너무나 불쾌한 것이었다. 플레하노프, 그는 왜 1895년에 "쏴 죽이라는 명령을 받지 않았으며"(스트루베를), 자신은 명령받은 대로 행동하는 데 익숙하다고(정말로?) 둘러대면서 자신을 속였는가? 그는 왜 1897년에(스트루베가 자신의 목표는 마르크스주의의 근본 명제 가운데 하나를 반박하는 것이라고 ≪노보예 슬로보≫에 썼을 때) 자신은 같은 잡지에서 일하는 협력자들 사이의 논쟁을 생각해 본 적이 없었기 때문에(그리고 전혀 생각하려 하지 않았기 때문에) 그 목표에 반대하지 않았다고 우기면서 자신을 속였는가? 플레하노프의 이런 진지하지 못한 태도 때문에 나는 울화가 치밀었다.[10]

다른 한편으로, 레닌은 신문이 혁명적 마르크스주의를 확고하게 옹호해야 한다고 주장하면서도 신문을 자유주의자들, '경제주의자들', 수정주의자들과의 논쟁에 개방하는 데 찬성했다. 그는 편집부 선언의 초안을 준비했는데 거기에서

발간의 목적과 강령을 설명했다. 초안은 편집자들 사이의 논쟁을 허용했고, 논조가 온건했으며, 경제주의자들과의 논쟁이 평화적으로 끝날 가능성을 인정하는 등 기회주의 정신으로(플레하노프의 관점에서 보면) 쓰였다. 선언은 우리가 당에 소속돼 있으며 당의 통일을 위해 활동한다는 점을 강조했다.[11]

레닌은 스트루베와 투간바라노프스키를 신문의 필자로 초대하는 데 찬성했다. 하지만 플레하노프는 반대 의견을 허용하는 것에 전적으로 반대했고, "추잡한 자들(그들을 스파이로 의심하고, 사기꾼과 건달이라고 비난하고, 자신은 그러한 '배신자들'을 '쏴 죽이는' 데 주저하지 않을 것이라는 등의 말을 힘주어 하면서)과 손잡고 있는" 그의 "동맹자들"에게 적대감을 나타냈다.[12]

며칠 뒤 플레하노프, 악셀로드, 자술리치는 두 세대 사이의 협상을 시도하

기 위해 레닌과 포트레소프를 만났다. 긴장된 관계는 공공연한 격돌로 타올랐다. "플레하노프는 명백히 무제한의 권력을 소유하고 싶어했다." 하지만 그는 "외교적으로" 말을 꺼냈다.

그는 기고자가 되는 것이, 그것도 보통의 기고자가 되는 것이 더 나을 것 같다고 말했다. 그러지 않으면 끊임없이 마찰이 일어날 것이라고 했다. 그는 자신의 견해가 명백히 우리와 다르며, 우리의 당과 우리의 견해를 이해하고 존중하지만 동의할 수는 없다고 말했다. 따라서 우리는 편집자가 되고 자신은 기고자가 되는 편이 더 나을 것이라는 얘기였다. 우리는 이 말을 듣고 너무나 놀라서 입을 다물 수 없었다. 곧 우리는 그 생각을 반박하기 시작했다.

레닌과 동료들이 플레하노프가 편집부에 있어야 한다고 주장하자, 플레하노프는 어떻게 여섯 명의 편집자(고참인 플레하노프, 악셀로드, 자술리치와 젊은 세대인 레닌, 마르토프, 포트레소프)라는 짝수로 투표를 할 수 있겠느냐고 빈정거리며 반문했다. 그러자 베라 자술리치는 플레하노프가 두 표를 가지고 나머지는 각각 한 표씩 갖자고 제안했다.

그렇게 해서 플레하노프는 통제권을 장악했고, 편집장 기분을 내면서 참석한 사람들에게 역할을 부여한 뒤 한 사람 한 사람에게 기사를 할당하기 시작했다. 그것도 어떠한 반대도 허용하지 않는 투로 말이다. 우리는 아무 소리도 못하고 앉아 있었다. 우리는 기계적으로 모든 것에 동의했고, 그때까지도 무슨 일이 일어났는지 이해할 수 없었다. 우리는 조롱당했다는 것을 깨달았다.[13]
내가 플레하노프에 대해 갖고 있던 '애정'은 마술처럼 사라졌다. 나는 마음이 무척 상했다. 내 평생 그렇게 깊이 존경하고 따르던 사람도 없었다. 내 평생 그렇게 앞에 서면 내가 '초라하게' 느껴지고, 그렇게 나를 잔인하게

'걷어찬' 사람도 없었다. 정말 그랬다. 실제로 우리는 걷어차인 셈이었다.[14]

레닌은 플레하노프의 권위주의적 행동에 대한 그와 포트레소프의 반응을 너무도 쓰라린 심정으로 적고 있다.

우리의 분노는 끝이 없었다. 우리의 이상은 파괴당했다. 우리는 쫓겨난 신처럼 자못 고소한 듯이 그 이상을 발아래 놓고 짓밟았다. 우리는 끝도 없이 그에게 비난을 퍼부었다. 드디어 우리는 이렇게 마음먹었다. 이런 식으로 계속할 수는 없어. 이런 조건에서 그와 함께 일하고 싶지도 않고 일하지도 않을 것이고 일할 수도 없어. 잡지여 안녕! 우리는 모든 것을 던져 버리고 러시아로 돌아가서 모든 것을 처음부터 철저히 다시 시작할 것이다. 신문에만 몰두할 것이다. 우리는 그 자의 손아귀에 붙잡힌 인질이 되기를 거부한다. 그는 동지적 관계를 이해하지도 못하며, 그것을 유지할 능력도 없다. 우리는 앞에 나서서 편집부 일을 떠맡을 용기가 나질 않는다. 더구나 지금 그런 일을 하는 것은 명백히 혐오스런 일이다. 그렇게 하면, 우리가 내심 편집부 자리를 탐내는 것처럼, 그래서 우리가 사실은 출세주의자인 것처럼, 비록 그들보다야 덜 하겠지만 우리도 허영이라는 동기로 움직이는 것처럼 보일 것이기 때문이다. …… 그날 밤 우리의 기분이 어땠는지 제대로 묘사하기는 어렵다. 그렇게 착잡하고 쓰라리고 혼란스러운 기분은 말이다.

우리가 전에 플레하노프를 좋아했기 때문에 더욱 그랬다. 우리가 플레하노프한테 그렇게 빠져 있지만 않았어도, 더 이성적으로 더 분별 있게 그를 대했어도, 그를 좀 더 객관적으로 연구했어도, 그를 향한 우리의 행동은 달랐을지도 모르며 글자 그대로 그런 재앙을 겪지 않았을지도 모른다. …… 우리는 생애에서 가장 쓰라린 교훈을, 고통스럽도록 쓰라리고 고통스럽도록 잔인한 교훈을 얻었다. 젊은 동지들은 나이 든 동지에게 커다란 애정을 품으며 그에게 '구애를 한다'. 그런데 그 나이 든 동지가 갑자기 이 애정에 음모의 분위기를 주입한다. …… 사랑에 빠진 청년은 이 애정의 대상한테서 쓰라린 교훈을 얻는다. 모든 사람을 '감정 없이' 대하라는, 새총에 항상 돌을 재어 놓으라는 교훈 말이다. 그날 밤 우리는 이처럼 쓰라린 말들을 아주 많이 내뱉었다.[15]

그 사건은 레닌이 운동의 관료적 서열을 그리고 운동 지도자의 위압적인 태도와 그 지도자 자신의 과거 오류를 부정직하게 덮어 버리는 것을 평생 경멸하게 된 이유를 설명해 준다. 그 사건을 통해 레닌은 자신의 힘으로 지도자가 되려면 힘을 내보여야 한다는 사실을 처음으로 배웠다. 그리고 미래 동맹자들과 반대자들의 개인적 측면과 정치적 측면을 혼동해선 안 된다는 것을 깨달았다. 레닌은 자신의 감정을 훈련하는 법을 배운 것이다.

우리는 지나간 일을 가장 친한 친구들 외에 누구에게도 말하지 않기로 했다. …… 겉으로 보면 아무 일도 일어나지 않은 듯했다. …… 그러나 마음속에서는 감정이 상해 있었고, 훌륭한 인간 관계가 아니라 다음과 같은 원칙에 따라 끊임없이 계산하는 메마르고 사무적인 관계가 지배하게 됐다. "평화를 원한다면, 전쟁을 준비하라."[16]

이 에피소드 — 저작들 어디에서도 이 사건을 다시 언급하지 않았다 — 는 개인들 간의 충돌 — 레닌 대 플레하노프(그리고 플레하노프의 친한 동료인 악셀로드와 자술리치) — 을 예고하는 것이기도 했지만, 러시아 마르크스주의의 아버지가 갖고 있던 진정하고 근본적인 약점을 드러내는 것이기도 했다. 그 약점의 주된 원인은 그가 오랫동안 이렇다 할 현실의 투쟁이나 운동과 관계를 맺지 못한 채 고립됐다는 것이었다. 크룹스카야는 다음과 같이 썼다.

플레하노프의 운명은 비극적이었다. 이론의 영역에서 그는 노동운동에 크게 기여했다. 그렇지만 망명 생활이 그에게 영향을 끼쳤다. 러시아의 실제 삶과 떨어져 고립될 수밖에 없었던 것이다. 광범한 노동자 대중운동이 전개됐을 때, 그는 이미 해외로 떠나고 없었다. 우리는 다양한 정당의 사절들, 작가들, 학생들, 심지어 노동자 개인들도 만났다. 하지만 그는 러시아 노동자 대중과 일하지도, 그들을 만나지도 느끼지도 않았다. 어느 날 러시아에서 새로운 형태의 노동운동이 시작됐다는 편지를 받으면 블라디미르 일리치와 마르토프는, 심지어 베라 이바노브나도 러시아 상황을 파악하려고 그 편지를 읽고 또 읽었다. 그러고 나서 블라디미르 일리치는 오랫동안 왔다 갔다 하며 잠을 이루지 못했다. 우리가 제네바로 옮겨 갔을 때, 나는 플레하노프에게 이런 종류의 편지를 보여 주려 했다. 나는 그의 반응에 깜짝 놀랐다. 그는 고개를 숙이고 땅만 쳐다보았고, 그의 얼굴에는 믿기지 않는다는 표정이 역력했다. 그러고 나서 그런 편지들에 관해 단 한 마디도 꺼내지 않았다. …… 처음에 나는 기분이 상했다. 하지만 나중에 그가 그렇게 행동한 이유를 곰곰이 생각하기 시작했다. 그는 오랫동안 러시아를 떠나 있었다. 그래서 각 편지의 상대적 가치를 평가하고 행간을 자세히 읽을 수 있는 잣대 ─ 경험을 통해 만들어지는 ─ 를 지니지 못했다.

노동자들은 〈이스크라〉를 방문했다. 당연히 그들은 모두 플레하노프를 만나고 싶어했다. 플레하노프를 보러 들어가는 것은 우리나 마르토프를 만나러 들어오는 것보다 훨씬 힘들었다. 하지만 어떤 노동자가 그를 보는 데 성공하더라도 돌아갈 때 그는 혼란스러운 기분이 돼 있었다. 그 노동자는 플레하노프의 빛나는 지성과 지식과 재치에 매료당했을 테지만, 이 훌륭한 이론가와 자신 사이에 얼마나 큰 격차가 있는지만을 느끼며 돌아가는 것처럼 보였다. 그 노동자는 털어놓고 플레하노프의 조언을 구하고자 했던 문제들에 대해서는 단 한 마디도 꺼내지 못했으리라.

그 노동자가 플레하노프에게 동의하지 않고 자신의 생각을 풀어놓기라도 하면, 플레하노프는 이렇게 화를 냈다. "내가 …… 했을 때 자네 부모는 아직 어린애였어!"

망명 시절 초기만 해도 사정이 이렇지는 않았을 것이다. 그렇지만 1900년 대가 시작됐을 때, 플레하노프는 이미 러시아를 직접 느낄 수 있는 능력을 모두 잃고 있었다. 그는 1905년에 러시아에 가지 않았다.[17]

트로츠키는 플레하노프가 처한 상황을 적절하게 설명했다.

플레하노프는 이미 무너지기 시작했다. 레닌에게 힘을 준 바로 그 사실, 즉 혁명이 다가오고 있다는 바로 그 사실 때문에 플레하노프는 힘을 잃어 가고 있었다. 플레하노프는 혁명을 이론적으로 준비하는 시기에 주로 활동했다. 그는 마르크스주의 선전가이자 가장 중요한 논객이었지만 프롤레타리아의 혁명적 정치가는 아니었다. 혁명의 그림자가 다가올수록, 플레하노프가 설 땅을 잃어 가고 있다는 것은 점점 명백해졌다. 그 자신도 그 사실을 느낄 수밖에 없었다. 바로 그런 이유 때문에 젊은 혁명가들에게 짜증을 냈던 것이다.[18]

플레하노프와는 반대로 레닌은 러시아 노동자들의 삶과 투쟁을 잘 알고 이해했다.

예외적 몰두

플레하노프와 날카롭게 충돌하면서 레닌은 일찌감치 의지력과 집중력 테스트를 거친 셈이었다.

아마 레닌보다 집중력 있고 단호하고 끈질긴 혁명가는 단 한 명도 없을 것이다. 레닌의 저작에서 가장 흔히 반복되는 단어가 대체로 "가차없는", "화해할 수 없는"이란 사실은 의미심장하다. 무엇보다 그는 굽힐 줄 모르는 의지력이 있었다. 루나차르스키가 ≪혁명의 그림자≫에서 이야기했듯이, "레닌의 성격에서 두드러지는 특징은 — 반쯤은 스스로 만들어 낸 특징인데 — 그의 의지였다. 가장 긴급한 과제, 그러나 그의 강력한 지성이 쫓아갈 수 있는 범위 밖에 존재하지는 않으며 모든 개별 문제를 전 세계적인 거대한 정치 사슬 속의 한 고리로 배치하는 그런 과제에 집중할 수 있는 극도로 확고하며 극도로 힘 있는 의지 말이다."[19] 의미심장하게도 러시아어로 자유와 의지는 똑같은 단어다.

레닌의 생활 방식은 규율과 꼼꼼함과 묵묵한 자기 절제의 표본이었다. 고리키는 레닌이 "자발적인 금욕주의자였으며, 담배를 피우지 않았고, 아침부터 저녁까지 복잡하고 힘든 일로 분주했으며, 자신을 돌보는 데는 정말로 무능했다"고 썼다.[20] 레닌은 편지에서 한 번도 자신의 주위 환경에 대해 쓴 적이 없었다. 감옥에서든, 시베리아에서든, 제네바·파리·런던에서든, 그는 완전히 일에 파묻혀 있었다. 시베리아 시절에 가족들이 레닌이 편지를 쓰지 않는다고 불평하자 크룹스카야는 이렇게 써 보냈다. "볼로댜는 생활의 평범한 측면에 대해서는 쓸 능력이 전혀 없어요."[21]

1927년에 포트레소프는 레닌에게 적대적인 회고록을 쓰면서 다음과 같이 인정했다. "그럼에도 …… 그 일을 가장 많이 접했던 우리는 모두 …… 레닌의 지식과 두뇌와 활동 능력 때문에 그를 존중했지만, 대의에 대한 커다란 헌신과 가장 내키지 않는 임무라도 항상 책임지고 맡아서 반드시 최상의 자의식을 가지고 그 일을 하는 데 기꺼이 투신하는 태도 때문에도 그를 존중했다."[22]

트로츠키는, 언젠가 베라 자술리치가 레닌에게 다음과 같이 말한 적이 있다고 했다. "게오르기[플레하노프 — 지은이는 사냥개요. 그는 잠시 물건을 물었다가 곧 그것을 떨어뜨린다오. 반면에 당신은 불독이오. 죽을 때까지 물고 안 놓지요." 나중에 자술리치는 트로츠키에게 그 대화를 들려주면서 이렇게 덧붙였다고 한다. "이 말이 레닌의 마음에 들었던 모양이에요. '죽을 때까지 물고 안 놓는다.' 레닌은 아주 즐거운 표정으로 이 말을 되뇌었다니까요."[23]

국제사회주의사무국원이 악셀로드(러시아 마르크스주의의 건설자 가운데 한 사람으로 나중에 멘셰비키가 된다)와 나눈 다음 대화는 아주 시사적이다.

국제사회주의사무국원 : 이 모든 분열과 분쟁, 추문이 한 사람의 작품이라니, 진심으로 하는 말이오? 하지만 어떻게 한 사람이 그토록 유능하고 가공스러울 수가 있소?

악셀로드 : 왜냐하면 하루 24시간 내내 혁명에 몰두하고, 혁명에 대해서만 생각하고, 잠잘 때조차 혁명에 관한 꿈만 꾸는 사람은 그 사람뿐이기 때문이지요. 당신이 한번 그 친구를 다뤄 보구려.[24]

다음은 레닌이 자신의 절친한 친구인 독일 혁명가, 클라라 체트킨에게 한 말이다.

혁명은 힘의 집중과 증대를 요구합니다. 대중에서부터 개인에 이르기까지 모든 사람에게 말입니다. 혁명은 단눈치오의 소설에 등장하는 퇴폐적인 남녀 주인공들에게나 정상적인, 부어라 마셔라 하며 법석대는 상태를 너그럽게 봐주지 않습니다. 성적 방종은 부르주아적 부패 현상입니다. 프롤레타리아는 떠오르는 계급입니다. 프롤레타리아에게는 마약이나 자극제 같은 흥분이 필요 없습니다. 알코올만큼이나 보잘것없는, 과장된 성적 흥분도 필요 없습니다. 프롤레타리아는 자본주의의 온갖 수치와 오물과 야만을 잊어서도 안 되고 잊지도 않을 것입니다. 계급의 상황과 공산주의의 이상은 프롤레타리아에게 아주 강력하게 투쟁하라고 촉구하고 있습니다. 프롤레타리아에게는 명확성, 명확성, 또 명확성이 필요합니다. 그래서 다시 말하지만, 힘의 약화도, 힘의 낭비도, 힘의 파괴도 안 됩니다. 자제와 자기 규율은 예속이나 굴종이 아닙니다. 사랑에서도 그것은 마찬가지지요.[25]

04 | '무엇을 할 것인가?'

러시아 사회민주주의 운동이 직면한 조직상의 과제에 대해 레닌이 몇 년 동안 했던 생각은 매우 중요한 저작 ≪무엇을 할 것인가?≫로 결실을 맺었다. 이 저작의 주된 주제는 "세 가지 문제, 즉 필요한 정치 선동의 성격과 주요 내용, 조직적 과제, 전 러시아적 전투 조직을 다양한 측면에서 동시에 건설하는 계획"이었다.[1]

노동조합 의식과 사회주의 의식의 차이

"필요한 정치 선동의 성격과 주요 내용"에 대한 레닌의 생각은 노동조합 정치와 사회주의 정치의 차이를 밝히는 것으로 발전했다. 그는 그 차이를 다음과 같이 표현했다. "모든 나라의 역사는 노동계급 자신의 노력만으로는 노동조합 의식을 발전시킬 뿐이라는 것을 보여 준다. 즉, 노동조합으로 단결해 사용자와 싸우고 정부가 노동자들에게 필요한 노동법을 제정하도록 강제하는 것 등이 필요하다는 신념 말이다."[2]

몇 쪽 뒤에서 그는 다음과 같이 썼다.

노동계급 운동의 자발적인 발전은 노동계급 운동을 부르주아 이데올로기에 예속시키는 결과를 낳는다. …… 왜냐하면 자발적인 노동계급 운동은 노동조합주의, 그것도 순수 **노동조합주의**이고, 노동조합주의는 노동계급이 이데올로기적으로 부르주아지에게 예속된다는 것을 뜻하기 때문이다.[3]

그러나 독자들은 물음을 던질 것이다. 어째서 자발적 운동, 최소 저항노선을 따르는 운동은 부르주아 이데올로기에 지배당하고 마는가? 그것은 부르주아 이데올로기가 사회주의 이데올로기보다 훨씬 오래 전에 생겨났고, 더욱 완전하게 발전해 있으며, 셀 수 없이 많은 보급 수단을 자유자재로 사용할 수 있다는 단순한 이유 때문이다.[4]

따라서 우리의 임무, 사회민주주의 운동의 임무는 자발성과 싸우는 것이며, 부르주아의 날개 밑으로 들어가려고 애쓰는 이러한 자발성, 즉 노동조합주의에서 노동계급 운동을 이탈시켜서 혁명적 사회민주주의의 날개 밑으로 인도하는 것이다.[5]

그는 계속해서 다음과 같이 말한다.

계급의 정치의식은 오직 외부에서만, 즉 경제투쟁의 외부에서만, 다시 말해 노동자와 사용자의 관계 영역 외부에서만 노동자들에게 도입될 수 있다. 이러한 지식을 획득할 수 있는 영역은 **모든** 계급·계층이 국가·정부와 관계하는 영역, 즉 **모든** 계급들의 상호관계 영역뿐이다.[6]

이러한 공식이 자발성과 의식성의 차이를 지나치게 강조했다는 것은 분명하다. 왜냐하면, 실제로 의식성에서 자발성을 완전히 분리하는 것은 기계적이고 비변증법적이기 때문이다. 뒤에 가서 다시 살펴보겠지만, 레닌도 이 점을 인정했다. 현실에서 순수한 자발성이란 존재하지 않는다. "모든 '자발적' 운동은 의식적 지도와 훈련의 맹아적 요소를 포함한다."[7] 가장 작은 파업에서도 맹아적 지도는 존재하게 마련이다.

레닌이 ≪무엇을 할 것인가?≫에서 자발적 계급투쟁과 사회주의 의식의 관계에 대해 주장한 내용은 자신이 1899년 말에 쓴 "파업에 대해"라는 글의 내용과 완전히 상반된다. 예를 들어, 그는 다음과 같이 썼다.

> 모든 파업은 사회주의 사상을, 즉 자본의 억압에서 해방되려는 전체 노동계급의 투쟁이라는 사상을 매우 강력하게 노동자들의 가슴속에 심어 준다.[8]
> 파업을 통해 노동자들은 사용자의 힘이 어디서 생기고 노동자들의 힘은 어디서 생기는지를 이해하게 된다. 또 파업을 통해 노동자들은 자신의 사용자와 자신의 직장 동료들만 생각하지 않고 자본가계급 전체와 노동계급 전체를 생각하는 법을 배운다.[9]
> 게다가 파업을 통해 노동자들은 자본가들의 본질뿐 아니라 정부와 법률의 본질도 깨닫게 된다.[10]

자발성과 의식성을 기계적으로 나란히 놓는 논리는, 투쟁 속에서 이미 등장한 노동계급의 실제 지도부와 당을 완전히 분리시켰다. 그것은 당이 자발적 투쟁에서 제기될 수 있는 모든 문제의 답을 갖고 있어야 한다는 논리였다. 투쟁하는 다수의 무지는 소수의 전지전능함의 뒤집어진 반영이었다.

대체로 경제투쟁과 정치투쟁의 이분법은 마르크스와는 거리가 멀다. 마르크스의 용어로는 어떤 경제적 요구가 부문적인 것이라면 '경제적' 요구다. 반면, 똑같은 요구가 전 국가적인 것일 때는 '정치적' 요구다. 그는 다음과 같이 말했다.

개별 공장이나 개별 직종에서 파업 등을 통해 개별 자본가들한테서 노동시간 단축을 쟁취하려는 시도는 순전히 경제적 운동이다. 반면, 8시간 노동 등을 법으로 만들어 시행하려는 운동은 정치적 운동이다. 바로 이런 식으로 노동자들의 개별적인 경제적 운동에서 정치적 운동이, 다시 말해 일반적인 형태로, 일반적이고 사회적인 강제력을 가진 형태로 자신의 이익을 달성하려는 계급의 운동이 곳곳에서 성장하는 법이다. …… 하나의 계급으로서 노동계급이 분연히 일어서서 지배계급에 대항하고 외부 압력을 통해 지배계급을 강제하려는 운동은 모두 정치적 운동이다.[11]

많은 경우에 경제(부문적)투쟁이 정치(전 계급적)투쟁을 낳는 것은 아니지만 그 둘 사이에 만리장성은 없으며 많은 경제투쟁이 정치투쟁으로 발전한다.

그럼에도 ≪무엇을 할 것인가?≫에서 레닌이 조직을 기계적으로 지나치게 강조하는 쪽으로 막대를 완전히 구부린 것은 작전상 매우 유용했다. 약 4~5년 동안 러시아 마르크스주의자들은 노동계급 속에서 공장 수준의 투쟁 의욕을 불러일으키려 했다. 그러나 이제는 대중 가운데 정치적으로 의식화한 부문 속에서 정치 행동의 의욕을 불러일으켜야 했던 것이다.

민주주의를 위한 투쟁과 사회주의를 위한 투쟁
"운동의 조직적 과제"를 다룬 레닌의 모든 저작을 관통하는 주제는 혁명적 사회주의자들이 억압에 맞서는 모든 운동, 즉 경제 운동뿐 아니라 정치·문화 운동을, 노동자들의 운동뿐 아니라 사회의 모든 짓밟힌 부문의 운동을 지지해야 한다는 것이다.

농촌의 감독관들과 그들이 농민에게 가하는 채찍질, 관리들의 부패와 경찰이 도시의 '보통 사람들'을 취급하는 방식, 굶주린 사람들에 대한 억압과 계몽과 지식을 갈구하는 사람들의 노력에 대한 탄압, 터무니없는 세금과 비국교파 박해, 학생과 자유주의 지식인에 대한 모욕적인 대우, 대체로 이 모든 것과 이와 유사한 수천 가지 폭정은 '경제'투쟁과 직접 관련 없을지라도 정치 선동을 위해, 그리고 대중을 정치투쟁으로 이끌기 위해 구체적으로 적용할 수 있는 수단과 기회를 제공한다.[12]

　　노동자들이 모든 종류의 압제, 억압, 폭력, 학대 ― 어떤 계급이 당했건 간에 ― 에 대응하는 훈련을 받지 않는다면, 더욱이 사회민주주의 관점으로 대응하는 훈련을 받지 않는다면 노동계급의 의식은 진정한 정치의식이 될 수 없다.[13]

이러한 압제 행위들이 폭로된다면

가장 후진적인 노동자조차, 학생과 비국교파, 농민과 작가 들이 살아가는 순간순간 노동자들을 억압하고 짓누르는 바로 그 비열한 세력한테 학대받고 능욕당하고 있다는 것을 이해하거나 느낄 것이다. 그렇게 느끼면, 그는 저항하고 싶은 어찌할 수 없는 욕구를 온몸으로 느끼게 될 것이다. 그래서 어느 날 그는 검열관에게 야유하는 법을 알게 될 것이고, 또 어느 날에는 농민 봉기를 잔인하게 진압한 주지사의 집 밖에서 시위하는 법을 알게 될 것이며, 또 다른 날에는 성직자 옷을 입고 마녀사냥을 자행하는 경찰들에게 본때를 보여 주는 법 등을 알게 될 것이다.[14]

모든 피억압자들을 지지하는 바로 이러한 정신으로 레닌은 1903년에 비국교파 신자들(러시아의 비국교파 신자는 1000만 명을 웃돌았다)을 위한 특별한 정기간행물을 발간하자고 제안했다. 다음은 제2차 당대회에서 그가 제출한 결의안이다.

"비국교파 신자들을 위한 정기간행물 발간 결의안 초안"

러시아의 비국교파가 여러 면에서 러시아의 민주적 경향들 가운데 하나라는 점을 염두에 두면서, 제2차 당대회는 비국교파 신자들을 사회민주주의의 영향력 아래로 끌어들이기 위해 모든 당원이 그들 속에서 활동할 필요성에 주의를 기울일 것을 요구한다. 대회는 시험 삼아 본치브루예비치* 동지가 중앙 기관지 편집부의 감독을 받으며 〈비국교파들과 함께〉라는 대중 신문을 발간하도록 허가하며, 중앙위원회와 중앙 기관지 편집부가 이 신문이 성공적으로 발간되고 제 구실을 할 수 있도록 만반의 준비를 다할 것을 지시한다.[15]

그에 따라 비국교파 신자들을 겨냥해서 〈라스벳(여명)〉이라는 신문이 발간됐다. 1904년 1월 이 신문의 초판이 나와서 같은 해 9월까지 총 9호가 발간됐다. 비국교파 신자들 사이에서 했던 활동은 커다란 사회주의적 가치가 있었다. 트로츠키의 자서전만 읽어봐도 그리스 정교에 반대하는 비국교파가 노동계급 지역에 얼마나 많았는지 잘 알 수 있다. 대개 이러한 반대는 직접적인 정치적 함의가 있었다.[16] 모든 억압 형태에 저항할 필요성이라는 주제를 파고들면서 레닌은 혁명적 사회주의자와 노동조합 서기를 비교한다.

어떠한 ― 예컨대, 영국의 ― 노동조합 서기라 하더라도 언제나 노동자들의

---

* 본치브루예비치는 러시아 비국교파 운동의 권위 있는 지도자였으며, 비국교파 운동을 연구한 논문을 많이 펴냈다. 그는 레닌의 절친한 협력자로서 제2차 당대회에서 레닌을 지지했으며, 시종일관 볼셰비키 진영에서 활동했다. 1905년 혁명 기간과 그 후에는 볼셰비키 지하 출판을 적극 조직했다.

경제투쟁을 돕기 때문에, 그는 노동자들이 공장 내부의 박해를 폭로하도록 돕고, 파업을 벌이고 피케팅할(즉, 공장에서 파업이 진행 중이라는 것을 모든 사람들에게 경고할) 자유를 침해하는 법률과 조처들의 부당함을 설명하고, 부르주아 계급에 속한 중재재판소 판사들의 편파성을 설명하는 등의 일을 한다. 한마디로 노동조합 서기는 모두 "사용자와 정부에 맞서는 경제투쟁을 하며, 그 투쟁을 돕는다." …… 사회민주주의자의 이상은 노동조합 서기가 아니라 민중의 호민관이어야 한다. 그는 압제와 억압이 어디에서 나타나든, 어떤 계층이나 계급이 압제와 억압을 당하든 간에 그것에 대응할 수 있어야 한다. 또 그는 이 모든 압제와 억압을 일반화할 수 있어야 하며, 경찰 폭력과 자본주의의 착취를 간단명료하게 묘사할 수 있어야 한다. 그리고 아무리 사소한 사건이라도 모든 사건을 활용해 모든 사람들 앞에서 자신의 사회주의적 확신과 민주적 요구를 설명하고, 모든 사람에게 프롤레타리아 해방을 위한 투쟁의 세계사적 의의를 해명할 수 있어야 한다.[17]

매우 중앙집권적인 직업혁명가 조직의 필요성

당시 사회민주주의 운동에서 필요한 조직 형태는 정치적 과제의 성격에서 비롯한 것이었다. 운동이 직면한 이 새로운 과제를 실행하려면 무엇보다 레닌이 쿠스타리체스트보Kustarichestvo, 즉 원시적인 "수공업적 조직 방식"이라고 부른 것에 맞서는 필사적 투쟁이 필요했다. 레닌은 1894년~1901년에 있었던 전형적인 마르크스주의 학습 서클을 다음과 같이 묘사했다.

하나의 학생 서클은 운동 선배들과 아무 관계도 없이, 다른 지역이나 심지어 같은 도시에 있는 다른 구역(또는 다른 교육기관들)의 학생 서클과 아무 관계도 없이, 혁명 활동의 다양한 분업을 조직하지도 않고, 일정 시기를 포괄하는 체계적 활동 계획도 전혀 없이, 노동자들과 접촉해서 활동을 시작한다. 그 서클은 선전과 선동을 점점 확대해 나간다. 그런 활동을 통해서 꽤 많은 노동자 부문과 일정한 지식인 부문의 공감을 얻는다. 이들에게서 자금을 공급받고, '위원회'는 이 사람들 속에서 젊은이들로 구성된 새로운 신병 집단을 모집한다. 위원회의 흡인력은 …… 커지고, 활동 영역은 더 넓어지며, 그래서 위원회는 매우 자발적으로 이 활동을 확대해 나간다.

[그것은 — 지은이] 이제 다른 혁명가 집단들과 접촉을 시작하고, 문헌을 입수하고, 지역신문을 발간하기 시작하고, 시위를 조직하는 문제를 이야기하기 시작하고, 마침내 공개적인 전쟁(이것은 상황에 따라 첫 번째 선동 전단이나 신문 창간호를 발행하는 형태를 취하기도 하고, 최초의 시위를 조직하는 형태를 취하기도 한다)에 돌입한다. 보통 그러한 행동은 처음에는 완전한 대실패로 끝난다. 즉각적이고 완전한 대실패 말이다. 왜냐하면 이러한 공개적인 전쟁은 지속적이고 끈질긴 투쟁을 위한 체계적이고 신중한 고민의 결과도 아니고, 천천히 준비한 계획의 결과도 아니며, 단지 전통적인 학습 서클 활동이 자발적으로 성장하면서 생긴 결과이기 때문이다.[18]

이런 식의 전쟁은, 몽둥이를 든 농민 집단이 현대식 군대에 맞서 싸우는 것과 다를 바 없다. 다만, 이 운동의 생명력이 놀라울 뿐이다. 투사들은 훈련이 전혀 안 돼 있었지만 운동은 계속 확대되고 성장하고 승리를 거뒀으니 말이다. 역사적 관점에서 보면, 처음에 장비의 원시성은 불가피했을 뿐 아니라 투사들을 폭넓게 충원하는 조건의 하나로서 **정당하기까지** 했다는 것은 사실이다. 그러나 중대한 군사 행동이 시작되자마자(사실 그것은 1896년 여름 파업이 벌어지면서 시작됐다) 우리 투쟁 조직들의 결점이 갈수록 크게 드러났다.[19]

운동 자체가 아마추어적이었기 때문에 경찰 공격에 쉽게 무너졌다.

정부는 …… 새로운 투쟁 상황에 매우 빨리 적응해서 끄나풀, 첩자, 경찰로 이루어진 완벽하게 무장한 분견대를 그럭저럭 배치할 수 있었다. 경찰의 공격이 빈번해져서 엄청나게 많은 사람이 해를 입게 되고 지역 학습 서클들이 너무나 철저하게 일소돼 버린 나머지, 노동자 대중은 사실상 지도자들을 전부 잃게 됐고, 운동은 놀랄 만큼 간헐적으로 벌어졌으며, 활동의 지속성과 응집력을 확보하는 것은 완전히 불가능해졌다. 지역 지도자들의 심각한 분산, 학습 서클 충원의 우연적 성격, 서클의 훈련 부족과 이론·정치·조직 문제에 대한 협소한 견해, 이 모든 것은 위에서 묘사한 상황의 불가피한 결과였다. 사정이 이 지경이 되자 지역에서는 우리가 자제력과 비밀 유지 능력이 없다는 이유로 노동자들이 지식인들을 신뢰하지 않고 피하기 시작했다. 노동자들 말에 따르면, 지식인들은 너무나 부주의해서 경찰의 공격을 유발한다는 것이다![20]

참으로 신랄한 비판이다. 레닌은 누구도 비판에서 제외시키지 않았다. 자신조차도 말이다.

이 솔직한 말에 활동적인 노동자가 화를 내지 않기 바란다. 불충분한 훈련으로 말하자면 누구보다 나 자신이 해당되기 때문이다. 전에 나는 매우 광범하고 포괄적인 임무들을 떠맡았던 어떤 학습 서클에서 활동했다. 그 서클의 구성원은 모두 유명한 말을 바꾸어서 "우리에게 혁명가들의 조직을 달라, 그러면 러시아를 뒤엎을 것이다!" 하고 말할 수 있었던 역사의 한 시기에 아마추어로 활동하고 있다는 것을 깨닫고 무척이나 괴로워했다. 당시 내가 느꼈던 얼굴이 달아오를 정도의 수치심을 생각하면 할수록, 혁명가의 소명에 먹칠하는 설교나 해대는 사이비 사회민주주의자들에 대한 내 심정은 더욱 비통해진다. 그들은 우리의 임무가 혁명가를 아마추어 수준으로 격하하는 것을 옹호

하는 것이 아니라, 아마추어들을 혁명가 수준으로 끌어올리는 것이라는 점을 이해하지 못한다.[21]

레닌의 명백한 결론은 "지도부의 지속성이 유지되는 안정된 조직"을 건설해야 한다는 것이었다.

그러한 조직은 주로 혁명 활동 전문가들로 구성돼야 한다. 우리가 독재 국가에서 혁명 활동에 전문적으로 종사하고 있으며 정치 경찰과 싸우는 기술을 전문적으로 훈련해 온 사람들로 조직원 자격을 제한하면 할수록, 그러한 조직을 붕괴시키기는 훨씬 더 어려울 것이다.[22]

또한, 운동에 충원될 직업혁명가의 대상을 학생·지식인 서클로만 제한해서도 안 된다.

조금이라도 재능을 타고난 '전도유망한' 노동자 선동가를 공장에서 하루에 11시간씩 일하도록 방치해서는 안 된다. 당이 그의 생계를 책임지도록 조처해야 한다. 또한 그가 적절한 시기에 지하로 들어올 수 있도록 조처해야 한다. 그리고 그가 경험을 쌓고 시야를 넓히고자 한다면 활동 장소를 옮기도록, 경찰과의 투쟁에서 적어도 몇 년 동안 견딜 수 있도록 조처해야 한다.[23]

나중에 레닌을 반대한 수많은 멘셰비키 진영 사람들은 레닌이 ≪무엇을 할 것인가?≫에서 노동자들보다 지식인을 우위에 놓았다고 비난했다. 그러나 이것은 사실이 아니다. 사실 레닌은 지식인이 "신중하지 못하고 게으른 버릇이 있다"고 비판했다. 공장 생활을 통해 규율이 몸에 밴 노동자들과 달리, 지식인들은 당에서 철의 규율을 익혀야 한다. 무엇보다 당에서 지식인들의 구실은 일시적이다. 레닌이 말했듯이, "지식인 출신의 특별한 지도자들이 필요 없게 만드는 것이 지식인의 구실이다."[24]

조직 수단 〈이스크라〉

레닌은 〈이스크라〉를 발간하기 시작한 그 순간부터 신문이 중앙집권적인 전국 조직을 건설하는 무기가 돼야 한다는 점을 명확히 했다. "어디에서 시작할 것인가?"(〈이스크라〉 4호)라는 기사에서, 그는 "신문의 구실"을 다음과 같이 규정했다.

> 신문의 구실은 단지 사상의 유포, 정치교육, 정치적 동맹자들의 모집에만 한정되지 않는다. 신문은 집단적 선전가이자 집단적 선동가일 뿐 아니라 집단적 조직가이기도 하다. 신문은 집단적 조직가라는 점에서 건축 중인 건물 주위의 비계에 비유할 수 있다. 비계는 건물의 윤곽을 드러내고 건설 노동자들의 의사소통을 쉽게 하며, 노동자들이 작업을 분배하고 집단 노동의 공통의 성과를 살펴볼 수 있게 한다. 신문의 도움으로, 그리고 신문을 통해서 지역 활동뿐 아니라 정규적인 일반 활동에도 참여하며, 정치적 사건들을 신중하게 추적하고, 그 사건들이 다양한 계층에게 어떤 의미가 있고 어떤 효과를 미쳤는지 평가하고, 그 사건들에 혁명정당이 영향을 미칠 수 있는 효과적인 수단들을 발전시킬 수 있도록 조직원들을 훈련할 상시적 조직이 자연스럽게 모양을 갖출 것이다. 신문을 복사해서 정기적으로 공급하고 정기적인 배포를 원활하게 하는 순전히 기술적인 임무는 반드시 통일된 당의 지역 배포자망이 필요할 것이다. 그들은 언제나 서로 접촉을 유지할 것이며, 전반적 상황을 알게 될 것이며, 그러면서도 전국 활동에서 자신들이 담당하는 세부적 기능을 정규적으로 수행하는 데 익숙해질 것이며, 다양한 혁명적 행동을

조직하는 능력을 시험해 볼 것이다.

이러한 배포자망은 명백히 우리에게 필요한 종류의 조직 골격을 형성할 것이다. 즉, 엄밀하고 세부적인 분업을 할 수 있을 만큼 충분히 광범하고 다재다능한 조직, 어떠한 상황에서도, 어떠한 '급작스런 전환'에서도, 어떠한 돌발 사고에 직면해서도 꾸준히 자신의 활동을 수행할 수 있을 만큼 충분히 잘 단련된 조직, 한편으로 적이 자신의 힘을 모두 한 지점에 집중할 때 압도적인 적에 대항하는 공개 전투를 피할 수 있으면서도, 적이 결코 예상하지 못하는 시간과 장소에서 적이 출동하기 어려운 상황을 이용해 공격을 가할 수 있을 만큼 충분히 유연한 조직 말이다.[25]

미래의 무장봉기 지도자들을 조직하는 신문

레닌의 창의적 상상력은 신문을 선동가들의 당을 조직하는 수단으로 여기는 데서 그치지 않았다. 그는 《무엇을 할 것인가?》에서 신문 배포자망이 장차 제정에 맞서는 무장봉기를 조직하는 토대가 돼야 한다고 설명했다.

이 신문을 중심으로 형성될 조직은 …… 암울한 혁명의 '침체'기에 당의 명예, 위신, 연속성을 유지하는 것에서 **전국적 무장봉기**를 준비하고 감행 시점을 정하고 결행하는 것에 이르기까지 **모든 일을** 준비할 것이다. …… 대중 봉기를 한번 상상해 보라. 그러면 우리가 이것을 고민하고 준비해야 한다는 점을 이해할 것이다. 그러나 어떻게? …… 공동의 신문을 발간하고 배포하는 과정에서 형성될 배포자망은 봉기 신호를 '그냥 앉아서 기다릴' 필요 없이, 봉기가 일어났을 때 최고의 성공 가능성을 보장할 정규 활동을 수행할 수 있을 것이다. 그러한 활동을 통해 우리는 광범한 노동 대중, 제정의 폭압에 불만이 있는 모든 사회계층과 더 긴밀하게 접촉할 수 있을 것이다. 이 점은 봉기에서 대단히 중요하다. 바로 그러한 활동을 통해서 우리는 전체 정치 상황을 정확히 평가하는 능력을 기르고, 그래서 봉기를 결행할 적절한 시기를 선택하는 능력을 기를 수 있을 것이다. 또, 그러한 활동을 통해 모든 지역 조직은 전 러시아를 떠들썩하게 만드는 똑같은 정치적 문제, 사건, 상황에 동시에 대응하고, 그러한 '사건들'에 대해서 최대한 활발하고 일사불란하고 적절하게 대응하는 훈련을 할 수 있을 것이다. 왜냐하면 봉기란 본질적으로 정부에 대한 전체 민중의 가장 활기 있고 가장 일사불란하고 가장 적절한 응답이기 때문이다. 마지막으로, 그러한 활동을 통해서 러시아 전역의 모든 혁명 조직은 가장 지속적이면서도 가장 비밀스런 접촉을 계속하는 훈련을 해서 마침내 당의 진정한 통일을 이룰 수 있을 것이다. 그러한 접촉이 없다면 봉기 계획을 집단적으로 논의하고 봉기 전야에 필요한 예비 조치, 즉 가장 엄격하게 비밀을 유지해야 하는 조치들을 집단적으로 취하는 것은 불가능하기 때문이다.[26]

레닌은 다음과 같이 말했다. "우리에게 필요한 것은 배포자들로 이루어진 군사 조직이다."[27] 1905년 혁명이 멀지 않았던 것이다!

당의 구조

레닌이 ≪무엇을 할 것인가?≫에서 주장한 조직 계획은 몇 달 뒤 "우리의 조직적 과제에 대해 한 동지에게 보내는 편지"라는 글에서 훨씬 더 명확하게 발전했다. 그 글은 수많은 사람이 돌려 읽은 뒤 1904년에 팸플릿으로 출판됐다.

레닌의 계획은 다음과 같았다. 당에는 중앙 기관지CO, Central Organ와 중앙 위원회CC, Central Committee라는 두 개의 지도 중앙이 있다. 중앙 기관지는 사상적 지도를 맡고, 중앙위원회는 직접적이고 실천적인 지도를 맡는다. 중앙 기관지는 러시아 경찰의 힘이 미치지 못하는 곳에서 지속적이고 안정적으로 발간돼야 하므로 해외에 있어야 한다.

중앙위원회 산하 기구는 두 종류, 즉 지역기구와 직능(산업)기구로 구성된다. 지역위원회는 "사회민주주의 활동에 전적으로 헌신하는 신념에 가득 찬 사회민주주의자들로 구성돼야" 하며 그리 크지 않아야 한다.

위원회에는 위원이 너무 많아서는 안 됩니다. …… 그렇지만 **모든** 활동을 책임지고, 충분한 대표성을 갖추고, 구속력 있는 결정을 내리기에 충분한 수의 위원이 있어야 합니다. 위원의 수가 너무 많고 자주 모이는 것이 위험한 경우, 위원회에서 소수의 특별한 **집행기구**(예컨대, 다섯 명이나 그보다 적은 수로 구성되는)를 선발해야 할 수도 있습니다. 집행기구에는 반드시 서기와 활동 전체의 실천 지도를 가장 잘할 수 있는 사람들이 포함돼야 합니다.[28]

지역위원회는 다음과 같은 기구들을 관장해야 할 것이다.

(1) '최상의' 혁명가들의 토론 모임(협의회), (2) 다음과 같은 서클들을 거느린 지구 서클, (3) 각 지구 서클에 딸린 선전가 서클, (4) 공장 서클, (5) 특정 지구의 공장 서클 대표자들로 구성되는 '대표자 회의'. 그 밖의 **모든** 기관(이 중에는 당신이 거론한 기관들 외에도 매우 많고 아주 다양한 기관들이 있어야 합니다)이 지역위원회에 종속돼야 하며, 지구 그룹들(대도시들에서)과 공장 그룹들(언제 어디에나)이 필요하다는 당신 견해에 전적으로 동의합니다.[29]

대도시에서는 지역위원회와 공장위원회를 '중재'하는 지구 그룹들이 있어야 한다.

이제 공장 서클에 관한 것입니다. 공장 서클은 우리에게 특히 중요합니다. 운동의 주요한 힘은 **대공장** 노동자들을 조직하는 데 달려 있습니다. 대공장들(그리고 제작소들)은 수적인 면에서 노동계급의 대부분을 포함하고 있을 뿐 아니라, 영향력·발전·투쟁 능력 면에서 더욱 그러하기 때문입니다. 모든 공장은 우리의 요새가 돼야 합니다.(……)

　공장 소위원회가 건설되는 즉시, 그것은 다양한 임무와 다양한 수준의 비밀과 조직 형태를 지닌 많은 공장 그룹과 서클을 조직하기 시작해야 합니다. 예를 들면, 문헌을 전달하고 배포하는(이것은 가장 중요한 기능들 중 하나인데, 우리에게 진정한 우편 서비스를 제공할 수 있게, 문헌을 배포하는 것뿐 아니라 문헌을 가정에 배달하는 일에도 시행착오를 거친 방법을 갖출 수 있게, 우리가 모든 노동자들의 주소와 그들과 연락할 방법을 명확히 알 수 있게 조직해야 합니다) 서클, 불법 문헌을 읽는 서클, 밀정을 솎아 내는 서클, 노동조합 운동과 경제투쟁을 특별히 지도할 서클, **완전히 합법적으로** (기계, 감독관 등에 관해) 오랫동안 주장할 수 있는 선동가·선전가 서클 등을 말입니다.

공장 조직은 지역위원회가 통제하는 소수의 혁명가 그룹을 중핵으로 갖고 있어야 한다. "공장위원회의 성원은 모두 스스로 위원회의 수임자受任者로 여겨야 하며, 위원회의 모든 명령에 복종해야 하며, 자신이 몸담고 있으며 전시에는 공식 허가 없이 자리를 비울 권리도 없는 '야전군'의 '법규와 관습'을 모두 준수해야 합니다."[30]

레닌의 당 구조는 분업을 극대화하고, 진정한 개입주의적·중앙집권주의적 지도를 확립하고, 책임과 주도력을 전체 당원들에게 최대한 분산하는 것을 목표로 삼고 있었다. 그는 당 활동의 핵심 원칙을 다음과 같이 서술했다.

운동에 대한 사상·실천 지도와 프롤레타리아의 혁명 투쟁과 관련해서는 최대한 강력한 중앙집권화가 필요한 반면, 당의 중앙이(따라서, 당 전체가) 운동의 상황을 아는 것과 관련해서, 그리고 당에 대한 책임과 관련해서는 되도록 가장 광범한 분권화가 필요합니다. 실천 경험이 풍부하고 되도록 극소수로 이루어진, 최대한 동질적인 직업혁명가들이 운동을 지도해야 합니다. 가장 다양하고 가장 이질적인 집단으로 이루어진, 되도록 프롤레타리아(와 민중의 다른 계급들)의 여러 부문이 운동에 참여하게 해야 합니다. …… 우리는 반드시 운동에 대한 지도를 중앙집권화해야 합니다. 또한, 우리는 당에 대한 책임을 …… 개별 당원들, 당 활동에 참가하는 모든 사람들, 당에 소속해 있거나 당과 관계 맺고 있는 모든 서클들로 최대한 분산해야 합니다. 이러한 분권화는 혁명적 중앙집권화의 필수적인 전제 조건이자 필수적인 교정 수단입니다.[31]

관료적 형식주의와 규약 만능주의에 대한 레닌의 혐오

레닌은 규약에 관해 다음과 같이 이야기하고 있다.

이렇게 말해도 좋을지 모르겠지만, 우리한테 필요한 것은 규약이 아니라 당의 정보를 조직하는 것입니다. 지금 우리의 각 지역 조직들은 적어도 며칠 밤을 규약 토론에 허비하고 있습니다. 오히려 이 시간에 당원들이 저마다 맡은 임무에 대해 세부적이고 잘 준비된 보고서를 작성해 당 전체에 제출한다면, 활동은 백 배나 더 쉬워질 것입니다.

규약이 쓸모없다는 것은 혁명 활동이 언제나 명확한 조직 형식을 취하지 않기 때문만은 아닙니다. 오히려 명확한 조직 형식은 필요하고, 우리는 되도록 우리의 모든 활동에 그런 형식을 부여하려고 노력해야 합니다. 그 일은 흔히 생각하는 것보다 훨씬 훌륭하게 이루어질 수 있습니다. 그러나 규약을 통해서가 아니라, 오로지(우리는 이것을 거듭거듭 강조해야 합니다) 진정한 책임

성 그리고 (당 내부의) 공개성과 결합된 조직 형식을 부여하는 것을 통해서만 이루어질 수 있습니다.[32]

사실, 규약을 각 서클과 활동의 모든 측면에 관한 정규 보고서로 대체해서 **규약 없이도** 해 나갈 수 있을 것이라는 사실을 독자가 분명히 이해하기를 바랍니다.[33]

실제로, 1903년 6월 말이나 7월 초 레닌이 러시아 사회민주노동당RSDLP 규약 초안을 작성했을 때, 그 규약 초안은 매우 단순했고 항목 수도 아주 적었다. 그것은 완전히 ≪무엇을 할 것인가?≫와 "한 동지에게 보내는 편지"의 정신으로 작성됐다.[34]

레닌은 ≪일보전진 이보후퇴≫에서 마르토프의 규약에는 "수다와 관료적 공식(다시 말해 활동에는 쓸모없고 과시하는 데만 쓸모 있을 법한 공식)"만 잔뜩 있다고 말했다.[35] 규약의 항목 ― 레닌의 12개 항목에 반대해 제출된 48개 항목 ― 은 "장황하거나 명백히 쓸모없거나 관료적인 조항들로 이루어진 수다와 진정한 관료적 형식주의의 이상 발달 증세를 보이고 있다."[36]

실천에서 레닌 분파는 오랫동안 참으로 비형식적이었다. 레닌은 〈이스크라〉 수임자들을 통해 조직을 건설하기 시작했다. 뒤에서 보겠지만, 제2차 당대회 이후 자신이 조직했던 중앙위원회의 지지를 잃었을 때, 그는 협의회를 새로 소집하고 그 주위로 자신의 지지자들을 재조직해 러시아 사무국을 선출했다. 1909년 보그다노프와 결별했을 때, 레닌은 보그다노프가 1907년 당대회에서 선출된 볼셰비키 중앙위원임에도 〈프롤레타리〉 신문의 확대 편집부 회의를 열어 그를 쫓아냈다.

지나하게 형식적인 당 구조는 불가피하게 혁명운동의 두 가지 기본 특징, 즉 (1) 의식, 전투성, 헌신이라는 측면에서 혁명 조직의 상이한 부분들 사이의 불균등성, (2) 적극적이고 전위적인 구실을 하는 당원들이 투쟁의 일정 단계에서는 다른 당원들에게 뒤처진다는 사실과 충돌하게 된다.

'영웅'과 '대중'

훗날 레닌을 반대해 멘셰비키에 가담한 사람들과 레닌을 모방한 스탈린주의 자들이 ≪무엇을 할 것인가?≫에 대해 내리는 주요 해석 가운데 하나는 이 저작이 대중을 깔보고 '영웅'을 강조했다는 것이다.

이러한 해석은 완전히 부당하다. 참으로, 레닌의 생애 전체를 통틀어 '영 웅'과 '대중'을 구별하는 것만큼이나 그의 사고방식과 거리가 먼 것도 없다. 영웅이 대중을 사랑할지라도, 영웅은 대중을 깔볼 수밖에 없다. 수동적인 대 중을 움직이는 것은 전적으로 영웅에게 달려 있다. 레닌은 한 번도 역사의 거울에 자기 모습을 비춘 적이 없었다. 루나차르스키는 트로츠키와 레닌을 이렇게 대비했다. "확실히 트로츠키는 한 걸음 뒤로 물러나 자신을 되돌아본 다. 그는 자신의 역사적 소임을 가슴속에 새긴다. 그는 참된 혁명 지도자의 후광을 두른 채 인류의 기억 속에 전해지기 위해서, 어떠한 개인적 희생 — 모든 것 중에서 가장 위대한 희생, 즉 목숨을 버리는 일도 마다하지 않는 — 도 기꺼이 감수할 수 있으리라. 그의 야망은 변함없이 그런 특징이 있다."[37] 이에 비해, "레닌은 조금도 야망이 없다. …… 레닌이 한 걸음 뒤로 물러나 자신을 되돌아본다는 것은 믿기지 않는다. 하물며, 그가 후세 사람들이 자신 에 관해 뭐라 말할 것인지 생각한다는 것은 더욱 믿기지 않는다. 그는 단지 자신이 맡은 일을 계속할 뿐이다."

레닌을 아는 사람들은 그가 자신을 중요하게 생각하지 않았다는 것을 놀 란 듯이 기록하고 있다. 안젤리카 발라바노바는 유형 시절에 언제 처음으로 레닌을 만났는지 기억할 수 없지만, "그의 외모는 모든 혁명 지도자들 중에 서 가장 개성 없어 보였다"고 말했다. 1917년 당시 모스크바 주재 영국 영사였던 브루스 록허트는 10월 혁명 후 레닌을 처음 만났을 때 "언뜻 보기에는 [레닌이 — 지은이] 사람들의 지도자가 아니라 지방의 야채 장수 같다"는 생각을 했다고 한다.[38] 클라라 체트킨은 레닌이 독일 공산주의자들에게 베푼 환영회 이야기를 쓰고 있다. 여기에 참석한 독일 공산주의자들은 직무에서 나오는 자만심이 몸에 배고 프록코트[서양 예복]를 걸치고 다니는 독일 연방의회의 마르크스주의자들에게 익숙해 있던 터라 레닌도 유별날 거라고 생각했다고 한다. 그런데 레닌이 약속 시간을 철저히 지켜서 조심조심 환영회장에 들어와서는 그들과 자연스럽고 꾸밈없이 대화를 나누는 바람에 레닌을 만나고 있다는 생각이 전혀 들지 않더라는 것이다.

한 고참 볼셰비크는 1924년에 출판한 회고록에서 이렇게 썼다. "나만 그런 것은 아니겠지만, 처음에 레닌은 내게 대단히 모호하다는 인상을 주었다. 검소하고 한눈에 보더라도 평범한 그의 외모는 우리에게 별로 깊은 인상을 주지 못했다."[39]

막심 고리키는 레닌의 첫인상에 관해 다음과 같이 이야기했다. "레닌이 그렇게 생겼으리라고는 전혀 생각지 못했다. 그는 좀 모자라 보였다. 혀가 꼬부라진 소리로 '아르' 자를 발음했고, 어찌된 일인지 주먹을 겨드랑이 밑에 찔러 넣고 팔짱을 낀 채로 서 있었다. 어떤 의미에서 그는 너무나 평범했다. 그가 '지도자'라는 인상은 받지 못했다."[40]

레닌은 대단히 겸손한 성격의 소유자였다. 1922년 2월 13일 당에서 조사한 설문지에는 다음과 같이 적혀 있다. "사용하는 언어 : 러시아어. 자유롭게 구사할 수 있는 다른 언어는 무엇입니까? : 없습니다."[41] 그러나 실제로는 독일어, 프랑스어, 영어를 유창하게 읽고 말했을 뿐 아니라 이탈리아어도 읽을 줄 알았다. 만약 이 사실이 의심스럽다면 그가 코민테른의 각종 소회의와 위원회에 참가한 사실이 충분한 증거가 될 것이다.

무엇보다도 그는 1887년 제정에 반대하다가 순교한 그의 형 알렉산드르의 후광을 등에 업어 보려 한 적이 한 번도 없었다. 전부 55권인 레닌 ≪전집≫에서 가장 완벽한 최종판인 5판에 알렉산드르의 이름은 딱 세 번, 그것도 우연히 언급하고 있다. 한 번은 레닌이 설문 조사에 답변한 순전히 사실적인 진술이고, 다른 한 번은 1921년에 체보타레프라는 인물을 추천하는 편지에서 언급했다. 그 편지는 이렇다. "나는 1887년에 교수형을 당한 우리 형 사건을 계기로 1880년대부터 체보타레프를 알고 지냈습니다. 체보타레프는 확실히 성실한 사람입니다." 그리고 나머지 한 번은 어떤 글에서 동일 사건으로 처형당한 다른 사람들의 이름과 나란히 알렉산드르 울랴노프라는 이름을 언급하고 있다.

혁명운동의 고양

레닌이 ≪무엇을 할 것인가?≫에서 그토록 신랄하게 비판한 '경제주의'는 이미 몰락하는 중이었고, 이 팸플릿이 출판될 무렵에는 사실상 최후를 맞이한 상태였다. 몇 년 뒤 레닌은, 1898년에서 1900년까지 '경제주의자들', 즉 〈라보체예 델로〉 지지자들은 해외에서나 러시아에서나 〈이스크라〉 지지자들보다 훨씬 강력했다고 썼다.[42] 그러나 그 뒤 '경제주의'는 급속히 몰락했다. 러시아에서 산업의 호황기는 1898~1899년에 마감됐고, 그에 따라 파업 운동도 움츠러들기 시작했다. 1901년에는 파업에 참가한 노동자 수가 1899년의 3분의 1에 지나지 않았다. 하지만 파업의 성격이 변했다. 파업들이 훨씬 더 필사적인 양상으로 변했던 것이다. 실업자가 증가했고 경찰과 군대가 투입된 폭동이 몇 건 일어났다. 혁명가들의 선동이 늘어났고, 조직된 거리 시위가 잇따랐다.

레닌이 〈이스크라〉를 발간하면서 미래의 당 골격이 될 신문의 전국적 배포자망, 즉 직업혁명가들의 전국 네트워크를 건설하느라 분주하던 1900년에서 1903년의 시기는 러시아 혁명의 기운이 크게 고양된 시기이기도 했다.

이전에도 그랬고 이후에도 그랬지만, 학생운동이 노동계급의 대중운동보다 앞서 나갔다. 사회적 위기는 깊지만 노동계급이 아직 그 위기를 극복할 과제를 떠맡을 준비가 돼 있지 않을 때는 학생들이 앞으로 나서는 경우가 많다. 1899년에는 격렬한 학생운동이 등장했다. 다양한 학생 조직들이 만들어졌고, 충돌이 훨씬 잦아졌다. 경찰 탄압에 대한 학생들의 항의는 대중적 성격을 띠었다.

1899년 2월 페테르부르크 경찰이 학생들에게 잔혹한 짓을 자행한 것에 항의해 전국의 대학생들이 동맹휴업을 벌였다. 학생들 약 5000명이 동맹휴업에 참여했다. 몇 달 뒤 키예프에서는 몇몇 학생이 집회에서 연설했다는 이유로 유배형을 당하자 소규모 학생 시위가 벌어졌다. 그 사건으로 학생 183명이 체포돼 강제징집을 당했다. 페테르부르크에서도 비슷한 시위가 벌어졌는데, 거기서는 학생 30명이 체포돼 강제징집을 당했다.

이 사건들은 학생 집단 전체를 자극했다. 모든 대학에서 집회가 열렸고, 통일된 항의를 호소하는 전단이 배포됐다. 3월 4일 하리코프에서 경찰이 학생들의 가두시위 행렬을 습격하자 한 무리의 노동자들이 시위 대열에 가세했다. 그리고 그날 하루 종일 거리 곳곳에서 경찰과 충돌이 발생했다. 학생들과 노동자들은 더욱 목소리를 높여 혁명가를 불렀고, 정부에 맞서 혁명적 요구들을 내걸었다. 며칠 후 모스크바에서는 학생 수백 명이 체포돼 마스톨 감옥에 투옥당하는 일이 일어났다. 그러자 수많은 노동자들과 프티부르주아지가 감옥 건물 앞에 모여 학생들에 대한 동조 시위를 벌였다.[43]

그토록 커다란 규모의 움직임은 사회적 위기가 깊어지고 있다는 것을 반영하고 있었다. 하지만 노동계급은 아직 느리게 움직이고 있었다. 노동계급에게 1900년은 비교적 평화스럽게 지나간 해였다. 그런 가운데서도 5월 1일 하리코프에서 사회민주당 지역위원회의 선동에 호응해 총파업이 벌어졌다.

이 파업은 정치적 요구들을 내걸었는데, 그 때문에 어떤 의미에서 러시아 노동계급 운동 발전의 전환점을 만들어 냈다고 할 수 있다.[44]

그 이후 운동은 급속하게 성장했다. 1901년 이후 하리코프, 모스크바, 톰스크 등의 도시에서 노동자들도 학생 시위에 참여하기 시작했다. 그래서 시위는 훨씬 더 전투적이고 격렬한 양상으로 돌변했다. 경찰·군대와의 유혈 충돌은 더욱더 흔한 일이 됐다. 1901년 5월 1일에는 페테르부르크의 비보르크 지구에 있는 오부호프 군수품 공장 파업을 진압하기 위해 군대가 공장을 포위하는 사태까지 일어났다. 그 결과 800명이나 되는 노동자들이 체포됐다(그들 대다수가 군사 법정에서 강제 노역을 선고받았다).

1901~1902년 사이의 겨울에는 3만 명이 넘는 학생들의 총파업이 벌어졌다. 1901년 2월 19일 농노해방 40주년 기념일에는 학생들이 조직한 대중 시위에 수많은 노동자들이 참가했다. 2월 23일에서 26일에는 이보다 더욱 인상적인 시위가 모스크바에서 벌어졌다. 노동자 수만 명이 그 시위에 참가해서, 채찍을 휘두르며 진압하는 코사크 기병대를 몇 번씩이나 물러서게 했다. 이 시위에 뒤이어 3월과 5월에 페테르부르크에서 대중 시위가 벌어졌다. 그 시위는 오부호프 공장의 노동자들과 경찰의 전투로 이어져 노동자 6명이 죽고 80명이 부상당하는 사태로 발전했다. 4월에는 티플리스에서, 12월에는 예카테리노슬라프에서 그와 비슷한 노동자 폭동이 발생했다.

1902년 11월에는 로스토프나도누에서 철도 노동자 파업이 있었다. 이 파업은 도시의 모든 공장이 참가한 연대 총파업을 낳았다. 노동자 수만 명이 운집하는 대중 집회들이 열렸고, 많은 경우에 사회민주당원들이 연설을 했다. 1903년 7월에 새로운 파업 물결이 일었다. 이번에는 한 개의 도시에만 머무르지 않고 우크라이나와 트란스캅카스 지방 전역으로 퍼져 나갔다. 바쿠, 티플리스, 오데사, 니콜라예프, 키예프, 엘리자베트그라드, 예카테리노슬라프, 케르치에서 정치 파업이 벌어졌다. 약 25만 명의 노동자들이 파업에 참가했다. 이 파업들은 혁명적 시위로 발전했으나 경찰과 군대한테 잔혹하게 진압당했다.

1901년에서 1903년 사이에 노동자들은 적극적으로 제정에 반대하는 주요 정치 세력으로 변신했다. 이러한 사실은 해방운동에 참여했다가 국가 범죄 행위로 기소된 사람들의 신분을 분류한 자료에서 잘 드러난다.[45] 100명당 수치는 다음과 같다.

	귀족	농민	노동자	지식인
1827~1846	76.0	?	?	?
1884~1890	30.6	7.1	15.1	73.2
1901~1903	10.7	9.0	46.1	36.7
1905~1908	9.1	24.2	47.4	28.4

(단위 : 명)

도시 노동자들은 전체 인구 가운데 소수였는데도 정치적 반대자의 **절반** 가까이를 배출했다. 지식인과 학생들은 이미 부차적 지위로 밀려났다.[46] 사태 발전으로 ─ 〈이스크라〉 지지자들의 활동에도 힘입어서 ─ '경제주의자들'이 설 땅이 없어졌다. 훗날 레닌이 말했듯이, "'경제주의'에 대항한 투쟁은 사그라져 1902년에 가서는 완전히 끝나 버렸다."[47]

05 1903년 당대회 — 볼셰비즘의 탄생

대회를 준비하며

레닌은 이론과 정치의 일반 문제들뿐 아니라 조직 활동의 세부 사항들도 기꺼이 다루었다. 이것은 그의 강점들 가운데 하나였으며, 그가 속한 분파나 당의 강점이었고, 〈이스크라〉 시기와 제2차 당대회 준비 기간, 즉 1900~1903년 시기에 분명히 드러난 하나의 특성이었다.

레닌은 지하당 활동에 열심인 노동자들을 언제나 몹시 만나고 싶어했다. 그는 시베리아 유형에서 풀려난 사람들과 탈출한 죄수들을 해외로 초청해 한동안 머무르게 했고, 그들이 직면한 정치·전술·조직 문제들을 함께 토론했다. 그는 앞날이 유망한 동지들을 조직의 핵심 활동에 끌어들여 여러 지역을 돌아다니게 했고, 〈이스크라〉 수임자로 활용했다. 그들 가운데서 레닌과 정기적으로 연락을 주고받은 사람은 20~30명뿐이었다. 크룹스카야는 러시아와 연락을 유지하는 데서 핵심 구실을 했다.

내가 도착했을 때, 블라디미르 일리치는 내가 도착하는 즉시 〈이스크라〉 서기 자리에 나를 임명하도록 결정하는 데 성공했다고 말했다. 물론 이것은 러시아와 연락하는 활동이 블라디미르 일리치의 직접 통제를 받으면서 이루어진다는 것을 뜻했다. 당시 마르토프와 포트레소프는 이것을 조금도 반대하지 않았다. 그래서 노동해방단은 자신의 후보를 내지 않았다. 정말이지 당시 그들은 〈이스크라〉에 거의 아무런 중요성도 부여하지 않았다. 블라디미르 일리치는 "이렇게 결정해야 하는 것은 상당히 난처한 일이지만 대의를 위해서는 필요한 것이라 생각하오" 하고 말했다. 나는 즉시 일에 파묻혔다.[1]

러시아 활동가들과 연락을 주고받는 데는 많은 어려움이 있었다. 뭐니 뭐니 해도 경찰의 개입이 가장 큰 어려움이었다.

당시 러시아와 주고받은 편지들을 지금 읽어보면, 우리의 음모 활동이 순진한 형태로 이루어졌다는 사실에 놀랄 것이다. 손수건(여권), 양조 맥주와 방한 모피(불법 문건) 같은 문구들, 도시 이름과 같은 철자로 시작되는 암호명들(오데사는 '오시프'로, 트베르는 '테렌티'로, 폴타바는 '페챠'로, 프스코프는 '파샤'로 ······), 여자 이름은 남자 이름으로 남자 이름은 여자 이름으로 고쳐 적기, 이 모든 것은 너무나 빤히 알 수 있는 것이었다.[2]

트로츠키는 다음과 같이 쓰고 있다.

크룹스카야는 ······ 모든 조직 활동의 중심에 있었다. 그는 동지들이 도착하면 그들을 접대했고, 떠날 때는 그들한테 지시를 내렸으며, 연락망을 만들고, 비밀 주소를 알려 주고, 편지를 쓰고, 편지를 암호 처리하거나 해독했다. 그의 방에서는 내용을 알기 위해 비밀 편지를 불에 살짝 그을리는 일이 잦았기 때문에 언제나 종이 타는 냄새가 났다. 그는 특유의 부드럽지만 완고한 말투로 사람들이 글을 충분히 쓰지 않는다든지 암호를 뒤죽박죽으로 쓴다든지 화학 잉크를 부주의하게 써서 줄이 겹친다든지 하는 따위의 불평을 늘어놓았다.[3]

크룹스카야는 과거의 어떤 러시아 혁명 조직도 따라올 수 없을 만큼 〈이스크라〉 지하 조직을 성공적으로 운영했다. 이 모든 것은 '종이 타는' 냄새가 나는 단칸방 '본부'에서 단 한 명의 조력자도 없이 이루어졌다.
레닌은 신경과민으로 고생했다.

블라디미르 일리치가 모든 일을 떠맡았다. 러시아와 연락을 주고받는 일은 그의 신경과민에 매우 나쁜 영향을 끼쳤다. 편지 답장을 몇 주, 심하면 몇 달을 기다리는 일, 만사가 물거품이 됐을 것이라고 끊임없이 걱정하는 일, 도대체 일이 어떻게 돼 가는지 모르는 상태로 계속 있는 일, 이 모든 것은 블라디미르 일리치의 성격과 전혀 맞지 않았다. 그가 러시아로 보내는 편지들은 정확히 쓰라는 요구로 가득 차 있었다. "재차 진심으로 부탁드리고 무조건 요구하건대, 우리한테 편지를 더 자주 그리고 더 자세히 써서 보내 주시오. 특히 이 편지를 받는 날 그 즉시, 반드시 편지를 쓰시오. 단 두 줄이라도 좋으니 편지를 받았다는 연락을 주시오." 그가 쓴 편지들은 더 신속하게 행동하라는 요구로 가득 차 있었다. "'소냐'는 쥐 죽은 듯이 조용합니다"라든가 "자린은 위원회에 제 시간에 오지 않았습니다"라든가 "'그 늙은 여자'와 연락이 되지 않았습니다" 따위의 소식이 담긴 편지를 받는 날이면 일리치는 뜬눈으로 밤을 지샜다. …… 이렇게 잠 못 이룬 밤들은 내 기억 속에 깊이 새겨져 있다.[4]

〈이스크라〉는 당대회 준비에서 중심 구실을 했다. 〈이스크라〉는 저널리

즘의 역사에서 독특한 지위를 차지했다. 그것은 러시아 지하당의 조직적 중심이었다. 편집국이 보낸 수임자들 — 1901년 말에는 9명[5] — 은 전국을 몰래 돌아다니면서 지역 조직들과 접촉했고, 조직이 하나도 없는 곳에서는 조직을 만들면서 지역 그룹들의 활동을 조정했다. 그 전의 노력들은 비관주의를 부추겼을 뿐이다. 1900년에 레닌, 마르토프, 포트레소프가

신문을 만들고 신문을 통해 러시아 조직을 건설하려고 해외로 갔을 때, 그들은 자신들보다 먼저 활동하던 러시아 혁명가들이 잇달아 겪었던 운명을 겪을 위험에 처해 있었다. 그 혁명가들은 서유럽에서 러시아에 혁명운동을 일으켜 보겠다는 똑같은 희망을 품고 해외로 갔던 사람들이었다. 그들이 그나마 무엇인가를 만들어 내는 데 성공했다손 치더라도 기껏해야 망명자 조직을 차례로 만들었을 뿐이다. 그러나 이번에는 "다른 사람들이 실패한 곳에서 그 세 사람은 성공했다. 참말이지 그들의 대회는 승자들의 대회로서 시작했다."[6]

1898년 당대회가 유산된 뒤, 진정한 창당대회로서 혁명 그룹들을 통일시키려는 제2차 당대회를 준비하는 동안 레닌은 아무것도 운에 맡기지 않았다. 다음은 1902년 5월 23일 레닌이 〈이스크라〉 수임자 렝그니크에게 보낸 편지 내용의 일부다.

이제 여러분의 임무는 여러분 스스로 대회 준비위원회가 되는 것입니다. …… 그리고 여러분의 사람들을 최대한 많은 위원회에 집어넣고, 대회가 열릴 때까지 여러분 자신과 여러분의 사람들을 세상에서 제일 소중히 여기고 지켜야 합니다. 이 모든 것이 가장 중요하다는 점을 명심하십시오! 이런 점에서 더 대담해지고, 더 자신을 갖고, 더 창의력을 발휘하고, 그 밖의 다른 모든 점에서는 최대한 조심하고 신중하십시오. 뱀처럼 현명하게 처신하시고

(분트와 페테르부르크 위원회에 대해서는) 비둘기처럼 아무런 해를 끼치지 마십시오.[7]

또 다른 수임자 라드첸코에게는 유대인 사회주의자 조직인 분트를 신중히 대하라고 말했다.

되도록 인상 깊게 행동하고 신중하게 행동하십시오. 최대한 많은 지구를 맡아서 대회 준비 활동을 벌이시고, 사무국(대회에 다른 이름을 붙인다면)에 대해 설명하고, 간단히 얘기해서 모든 일을 전적으로 당신이 좌지우지할 수 있게 하고, 분트는 당분간 분트로 머물러 있게 하십시오. …… 그리고 당분간 대회 준비 러시아 위원회를 어떻게 구성해야 우리한테 가장 이로울까 하는 것을 마음속에 새겨 두십시오(당신은 이미 이런 위원회를 만들었다고, 그래서 분트를 참여시키게 돼, 또 이러한 일을 하게 돼 기쁘다고 말하는 것이 나을지도 모릅니다). 이런 위원회에서 당신이 반드시 서기가 되셔야 합니다. 이것들은 으뜸가는 조치들입니다. 이제 그 이유를 살펴보겠습니다. 저는 되도록 자유롭게 행동하기 위해 대회 준비 러시아 위원회 구성을 '마음속에' 새겨 두라고 얘기하고 있습니다. 지금 당장 분트 쪽에 당신의 생각을 얘기하지 마십시오(예컨대, 당신은 볼가·캅카스·중부 ― 그곳에서 온 사람이 하나 있습니다 ― 그리고 남부 ― 우리는 그곳에 두 사람을 파견한 상태입니다 ― 와의 연락망을 만들었다고 말할 수 있습니다). 그리고 당신이 활동의 책임자가 되십시오. 그러나 반발을 사지 않으면서 이 모든 일을 가장 신중하게 하십시오.[8]

1902~1903년 겨울에 〈이스크라〉 지면에 실린 충성 선언들은 레닌이 파견한 수임자들이 임무를 성공적으로 수행했음을 분명하게 보여 준다. 〈이스크라〉는 위원회들을 차례로 자기편으로 만들었다. 1902년 12월에는 니즈니노

브고로드 위원회를, 1903년 1월에는 사라토프 위원회를, 2월에는 북부 노동자 연맹을, 3월에는 돈 위원회(로스토프), 시베리아 노동자 연맹, 카잔 위원회, 우파 위원회를, 4월에는 툴라 위원회, 오데사 위원회, 이르쿠츠크 위원회를, 5월에는 남러시아 광산 노동자 연맹과 예카테리노슬라프 위원회를 획득했다.[9]

헌병대 장군 스피리도비치는 〈이스크라〉 수임자들의 활동을 다음과 같이 잘 묘사했다.

직업혁명가들로 이루어진 튼튼하게 결속해 있는 음모 단체와 결합한 그들은 당위원회가 있는 곳은 어디든지 갔고, 당위원회 위원들과 접촉했고, 불법 문건을 그들에게 나누어 주었고, 인쇄소 만드는 것을 도와주었고, 〈이스크라〉에 필요한 정보를 수집했다. 그들은 지역위원회들에 침투했고, '경제주의'에 반대하는 선전 활동을 벌였고, 자신들을 이데올로기적으로 반대하는 사람들을 제거했으며, 이런 식으로 지역위원회들을 자신들의 영향력에 종속시켰다.[10]

몇 달 동안의 끈질긴 노력 끝에 러시아에 있던 〈이스크라〉 수임자들과 다른 사람들하고 정기적으로 연락을 주고받게 됐고 편지의 양도 상당히 늘어났다. 그래서 레닌은 전투적 노동자들의 생각과 정서를 실제로 알 수 있게 됐다. 크룹스카야는 다음과 같이 말했다.

러시아의 혁명운동은 계속 성장했고 동시에 러시아와 주고받는 연락도 늘어났다. 편지는 이내 한 달에 300통으로 늘어났는데, 당시 그것은 굉장한 수치였다. 덕분에 레닌은 자료 더미에 파묻혀 살았다. 참말이지 그는 노동자들이 보낸 편지를 읽는 법을 알고 있었다. 오데사 채석장 노동자들이 보낸 편지가 기억난다. 그것은 몇 가지 유치해 보이는 필체로 집단으로 쓴 수필이었는데, 주어와 술어도 없었고 마침표와 쉼표도 없었다. 그러나 그것은 끝까지 투쟁하겠다는, 다시 말해서 승리할 때까지 투쟁하겠다는 의지와 열정이 철철 넘치는 편지였다. 모든 얘기가 비록 순박하기는 했지만 흔들리지 않는 신념을 웅변하는 편지였다. 그 편지에 무슨 얘기들이 쓰여 있었는지는 기억나지 않지만, 그 편지가 어떤 모양 — 종이와 빨간 잉크 — 을 하고 있었는지는 기억난다. 레닌은 그 편지를 여러 차례 읽더니 깊은 생각에 잠겨 방을 왔다 갔다 했다. 오데사 채석공들이 일리치한테 편지를 보낸 것은 헛된 노력이 아니었다. 그들은 편지를 받아야 할 사람, 다시 말해서 그들을 가장 잘 이해하는 사람한테 글을 썼기 때문이다.[11]

또한, 크룹스카야는 볼세비키당의 자금을 직접 관리하는 유일한 재정 책임자였다. 게다가 그는 〈이스크라〉를 러시아로 운반하는 활동도 조직했다. 이것은 무척 번거로운 일이었다. 〈이스크라〉를 러시아로 운반하는 활동에 실제로 관여한 주요 인사들 가운데 하나인 퍄트니츠키는 〈이스크라〉 운반에 사용한 방법을 다음과 같이 생생하게 묘사했다.

우리는 인쇄물을 적은 분량으로 나누어 러시아로 신속하게 운반하기 위해서 바닥이 이중으로 된 옷가방을 이용했다. 내가 베를린에 도착하기 전에는 어떤 작은 공장이 우리를 위해 그러한 옷가방을 대량으로 만들고 있었다. 그러나 국경 세관 관리들이 이내 눈치를 챘고, 그래서 몇 번은 인쇄물을 운반하지 못했다. 가방 모양이 모두 똑같은 것을 보고 눈치챈 게 분명하다. 그래서 우리가 직접 보통 옷가방에 두껍고 튼튼한 종이로 이중 바닥을 만들어 넣기 시작했고, 거기에 새로 찍은 〈이스크라〉를 100부에서 150부가량 넣어 운반할 수 있었다. 이중 바닥은 풀칠이 너무 잘 돼 있어서 어느 누구도 옷가방에 인쇄물이 들어 있으리라고는 상상할 수 없었다. 그런데도 옷가방 무게가 그렇게 많이 나가지는 않았다. 우리는 〈이스크라〉 그룹에 동조하는 우호적 학생들의 모든 옷가방과 합법이나 불법으로 러시아에 가는 모든 동지의 옷가방을 이런 식으로 이용했다. 그러나 그것으로도 충분하지 않았다. 새로운 인쇄물에 대한 요구가 매우 컸다. 그래서 이번에는 '가슴받이'를 발명했다. 남자들은 일종의 조끼를 만들어서 200~300부 정도의 〈이스크라〉와 얇은 팸플릿들로 속을 채웠고, 여자들은 특수한 웃옷을 만들고 그 옷자락 속에 인쇄물을 꿰매 넣었다. 우리가 만든 장비 덕분에 여자들은 〈이스크라〉를 300~400부 정도 운반할 수 있었다.

우리의 전문용어로 이것을 '특급 수송'이라 불렀다. 우리에게 붙잡히는 사람은 누구나 이러한 '가슴받이'를 입어야 했다. 책임 있는 동지들과 보통 사람들 모두 똑같이 말이다.[12]

이런 방법으로 〈이스크라〉를 러시아로 운반하는 것은 매우 번거로웠고 돈도 많이 들었다. 여러 해가 지난 뒤 크룹스카야는 이렇게 회고했다. "많은 돈과 노력과 시간을 이러한 운반 활동 전체에 쏟아 부었고 수많은 위험이 뒤따랐지만, 신속하게 보낸 인쇄물 가운데서 목적지에 제대로 도착한 분량은 10분의 1도 안 됐을 것이다."[13] 키예프에서 〈이스크라〉가 10만 부나 돌려 읽혔다는 소문이 돌았지만, 사실 〈이스크라〉 첫 호의 인쇄 부수는 전부 합쳐서 8000부였다.[14]

당시 레닌이 당 조직의 세부 활동에 대해 취한 태도는 혁명적 지도자들 중에서도 독특했다. 이 점은 그의 관점을 예컨대, 로자 룩셈부르크나 폴란드 사회민주당 지도부의 로자 동료들의 관점과 대조해 보면 가장 잘 이해할 수 있을 것이다. 로자 룩셈부르크의 전기를 펴낸 바 있는 네틀은 그 차이를 다음과 같이 묘사했다.

대체로 엘리트 구성원들은 저마다 독자적으로 그리고 자기 편할 대로 자기 습관에 따라 행동했다. 참말이지 명령은 거의 없었다. 예외적 경우를 제외하면 …… 의견 교환은 랍비들이 이견을 좁히는 문제와 비슷했다. 이러한 방만함에 놀란 제르진스키는 그것을 퇴보의 증거로 여겼다. "정책도 없고, 방향도 없고, 서로 도와주지도 않는다. …… 모든 사람이 혼자 힘으로 대처해야 한다." …… 이러한 비조직적·비공식적 행동 방식은 당의 행정에서 우연히 생겨난 허점이 결코 아니었다. 그것은 의도된 것이었고 열렬히 옹호됐다. 일부 지도자들은 돈과 조직의 일상 업무를 다뤄야 한다는 사실을 무척 싫어했다. 그래서 글도 쓰기 싫어했다. 1902년에 마르흘레프스키는 체자라나 보이나로프스카에게 화난 말투로 이렇게 편지를 썼다. "저는 돈 문제에 관여하고 싶지 않습니다. …… 그런 문제라면 재정 담당자인 블라데크[올셰프스키 — 지은이]를 만나서야 합니다." 로자 룩셈부르크는 훨씬 더했다. 어느 시점에선가 로자는 조직 문제에 관여할 수 없고 공식 협의회나 당대회에도 일절 참여하지 못한다는 당의 공식 결정이 내려졌다.*

로자 룩셈부르크와 마찬가지로 트로츠키도 당의 행정에 관여하지 않았다. 그러나 사실 이것은 그가 현실의 어떤 당에도 속하지 않았기 때문이다. 그는 멘셰비키와 결별한 1904년과 볼셰비키당에 입당한 1917년 사이에 작고 느슨한 글쟁이들의 집단하고만 관계를 맺었다.

1903년 당대회 준비는 레닌이 도맡아 했다. 크룹스카야는 "블라디미르 일리치는 당대회를 학수고대했다"고 회상한 바 있다.[16] 그러나 그가 그렇게 자신의 주장을 굽히지 않고 힘든 노력을 기울였어도, 당대회는 기대와는 완전

---

* 뒷날 상황이 바뀌었다. 1908년에 비공식 합의는 사라지고 있었고, 요기헤스가 레닌주의를 분명하게 확립하려고 애를 쓰고 있었다. 그러나 요기헤스의 노력은 당 내 볼셰비키 같은 응집력 있는 집단의 충성을 얻지 못한 상태에서 이루어졌다.[15]

히 딴판이었다. 대회는 단결을 이룩한 대회가 아니라 러시아 마르크스주의자들이 서로 다른 두 경향과 조직 — 볼셰비키와 멘셰비키 — 으로 근본으로 갈라진 대회였다.

1903년 당대회

대회가 시작할 무렵의 상황은 플레하노프, 레닌, 마르토프, 악셀로드, 자술리치, 포트레소프로 구성된 통합 지도부에 유리하게 돌아갔다. 51표 중에 33표, 그러니까 확실한 다수가 〈이스크라〉의 견해를 지지했다. 레닌이 신중을 기해서 준비한 덕분에 〈이스크라〉의 견해가 확실한 다수가 됐던 것이다. 〈이스크라〉의 주된 경쟁자인 '경제주의' 신문 〈라보체예 델로〉는 겨우 3표를 갖고 있었고, 유대인 분트는 9표를 갖고 있었으며, 나머지 대의원들의 6표는 어디에도 속하지 않았다. 플레하노프와 레닌은 이 마지막 그룹을 "늪"이라 불렀다. 왜냐하면 그들은 어떤 때는 〈이스크라〉파에 찬성표를 던졌고 어떤 때는 반대표를 던졌기 때문이다. 〈이스크라〉파 33명이 단결을 유지했다면, 모든 문제에서 확실한 승리를 거둘 수 있었을 것이다.

처음 세 번의 대회 본회의(모두 합쳐 37차례의 본회의 중에서)는 대체로 사소한 절차 문제들을 다루었다. 그러고 나서 의제 중에 가장 중요한 안건인 당 강령에 대한 토론이 벌어졌다. 플레하노프가 토론을 시작했다. 주된 문제는 프롤레타리아 독재에 관한 것이었는데, '경제주의자' 마르티노프와 아키모프만 빼고 모든 사람들이 그것을 굳게 지지했다. 마침내 강령이 채택됐을 때, 아키모프만 기권하고 나머지 참석자 전원이 강령을 지지했다.

아키모프는 강령에 당이 프롤레타리아를 후견한다는 정신이 담겨 있다고 비판했다.

'당' 개념과 '프롤레타리아' 개념을 서로 대립시키고 있다. 전자는 능동적·사역적·집단적 존재로서, 후자는 당의 조종을 받는 수동적 매개물로서 대립하고 있다. 처음부터 끝까지 당이라는 명칭은 주격의 주어로, 프롤레타리아라는 명칭은 목적격의 목적어로 사용되고 있다. …… 사회혁명의 필수조건은 프롤레타리아 독재, 다시 말해서 착취자들의 저항 노력을 모두 억누를 수 있는 권력을 프롤레타리아가 장악하는 것이다.

이러한 독재를 수용하는 것이 민주공화정 요구와 어떻게 조화될 수 있을까? 대회에 참석한 대의원들 가운데 한 명인 포사도프스키는 당이 장차 자신의 정책을 이런저런 기본 민주주의 원칙 — 절대적 가치가 있는 원칙 — 에 종속시켜야 하는가, 아니면 "모든 민주주의 원칙들이 전적으로 당의 이익에 종속돼야 하는가" 하는 물음을 제기했다. 플레하노프는 명확하고 단호하게 대답했다.

모든 민주주의 원칙은 추상으로 외따로 고려해서는 안 되고, 민주주의의 근본 원리라 할 수 있는 것, 곧 '민중의 권리가 최고의 법이다salus populi suprema lex'라는 것과 관련지어 고려해야 한다. 혁명주의자의 언어로 옮기면, 이 말은 혁명의 성공이 최고의 법이라는 뜻이다. 따라서 혁명의 성공을 위해서 이런저런 민주주의 원칙 운용을 잠시 제한할 필요가 있다면, 그러한 제한을 삼가는 것이 죄악일 것이다. 개인적으로 나는 보통선거 원칙조차 내가 민주주의의 근본 원리라 규정한 것의 관점에서 고려해야 한다고 생각한다. 우리 사회민주주의자들이 보통선거에 공공연히 반대하는 주장을 하는 것은 가설로는 가능하다. 이탈리아 공화국들의 부르주아지는 귀족 계층의 정치적 권리를 빼앗은 일이 있다. 상층 계급이 프롤레타리아의 정치적 권리를 제한했던 것과 꼭 마찬가지로 혁명적 프롤레타리아는 상층 계급의 정치적 권리를 제한할 수도 있다. 그러한 조치들의 적합성은 '혁명의 권리가 최고의 법salus revolutiae suprema lex'이라는 원리에 바탕을 둠으로써만 판단할 수 있다.

그리고 우리는 의회를 지속시키는 문제에 대해서도 마찬가지 태도를 취해야 한다. 혁명의 열정이 폭발하는 상황에서 민중이 아주 멋진 의회 — 일종의 희귀한 의회 — 를 선택한다면, 우리는 그것을 오래 가는 의회로 만들기 위해 노력해야 할 것이다. 만약 선거에서 우리가 진다면, 우리는 의회를 2년이 아니라 가능하다면 2주 안에 해산하려 해야 할 것이다.[17]

플레하노프의 얘기는 특히 1917년에 볼셰비키가 실제로 사용한 정책들을 정확히 묘사한 것이었다. 플레하노프는 두고두고 자기가 내뱉은 말을 무척 후회하면서 살았다.

대회가 끝날 때쯤 레닌의 반대파가 된 마르토프는 이때 플레하노프의 프롤레타리아 독재 주장에 반대하지 않았다. 그러나 마르토프가 내린 정의는 훨씬 덜 극단적이었다. 몇 주 뒤에 해외 러시아 사회민주주의자 연맹 대회에 제출한 2차 대회 보고서에서 마르토프는 플레하노프의 얘기를 부드러운 말로 바꿔서 플레하노프를 '방어'하려 했다. "[플레하노프가 했던 — 지은이] 이런 얘기를 듣고 일부 대의원이 분노했습니다. 플레하노프 동지가, 프롤레타리아가 자신의 승리를 굳히기 위해서 언론의 자유 같은 정치적 권리들을 짓밟아야 하는 비극 상황은 사실 상상하기 어려운 일이라고 덧붙였다면 이런 사태는 쉽게 피할 수 있었을 것입니다(플레하노프 : '고맙소')."[18]

대회 종반에 레닌에 반대해 마르토프 편에 서는 트로츠키는 이때 프롤레타리아 독재 개념을 옹호했다. 그러나 프롤레타리아 독재가, 살아남으려고 발버둥 치는 옛 사회체제가 대중 속에 퍼뜨린 보수적 사상과 대결해야 한다는 냉엄한 현실을 간과했다. 그는 《공산당 선언》의 문구를 변형해서 강령을 옹호하고 나섰다.

노동계급의 지배는 노동계급의 대다수가 단결해서 원하지 않는다면 생각할 수 없는 것이다. 그런데 그들은 압도 다수일 것이다. 노동계급의 지배는 한줌도 안 되는 음모가 무리나 소수당의 독재가 아니라, 거대 다수가 거대 다수의 이익을 옹호하고 반혁명을 막기 위한 독재일 것이다. 간단히 말해서, 그것은 진정한 민주주의의 승리일 것이다.[19]

물론 이것은 프롤레타리아가 소수의 운동이던 러시아를 특별히 염두에 두고 아키모프의 주장에 답한 것이 아니었다.

강령의 농업 관련 부분에 대한 토론에 참여한 것을 빼면, 레닌은 강령에 관한 대논쟁에 거의 참여하지 않았다(11장을 보시오). 그러나 1917년에 실행한 정책이 입증하듯이, 그가 플레하노프의 생각에 완전히 동의했다는 것은 분명하다.

대회가 채택한 강령은 실제로 대회에 제출된 강령 초안과 똑같았다.[20] 심사위원 선출 요구가 추가되고, 노동조건 개선 입법에 대한 요구들의 세부 항목이 조금 수정된 것이 유일한 차이였다. 흥미로운 점은 강령 논쟁이 벌어지는 동안 '경제주의자' 대의원들 가운데 한 명인 마르티노프가 레닌의 ≪무엇을 할 것인가?≫를 날카롭게 비판했는데도 전혀 지지를 얻지 못했다는 것이다.

한 사람의 대의원만이 기권한 채 나머지 대의원 전원이 만장일치로 강령을 채택했다는 사실은 뒷날 일어난 사건들에 비춰 볼 때 거듭 얘기할 가치가 있다. 대회의 16, 17차 본회의가 열릴 때쯤 〈이스크라〉파의 단결은 덜 완전해 보였다. 일부 표결에서 백중지세를 보인 사실은 〈이스크라〉파의 몇몇 사람들이 레닌과 플레하노프에 반대해 분트나 '경제주의자들'에게 표를 던졌다는 것을 보여 준다. 그러나 이 표들은 모두 사소한 문제들을 둘러싸고 던진 표였다.

대회의 폭탄은 당 규약을 다룬 22차 본회의에서 터졌다. 사건의 발단은 당원 자격을 규정한 규약 초안의 첫 번째 문장에 대한 토론에서 비롯했다. 레닌은 규약 제1조에서 당원을 "당의 강령을 받아들이고 물질적 수단으로 당을 지원하고 당의 기구 가운데 어느 하나에 개인적으로 참여해서 당을 지지하는" 사람으로 규정해야 한다고 제안했다. 마르토프가 내놓은 대안은 정확히 똑같은 말로 시작하지만 뒷부분이 "당의 기구 가운데 어느 하나의 지도를 받아 정기적 · 개인적으로 협조해서"였다.

레닌은 계속 발언권을 얻어 자신의 공식을 설명했다. 그는 혁명가들로 이루어진 튼튼하게 조직된 당을 원했다.

당은 오로지 전위, 즉 당 기구들의 '통제와 지도를 받으면서' 활동하지만 '당'에 속하지도 않고 속해서도 안 되는 광범한 전체(또는 거의 전체) 노동계급 대중의 지도자여야 한다. …… 우리의 활동이 대부분 제한적인 비밀 서클에, 심지어 사적 모임에 국한된다면 말만 하는 사람들과 활동하는 사람들의 구별은 사실 매우 어렵고 거의 불가능해질 것이다. 세계에서 러시아처럼 이 두 부류가 뒤섞여서 끝없는 혼란과 해악을 낳는 나라는 거의 없다. 우리는 몹시 고통스럽다. …… 말만 하는 사람 하나가 당원이 될 기회와 권리를 갖는 것보다는 활동하는 사람 열이 당원이라고 자처하지 않는(진짜 노동자들은 자격에 연연하지 않는다) 편이 나을 것이다. 그것은 내가 보기에 반박할 수 없는 원칙이다. 바로 그러한 원칙 때문에 나는 마르토프에 반대해 싸울 수밖에 없다. …… 우리는 모든 당원이 당을 책임지고 당은 모든 당원을 책임진다는 것을 잊어서는 안 된다.[21]

마르토프도 되풀이해서 주장했다. 그는 광범한 당을 주장했다. 트로츠키는 마르토프를 지지했다. 그것은 놀라운 일이었다. 왜냐하면 21차 본회의에서 트로츠키는 레닌보다 훨씬 더 극단적인 중앙집권주의자처럼 보였기 때문이다. 트로츠키는 다음과 같이 말했다.

> 그(아키모프 동지)는 규약이 중앙위원회의 권한을 충분히 정확하게 규정하고 있지 않다고 말했다. 나는 그의 생각에 동의할 수 없다. 그와는 반대로 이러한 규정은 정확한 것이고, 당은 하나의 통일체이니만큼 중앙위원회가 지역위원회를 통제해야 한다. 리베르 동지는 내가 사용한 표현을 빌려서 규약이 '조직된 불신'이라고 말했다. 그것은 사실이다. 그러나 나는 당 전체에 대한 당일부의 조직된 불신을 나타내는, 분트 대표들이 제안한 규약에 대해 이러한 표현을 사용했다. 다른 한편으로, 우리 규약은 당의 모든 부문에 대한 당의 조직된 불신, 즉 모든 지역·지구·민족 조직들과 여타 조직들에 대한 통제를 나타내는 것이다.[22]

그런데 이제 와서 트로츠키는 갑자기 이렇게 말했다. "나는 규약이 기회주의를 막을 수 있다고 생각하지 않는다. 나는 규약을 조금도 신비하게 해석하지 않는다. …… 기회주의는 규약의 이런저런 조항보다 훨씬 더 복잡한 원인들 때문에 생겨난다. 기회주의는 부르주아 민주주의와 프롤레타리아의 상대적 발전 수준에서 비롯하는 것이다."

악셀로드도 레닌을 반대하고 나섰다. 그러나 플레하노프는 레닌을 지지했다. "나는 미리 생각해 놓은 게 있었다. 그러나 지금까지 한 얘기들을 곰곰이 따져 보면 볼수록 진리는 레닌 편이라는 확신이 더욱 강해진다. …… 지식인들은 개인주의적 이유들 때문에 당에 들어오기를 망설일 수도 있을 텐데, 그러면 더욱 좋다. 왜냐하면 그들은 대체로 기회주의자이기 때문이다. …… 오직 이러한 이유 때문에 기회주의에 반대하는 사람들은 레닌의 규약 초안에 찬성표를 던져야 한다."

〈이스크라〉파는 분열했고 레닌이 내놓은 규약 초안은 찬성 23, 반대 28로 부결됐다. 마르토프를 지지한 다수파 중에는 분트 대표 5명과 '경제주의자' 2명이 끼어 있었다. 이들 7명이 가세해서 마르토프와 그의 지지자들은 레닌에 반대하는 다수파가 돼 그 뒤부터 대회를 좌지우지할 수 있었다.

당 중앙위원회에 절대 권한을 줘야 한다고 주장한 레닌의 ≪무엇을 할 것인가?≫를 진심으로 지지했던 마르토프와 트로츠키가 어떻게 레닌의 당원 자격 규정을 거부할 수 있었을까? 강력한 중앙집권주의 지도부와 느슨한 당원 자격을 결합시키는 것은 극단적 절충주의였다.

혁명적 노동계급 정당 안에서 민주적 중앙집권제를 엄격하게 적용해야 하는 필요성은 프롤레타리아 독재의 냉엄한 과제들에서 비롯한다. 마르토프와 트로츠키는 여기에서 멈추었다. 더 나아가 혁명정당의 지도부는 헌신과 일상생활에서 당과 자신을 완전히 하나로 여기는 태도의 최고 본보기를 보여야 한다. 그래야 지도부는 평당원의 극대 희생을 요구할 수 있는 도덕적 권위를 확보할 수 있다.

일찍이 엥겔스는 아나키스트들을 반박하면서 프롤레타리아 혁명은 매우 강한 규율과 강한 권위를 요구한다고 말한 바 있다.

이 신사들이 혁명을 보기라도 했을까? 혁명은 확실히 가장 권위주의적인 것이다. 혁명은 매우 권위주의적 수단인 소총·대검·대포 따위를 사용해 민중의 일부가 다른 사람들에게 자기 의지를 강요하는 행동이다. 그리고 승리한 당은 자신의 무기가 반동 세력에게 주는 공포를 이용해서 자신의 지배를 유지해야 한다.[23]

따라서 혁명정당은 당원들한테 희생과 규율을 강하게 요구할 수밖에 없다. 마르토프의 당원 자격 규정은 그의 프롤레타리아 독재 개념이 지닌 취약함과 맞아떨어지는 것이었다.

당 규약 제1조와 관련해 이러한 결정이 내려진 뒤, 레닌은 거듭 소수파가 됐다. 23~26차 본회의에서 마르토프 ― 이제는 계속 레닌을 반대하고 있던 ― 는 쟁점마다 이겼다. 그러나 그것들은 사소한 쟁점들이었다.

유대인 노동자들의 유일한 조직이기를 원했고 당에서 계속 자율성을 갖고 싶어한 유대인 분트의 소망이 꺾여 나간(찬성 5, 반대 41, 기권 5로) 27차 본회의에서 레닌은 다시 다수파가 됐다. 그러자 곧바로 분트 대의원 5명이 대회장에서 나갔다. 뒤이어 '경제주의자' 대의원 2명도 대회장에서 나갔다. 왜냐하면 〈이스크라〉파인 해외 러시아 혁명적 사회민주주의자 연맹이 당의 유일한 해외 대표가 돼야 한다고 결정했기 때문이다. 그래서 마르토프는 일거에 7표를 잃어 그를 지지하는 표가 20표로 줄었다. 반면에 레닌은 24표를 계속 유지했다.

이제 대회는 당을 지도하는 기구들을 선출해야 했다. 이미 모두 중앙집권적 구조에 동의한 상태였다. 규약은 3명으로 이루어진 중앙위원회가 러시아에서 활동한다고 규정했고, 〈이스크라〉를 사상 지도를 위한 당의 중앙 기관지로 정했다. 그리고 5명 ― 중앙위원회와 중앙 기관지가 각각 2명씩 임명하고 1명은 대회에서 선출한다 ― 으로 이루어진 당 평의회를 두어 중앙 기관지와 중앙위원회를 중재하도록 했다.

다수파가 되자 레닌은 자신이 추천한 중앙위원 후보 3명의 명단을 통과시켰다. 어려움을 안겨준 것은 이제 당의 중앙 기관지가 된 〈이스크라〉 편집국이었다. 왜냐하면 대체로 기존 편집국원 6명이 재선출될 것이라고 예상했기 때문이다. 이들 가운데서 마르토프, 포트레소프, 악셀로드, 자술리치 이렇게 4명은 이제 레닌을 반대하는 사람들이었다. 레닌은 편집국 인원을 3명 ― 플레하노프, 레닌, 마르토프 ― 만 두자고 제안했다. 이 문제를 둘러싸고 당이 볼셰비키(다수파)와 멘셰비키(소수파)로 분열했다.

플레하노프, 레닌, 마르토프가 편집자로 선출됐다. "3명 모두 레닌주의자"인 노스코프, 크르지자노프스키, 렌그니크가 중앙위원으로 선출됐다. 플레하노프는 당협의회 의장으로 선출됐다. 편집국 인원에 대한 토론 — 마르토프가 원하는 대로 기존 6명을 선출할 것인가 아니면 레닌이 추천한 3명을 선출할 것인가 — 은 9회에 걸친 본회의에서 장시간 계속됐다. 논쟁은 격렬하고 신랄했다.

이 문제를 놓고 오랫동안 논쟁을 하느라고 힘을 모두 써버린 뒤에 대회의 나머지 사안들은 대의원들이 반쯤 잠든 상태의 전혀 무관심한 분위기에서 하루 만에 처리됐다. 의제로 상정된 24개 안건 가운데 마지막 날까지 처리된 것은 겨우 4개뿐이었다. 마지막 날 — 한 달 동안 치러진 대회 마지막 날 — 오후 5시부터 전술 문제에 대한 몇몇 결의안에 관해 산만한 토론이 시작됐다. 여기에는 시위에 대한 결의안, 노동조합 운동과 비국교파 속에서 하는 활동에 대한 결의안, 청년 학생들 속에서 하는 활동에 대한 결의안, 심문받을 때의 행동 요령에 대한 결의안, 자유주의자들에 대한 스타로베르의 결의안, 자유주의자들에 대한 플레하노프의 결의안, 사회혁명당에 대한 결의안, 당 문헌에 대한 결의안, 유대인 학살 반대에 대한 결의안이 포함됐다.

마지막 본회의에서 통과된 가장 불행한 결의안은 포트레소프(스타로베르)가 제출하고 마르토프와 악셀로드가 지지한 결의안으로서, 다음과 같은 조건을 바탕으로 사회주의자들이 자유주의자들을 지지한다는 결의안이었다. (1) "자유주의나 자유민주주의 경향들"은 "제정에 반대해 투쟁하는 동안 러시아 사회민주주의자들을 확고하게 지지하겠다고 분명하고 확실하게 선언"해야 한다. (2) 자유주의자들은 "강령에 노동계급의 이익이나 민주주의에 대체로 어긋나거나 노동계급의 정치의식을 흐려 놓는 요구를 하나도 집어넣지 않아야 한다." (3) 그들은 보통·평등·직접·비밀 선거를 투쟁 구호로 내세워야 한다(이러한 조건들은 자유주의자들이 혁명적 잠재력을 갖고 있다는 오해를 낳은 원인이 됐다). 대의원들은 너무 피곤한 나머지 이 결의안과 더불어 플레하노프가 제출하고 레닌이 지지한, 이 결의안과 모순되는 결의안을 매우 빨리 통과시켰다. 마르토프, 자술리치, 악셀로드가 (그리고 놀랍게도 트로츠키도) 지지한 포트레소프의 결의안에서 우리는 1905년과 그 뒤의 멘셰비즘을 미리 맛볼 수 있다.[24] 흥미로운 것은 대회 당시와 그 뒤에도 레닌이 이 결의안에 거의 주의를 기울이지 않았고, 편집국 인원을 둘러싼 대립에 훨씬 더 많은 관심을 두었다는 사실이다.

당을 분열시킨, 편집국을 3명으로 구성할 것인가 6명으로 구성할 것인가 하는 문제는 찻잔 속의 폭풍처럼, 다시 말해 진지한 운동을 분열시키기에는 너무 하찮은 개인적 말싸움의 문제로 보였다. 레닌은 그러한 차이를, 한편으로 당이 간부를 임명한다는 정신을 받아들이는 사람들과 다른 한편으로 서클적 태도와 "고참들의 세계"에 익숙한 사람들 사이의 대립으로, 커다란 개인적 요소를 내포하는 대립으로 보았다. 당시 그는 이것이 분열을 정당화하는 것인지 아닌지를 전혀 확신하지 못했다.

〈이스크라〉의 옛 편집국 지지자들은 다음과 같이 주장했다. "대회는 편집국을 개편할 수 있는 도덕적·정치적 권리가 없다(트로츠키)." "그것은 너무나 미묘한[원문 그대로!] 문제다(트로츠키)." "재선출되지 않은 편집자들이 대회가 자신들이 편집국에서 활동하는 것을 더는 보고 싶어하지 않는다는 사실에 대해 어떻게 느낄까(차료프)?"

레닌은 다음과 같이 논평했다.

그러한 주장들은 모든 문제를 가엾음과 상처받은 감정의 차원에서 제기했을 뿐이고, 진정한 원칙적 주장들, 즉 진정한 정치적 주장들과 관련해서는 파산했음을 직접 인정하는 주장들이었다. …… 당의 관점이 아닌 이러한 속물적 관점을 우리가 받아들인다면, 우리는 선거 때마다 페트로프가 선출되지 않고 이바노프가 선출되면 페트로프의 감정이 상하지 않을까, 조직위원회 위원이 아닌 사람이 중앙위원으로 선출되면 조직위원회 위원의 감정이 상하지 않을까 하는 것을 고려해야 한다. 동지들, 이래서야 쓰겠는가? 우리가 상호 불평과 속물적 감상을 만족시키기 위해서가 아니라 당을 만들기 위해서 여기에 모였다면, 우리는 그러한 관점에 결코 동의할 수 없다. 우리는 간부를 선출하려는 참이고, 따라서 선출되지 않은 사람들에 대한 믿음이 있네 없네 하는 말은 할 수가 없다. 우리가 고려해야 하는 문제는 오로지 활동의 이익, 그리고 선출된 사람이 그 자리에 어울리는가 하는 것뿐이다.

그는 "서클의 '연속성'을 고집하는 하찮은 고참 무리들"을 비판했다.[25]

이러한 사람들은 친한 친구들로 이루어진 작은 서클에 파묻혀 안주하는 것에 너무 젖어 있기 때문에, 어떤 사람 하나가 자유롭고 공개된 곳에서 자신의 책임에 대해 말하자마자 기절초풍했다. …… 지식인의 개인주의와 서클 정신은 당 앞에서 공개적으로 말하라는 요구와 충돌했다.[26]

편집국과 관련해 대회가 내린 결정을 따르기를 거부하면서 마르토프가 "우리는 노예가 아니란 말이야!" 하고 소리치자, 레닌은 이러한 "귀족적 아나키즘"을 비판하면서 그들은 "평당원뿐 아니라 '지도부'도 당원의 임무를 수행해야 한다고 주장하는 법을 배워야 한다"고 말했다.[27] 왜 마르토프와 그의 친구들은 이제 대회가 제거한 옛 편집국원들이 실제로 쓸모가 없음을 부인하려 했을까?

6명으로 구성된 옛 편집국은 너무 무력해서, 지난 3년 동안 총력을 기울여 제 임무를 완수한 적이 한 번도 없었다. 믿을 수 없겠지만 이것은 사실이다.

45호까지 나온 〈이스크라〉 중에 레닌이나 마르토프 말고 다른 사람이 만든 (편집과 기술의 측면에서) 호는 하나도 없었다. 그리고 중요한 이론 문제를 제기한 사람은 플레하노프 말고는 없었다. 악셀로드는 아무 일도 하지 않았다 (사실 그는 〈자랴〉에 글을 하나도 싣지 않았고, 〈이스크라〉가 45호까지 나오는 동안 서너 개의 기사를 썼을 뿐이다). 자술리치와 스타로베르는 기고하고 충고하기만 했지 실제 편집 활동은 아예 하지도 않았다.[28]

자신의 목적을 설명한 다음 레닌은 옛 〈이스크라〉가 45호까지 나오는 동안 마르토프는 39개의 기사를 썼고, 자기는 32개의 기사를 썼고, 플레하노프는 24개의 기사를 썼다고 말했다. 자술리치는 겨우 6개의 기사를 썼고, 악셀로드는 4개의 기사를 썼고, 포트레소프는 8개의 기사를 썼다.[29]

모든 것을 혁명의 요구에 종속시키는 대신 노장 혁명가들에게 예절 바른 지지를 드러내고 싶어하는 바람은 레닌한테는 완전히 낯선 것이었다. 그가 러시아 마르크스주의 개척자들에게 냉담한 태도를 취한 것은 아니다. 그는 특히 베라 자술리치한테 애정을 가졌고, 크룹스카야도 그랬다. "내가 뮌헨에 도착한 날 밤에 블라디미르 일리치는 이렇게 말했다. '기다렸다가 베라 이바노브나를 만나 봐요. 수정같이 맑은 사람이라오.' 정말 레닌의 얘기는 사실이었다."[30]

베라 자술리치의 영웅적 과거는 레닌의 심금을 울렸다. 1878년 1월 29세의 젊은 여성이던 베라 자술리치는 정치수에 대한 굴욕적 대우에 항의해 페테르부르크 헌병대장 트레포프 장군을 저격했다. 자술리치에 대한 재판에서 경찰이 저지른 가혹 행위가 폭로됐다. 배심원들은 폭로된 사실에 너무나 충격을 받고 피고 베라 자술리치한테서 너무나 감동을 받은 나머지 무죄를 선고했다. 법정 밖에서 경찰이 자술리치를 체포하려 들자 군중이 그를 구해 주어 탈출을 도왔다. 외국에서 자술리치는 칼 마르크스와 긴밀하게 접촉했다.

레닌은 자술리치를 진심으로 사랑하고 칭송했다. 그리고 〈이스크라〉 편집국에서 자술리치를 쫓아내는 것이 당사자한테는 매우 견디기 힘든 충격일 것이라는 점도 잘 알고 있었다. 크룹스카야는 다음과 같이 말했다.

> 베라 이바노브나는 러시아를 무척이나 그리워했다. 1899년에 그는 러시아에 몰래 갔는데, 활동을 위해서 갔던 것은 아니고 '무지크[농민]의 얼굴을 뜯어보고 그의 코가 어떤 모양으로 자랐는지 봐야 한다'는 단순한 이유 때문에 그러지 않았나 싶다. 그리고 〈이스크라〉가 나오기 시작하자 그는 이것이 러시아에서 하는 활동의 일부라고 느꼈고 그래서 그것에 무섭게 매달렸다. 그에게 〈이스크라〉를 떠난다는 것은 다시 한 번 러시아와 떨어져 고립되고 다시 한 번 망명자 생활이라는 죽음의 바닷속으로 가라앉기 시작해 마침내 바닥에 가라앉음을 뜻하는 것이었다.
>
> 바로 그런 이유 때문에 2차 당대회에서 〈이스크라〉 편집국 구성 문제가 제기되자 베라 이바노브나가 반발했던 것이다. 그한테 그것은 자기 사랑의 문제가 아니라 죽느냐 사느냐 하는 문제였다.[31]

그러나 레닌은 지적으로 너무나 정직했고 너무나 대의에 헌신했으므로, 자신의 감정 때문에 조직에 필요한 바를 희생시킬 수 없었다. 그래서 자술리치는 떠나야 했다. 운동이 요구하는 바를 부차적인 고려 사항에 종속시키려 한 사람들은 뒷날 혁명가가 아니라 중재파임을 스스로 입증해 보이게 된다. 그러나 이러한 사실은 아직까지는 레닌의 독수리 눈에조차 보이지 않았다.

동지에 대한 레닌의 태도

위에서 묘사한 사건에서 레닌은 동지들한테 무정하고 냉담하고 야박했다는 결론을 끌어내는 사람도 있을 것이다. 사실은 그와 완전히 달랐다. 사실 레닌은 동지들한테 아주 푸근하고 관대했고, 그들이 요구하는 바에 친절과 관심을 보였다. 레닌이 다른 사람들과 정치적으로 갈라설 때조차, 그는 그들에 대한 애정을 잃지 않았다. 마르토프에 대한 태도를 하나의 보기로 들 수 있다.

마르토프와 갈라서는 것은 그로서는 무척 어려운 일이었다. 페테르부르크에서 함께 했던 활동, 옛 〈이스크라〉에서 활동했던 기간이 그들을 친밀하게 묶어 놓았다. 당시 감수성이 매우 강했던 마르토프는 일리치의 생각을 정확히 이해하고 세련되게 발전시키는 날카로운 감각이 있었다. 마르토프와 갈라선 뒤로 블라디미르 일리치는 멘셰비키와 격렬하게 싸웠지만, 마르토프가 어렴풋하게나마 올바른 노선을 취할 때마다 과거에 마르토프한테 취했던 태도가 되살아났다. 예컨대, 1910년에 파리에서 마르토프와 블라디미르 일리치가 ≪소치알 데모크라트≫ 편집부에서 같이 일했던 것이 그러한 경우였다. 사무실에서 집으로 돌아오는 길에 블라디미르 일리치는 즐거운 말투로 마르토프가 올바른 노선을 취하고 있다거나 심지어 당을 반대하고 있다고 말했다. 뒷날 러시아에 돌아와서 블라디미르 일리치가 7월 봉기(1917년)에서 마르토프의 태도를 보고 얼마나 기뻐했는지 모른다. 그것이 볼셰비키한테 어떤 이익이 돼서 그랬다기보다는 마르토프가 혁명가의 의무를 다하는 가치 있는 행동을 하고 있었기 때문에 그랬다.[32]

1919년에서 1920년으로 이어지는 겨울에 레닌은 마르토프가 아프다는 소식을 듣고 모스크바에서 구할 수 있는 최고의 의사들을 보냈다.

어떤 개인적 요소도 개인들에 대한 레닌의 정치적 평가에 영향을 주지 않았고 그 반대도 마찬가지였다. 크룹스카야는 다음과 같이 썼다.

일리치의 특징들 가운데 하나는 그가 원칙에 관한 논쟁과 개인적 싸움을 구별할 수 있고 대의의 이익을 모든 것보다 앞세울 수 있다는 점이었다. 반대파가 그를 공격하면, 일리치는 흥분해서 반격에 나섰고 자기 견해를 강하게 주장했다. 그러나 새로운 과제들이 떠오르고 반대파와 협력할 수 있을 때는, 어제의 반대파에게 동지로서 다가갈 수 있었다. 그는 억지로 이렇게 할 필요가 없었다. 그것은 자연스럽게 이루어졌다. 바로 여기에 일리치의 커다란 힘이 있었다. 원칙 문제들을 빈틈없이 다루었는데도, 그는 개인들에 관한 한 위대한 낙관주의자였다. 그는 곧잘 잘못을 저질렀지만, 대체로 이러한 낙관주의는 대의에 매우 이로운 것이었다.[33]

일리치는 어떤 사람의 정치적 태도를 이유로 그를 맹렬하게 비판할 수 있었던 동시에 그가 다른 분야에서 기여한 바를 존중할 수 있었다.

1905년에 플레하노프의 정치적 파산에 대해 논평하는 편지에서, 레닌은 "그 노인이 안 됐습니다. …… 사랑스러운 두뇌였는데" 하고 썼다.[34] 2년 뒤에 1905년 혁명 당시 플레하노프가 제시한 정책들을 맹렬하게 비판하는 글에서 레닌은 플레하노프가 초기에 중요한 이론적 기여를 했음을 애써 칭찬했다.

그리고 1913년 5월 25일이 지나고 얼마 뒤 〈프라우다〉 편집부에 보낸 편지에서 레닌은 과거를 무시하고 이렇게 쓸 수 있었다. "플레하노프는 지금 소중한 사람입니다. 왜냐하면 그는 노동계급 운동의 적들과 싸우고 있기 때문입니다."[35] 플레하노프가 전쟁을 지지하고 자기 신문 〈예진스트보(일치단결)〉에서 레닌을 독일이 고용한 첩자라고 비난하려 애쓴 1917년 이후에조차, 레닌은 플레하노프가 마르크스주의 이론에 기여한 바를 계속 칭찬했다.

레닌은 동지들이 스스로 지식을 발전시키고 향상시키도록 매우 따뜻하고 재치 있게 도와주었다. 크룹스카야는 다음과 같이 쓰고 있다.

경험이 없는 필자들에 대한 레닌의 태도가 기억난다. 그들의 글에 대해 함께 토론하는 동안 레닌은 핵심 주제와 기본 내용을 즉시 파악해 글을 다듬으라고 충고했다. 하지만 레닌은 이것을 매우 신중하게 했고, 그래서 그들은 자신들이 바로잡히고 있는 것을 거의 알아차리지 못했다. 그리고 일리치는 다른 사람들의 글쓰기를 돕는 일을 능숙하게 했다. 예컨대 어떤 사람이 기사 쓰기를 바라지만 글을 제대로 쓸 수 있을지 확신하지 못하는 경우에, 일리치는 그와 토론을 시작해서 자신의 생각들을 얘기하고 앞날이 밝은 그 필자가 관심을 갖도록 했다. 일리치는 그에게 주제에 관해 충분히 설명하고 나서 이렇게 말했다. "이런 주제를 다루는 기사를 쓰시겠습니까?" 그런데 그 필자는 자신이 일리치와 사전에 벌인 토론이 자신에게 도움이 됐고 자신이 맡은 기사를 쓰는 동안 실제로는 일리치가 쓰는 표현과 문구 들을 썼다는 것을 알아차리지 못했다.[36]

레닌한테 약점이 하나 있다면 그것은 사람들과 너무 쉽게 친해진다는 것이었다. "블라디미르 일리치는 언제나 사람들한테 열정을 품는 시기를 거쳤다. 그는 사람들에게서 가치 있는 요소를 찾아냈다고 생각되면 그것에 매달렸다."[37] 그러나 이러한 열정은 오래 가지 않았다. 처음에 사귈 때 레닌은 새로운 협력자와 언제나 기꺼이 "사랑에 빠졌"지만, 좀 더 오래 사귀고 나면 레닌은 거의 언제나 그에게서 약점을 찾아냈다.

어떤 사람에 대한 레닌의 태도는, 그가 자기편에 서는가 반대편에 서는가 하는 것에 따라 그때그때 근본으로 바뀌었다. 이러한 애정에서 변덕스러움은 없었다. 레닌의 글에서 사람들에 대한 논평이 놀랄 만큼 상반되는 것을 자주 발견하는 이유는, 투쟁에서 필요한 바가 모든 것에 우선한다는 것이 레닌의 기본 원칙이었기 때문이다. 그의 반대파들을 비롯해서 사람들이 기여한 바를 객관적으로 평가할 수 있게 만든 레닌의 커다란 자제력, 관대한 정신과 푸근

한 인정 때문에 그는 자신의 협력자들한테서 믿음과 사랑을 얻었다.

레닌이 동지들한테 취했던 태도에 대한 여담은 이쯤에서 그만두고 이제 1903년 대회의 결과에 관한 이야기로 돌아가 보자.

분열의 광기

레오 톨스토이가 한번은 길을 가다가 먼발치에서 어떤 사람이 쪼그리고 앉아 이상한 행동을 하는 모습을 보았다고 한다. 톨스토이는 미친 사람이라고 생각했다. 그런데 가까이 가서 보고 톨스토이는 그가 필요한 일을 하고 있음을 알고 흡족해 했다. 그는 돌에 칼을 갈고 있었다. 레닌은 이 예를 인용하기를 좋아했다. 1903년 당대회에서 벌어진 끝없는 토론과 분파 투쟁은 밖에서 지켜보는 사람들한테는 미친 사람들의 행동으로 보였다.

볼셰비키와 멘셰비키의 이러한 분열보다 더 하찮고 뜻 없어 보이는 사건은 거의 없을 것이다. 대회 의사록을 읽어보면, 누구나 이것이 러시아 노동운동 역사의 전환점이었다는 사실에 놀랄 수밖에 없을 것이다. 대회 참가자들조차 그 분열이 매우 중요하다거나 무한정 지속될 것이라고 믿지 않았다. 그래서 루나차르스키는 뒷날 다음과 같이 썼다.

> 그 투쟁에서 가장 큰 어려움은 이 점, 즉 당을 분열시킨 2차 당대회에서 한편의 마르토프 지지자들과 다른 한편의 레닌 지지자들 사이에 있는 진정으로 심각한 차이가 아직 명확히 드러나지 않았다는 점에 있었다. 여전히 이러한 차이는 당 규약의 문장 하나와 편집국 인원에 달려 있는 듯했다. 많은 사람들이 분열의 이유가 사소한 것이라는 점에 충격을 받았다.[38]

당시에는 젊은 노동자였고 뒷날 코민테른의 지도 간부가 되는 퍄트니츠키는 자신의 회고록에서 다음과 같이 썼다.

나는 왜 우리가 작은 차이 때문에 함께 활동할 수 없게 됐는지 이해할 수
없었다. …… 〈이스크라〉 그룹 안에서조차 견해 차이가 있다는 말이 들렸다.
　나는 그런 소문들을 거의 믿을 수 없었다. 우리는 〈라보체예 델로〉파와
그 지지자들과 우리 사이에 어떤 점에서 중요한 차이가 있는지 듣고 싶었다.
그러나 나는 개인적으로 〈이스크라〉 그룹 안에 차이가 있다는 말은 듣지 않
기를 바랐다. 〈이스크라〉 그룹을 동질의 집단으로 여기는 것에 익숙해 있었
기 때문이다. 불확실성의 고통은 오래 갔다. 마침내 대의원들이 대회를 마치
고 베를린으로 돌아왔다. 우리는 양측에게서 대회에 관한 보고를 들었다. 그
러고 나서 즉시 양측은 각각 자기 노선을 선동하기 시작했다. 나는 양측 사이
에서 괴로웠다. 한편으로 나는 그들이 자술리치, 포트레소프, …… 악셀로드
를 공격해 〈이스크라〉 편집국에서 쫓아냈다는 것이 못내 안쓰러웠다. ……
더욱이 나와 특별히 가깝던 동지들은 …… 멘셰비키 진영 사람들이었지만,
나는 레닌 동지가 옹호한 당 조직 구조를 전적으로 받아들였다. 논리적으로
는 볼셰비키 편이었지만, 속마음을 털어놓자면 개인적으로는 멘셰비키에 동
조하는 마음이 있었다.[39]

당시 레닌과 매우 가까운 사이였던 기계공 크르지자노프스키는 다음과 같
이 회상했다. "개인적으로는 마르토프 동지의 주장이 기회주의라는 말은 순
전히 억지라고 생각했다." 그런 증언은 아주 많았다. 페테르부르크에서, 모
스크바에서, 여러 지방에서 항의와 탄식의 소리가 나왔다. 어느 누구도 당대
회에서 〈이스크라〉파 사이에 일어난 분열을 인정하려 들지 않았다.[40]
　어떤 공장 노동자는 분열과 '의미 없는 분파 투쟁'에 대해 불평하는 편지
를 레닌한테 보냈다.

동지 보십시오. 다수파와 소수파에 대한 얘기만 하기 위해 위원회들을 차례로 방문하는 일에 온 힘을 쏟는 것이 자연스러운 상태입니까? 이런 문제가 모든 힘을 쏟아야 할 만큼, 그것 때문에 사람들이 서로 원수 대하듯 할 만큼 중요한 문제입니까? 정말이지 알다가도 모를 일입니다. 왜냐하면 다음과 같은 상황이 벌어지기 때문입니다. 예컨대 한 위원회가 어떤 진영 추종자들로 이루어져 있다면, 다른 진영 출신은 아무도 거기에 들어가려 하지 않을 것입니다. 그가 아무리 활동의 적임자라 해도 말입니다. 사실 그는 자신이 활동에 필요하고 자신이 없으면 활동이 엉망진창이 되는 경우에조차 들어가려 하지 않을 것입니다. 물론 저는 이러한 문제를 둘러싼 투쟁을 포기해야 한다는 것이 아닙니다. 다만 그게 다른 종류의 문제이고, 그것 때문에 우리가 대중 속에서 사회민주주의 사상을 선전하는 우리의 일차 임무를 잊어서는 안 된다는 것뿐입니다. 왜냐하면 우리가 그 점을 잊어버린다면 우리 당의 강점을 없애는 것이나 마찬가지이기 때문입니다. 옳은지 아닌지 모르겠으나, 저는 활동의 이익을 하찮게 여겨 내팽개치고 완전히 잊어버리는 사람들은 모두 정치 음모꾼이라는 생각이 듭니다. 활동을 지도하는 사람들이 엉뚱한 데다 시간을 낭비하는 것을 본다면 동지는 정말 마음이 아프고 충격을 받을 것입니다. 그런 일을 당하게 되면 동지는 스스로 다음과 같은 물음을 던질 것입니다. 우리 당은 그렇게 하찮은 문제를 둘러싸고 영구 분열할 수밖에 없는가? 우리는 내부 투쟁과 외부 투쟁을 동시에 벌일 수 없는가?[41]

개인적 말다툼과 헐뜯기가 분열을 심화시켰다. 여러 해 뒤에 레닌은 다음과 같이 쓸 수 있었다.

세계 어느 곳에서든 사회민주주의 운동 내부의 집단들이 원칙을 둘러싸고 벌인 투쟁은 얼마간의 개인적·조직적 갈등을 피할 수 없었다. 막돼먹은 사람들은 일부러 '충돌을 일으키는' 표현들을 끄집어내는 일을 업으로 삼았다. 그러나 '동조자들' 가운데서 소심한 취미 활동 애호가들만이 이러한 충돌에 놀랐고, 절망스럽다거나 한심하다는 듯이 어깨를 움츠리면서 '말싸움일 뿐이야' 하고 말할 수 있었다.[42]

당시에 그러니까 1903년에 논쟁을 벌인 당사자들 사이의 개인적 증오심은 혼란을 부채질했다.

레닌 자신이 분열의 깊이와 그것이 장차 갖는 의미를 명확히 알지 못했다는 것이 당시 그가 쓴 글에서 분명히 드러났다. 그가 분열의 깊이와 의미를 제대로 이해하지 못했다는 것은 보내지 않은 편지들과 하지 않은 연설들, 출판하지 못하고 초고 상태로 있는 논설들이 그의 ≪전집≫ 가운데서 이 시기와 관련된 부분에 무척 많다는 것에서 얼마쯤은 드러난다. 사태를 이해하기 시작한 사람들은, 레닌이 멘셰비키와의 분열이 오래 갈 것이라고 생각하지 않았고 '하찮은' 문제들을 둘러싸고 당을 분열시킨 것이 정당한 일이 아니라고 생각했다고 지적한다. 레닌은 포트레소프한테 보낸 편지(9월 13일)에서 다음과 같이 썼다.

저는 스스로 이런 물음을 던져 봅니다. 사실상 무엇을 둘러싸고 우리가 서로 결별하며 평생 적이 돼야 할까? 저는 대회에서 일어난 사건들과 그로부터 받은 인상들을 모조리 검토하고 있습니다. 저는 제가 놀라울 정도로 성급한 상태에서, '미친 듯이' 행동했다는 것을 깨닫고 있습니다. 저는 제가 저지른 이러한 잘못을 누구한테나 기꺼이 인정할 용의가 있습니다. 분위기, 반응, 말참견, 투쟁의 자연스러운 산물이었던 그러한 행동을 실수라고 부를 수 있다면 말입니다. 그런데 지금 미친 듯한 투쟁으로 얻은 결과들을 차분하게 검토해 보니까, 저는 이러한 결과들 가운데 당에 해를 끼친 것은 전혀 찾아볼 수

없고 소수파를 모욕하거나 창피스럽게 만든 것도 전혀 찾아볼 수 없습니다.[43]

대회 6개월 뒤에 레닌은 다음과 같이 썼다. "지금 두 진영을 갈라놓은 견해 차이는 강령이나 전술 문제가 아니라 오로지 조직 문제에 관한 것들이다."[44] "물론 조직 문제는 …… 강령은 제쳐 놓더라도 전술 문제보다 덜 근본적이다."[45] "전에 우리는 때때로 분열을 정당화할 수 있는 중요한 문제를 둘러싸고 의견이 엇갈렸다. 지금 우리는 모든 중차대한 문제들과 관련해 견해가 일치했고 그래서 사소한 차이들로만 갈라져 있다. 그러한 차이들에 관한 주장을 펼 수 있고 또 펴야 하겠지만, 그러한 차이들을 둘러싸고 이러쿵저러쿵 싸우다가 분열하는 것은 어리석고 철딱서니 없는 행동일 것이다."[46] "우리 당원들이 계급의식을 갖춘 전투적 프롤레타리아의 대표라는 이름을 가질 만하고 세계 노동계급 운동에 참여할 만한 사람들이 되려면, 당 강령의 원칙을 실현하는 방법과 해석을 둘러싼 개인적 견해 차이 때문에, 중앙 기구가 지도하는 조화로운 공동 활동이 방해받지 않도록 최선을 다해야 한다."[47]

레닌은 여러 달 동안 오락가락했다. 레닌 숭배 창조자들이 선전한 신화와 달리, 레닌은 만물에 통달한 신이 아니었고 그래서 당에 생긴 '작은 틈'이 낳을 결과를 예측할 수 없었다. 그는 마음을 정하지 못해서 더욱 신경이 쇠약해졌다. 크룹스카야는 2차 당대회가 열리기 직전의 상황을 이렇게 회상하고 있다. "블라디미르 일리치는 신경을 너무 써서 등과 가슴의 신경종말에 염증이 생기는 '신성한 열병'이라는 신경질환에 걸렸다. …… 제네바에 가는 동안 블라디미르 일리치는 매우 고통스러워했다. 제네바에 도착하자마자 그는 완전히 녹초가 돼 쓰러졌고 그래서 2주 동안 침대에 누워 있어야 했다."[48] 대회가 열리는 동안 그는 거의 잠도 자지 않고 전혀 쉬지 않았다.[49]

사실, 대회를 치른 다음에 언제나 레닌은 대개 크룹스카야와 함께 장거리 도보 여행이나 자전거 여행을 떠났다. 레닌은 자기 훈련이 워낙 잘 돼 있는 사람이었으므로 자신을 뒤흔든 감정 분출의 징후가 거의 나타나지 않았다. 그러나 크룹스카야의 회고록에는 레닌이 몇 주 또는 몇 달씩 신경쇠약을 앓았다는 얘기들이 나온다.

그가 그럭저럭 침착성을 잃지 않은 채 계속 일을 하고, 지적 정직함을 유지하며, 개인적 동요와 신경쇠약의 영향을 최소로만 받은 것은 평생 동지 크룹스카야 덕분이었다. 크룹스카야의 뛰어난 인성, 대의에 대한 헌신, 열정과 맑은 성격, 끝없는 사랑이 레닌을 지탱했다.

1903년 당대회 이후 일어난 일들로 돌아가 보자. 대회가 끝나고 6개월이 훨씬 지난 뒤에야 비로소 레닌은 마침내 분열은 필요하고 정당했다고 결론지었다. 그는 분열이 당의 프롤레타리아 진영과 프티부르주아 지식인 진영의 차이를 반영하는 것이라고 조금도 주저하지 않고 확고하게 주장했다.

1903년 당대회와 그 결과를 검토하며 쓴 230쪽의 ≪일보전진 이보후퇴≫(1904년 2~5월)에서 그는 이렇게 썼다. "규약 제1조를 둘러싼 논쟁에서 기회주의적 주장과 아나키즘적 문구 만능주의라는 경향으로 이미 자기 모습을 드러낸 지식인의 개인주의는 프롤레타리아의 조직과 규율을 모두 농노제로 여긴다."[50]

레닌이 당을 중앙위원회라는 관리자가 지배하는 "거대한 공장"으로 여긴다고 비난했던, 〈이스크라〉(이제 멘셰비키 신문이 돼 버린)에 실린 한 편지를 레닌은 인용하고 있다. 레닌은 그 편지에 대해 다음과 같이 논평했다. 그 편지의 필자는

그가 내뱉은 이 무시무시한 말이 프롤레타리아 조직의 실천과 이론 둘 다에 익숙하지 못한 부르주아 지식인의 정서를 무심코 드러냈다는 점을 생각조차 하지 못한다. 왜냐하면 어떤 자들에게는 도깨비처럼 무시무시하게만 보이는 공장이 프롤레타리아를 결속시키고 훈련시켰고, 프롤레타리아에게 조직하는

법을 가르쳤으며, 프롤레타리아를 고통받고 착취받는 주민 가운데서 다른 모든 부문의 선두에 서게 한 자본주의적 협동의 최고 형태를 나타내기 때문이다. 그리고 자본주의가 훈련시키는 프롤레타리아 이데올로기인 마르크스주의는 우왕좌왕하는 지식인들에게 착취 수단인 공장(굶주림의 공포에 기초한 규율)과 기술적으로 매우 발전한 생산 형태인 공장을 구별하도록 가르쳤고 가르치고 있다. 바로 이 공장의 교육 때문에 프롤레타리아는 부르주아 지식인들이 너무나 어렵다고 느끼는 규율과 조직을 매우 쉽게 익힌다.[51]

지식인들을 비판하고 혁명정당이 그들을 훈련시켜야 한다고 강조한 레닌은 지식인 개인주의자들의 특징을 명쾌하게 분석한 카우츠키를 길게 인용한다.

지식인은 자본가가 아니다. 지식인의 생활수준이 부르주아적이라는 건 사실이며, 빈민이 되고 싶지 않다면 그 수준을 유지해야 한다. 그러나 그와 동시에 지식인은 자신의 노동 생산물을 팔도록, 때로는 자신의 노동력을 팔도록 강요당하며, 자본가들은 아주 흔히 그들을 직접 착취하고 모욕을 준다. 따라서 지식인은 경제적으로 프롤레타리아와 적대 관계에 있지 않다. 그러나 그의 생활수준과 노동조건은 프롤레타리아적이지 않다. 따라서 이 점 때문에 정서와 사상에서는 어느 정도 [프롤레타리아와] 적대하게 된다.

고립된 개인으로서 프롤레타리아는 아무것도 아니다. 프롤레타리아의 강점, 진보, 희망, 기대는 모두 조직에서 나온다. 그들이 조직 속에서 거대하고 강력한 유기체의 일부를 형성할 때 말이다. 프롤레타리아에게 조직이 중요한 반면 개인은 별로 중요하지 않다. 프롤레타리아는 개인의 이익이나 영광을 바라보지 않으면서 이름 없는 대중의 일부로서 최대한 헌신하며 투쟁하고, 어떤 지위를 맡더라도 자신의 정서와 사상에 깊숙이 스며든 자발적 규율을 가지고 임무를 수행한다.

지식인의 경우는 이와 매우 다르다. 지식인은 힘을 통해서가 아니라 논쟁을 통해서 투쟁한다. 그의 무기는 자신의 개인적 지식이며 개인적 능력이며 개인적 확신이다. 그는 오로지 자신의 개인적 자질을 통해서만 어떤 지위를 얻을 수 있다. 그가 전체에 종속되는 일부가 되기를 감수하는 것은 너무나 어렵다. 그렇게 할 때조차 내켜서가 아니라 필요하기 때문에 그렇게 한다. 그는 규율이 필요하다고 인정하지만 선택된 사람들이 아니라 대중에게 필요하다고 인정한다. 물론 그는 자신이 전자에 속한다고 생각한다. ……

니체의 초인 숭배 철학이야말로 진짜 지식인의 철학이다. 초인에게는 개성을 발휘하는 것만이 모든 것이며, 그러한 개성을 커다란 사회적 목표에 종속시키는 것은 무엇이라도 통속적이고 천박하다. 그런 철학 때문에 초인은 프롤레타리아의 계급투쟁에 참여하기에는 완전히 부적합하다.

니체 다음으로, 지식인의 정서와 일치하는 철학의 대표자는 아마도 입센일 것이다. 입센이 만들어 낸 스토크만 박사(≪민중의 적≫의 주인공)은 많은 사람들의 생각과 달리 사회주의자가 아니라 지식인의 전형일 뿐이다. 스토크만 박사는 운동에 입문하자마자 프롤레타리아 운동과, 그리고 일반으로 민중의 운동과 충돌할 수밖에 없다. 왜냐하면 모든 민주주의 운동의 토대로서 프롤레타리아 운동의 토대는 그 운동에 참여한 동지들의 다수를 존중하는 데 있기 때문이다. 스토크만 박사 같은 지식인은 '굳게 뭉친 다수'를 쓰러뜨려야 할 악마라고 생각한다.[52]

레닌은 마르토프와 그의 지지자들이 취한 태도는 지식인의 개인주의에 대한 투항을 반영하는 것이라고 결론지었다. 당 규약은 이러한 지식인들을 훈련하는 것을 목표로 해야 할 것이다.

≪무엇을 할 것인가?≫와 ≪일보전진 이보후퇴≫를 비교해 보면 재미있다. 앞의 책에서 비판의 대상은 협소한 서클적 시야를 가지고 있던 지역 활동

가들이었다. 따라서 프롤레타리아는 "자생적으로는 노동조합 의식 쪽으로 이끌릴" 뿐이며, 마르크스주의 지식인은 계급의 정치의식을 외부에서 노동자들에게 도입하는 핵심 구실을 한다는 견해를 밝힌 바 있다. 그로부터 2년이 지나 이제 ≪일보전진 이보후퇴≫에서는 당의 프롤레타리아적 요소가 지식인에게 규율을 부과해야 한다고 주장하기에 이르렀다. 시간이 흐르고 운동의 필요가 변하자 레닌은 필요한 진로를 조정하려고 다시 막대를 구부렸다.

앞질러 살펴보기

1903년 분열은 뒷날의 사태가 어떤 식으로 흘러갈지 미리 맛보게 하는 것이었다. 정지된 관점, 그러니까 기계적으로 보면 레닌과 마르토프의 정치적 차이는 분열을 정당화하기에는 너무나 작았다. 그러나 사태가 흘러간 방향의 관점에서 보면, 즉 변증법적으로 보면 작은 차이라도 커다란 차이로 발전할 수 있다는 것은 명백하다. 통일된 당에서 프티부르주아 서클들은 노동계급 서클들과 완전히 분리되지 않는다. 어떤 분파는 자기들끼리 똘똘 뭉쳐 비프롤레타리아 사회집단의 방패막이가 되는 경향이 있다. 반면, 다른 분파는 이러한 프티부르주아 요소들에 대해 갈수록 적대적인 태도를 취하게 된다. 하지만 1903년에 그 차이는 조직 영역에만 머물러 있었고 정치·강령의 차이는 아직 드러나지 않았다. 이 때문에 레닌은 우선 분열이 정당하다고 생각하지 않았다. 그러나 조직들이 분열해서 존재한다는 바로 그 이유 때문에 그 내부에서 정책이 발전함에 따라 정치의 차이가 생겨날 수 있고, 개인적 요소가 각각의 그룹의 정책을 형성하는 데서 중요한 구실을 할 수 있다.

1903년에는 두 분파가 화학적으로 순수한 성분으로 구성돼 있지 않았던 것이 사실이다. 뒷날 멘셰비키 극우파가 되는 플레하노프는 볼셰비키를 지지했고, 트로츠키와 로자 룩셈부르크는 멘셰비키를 지지했다. 그러나 분파들의 성격은 가장 성격 차이가 큰 두 사람의 지도자, 곧 레닌과 마르토프가 기본으로 결정했다. 처음부터 볼셰비키를 '강경파'로 부르고 멘셰비키를 '온건파'로 불렀다는 사실은 운동의 양쪽 날개의 지도부에 대체로 어울리는 심리적 성격 규정이었다. 모든 사람이 레닌은 강경하다고 말했고, 마찬가지로 모든 사람이 마르토프는 온건하다고 말했다. 1903년 대회를 치르고 여러 해가 지난 뒤에 트로츠키는 마르토프를 "민주사회주의의 햄릿"이라고 불렀다. "마르토프의 사상은 의지라는 어미 태엽이 없었다."[53]

레닌과 마르토프의 심리적 특징 차이를 나타내는 표현 하나는 볼셰비키와 멘셰비키라는 이름을 고른 것에서 볼 수 있다. 레닌은 볼셰비키라는 이름을 끝까지 고수했고, 마르토프는 멘셰비키라는 이름을 죽는 날까지 참을성 있게 달고 다녔다. 마르토프는 다수파가 됐을 때조차 여전히 자기를 멘셰비키라고 불렀다!

2차 대회를 치르고 나서 마르토프가 레닌을 비판하려고 쓴 소책자들 가운데 하나는 ≪다시 소수파가 되다!≫라는 책이었다. 규약 제1조에서처럼 레닌이 2차 대회의 모든 문제에서 소수파였다면, 그가 자기 그룹을 멘셰비키라 불렀을까? 물론 그렇게 부르지 않았을 것이다. 그는 자기 그룹을 '강경파', '정통 마르크스주의자들', '혁명적 사회민주주의자들' 또는 그와 비슷한 이름으로 불렀을 것이다. 마르토프와 레닌이 고른 이름들은 숙명론과 온순함 대 의지력과 행동의 대립을 상징하는 것이었다. 여기에 역사적 요소와 개인적 요소가 뒤얽혔다.

확실히 1903년의 마르토프를 정치적으로 개혁주의자라고 부를 수는 없을 것이다. 그는 개혁주의에서 마르크스주의에 이르는 다양한 경향과 집단의 일반 특징인 중간주의의 징후를 보여 주었다. 중간주의자들의 주된 특징들 가운데 하나는 그들이 계급 전위와 대중을, 소수의 선제 행동과 다수의 무사안일을 명확하게 구분할 필요가 있음을 숨기는 것이다. 중간주의의 주된 결점은 역사적 숙명론이다. 중간주의는 성격이 매우 모호한 터라 분명하고 뚜렷하게 성격을 규정할 수 없고, 마르크스주의와 개혁주의 사이에서 오락가락하기 때문에 중간주의 무리들은 모두 똑같은 방향으로 움직이지 않는다. 일부는 좌경화해 마르크스주의 쪽으로 가고 일부는 우경화해 개혁주의 쪽으로 간다. 게다가 행동에 일관성이 없으므로, 중간주의자들은 때로는 왼쪽으로 가다가 나중에는 오른쪽으로 홱 돌아선다. 그 과정에서 무리 자체 안에서 차이가 생기고 분열이 뒤따른다. 일부는 완전히 개혁주의 편으로 넘어가고, 일부는 노동자 운동의 혁명 진영에 가담한다.

제정 러시아에서는 억압 체제 때문에 일관된 혁명가들, 중간주의자들, 개혁주의자들 사이에 차이가 생길 수 없었다. 서유럽에서는 노동자 운동의 가장 온건한 사람들은 솔직하게 개혁주의자를 자처하고 있었다. 그러나 제정 체제에서는 가장 온건한 사회주의자들이라도 개혁 정당조차 만들 수 없었다. 의회가 없는 곳에서 "사회주의를 향한 의회적 길"은 매력을 줄 수 없었다. 의회 만능주의가 고개를 쳐들려면 적어도 준의회 — 뒷날 생긴 제정 두마 — 라도 필요했다. 1903년에 러시아 사회주의 운동에서 개혁주의의 깃발을 공공연히 치켜든 사람은 아무도 없었다.

러시아 사회민주주의의 볼셰비키 분파와 멘셰비키 분파는 깊은 분열로 치닫고 있었다. 그래서 그들에게 잠재돼 있던 경향들이 현실 정치로 나타나게 됐고 화해의 가능성이 아예 없어졌다. 그러나 당시 논쟁에 참여했던 사람들 가운데 어느 누구도 이러한 결과를 예측하지 못했다.

멘셰비즘이 제 모양을 갖추게 되기까지는 1905년 혁명과 1907~1910년의 반동기가 필요했다. 1903년의 멘셰비즘은 대체로 중간주의였기 때문에, 레닌을 포함해서 볼셰비키가 분열에 대해 취한 태도는 불분명하고 불안정했다. 그래서 볼셰비즘과 멘셰비즘이 완전히 분리되기까지 여러 해가 걸렸던 것이다. 얘기를 미리 하면, 그들 관계의 역사는 다음과 같았다.

1903년 7월~8월		공식 분열
1905년 봄		실질적 분열
1906년~1907년		반통일
1908년~1909년		분열
1910년		반통일
1912년 1월		최종 분열

멘셰비키와 분열하기를 거부하는 볼셰비키 지도자들

대회 직후에, 대회에서 레닌을 지지했던 플레하노프는 생각을 바꿨다. 그는 "자기 동지들에게 총을 쏘는 것"을 참을 수 없다며 "분열하느니 차라리 머리에 총을 쏘겠다"고 선언했다. 그는 마르토프, 악셀로드, 자술리치, 포트레소프에게 〈이스크라〉 편집국에 들어오라고 청하기로 결심했다. 레닌은 화가 나서 편집국원 자리를 내놓았다.

레닌은 새로운 당대회 소집을 조직해서 응수했다. 그래서 1903년 12월 18일 그는 자신과 가장 가까운 친구들 가운데 하나인 크르지자노프스키에게 다음과 같은 편지를 보냈다.

유일한 해결책은 대회입니다. 대회의 구호는 '파괴자들에 대항하는 투쟁'입니다. 이러한 구호를 내걸어야만 우리는 마르토프 지지자들을 색출하고, 많은 대중을 얻고, 상황을 개선할 수 있습니다. 내가 보기에 유일하게 가능한 계획은 다음과 같습니다. 당분간 대회에 관해 입도 뻥긋하지 말고 완전히 비밀로 해 둡시다. 모든, 전적으로 모든 지지자들을 위원회에 파견하고 이곳저곳 돌아다니게 해야 합니다. 안정을 위해, 파괴를 저지하기 위해, 중앙위원회에 복종하도록 만들기 위해 투쟁해야 합니다. 우리 사람들로 위원회들을 강화하기 위해 모든 노력을 기울여야 합니다. 마르토프 지지자들과 ≪유즈니라보치≫ 사람들이 파산했음을 보여 주기 위해, 파산자들에 반대하는 문서와 결의안으로 그들을 꼼짝 못하게 하기 위해 모든 노력을 기울여야 합니다. 위원회들의 결의안이 중앙 기관지에 쇄도해야 합니다. 나아가, 동요하는 위원회에 우리 사람들이 들어가야 합니다. 파괴에 반대한다는 구호로 위원회를 우리 편으로 만들기, 이것이 가장 중요한 과제입니다. 대회는 늦어도 1월에는 열려야 합니다. 그러므로 열심히 활동하기 시작하십시오. 거듭 얘기하지만 완전한 패배 …… 아니면 즉각적인 대회 준비 둘 중 하나입니다. 우선 최대 한 달 동안은 대회 준비를 비밀로 해야 하고, 그 뒤 3주 동안 위원회의 절반쯤의 요구들을 모은 다음 대회를 소집해야 합니다. 거듭거듭 얘기하지만 이것만이 유일한 해결책입니다.[54]

그러나 1905년 5월 레닌이 가까스로 대회를 소집하고 멘셰비키와 실질적으로 분열하기까지는 18개월이 걸렸다.

새로운 대회를 소집하겠다는 레닌의 생각은 처음에 중앙위원회의 저항에 부딪혔다. 중앙위원들이 모두 볼셰비키였는데도, 그들은 갈수록 분열에 화를 냈고 멘셰비키와 타협하기를 바라고 있었다.

1월 회의 직후 그때 러시아에 있던 중앙위원 6명 가운데 5명이 새로운 대회를 소집하자는 레닌의 요구를 받아들일 수 없다는 견해를 표명했다. 또한, 그들은 중앙위원 2명을 추가로 뽑자는 레닌의 제안도 거절했다. …… 그러한 제안을 내놓은 동기는 너무나 명백했다. 그들이 보낸 편지는 이렇게 끝맺었다. "우리는 모두 대장(레닌)이 지금 하는 싸움을 포기하고 일을 시작하기를 간청합니다. 우리는 전단, 소책자 그리고 모든 종류의 충고 ― 흥분을 가라앉히고 중상모략에 대답하는 최상의 방법 ― 를 기다리고 있습니다."

그러나 이것은 레닌이 채택하고자 했던 노선이 아니었다. 그는 이렇게 답장했다. "저는 기계가 아닙니다. 그리고 저는 지금 같은 창피한 상황에서는 어떤 일도 할 수 없습니다."[55]

여러 달 동안 중앙위원들과 신랄한 편지들을 주고받고 나서 1904년 여름에 그는 사실상 중앙위원회에서 쫓겨났다. 공식적으로는 여전히 중앙위원이었지만 말이다. 1904년 7월 중앙위원회는 멘셰비키와 타협하는 쪽으로 움직였다. 〈이스크라〉에 발표한 선언에서 중앙위원회는 신문 편집국(플레하노프를 포함해 5명의 멘셰비키로 이루어진)의 권위를 완전히 인정했고, 레닌한테 편집국에 다시 들어가라고 요구했고, 멘셰비키와 분열하기 위해 새로운 대회, 즉 3차 대회를 소집하자는 레닌의 선동을 비난했다.

레닌은 중앙위원회 모르게 중앙위원이 아닌 보로프스키가 지도하는 중앙위원회 남부사무국이라는 기구를 만들었다. 그것은 공식 지위가 전혀 없었지만, 새로운 대회를 소집하기 위한 수단으로서 레닌한테 도움이 됐다. 중앙위원회는 남부사무국을 해체했고, 레닌에게서 중앙위원회 해외 대표권을 박탈했고, 레닌의 글이 중앙위원회 허가 없이 신문에 실리는 것을 금지했다.[56] 그들은 레닌 대신에 중재파 노스코프를 중앙위원회의 공식 해외 대표로 임명했다.

그러나 이런 일이 벌어지는 동안 레닌은 한가하게 놀고 있지만은 않았다. 제네바에서 활동하는 크룹스카야의 도움을 얻어서, 그리고 러시아에서 활동하는 지지자 그룹 덕분에, 그는 중앙위원회에 위원회를 조직하고 승인할 권리를 부여한 당 규약 제6조를 아예 무시하고 완전히 새로운 중앙집권적 위원회들을 건설했다. 1904년 9월에서 12월 사이에 세 차례에 걸쳐 볼셰비키 지역위원회 대표자회의가 열렸다. 첫 번째는 남부(오데사 위원회, 예카테리노슬라프 위원회, 니콜라에프 위원회) 대표자회의였고, 두 번째는 캅카스(바쿠 위원회, 바툼 위원회, 티플리스 위원회, 이메레치아·밍그렐리아 위원회) 대표자회의였고, 세 번째는 북부(페테르부르크 위원회, 모스크바 위원회, 트베르 위원회, 리가 위원회, 노르테르 위원회, 니즈니노브고로드 위원회) 대표자회의였다. 레닌의 제안에 따라 대표자회의들은 3차 당대회를 준비하고 소집하기 위해 볼셰비키 위원회 사무국을 선출했다. 레닌이 직접 참여한 그 사무국은 1904년 12월에 공식적으로 구성됐다.[57]

1904년 9월 스위스에서 열린 한 대표자회의에서 22명의 볼셰비키가 제일 먼저 새로운 대회를 요구했다. 그들 가운데 회의에 직접 참여한 사람은 19명이었고, 나머지 3명은 결정서에 서명했다. 19명 가운데는 레닌과 그의 아내와 누이가 들어 있었다.

1904년 12월 레닌은 자신의 신문 〈브페료드(전진)〉를 창간하는 데 성공했다. 그것은 볼셰비즘의 기관지가 됐다. 그러나 이런 일을 벌인 뒤에조차 일이 제대로 되질 않았다. 그래서 1905년 2월 11일에 레닌은 자신과 절친한 두 사람의 지지자 보그다노프와 구세프에게 다음과 같은 편지를 보냈다.

분트파를 보십시오. 그들은 중앙집권주의에 대해 수다를 늘어놓지는 않지만, **그들은 모두 중앙에 매주 편지를 보내기 때문에 실제로** 접촉이 유지되고 있습니다. 〈포슬레드니예 이즈베스티야(신소식)〉를 펼쳐보기만 해도 이러한 접촉이 유지되고 있음을 알 수 있습니다. 그러나 여기서 우리는 〈브페료드〉를 6호째 발행하고 있는데도 우리 편집자들 중에 어떤 사람(라흐메토프)은 〈브페료드〉에 관해서나 〈브페료드〉를 위해서 단 한 줄도 글을 쓰지 않았습니다. 우리 사람들은 페테르부르크와 모스크바에 광범한 신문 배포망이 있다고, 그리고 다수파의 젊은이들에 대해 '말하'지만, 여기에 있는 우리는 협력을 호소한 지 두 달이 지났는데도 …… 아무것도 보지도 듣지도 못했습니다. …… 우리는 페테르부르크 볼셰비키 위원회와 멘셰비키 그룹 사이에 일종의 동맹이 이루어졌다는 말을 처음 보는 사람들한테서 '들었습니다!' 그러나 정작 우리 사람들한테서는 한마디도 듣지 못했습니다. 우리는 볼셰비키가 그러한 어리석고 자멸적인 조치를 취할 수 있었다고 믿고 싶지 않습니다. 우리는 사회민주주의자들이 열었다고 하는 대표자회의와 '블록' 구성에 대한 말을 낯선 사람들한테서 '들었습니다!' 그런데 정작 우리 사람들한테서는 한마디도 듣지 못했습니다. 이것이 기정사실이라는 소문이 도는데도 말입니다.[58]

또한, 분열에 대한 저항은 평당원들 사이에서도 확산됐고, 그래서 여러 달 동안 엄청나게 애를 쓰고 나서야 비로소 러시아의 몇몇 도시들에서 볼셰비키와 멘셰비키의 분열이 현실로 나타났다. 페테르부르크에서는 1904년 가을에 당이 분열해 멘셰비키 소수파가 지역위원회에서 떨어져 나왔다. "1904~1905년에조차 많은 지구 세포들에서는 볼셰비키와 멘셰비키가 뒤섞여 있었고, 많은 평당원들이 분열이나 분열의 의미를 의식하지 못했다."[59]

모스크바에서는 1905년 5월에야 비로소 공식 분열이 일어났다. 시베리아와 그 밖의 지역에서는 두 분파가 1904년과 1905년 내내 같은 조직 구조 안에서 활동했고, 그런 상태는 1906년 4~5월에 통합 대표자회의가 열릴 때까지 지속됐다.

볼셰비키한테 동조했던 그 유명한 캅카스 지하 인쇄소는 멘셰비키의 〈이스크라〉뿐 아니라 많은 멘셰비키 소책자들을 1904년에도 계속 인쇄했다.* 예누키드제는 다음과 같이 썼다. "우리의 견해 차이는 우리 활동에 전혀 반영되지 않았다." 1905년 중반에 3차 당대회를 치르고 나서야 비로소 캅카스 인

---

* 이 인쇄소는 당시까지 러시아에서 가장 큰 지하 인쇄소였고, 글자 그대로 지하에 있었다. 왜냐하면 지하실에 위치했기 때문이다. 인쇄공 7명은 자기헌신적인 당원들이었다. 그들은 하루에 10시간씩 일했고 긴급한 일이 생기면 시도 때도 없이 일했다. 지하실은 난로도 없었고 환기도 되지 않았다. 발각되지 않으려면 낮 동안에는 아무도 지하실을 나갈 수 없었다. 인쇄공들은 밤이 돼서야 번갈아 가며 2시간씩 바람을 쐬러 나갈 수 있었다.

쇄소는 볼셰비키 중앙위원회 수중에 들어갔다.[60]

RSDLP의 분열을 가로막은 요인들은 많았다. 첫째, 이미 얘기한 것처럼 볼셰비키와 멘셰비키의 차이가 전혀 명확하지 않았다. 둘째, 일반으로 통일을 원하는 대중의 정서가 항상 존재하는 법이다. 셋째, 레닌을 제외한 나머지 주요 필자들과 이론가들이 모두 멘셰비키 — 플레하노프, 악셀로드, 자술리치, 마르토프, 트로츠키, 포트레소프 — 에 속해 있었다. 뒷날 보게 되겠지만 반동기(1906~1910년)에 레닌은 볼셰비키에 속했던, 새로 등장한 매우 자질 있는 필자들 — 보그다노프, 루나차르스키, 포크로프스키, 로주코프, 고리키 — 을 또 잃게 된다. 볼셰비키는 언제나 지식인들과 유능한 신문쟁이들이 멘셰비키보다 훨씬 적었다는 점 때문에 고통받았다. 동전의 반대 면은, 멘셰비키는 자신들의 우월한 문필 능력이 뒷날 노동자 운동에 영향력을 행사하게 해 줄 것이라는 환상의 제물이 됐다는 점이다.

1904년 여름에 러시아 밖의 사회주의 운동 지도자들이 모두 마르토프와 멘셰비키 편을 들어서 레닌의 어려움은 더욱 가중됐다. 이들 중에는 칼 카우츠키, 로자 룩셈부르크, 아우구스트 베벨도 있었다. 아우구스트 베벨은 러시아 당내 투쟁이 낳은 "소름끼치는 추문"이 볼셰비키의 행위가 "파렴치하고" 그래서 볼셰비키는 운동의 지도자가 되기에는 "아주 무능함"을 입증해 보였다고 말할 정도였다.[61]

운동의 후퇴

1904년 8월 15일 레닌은 페테르부르크 볼셰비키 지도부에게 보낸 편지에서 다음과 같이 썼다.

사람이 부족하고 문건이 부족하고 정보가 없어서 고통받는 당신네 위원회의 사정은 러시아 전체의 사정과 비슷합니다. 어디서나 사람이 턱없이 부족합니다. …… 완전한 고립, 침체와 고통의 분위기가 널리 퍼져 있고, 적극적인 활동이 정체돼 있습니다. 2차 당대회 이후 당은 산산조각 난 상태이며, 이 점에서 오늘날 사정은 매우, 매우 나빠졌습니다.[62]

1904년 12월 22일 레닌은 다음과 같이 썼다. "우리 당이 중병을 앓고 있으며 작년 한 해 동안 당의 영향력을 절반이나 잃었다는 사실은 전 세계에 알려져 있다."[63] 또 1905년 3월 11일에는 이렇게 썼다. "멘셰비키는 지금 우리보다 강력하다. 길고 험난한 싸움이 될 것이다."[64]

1904년에 페테르부르크에서 볼셰비키는 거의 아무런 활동도 하지 않았다. 1903년에 55개의 전단을 찍어낸 반면 그해에는 단지 11개의 전단을 찍어냈을 뿐이다. 1904년 5월에서 11월까지는 7월에만 단 한 개의 전단을 찍어냈다.[65]

볼셰비키는 1905년 1월에 페테르부르크 전역에 60명의 선동가가 있다고 주장했지만, 그들 가운데 절반 이상이 '너무 어렸고' 혁명 활동에 발을 들여놓은 지 얼마 안 되는 사람들 같았다. 그런데도 페테르부르크 위원회의 간사인 구세프는 볼셰비키가 그 도시에 방대한 음모 조직을 갖고 있다고 생각했다. 이 지역 지도자들은 대부분 학생들이었던 듯하다. 볼셰비키가 시내 지구에 있다고 한 15명의 선동가와 10명의 선전가는 '모두 학생'이었다.[66]

이것이 1904년의 상황이었다. 그해에 러일전쟁이 터졌고, 이 전쟁이 직접 혁명으로 이어졌다.

모스크바에서도 볼셰비키와 멘셰비키 모두 이와 비슷한 쇠퇴를 겪었다.

모스크바의 사회민주주의자 세포는 겨우 몇 개뿐이었다. 1904년 여름과 가을에 모스크바의 RSDLP 조직은 완전히 붕괴한 듯했다. 지도자들은 감옥에 있었고, 활동은 완전히 정지된 것이나 마찬가지였다. 위원회가 발행한 전단이 활동의 정도를 말해 주는 지표인데, ≪1차 혁명기의 모스크바 볼셰비키 전단≫(M. 1955년)에 실린 252개의 전단 가운데 16개만이 1904년에 나온 것이었다.[67]

1905년 1월 5일 러시아 혁명이 터지기 4일 전에 제네바에 있던 크룹스카야는 페테르부르크 볼셰비키 위원회에 보낸 편지에서 다음과 같이 썼다.

그러나 위원회가 도시를 함락하겠다고 약속했던 성명서는 어디로 갔습니까? 우리는 그것을 받지 못했습니다. 보고서도 전혀 받지 못했습니다. 푸틸로프 공장이 파업에 들어갔다는 소식을 외국 신문에서 읽고 알았습니다. 푸틸로프 공장에 우리 사람이 있습니까? 파업에 관한 정보를 얻는 것은 정말 불가능합니까? 신속하게 정보만이라도 보내 주셔야 합니다. 노동자들이 직접 보고서를 쓰도록 모든 노력을 기울이십시오.[68]

네프스키는 이 편지를 인용하면서 이렇게 덧붙였다. "위대한 프롤레타리아 운동들 가운데 하나가 시작됐고, 그 운동의 최선봉 — 푸틸로프 공장의 노동자들 — 은 이미 자본가들과 싸우고 있었지만, 해외의 중앙은 외국 신문들을 보고 이 투쟁들에 관해 알았다. 왜냐하면 페테르부르크 볼셰비키 위원회는 타협주의적인 멘셰비키 조직과 싸우는 데 여념이 없었기 때문이다."[69] 몇 쪽 뒤로 가면 네프스키는 더는 사악한 멘셰비키를 비난하지 않고 "우리 당 조직이 광범한 대중에게서 멀리 떨어져 있고 이 대중의 삶과 이익에 관해 무지하다"고 썼다.

참말이지 거대한 파업 운동이 진행되고 있었고, 알지 못하는 어떤 물결이 엄청나게 커지고 있었지만, 볼셰비키 위원회는 이것을 거들떠보지도 않았다. 볼셰비키 위원회는 가퐁이 이끄는 노동운동이 주바토프 운동일 뿐이라고 평가했기 때문에, 푸틸로프 공장 파업이 평범한 파업이 아니라 가퐁이 이끄는 모든 노동조합과, 페테르부르크 프롤레타리아 전체의 강력한 파업 운동과 긴밀하게 연결된 운동이라는 사실을 감지할 수 없었다.[70]

페테르부르크 위원회가 3차 당대회(1905년 4~5월)에 제출한 보고서는 당의 상황을 다음과 같이 묘사했다.

1월 사건 때문에 페테르부르크 위원회는 매우 유감스런 상황에 처했다. 노동자 대중과 맺고 있던 유대 관계는 멘셰비키 때문에 완전히 해체됐다. 우리는 엄청난 노력 끝에 시내 지구(이 지구는 항상 볼셰비키의 관점을 고수해 왔다), 바실레프오스트로프 지구, 비보르크 지구에서만 유대 관계를 보존하고 있다. 12월 말에는 페테르부르크 위원회의 인쇄소가 발각됐다. 당시 페테르부르크 위원회는 간사 한 명(위원회는 그를 통해 인쇄소 책임자나 재정위원과 연락하고 있었다), 주요 필자 겸 편집자 한 명, 조직 책임자 한 명, 선동가 한 명(그는 학생 조직자이기도 했다), 조직자 네 명으로 구성돼 있었다. 위원회의 위원 가운데 노동자는 단 한 명도 없었다. 푸틸로프 공장 파업은 위원회를 뜻밖의 상황으로 몰아넣었다.[71]

멘셰비키도 어려운 시절을 보내고 있었다. 분파 투쟁으로 RSDLP의 양대 분파 모두 해를 입었다. 여러 해 뒤에 마르토프는 다음과 같이 썼다.

노동계급 운동의 분출을 충분히 이용하고 그것을 올바른 길로 이끌어 가기 위해 사회민주주의 세력은 다시 많은 노력을 기울여야 했다. 그러나 당내 투쟁은 이러한 가능성을 막았다. 당의 모든 역량이 당내 투쟁에 투입됐고, 그래서 1903~1904년 겨울에는 조직 활동이 마비됐다.[72]

페테르부르크의 어떤 지구에서는 멘셰비키 서클 수가 1904년 초에 15~20개였다가 그해 12월에는 네댓 개로 줄었다.[73]

중앙집권적 지도부가 없다

1904년 내내 그리고 혁명이 일어나고 한참 뒤까지 레닌은 러시아에서 활동하던 가까운 지지자들에게 보낸 편지에서 러시아 자체에 중앙 지도부가 없고 해외 지도부와 연락이 제대로 안 된다고 거듭 불평했다.

1905년 2월 11일 보그다노프와 구세프에게 보낸 편지에서 레닌은 다음과 같이 썼다.

정말 좋은 일입니다. 넌더리가 나서 전부 때려치우고 싶을 만큼 중앙의 가까운 동지들 사이에서조차 분열과 아마추어리즘이 판을 치는 상황에서 우리가 조직에 대해, 그리고 집중제에 대해 얘기하고 있으니 말입니다.[74]

멘셰비키는 자금, 문건, 운반 장비, 수입자, '이름', 필진이 우리보다 더 많습니다. 그 점을 깨닫지 못하는 것은 용서할 수 없는 유치한 짓입니다.[75]

1905년 1월 29일 볼셰비키 위원회 사무국 간사에게 보낸 편지에서 레닌은 이렇게 썼다. "당신에게 부탁드릴 게 하나 있습니다. 라흐메토프를 꾸짖어 주십시오. 그래요, 좋은 말로 꾸짖어 주십시오." 라흐메토프는

30일 동안 [편지를 — 지은이] 겨우 2통 보냈습니다. 그것을 어떻게 생각하십니까? 그가 있다는 표시가 나질 않습니다. 〈브페료드〉에는 글을 단 한 줄도 쓰지 않았습니다. 활동·계획·관계에 대해 일언반구도 없었습니다. 그것은 있을 수도 없고 믿을 수도 없는 창피한 일일 뿐입니다. 〈브페료드〉 4호가 하루나 이틀 뒤에 나올 것이고, 곧바로(며칠 뒤에) 5호가 나오겠지만, 라흐메토프한테서는 어떠한 도움도 받지 못했습니다. 오늘 페테르부르크에서 1월 10일에 보낸 아주 짧은 편지들이 도착했습니다. 그런데 1월 9일에 대해 만족스럽고 충분하게 얘기하는 편지를 보낸 사람은 아무도 없습니다![76]

1905년 7월 11일 RSDLP 중앙위원회에 보낸 편지에서 레닌은 다음과 같이 말했다. "여론에 따르면, 중앙위원회는 아예 없고, 중앙위원회가 있다고 느끼는 사람도 하나도 없고, 중앙위원회가 자기 존재를 느끼게 하지도 못하고 있습니다. 사실들은 이러한 견해를 확인해 줍니다. 중앙위원회가 당을 정치적으로 지도하고 있다는 증거가 하나도 없습니다. 그런데도 중앙위원들은 모두 죽을힘을 다해 활동하고 있습니다. 도대체 뭐가 문제입니까?" 그러고 나서 그는 다음과 같이 설명한다.

제가 생각하기에는, 그런 상황을 낳은 주된 원인들 중에 하나는 중앙위원회가 정기적으로 내는 전단이 없다는 것입니다. 혁명의 시기에 말과 개인 접촉을 통해서 지도한다는 것은 완전히 몽상입니다. 지도는 공공연해야 합니다. 그 밖의 모든 형태의 활동은 이런 형태에 완전히 그리고 무조건 종속돼야 합니다. 중앙위원회의 책임 있는 필자는 우선, 매주 2회씩 당과 정치적 주제들(자유주의자들, 사회혁명당, 소수파, 분열, 젬스트보 대표, 노동조합 등)을 다루는 전단을 쓰고(또는 기고자들에게서 얻어오고 — 물론 편집자 자신이 언제나 쓸 준비가 돼 있어야 합니다) 그것을 모든 방법을 동원해서 다시 찍고 — 즉시 50부를 등사판으로 찍고(인쇄소가 없을 경우) ─ 그것을 위원회들에 배포해 재발간하게 하는 일에 관심을 가져야 합니다. 〈프롤레타리〉에 실린 기사들을 때때로 그런 전단에 이용할 수 있을 것입니다. 일정하게 수정한 뒤에 말입니다. 저는 이런 일을 하지 않는 이유를 이해할 수 없습니다! 이것에 대해 우리가 했던 얘기들을 시미트와 베르너가 잊었을 리가 있겠습니까? 일주일에 적어도 전단한 장 정도는 쓰고 배포할 수 있지 않습니까? 지금까지 3차 대회에 관한 보고서는 러시아 어디에서도 복사되지 않았습니다. 참으로 괘씸한 일입니다.[77]

중앙위원들이 '널리 알리기'라는 과제를 전혀 이해하지 못하는 게 분명합니다. 그런데 중앙이 없으면 당도 없습니다! 그들은 뼈가 부서져라 활동하지만, 수임자들과 비밀회의를 하는 따위의 일을 하면서 두더지처럼 활동하고 있습니다. 그것은 정말 역량 낭비입니다! …… 문제는 활동하는 것, 언제나 공공연하게 활동하는 것, 입을 다물지 않는 것입니다. 그렇게 하지 않으면 여기 있는 우리도 완전히 고립됩니다.[78]

우리 중앙위원회는 …… 끈기와 민감함이 없어서, 당내 투쟁에서 일어나는 사소한 일 하나라도 놓치지 않고 정치적으로 활용할 수 있는 능력이 없어서 애를 먹고 있습니다.[79]

또한, 1905년 8월 2일 루나차르스키한테 보낸 편지에서 레닌은 볼셰비키 중앙위원회가 멘셰비키보다 훨씬 덜 효과적으로 분파 투쟁을 벌였다고 비판했다. 레닌이 보기에 멘셰비키는

남의 일에 한사코 끼어들기 좋아하는 사람들이고, 장사치처럼 뻔뻔하며, 오랫동안 쌓은 참주선동 경험으로 훈련이 잘 된 사람들입니다. 반면에 우리 사람들 사이에서는 일종의 양심적인 '어리석음'이나 '어리석은 양심'이 판을 치고 있습니다. 그들은 투쟁을 만들 수 없습니다. 그들은 꼴사납고 수동적

이고 서투르고 소심합니다. …… 그들은 좋은 친구들이기는 하지만, 정치가로서는 아무짝에도 쓸모가 없습니다. 그들은 끈기, 투쟁 정신, 재치, 속도가 없습니다.[80]

또한 레닌은 중앙위원회가 해외 지도부를 완전히 무시한다고 불평했다. 중앙위원회는

우리를 외국인으로 여기고 아예 거들떠보지도 않고 있고, 우리한테서 제일 유능한 사람들을 뺏어가거나 여기서 데려가고 있습니다. 그래서 여기 외국에 있는 우리는 뒤처져 있는 느낌입니다. 흥분, 자극이나 충격이 거의 없습니다. 사람들은 혼자서 활동하거나 투쟁할 능력이 없습니다. 우리는 모임에서 말할 사람이 부족합니다. 사람들의 기운을 북돋아주고 핵심 문제들을 제기할 수 있는 사람도 없고, 그들을 제네바의 늪에서 건져 올려 중요한 관심과 문제의 영역에 집어넣을 수 있는 사람도 없습니다. 그래서 모든 활동이 어려움을 겪고 있습니다. 정치투쟁에서 활동 중지는 치명적입니다. 수천 가지 요구들이 있고 그것들은 나날이 늘어가고 있습니다.[81]

조직 문제가 우선이었다

≪무엇을 할 것인가?≫나 "우리의 조직상 과제에 대해 한 동지한테 보내는 편지"에 나타난 중앙집권제 개념과 1904년과 1905년에 볼셰비키가 놓여 있던 현실 사이에는 두드러진 차이가 있다! 레닌의 글에서 제시한 체계 있고 효율적인 당 구조라는 이상과 당시 존재하던 쓰러질 듯한 당 조직 사이에는 커다란 틈이 있었다.

레닌은 자신의 모든 권한을 이용해서 멘셰비키와는 독립적이고 멘셰비키

에 반대하는 조직을 만들려고, 그리고 당 기구를 만들려고 투쟁해야 했다. 믿지 못하겠지만, 그는 멘셰비키에 반대하는 투쟁에 너무 몰두했기 때문에 1904년 내내 그가 쓴 글들에서 러일전쟁을 겨우 세 번만 언급했다. 그가 주로 다룬 주제는 멘셰비키와의 분열이었다. 그의 ≪전집≫ 가운데서 가장 두꺼운 것들 가운데 한 권 전체가 가장 논쟁적이고 신랄하고 격렬한 어투로 쓴, 당대회와 분열에 관한 글들만을 수록하고 있다.

대변동이 국가를 뒤흔드는 동안 당 기구를 만드는 일에 주력한 것은 광기가 아니었을까? 그러나 레닌은 가장 중요하다고 판단한 결정을 어기는 사람이 아니었다. 그는 1900년부터 운동이 직면한 과제가 혁명정당 건설이라고 거듭거듭 되풀이해서 얘기했다. 1901년 4월 21일 플레하노프에게 보낸 편지에서 "지금은 선동보다 조직이 우선"이라고 썼다.[82] 1902년에 그는 아르키메데스의 말을 이렇게 바꾸었다. "우리에게 혁명가 조직을 달라. 그러면 우리는 러시아를 뒤엎을 것이다."[83]

자본주의가 성장하는 시대에 살았고 그래서 당 조직을 강조하지 않았던 마르크스 · 엥겔스와 달리, 레닌은 혁명이 임박했다고 생각했으므로 당 조직이 가장 중요한 문제였다. 그는 마르크스가 1851년 2월 11일 엥겔스에게 보낸 다음과 같은 편지는 결코 쓸 수 없었을 것이다.

저는 지금 당신과 제가 사람들과 떨어져 완전히 고립돼 있는 상태에 아주 만족합니다. 그것은 우리의 원칙과 태도에 완전히 어울리는 일입니다. 서로 양보하고, 오로지 체면을 유지하려고 어정쩡한 조처들을 용인하고, 흔히 어리석은 당의 작태를 이런 바보들과 공개적으로 함께할 수밖에 없는 시스템, 우리는 지금 이런 시스템에서 완전히 벗어나 있습니다.[84]

또한 레닌은 엥겔스가 1851년 2월 12일 마르크스에게 보낸 다음과 같은 답장도 결코 쓸 수 없었을 것이다.

드디어 우리는 인기나 당의 지원이 일절 필요하지 않음을 보여 줄 수 있는 …… 기회를 다시 잡았습니다. …… 지금부터 우리는 우리 자신만을 책임질 것이고, 이 신사 나리들에게 우리가 필요한 때가 오면, 우리의 요구조건을 그들에게 강제할 수 있을 것입니다. 그때까지 우리는 적어도 평온을 누릴 것입니다. 사실, 어느 정도 고독하기까지 할 것입니다. …… 공식 지위를 성가시게 여기는 우리 같은 사람들이 어떻게 '당'에서 편하게 지낼 수 있겠습니까? …… 지금 중요한 것은 어떻게든 우리의 사상을 출판물로 펴내는 것입니다. …… 당신이 정치경제학으로 대답하기만 한다면, 모든 망명자 패거리들이 당신을 비방하며 퍼뜨린 온갖 얘깃거리와 추문이 무슨 의미가 있겠습니까?[85]

옆에서 지켜보는 사람에게, 심지어 많은 당사자들에게조차 1903년과 1904년은 사소한 입씨름, 끝없는 토론, 볼셰비키와 멘셰비키의 분열, 볼셰비키 분파 자체의 논쟁과 분열의 시기였다. 당시 러시아는 혁명 전야의 시기였다.

당시 트로츠키는 레닌의 분파주의를 순전히 광기로 여겼다. 1904년 4월에 쓴 팸플릿에서 트로츠키는 이렇게 말하고 있다. "역사가 세계 반동의 매듭을 끊으라는 크나큰 임무를 우리 앞에 제시한 때에 러시아 사회민주주의자들은 사소한 내부 투쟁에만 관심이 쏠려 있는 듯하다." 이 때문에 얼마나 "가슴 아픈 비극"이 벌어졌으며, 얼마나 "악몽 같은 분위기"가 조성됐는가. "거의 모든 사람이 분열의 범죄적 성격을 알아차리고 있었다."[86]

그러나 레닌은 철저하게 몰두했다. 무슨 일이 있어도 혁명정당을 건설해야 했고, 그것도 긴급하게 건설해야 했다. 그래서 레닌은 1900~1904년에 일관되게, 완고하게, 가차 없이 당 기구를 건설했다. 그것이 아무리 그가 생각한 이상형과 달랐다고 해도, 1905년 혁명이 일어났을 때 그는 자신이 통제하는 기구를 갖고 있었다. 그는 그러한 기구를 만들기 위해 필요한 정치적·조직적·행정적 재능을 충분히 보여 주었다.

정작 혁명이 일어나자 레닌은 당 기구가 준비했던 행동 수준을 대중이 뛰어넘을 경우 필요하다면 기층 노동자들의 힘을 동원해 자신의 기구가 뒤처지는 것을 기어이 극복하려 했고 극복할 수 있음을 보여 주었다. 하지만 이것은 뒷날의 얘기를 앞질러 하는 것이다.

06 자유주의자들에 대한 투쟁

"자유주의자는 모욕을 당하면,

두들겨 맞지 않은 것을 신께 감사드린다고 말한다.

두들겨 맞으면, 목숨을 잃지 않은 것을 신에게 고마워한다.

목숨을 잃으면, 불멸의 자기 영혼이

시신에서 빠져 나온 것을 신에게 고마워할 것이다."[1]

1904년 2월 8~9일 러일전쟁이 터졌다. 전쟁이 일어난 이유들 가운데 하나는, 러시아 정부가 전쟁 히스테리를 이용해 혁명의 소용돌이를 막을 수 있다는 점이었다. 실제로 당시 러시아 총리 플레베는 이렇게 말했다. "혁명 물결을 막으려면 작은 전쟁에서 승리하는 것이 필요하다."[2]

자유주의자들은 제정에 이익이 되는 일들을 기꺼이 하려 들었다. 그들이 즉각 보인 반응은 애국주의였다. 이제 충실한 자유주의자가 돼 버린 스트루베는 해외에서 자유주의자들이 펴내는 신문 〈오스보보즈데니예〉[해방]에서 "군대 만세!"라는 구호를 내놓았다. 육지전과 해전에서 모두 일본의 전투력이 우월하다는 것이 드러나자 자유주의자들의 애국주의는 약간 누그러졌다. 그래서 자유주의자들은 전쟁을 온건하게 반대하게 됐다. 7월 랴오양 전투에서 일본이 이기자, 이러한 태도는 더욱 두드러졌다. 왜냐하면 이제 러시아가 전쟁에서 이길 수 없고, 정부가 막다른 골목까지 왔다는 것이 명백히 드러났기 때문이다.

이제 신사계급과 중간계급의 용감한 지도자들은 본색을 드러냈다. 〈오스보보즈데니예〉는 이렇게 썼다. "만주 점령과 해상 진출은 경제적으로는 러시아에 득될 것이 없다."³ 러일전쟁에 대한 그들의 태도는 패전주의로 바뀌었다. 패배는 차르를 약화시켜서 제정이 타협을 받아들이게 만들 것이라고 그들은 생각했다. 어떤 러시아 자유주의자는 이렇게 말했다. "일본인들은 크렘린에 들어가지 않겠지만, 러시아인들은 들어갈 것이다."⁴

자신감을 얻은 자유주의자들은 지방자치기관인 젬스트보를 연단 삼아 운동을 펼치기 시작했다. 그들은 젬스트보에서 불만을 늘어놓았고 젬스트보 의원들의 전국 회의를 계획했다. 전국 회의는 11월에 열렸다. 회의는 자유주의 지주들, 공장주, 대학교수, 변호사, 의사, 경제학자 등이 참여한 말잔치였다. 지루한 연설들이 계속됐고, 입헌 개혁 계획들을 토론했고, 항의가 쏟아져 나왔다. 회의 목표가 제정을 전복하자는 것인가 아니면 제정과 거래를 하자는 것인가 하는 것은 흥미로운 질문이다.

멘셰비키는 이러한 말잔치에 열광했다. 그들의 정책은 노동자들한테 자유주의자들을 밀어주고 극단적 행동을 피하며 자유주의자들을 격려하라고 호소하는 것이었다. 그래서 1904년 11월 〈이스크라〉 편집자는 모든 당 기구에 다음과 같은 편지를 보냈다.

자유주의 젬스트보와 두마는 우리 적의 적이지만, 그들은 우리 적에 맞서 싸울 때 프롤레타리아에게 이로운 투쟁까지 하려 들지도 않을 것이고 그럴 수도 없다. 그러나 그들이 절대왕정을 공식적으로 반대하고 절대왕정 폐지를 요구하면서 절대왕정과 싸우는 한은 우리의 동맹 세력이다. …… 절대왕정에 맞서는 투쟁 안에서는, 그리고 특히 현재의 투쟁 국면에서는 자유주의 부르주아지에 대한 우리의 태도는 그들의 용기를 북돋아 주고 그들이 사회민주당이 이끄는 프롤레타리아의 요구 사항들을 받아들이게 하는 것이라고 할 수 있다.⁵

우리가 강한 위협 조치를 사용해 젬스트보나 다른 부르주아 야당 기관들을 공포에 떨게 만들어 지금 당장 우리 요구를 정부에 전달하겠다는 공식 약속을 하게끔 강요하려 한다면 우리는 치명적 실수를 저지르는 것이다. 그러한 전술은 우리가 벌이는 모든 정치 활동을 반동의 지렛대로 만들 것이므로, 사회민주주의자들의 신뢰를 떨어뜨릴 것이다. ……

지금의 젬스트보에 대해 말하자면 …… 우리 임무는 혁명적 프롤레타리아의 정치적 요구들을 그 기관에 제시하는 수준으로 제한돼야 한다. 그 기관이 민중의 이름으로 말할 권리를 조금이라도 갖고 노동자 대중의 활발한 지지에 의지하려 한다면, 그런 요구들을 마땅히 지지해야 할 것이다.[6]

이런 성명이 발표된 뒤에, 멘셰비키의 가장 중요한 지도자들 가운데 하나인 악셀로드는 다음과 같은 전술을 제안했다.

젬스트보 의회와 대중이 직접 접촉하게 하고, 젬스트보 의원들이 회의를 하는 의사당 본관 앞에서 시위를 집중적으로 벌이려는 노력들을 해야 한다. 시위대 가운데 일부는 의사당 안으로 들어가, 적절한 때에 특별 권한을 위임받은 대변인을 통해서 노동자들을 대신해 성명서를 낭독하도록 허락해 달라고 젬스트보 의회에 요구해야 한다. 이것이 보장되지 않으면, 대변인은 민중의 이름으로 말하는 의회가 민중의 진정한 대표들의 목소리 듣기를 거부하는 것에 소리 높여 항의하기 시작해야 한다.

젬스트보 의원들이 회의를 하는 의사당 바깥에 노동자 수천 명이 모여 있고 의사당 안에 수십 또는 수백 명의 노동자가 있다는 사실 때문에, 젬스트보 의원들이 공포감 속에서 충격을 받아 부끄럽게도 경찰과 코사크 기병대에 보호를 요청해, 평화 시위가 추한 싸움과 잔인한 탄압으로 바뀌고 시위의 의미가 모두 왜곡되는 상황이 발생하지 않도록 보장하는 조처들을 집행위원회는 미리 취해야 한다.[7]

멘셰비키의 대변자 마르티노프는 자신의 팸플릿 ≪두 독재≫(1904년)에서 이러한 태도 뒤에 숨어 있는 생각을 다음과 같이 밝혔다.

다가오는 혁명은 부르주아지의 혁명일 것이다. 그리고 그것은 …… 혁명이 모든 또는 일부 부르주아 계급의 지배만을 어느 정도 보장할 것임을 뜻한다. …… 그렇다면 다가오는 혁명이 부르주아지 전체의 뜻에 어긋나는 정치 형태를 결코 취할 수 없음이 명백하다. 왜냐하면 부르주아지가 내일의 주인일 것이기 때문이다. 따라서 부르주아 집단의 다수를 놀라게만 하는 노선을 추구하다가는 프롤레타리아의 혁명 투쟁이 절대주의를 본래 형태로 부활시키는 결과만을 낳을 것이다.[8]

따라서 혁명가들의 목표는 "좀 더 민주적인 사회 '하층' 부문이 '상층' 부문에게 부르주아 혁명을 끝까지 지도하는 것에 동의하도록 압력을 가하는 것"이었다.

당시에는 멘셰비키 신문이던 〈이스크라〉는 러시아 사회와 노동자들의 임무를 다음과 같이 규정했다.

러시아의 투쟁 무대를 바라보면 무엇이 보일까? 제정의 압제와 자유주의 부르주아지라는 두 강자들만 보인다. 게다가 후자는 조직돼 있고 매우 특수한 비중이 있다. 노동 대중은 분열돼 있어서 아무것도 할 수 없다. 우리는 독립 세력으로서 존재하지 않는다. 따라서 우리 임무는 제2의 세력, 즉 자유주의 부르주아지를 지지하는 것이다. 우리는 그들을 고무해야 하고, 프롤레타리아의 독립된 요구들을 제출해서 그들을 놀라게 해서는 결코 안 된다.[9]

1905년에 플레하노프는 이와 똑같은 생각을 다음과 같이 밝혔다.

'사회'의 공감이 우리한테는 매우 중요한데, 우리는 우리 강령의 토씨 하나 고치지 않고도 공감을 얻을 수 있다. 아니 좀 더 정확히 말해서 우리에게는 그럴 수 있는 기회가 많이 있었다. 그러나 공감을 얻으려면 가능성을 현실로 바꾸기 위한 요령이 필요하다는 것은 두말하면 잔소리다. 언제나 우리에게는 바로 그러한 요령이 없었다.

그런데 자유주의자들은 자신들의 이해 때문에 "정부에 반대해 사회주의자들과 공동 행동을 하지 않으면 안 될" 것이다. 왜냐하면, 자유주의자들은 러시아에서 절대주의 전복이 사회혁명의 신호일 것이라는 주장을 혁명적 출판물에서 보지 못할 것이기 때문이다.[10]

플레하노프가 쓴 기사들 가운데 볼셰비키한테 요령 없다고 비난하지 않은 기사는 거의 찾아보기 힘들다. 실제로 그는 "전술과 요령 없음에 대한 편지들"이라는 제목으로 일련의 기사들을 썼다.[11]

이와는 완전히 대조되게, 레닌은 언제나 러시아 자유주의 부르주아지를 반혁명 세력이라고 가차 없이 비판했다. 레닌은 1904년 11월 젬스트보 의회에 대한 마르티노프의 전술을 다음과 같이 경멸했다.

노동자 당의 임무를 참으로 탁월하게 정의하셨구먼! 혁명적 프롤레타리아와 싸우려고 정부와 온건한 젬스트보 의원들이 동맹을 맺을 가능성이 아주 명백한 때에 …… 정부에 맞선 투쟁에서 우리 노력을 다시 갑절로 늘리는 것이 아니라, 자유주의자들과 상호 지지 협정을 맺기 위한 말도 안 되는 조건들을 마련하는 것으로 우리 임무를 '축소'해야 한다는 것이다.[12]

우리가 젬스트보 의회 의사당 안에서 위압적인 노동자 대중 시위를 조직할 수 있는 형편이 된다면 우리는 당연히 그렇게 할 것이다(우리가 대중 시위를 조직하기에 충분한 힘이 있다면, 젬스트보가 아니라 경찰서나 헌병대 아니면 검열 관청 "건물 앞에서" 대중 시위를 집중적으로 벌이는 것이 훨씬 더 낫겠지만 말이다). 그러나 그렇게 할 때 젬스트보 의원들의 두려움 따위를 고려하다가 동요하고 그러한 이유로 협상을 벌이는 것은 가장 어리석은 짓이고 가장 황당무계한 일이다.[13]

여기서 필요한 것은 '협상'이 아니라 힘을 실제로 모으는 것이고, 젬스트보 의원들에 대한 압력이 아니라 정부와 정부 기관들에 대한 압력이다.[14]

레닌은 자유주의자들이 반동적일 수밖에 없는 이유들을 명확하게 분석했다.

오늘날 프롤레타리아와 부르주아지 사이의 적대는 1789년, 1848년이나 1871년보다 훨씬 더 깊다. 그래서 부르주아지는 **프롤레타리아 혁명**을 더 두려워할 것이고 반동의 품으로 더 빨리 뛰어들 것이다.[15]

부르주아지 전체는 제정의 압제에 맞서 단호하게 투쟁할 수 없다. 이러한 투쟁에서 부르주아지는 자신과 기존 질서를 연결시키는 자기 재산을 잃을까 봐 두려워한다. 부르주아지는 노동자들의 혁명적 행동을 매우 두려워한다. 부르주아지는 유산계급의 이해와 수천 갈래로 이해가 얽혀 있는 관리나 관료와 결별하기를 두려워한다. 바로 이러한 이유 때문에 부르주아지는 자유를 위해 투쟁하더라도 매우 소심하고 불철저하고 울며 겨자 먹기 식으로 투쟁한다.[16]

전체 민중의 제헌의회는 차르에게 압력을 가해 헌법을 제정하게 만들 정도의 힘은 있겠지만, (부르주아지의 이익이라는 관점에서 볼 때) 힘이 그보다 더 세지도 않을 것이고 더 셀 리도 없다. 제헌의회는 제정을 견제하기만 하지 제정을 전복하지는 못한다. 제헌의회는 권력의 물질적 도구들(군대 등)을 제정의 수중에 남겨둘 수밖에 없다.[17]

1905년 혁명의 경험은 자유주의 부르주아지가, 특히 러시아 인구의 압도 다수에게 중요한 문제였던 농업 문제와 관련해 파산했음을 훨씬 더 분명하게 보여 주었다. 자유주의자들은 대지주 재산 몰수에 반대했다. 자유주의자들의 정당인 입헌민주당(카데츠)은 왕실과 수도원의 토지를 농민들에게 나누어 주는 것은 지지했지만, 지주 토지를 강제로 몰수하는 것은 지주들에게 공정한 가격을 치르는 경우에만 동의한다고 밝혔다.[18]

사실 카데츠는 대체로 지주 계급을 대표하고 있었다. 레닌은 이것을 입증하는 증거를 다음과 같이 제시했다. 카데츠는 자유주의 부르주아지, 자유주의 지주, 부르주아 지식인들의 당이다. 카데츠가 지주들을 대표하는 당이라는 특색이 있었다는 점이 조금이라도 의심스럽다면 두 가지 사실을 지적할 수 있다. 첫째 제1차 두마에서 카데츠 의원단의 구성이요, 둘째 카데츠의 농업 강령 초안이다.[19] 첫 번째 사항으로 말하자면 다음과 같은 사실들이 있다.

1차 두마에 진출한 카데츠 의원 153명 가운데서 92명이 귀족 출신이었다. 그중에서 3명이 5000~1만 데샤친*, 8명이 2000~5000데샤친, 8명이 1000~2000데샤친, 30명이 500~1000데샤친의 토지를 소유했다. 따라서 카데츠 의원들 가운데 3분의 1이 대지주였던 셈이다.[20]

카데츠의 농업 강령에 대해 레닌은 다음과 같이 말했다.

사실 [그것은 ─ 지은이] 농민을 농노로 전환하고, 각각 같은 수의 지주와 농민으로 구성되고 정부가 의장을 임명하는 지역 토지위원회를 구성하겠다는 자본가 지주의 계획이다. 이 모든 것은 농업 문제에서 카데츠의 정책이 토지

---

* 1데샤친=10926.75 평방미터.

소유 제도에서 일부 봉건적 특징들을 없애고 상환금으로 농민을 파탄시키며 정부 관리가 농민을 속박하는 것을 통해 현행 토지 소유 제도를 보존하는 정책임을 가장 분명히 보여 준다.[21]

스톨리핀*과 카데츠는 양보의 수준과 개혁 도입 수단(조잡하든 더 세련되든)을 서로 다르게 생각했다. 하지만 둘 다 개혁을 지지했다. 다시 말해서 그들은 농민에 대한 양보를 통한 지주 지배 보존을 지지했다.[22]

몇 해 뒤에 그러니까 1908년 3월에 "러시아 혁명의 '성격'에 대해"라는 글에서 레닌은 그동안의 경험을 보면 농민문제에 대한 자유주의자들의 태도가 반혁명적 성격이 있음을 알 수 있다고 주장했다.

1906년 초에 그러니까 제1차 두마 이전에 카데츠 지도자 스트루베 씨는 이렇게 썼다. "두마의 농민은 카데츠일 것이다." …… 군주주의 신문은 다음과 같이 선언했다. "농민이 우리가 곤경에서 벗어나는 것을 도울 것이다." 즉, 농민의 광범한 대표제가 제정에 도움이 된다는 점이 입증될 것이라고 주장했다. 그러한 견해들이 …… 당시에는 널리 퍼져 있었다. …… 그러나 제1차 두마는 군주주의자들의 이러한 환상들과 자유주의자들의 환상을 완전히 깨뜨

---

* 제정 총리 스톨리핀은 승리한 반혁명의 주요 산물인 1906년 11월에 제정된 법령 때문에 유명해졌다. 그 법은 모든 부락의 소수 농민들에게, 다수의 뜻을 거스르면서까지, 부락 토지에서 일부를 따로 떼어내서 독립적으로 소유할 권리를 주었다. 스톨리핀은 자신의 정책이 "강자들에게 의존하는", 다시 말해서 대지주의 제정과 결탁한 부농한테 의존하는 정책이라고 설명했다. 스톨리핀은 이렇게 말했다. "공동체 원리의 자연스러운 대립물은 개인 소유다. 소소유자는 국가의 안정된 질서 전체를 떠받치는 중핵이다." 스톨리핀 농업법의 목표는 부농을 농촌에서 제정을 지지하는 사회적 기반의 새로운 원천으로 변화시키고, 그래서 장원을 보존하고 촌락공동체를 강제로 파괴하는 것이었다.

렸다. 가장 무지하고, 후진적이고, 정치적으로 순진하고, 조직되지 않은 농민이 카데츠보다 **훨씬 더 좌파**라는 것이 입증됐다.[23]

레닌은 다음과 같이 결론지었다.

따라서 러시아 혁명 제1기의 역사적 의의는 다음과 같이 요약할 수 있다. 자유주의는 반혁명적이고 농민혁명을 지도할 능력이 없음이 이미 분명히 드러난 반면, 농민은 진정한 승리를 얻을 수 있는 길은 사회주의 프롤레타리아의 지도를 받으면서 혁명과 공화정을 향해 나아가는 길뿐임을 아직 제대로 이해하지 못하고 있다.[24]

본색을 드러내는 자유주의

1905년 혁명 기간에 자유주의자들은 정치적으로 그릇된 길로 **빠졌다**. 그들은 전진했다가 후퇴했고, 혁명이 수많은 노동자·농민을 정치·사회 투쟁으로 끌어들이며 전진하자 자유주의자들은 혁명에 대한 열정이 식어 갔다.

혁명이 시작될 무렵 스트루베는 이렇게 썼다. "러시아의 진실하고 사려 깊은 자유주의자는 모두 혁명을 요구한다."[25] 스트루베의 입헌민주당과 다수의 사용자조차 노동자들이 제정에 맞서는 무기로 사용한 총파업에 동조했다. 당시 페트로그라드 소비에트 의장인 흐루스탈레프노사르는 다음과 같이 썼다.

10월 파업 기간에 사용자들은 공장 노동자 집회를 막지 않는 것에 불만이 있으면서도 파업 시간에 대해 50퍼센트의 임금을 지급했다. 일부 공장들에서는 임금 전액을 지급하기도 했다. 파업 때문에 해고된 사람은 아무도 없었다. 푸틸로프 공장과 그 밖의 공장들에서 경영진은 공장 대표들이 소비에트 집회에 참가한 날들의 임금을 전액 지급했다. 푸틸로프 공장 경영진은 자신들이 쓰는 증기 자동차를 소비에트 대표들이 시내에 나갈 때 쓰게 할 정도로 사려 깊었다.[26]

그 직후, 입헌민주당을 창당한 사람들의 주요 기관지 〈프라보〉의 편집자는 이렇게 선언했다. "첫 번째 파업은 해방운동 역사에서 영광스러운 장으로, 민중의 사회적 · 정치적 해방을 위한 투쟁에서 노동계급한테 커다란 이익을 안겨준 기념비적 사건으로 영원히 남을 것이다."[27] 이와 똑같은 어조로, 카데츠 창당대회 결의안은 다음과 같이 선언했다.

파업 노동자들의 요구는 그들 스스로 공식화한 요구라서, 기본 자유를 즉각 도입하고, 제헌의회에 보낼 민중의 대표들을 보통 · 평등 · 직접 · 비밀 투표로 자유롭게 선출하고, 일반 정치 사면을 즉각 실시하라는 요구에 주로 머물러 있다. 이러한 요구들이 입헌민주당의 요구들과 똑같음은 조금도 의심할 필요가 없다. 이렇게 목적이 같기 때문에 입헌민주당 창당대회는 우리 당과 파업 운동의 완전한 연대를 표명하는 것을 당의 임무로 여긴다. 당원들은 각자 자기 자리에서 그리고 우리 당이 쓸 수 있는 방법들의 도움을 받아, 같은 목적을 이루기 위해 노력한다. 투쟁에 참여하는 다른 집단들과 마찬가지로 우리는 정부와 협상을 벌여 우리 목표를 이룬다는 생각을 단호히 거부한다.[28]

그러나 혁명적 노동자들에게 공감을 표하는 이러한 태도는 금세 사라졌다. 노동자들의 제정 반대 요구와, 사용자들의 이익에 어긋나는 노동자들의 생활 조건 개선 투쟁은 분리될 수 없음이 이내 명백해졌다. 1905년 10월 차르에 반대하는 총파업에 참여한 노동자들이 자신들의 힘에 대한 자신감을 얼마나 많이 얻었던지, 한 달 뒤에는 그중에서 가장 선진 부문이던 페테르부르크 노동자들이 8시간 노동을 요구하는 파업을 벌이기까지 했다. 이것은 사용자들의 안전을 명백히 위협했다. 그래서 사용자들은 즉각 대응했다. 파업 노동자들은 가차 없이 직장폐쇄를 당했다. 11월에 페테르부르크에서는 노동자 11만 명이 일하는 72개의 공장이 직장을 폐쇄했고, 모스크바에서는 노동자 5만 8634명이 일하는 23개 공장이 직장을 폐쇄했다. 다른 도시들에서도 그 숫자는 비슷했다[29](제대로 조직되지 못했기 때문에 노동자들은 전에 자신들의 제정 반대 동맹 세력이었던 자본가들과 벌인 이 싸움에서 졌다).

모든 부르주아 정치인들은 이제 노동자들에 대한 증오심과 파업에 대한 두려움을 보여 주었다. 전에는 파업을 권장했던 카데츠 지도자 밀류코프는 이제 파업을 "범죄, 즉 혁명에 반대하는 범죄"라고 불렀다.[30]

1905년 초에 혁명을 역설했던 스트루베는 이제 이렇게 썼다. "러시아 혁명의 치명적 혼란은 혁명이 러시아와 혁명 자체를 조직하기보다는 해체한다는 사실에서 가장 분명하게 드러난다."[31] 그래서 부르주아지는 반혁명적 제정보다 혁명적 노동자들을 훨씬 더 두려워한다는 것이 입증됐다.

카데츠는 혁명 투쟁을 반대했기 때문에, 당시 화급한 문제 — 토지 문제 — 를 해결하려는 그들의 노력은 물거품이 됐다. 1905년 3월 스트루베는 다음과 같이 썼다.

민주주의적일 뿐 아니라 온건하고 입헌적인 야당은 러시아에서 **농업혁명이 이미 시작됐다**는 사실을 지금 자신의 출발점으로 삼아야 한다. 따라서 어느 모로 보나 가장 현명한 전술은 처음부터 혁명을 통제하고 혁명의 성격을 인식하고 혁명을 법률적 사회 개혁 통로로 이끌고 가는 것이다.[32]

카데츠 창당대회에서 채택된 강령에는 제헌의회 요구(13항)가 들어 있었고 제정은 아예 언급하지도 않았다. 그러나 1906년 1월 대회는 13항을 수정해 그것을 '입헌 의회 군주정' 요구로 바꾸었다. 레닌이 예언한 바와 같이 카데츠는 로베스피에르와 자코뱅이나 크롬웰과 그의 철기병과 똑같은 요소로 구성되지 않았음이 입증됐다.

결론

자유주의자들에 대한 레닌의 혐오감은 그가 청년 시절에 겪은 경험 때문에 그의 뇌리에 박혀 있었다. 크룹스카야는 다음과 같이 말하고 있다.

> 한번은 블라디미르 일리치가 나한테 자기 형이 체포당한 일에 대해 자유주의자들이 취한 태도에 관해 말한 일이 있다. 모든 친지와 이웃들이 울랴노프 가족을 피했다. 전에 밤마다 와서 체스를 두던 늙은 선생조차 발길을 끊었다. 당시 심비르스크에는 철도가 없었다. 그래서 블라디미르 일리치의 어머니는 당신의 맏아들이 수감된 페테르부르크로 가려고 쉬즈란까지 말을 타고 가서야 했다. 블라디미르 일리치를 내보내서 동행할 사람을 찾았으나 어느 누구도 죄수의 어머니와 함께 여행하려 하지 않았다. 블라디미르 일리치는 이렇게 널리 퍼진 소심함을 보며 매우 깊은 인상을 받았다고 나한테 말했다. 젊은 시절의 이러한 경험이 자유주의자들에 대한 레닌의 태도에 영향을 미쳤음이 틀림없다. 그는 일찍이 자유주의자들이 떠들어 대는 얘기가 어떤 가치가 있는지 배운 것이다.[33]

또한, 레닌은 위대한 혁명가 체르니셰프스키가 당시 자유주의자들을 얼마나 역겨워했는지도 잊지 않았다. 체르니셰프스키는 1860년대에 자유주의자들을 "수다쟁이, 허풍쟁이, 바보"라고 불렀다. 그는 자유주의자들이 혁명을 두려워하고 줏대 없고 제정 앞에서는 설설 긴다는 것을 분명히 알고 있었다.

07 1905년 혁명

경찰 노동조합 운동의 등장

4장에서 우리는 1900~1903년에 노동계급 운동이 급격히 떠오르는 것을 보았다. 제정은 평소 하던 대로 노동계급 운동을 극심하게 탄압했다. 그러나 제정은 혁명 열기를 식히는 새로운 방법도 쓰려 했다.

1901년에 작성된 한 경찰 보고서는 노동자들의 상태를 다음과 같이 단정했다.

> 자신들의 목표를 수정하려 애쓰는 선동가들은 불행하게도 반정부 투쟁으로 노동자들을 조직하는 데 어느 정도 성공했다. 지난 3~4년 사이에 게으름을 피우던 러시아의 젊은이들은 종교와 가족에 대해서 코방귀를 끼고 법을 무시하고 당국을 얕잡아 보면서 비웃지 않으면 안 된다고 느끼는 특별한 유형의 반쯤 깨인 지식인으로 바뀌었다. 다행히 그러한 젊은이들이 공장에는 많지 않다. 그러나 바로 이들 무시할 수 없는 소수가 타성에 젖은 다수의 노동자들을 위협해 자신들을 따르게 하고 있다.[1]

이 보고서는 실제 상황을 왜곡하기는 했지만, 노동계급 안에서 진정한 변화가 일어나고 있음을 지적했다. 즉, 일부 노동자들이 혁명 단체들에 가입하기 시작했다는 사실을 지적한 것이다.

이러한 사태 발전을 역전시키고 그것을 주도하려고 일부 보안경찰이 새로운 형태의 경찰 노동조합 운동, 즉 주바토프 운동(주바토프는 모스크바 헌병대장이었다)을 시작했다. 이미 알고 있는 바와 같이, 경찰의 승인을 받은 노동자 단체들이 결성돼 노동자들에게 상호 부조 기회를 제공하고, 혁명가들의 영향력을 차단하는 방어막 노릇을 했다. 이러한 단체들이 모스크바, 오데사, 키예프, 니콜라예프, 하리코프에서 결성됐다.

그러나 경찰의 계획은 기대한 만큼 효과를 내지는 못했다. 노동자들은 합법 주바토프 조직들을 이용해 파업을 조직하고 자신들의 요구를 제출했다. 볼셰비키 역사가 포크로프스키가 말한 바와 같이, 주바토프 운동은 주바토프의 기대와는 완전히 다른 결과를 낳았다.

이들 노동자들이 정치적으로 매우 후진적이었다는 바로 그 이유 때문에, 주바토프 운동은 노동자들의 계급의식을 발전시키고 노동자들이 노사 계급 대립을 이해하는 데 도움이 되는 방향으로 가는 거대한 일보였다. 활동이라고 해야 사회민주주의자들의 선동을 흉내 내는 것이 전부였다. 그들이 생각할 수 있는 것은 이것밖에 없었다. 혁명적 선동을 어설프게 흉내 내면서 주바토프의 하수인들은 정부가 곧 사용자들에게서 공장을 빼앗아 노동자들한테 넘길 것이라고 약속할 정도로 멀리 나아갔다. 그들은 노동자들이 '프티인텔리겐치아'가 하는 말에 귀 기울이기를 멈춘다면 정부는 노동자들을 위해 무슨 일이든지 할 것이라고 말했다. 일부 파업에서는 경찰이 파업 노동자들을 실제로 지원했고, 심지어 위로금을 지급하기도 했다.[2]

1902년 7월 오데사에서 주바토프 조합들이 주도한 파업은 도시 전체로 확대됐고 두드러지게 정치적 성격을 띠었다. 이것은 파업을 시작한 사람들이 전혀 예상하지 못한 일이었다. 1903년에는 대중 정치 파업이 남부 러시아 대부분 지역으로 확산됐다(키예프, 예카테리노슬라프, 니콜라예프, 엘리자베트그라드, 그 밖의 도시들). 그것은 제정이 주바토프 운동에 반대하게 하는 효과를 냈다. 1903년 말 페테르부르크와 모스크바의 단체들을 제외한 모든 단체들이 해산당했고 주바토프는 추방됐다. 그러나 제정은 계속 오락가락했고, 그래서 몇 주 안에 혁명운동에 대항하는 무기로서 '경찰 사회주의'가 다시 도입됐다.

페테르부르크 경찰조합의 명칭은 '러시아 공장·작업장 노동자회의'였다. 그것은 수도의 모든 지구에 지부를 두고 있었고, 상호부조 활동과 문화·교육·종교 활동을 조직했다. 그것은 교도소 교회사敎誨士이자 주바토프의 끄나풀이던 가퐁 신부가 이끌고 있었다.

가퐁 운동은 노동과 자본 사이의 투쟁에 참여하려는 노력을 조금도 하지 않는 가장 '충성스러운' 사업으로서 시작됐다. 가퐁 운동은 노동자들에게 그들의 자유 시간을 끌어모아 능력을 계발하는 데 현명하게 쓸 수 있는 기회를 준다는 온건한 목표를 내세웠다. 나중에 가퐁이 썼듯이, 최고급 응접실 서재에서 열린 초기의 집회는 모두 "기도로 시작해서 기도로 끝났다." 1904년 4월 11일 열린 러시아 공장·작업장 회의 개회식에서, 헌장을 채택한 뒤에 미사가 열렸고, 사람들은 "신이시여 황제를 구원해 주소서"라는 노래를 세 번 불렀고, 그런 다음에 내무부 장관에게 이런 전보를 띄웠다. "군주와 조국에 대한 열렬한 사랑으로 고무된 노동자들이 한없는 복종의 마음을 지엄한 군주이신 황제 폐하 발아래 엎드려 전해 드리게 해 주시기를 삼가 부탁드리옵니다."[3]

피의 일요일

1904년 12월 말 경제투쟁이 일어나 노동자 1만 2000명을 고용한 페테르부르크의 거대한 푸틸로프 기계 공장의 가동이 중단됐다. 투쟁이 일어난 직접적 원인은 사소했다. 노동자 4명이 가퐁 조직 회원이라는 이유로 해고된 것이었다. 1905년 1월 3일 월요일에 투쟁은 해고된 노동자 4명을 복직시키라고 요구하는 파업으로 바뀌었다. 푸틸로프 공장의 파업은 처음에는 온건하게 시작됐으나 가차 없이 혁명으로 발전하게 된다.

다른 나라들의 경험과 마찬가지로, 러시아 혁명의 경험도 깊은 정치 위기의 객관적 조건이 존재하는 경우에 혁명의 진정한 산실과 별로 관계가 없는 듯한 가장 작은 충돌이 대중의 감정을 활활 타오르게 하는 불꽃 구실을 할 수 있음을 분명히 보여 준다.

푸틸로프 노동자들이 해고된 노동자들을 복직시키려고 도움을 청한 곳은 러시아 공장·작업장 노동자회의였다. 노동자회의 지도부가 해고된 4명의 회원들을 도와주지 않았다면 완전히 신뢰를 잃었을 것이다. 노동자회의 지도부는 푸틸로프 노동자들이 다른 공장 노동자들에게 도움을 청하는 것을 그냥 보아 넘길 수밖에 없었다. 그래서 페테르부르크에 있는 노동자회의의 모든 지부들이 대중 집회를 열었다. 대중 집회는 노동자들의 열정을 고취했고, 푸틸로프 공장의 개별 사건에서 러시아 노동자들이 직면한 일반 문제들 — 특히 열악한 노동조건과 완전한 권리 부재 — 로 급속히 나아갔다.

이러한 대중 집회들이 낳은 행복감에 도취돼, 가퐁은 해고된 노동자 4명을 복직시키고 책임자 반장을 해고하라는 원래 요구에다가, 회의에서 장시간 토론됐지만 노동자들이 전에는 결코 감히 제기하려 하지 않았던 다른 요구들도 추가하자고 제안했다. 그가 내놓은 요구들은 8시간 노동, 남성 1일 최저임금을 60코페이카에서 1루블로, 그리고 여성 1일 최저임금을 40코페이카에서 75코페이카로 인상할 것, 위생시설 개선, 무상 의료 보조 등이었다. 운동의 이 단계에서 가퐁은 노동자들 자신의 투쟁이 순수한 경제적 요구들에 한정되도록 영향을 미치는 데 성공했다. 그는 노동자들에게 학생들이 배포하는 유인물을 읽지 말고 찢어 버리라고 훈계했다. 학생들의 요구들 가운데는 제정에 반대해 투쟁하자는 요구가 들어 있었다.

노동자회의 지도자들은 노동자들이 차르에게 달려가 지지를 호소하게 하는 것이 좋지 않을까 하고 생각했다. 경찰청도 마찬가지 생각을 했다. 그들은 황제가 자애로운 얘기들을 조금 하고 노동자들의 상태를 개선하기 위해 작으나마 몇몇 조치들을 취한다면, 운동이 극단으로 흐르는 것을 충분히 막고 차르는 노동자의 벗이라는 신화를 강화할 수 있을 것이라고 생각했다. 그래서 가퐁은 차르의 초상·성상 그리고 교회 깃발을 들고 엄숙한 청원 행진을 벌이자는 생각을 했다. 청원 행렬은 차르에게 노동자들의 분노를 가라앉혀 달라고 겸손하게 간청할 터였다. 노동자들은 기도문을 외우고 찬송가를 부르면서 무릎을 꿇고 차르에게 청원할 계획이었다.

그러나 경찰이 이런 계획을 세우고 있는 동안 페테르부르크 사회민주주의자들이 움직이고 있었다. 약간 늦게 움직이기 시작한 그들은 마침내 운동에 적극 개입했고, 그래서 어느 정도 성공을 거두었다. 그들은 노동자회의 지구 모임에 연사들을 파견해 원래의 청원 내용에 결의안들과 수정안들을 집어넣는 데 성공했다. 이러한 선제 행동을 한 쪽은 실제로는 멘셰비키 그룹이었다(당시에 볼셰비키가 사용한 전술은 잠시 뒤에 다루겠다). 그래서 청원 내용은 노동자회의 지도자들이 애초에 생각한 내용과 완전히 다른 것이 됐다. 사회민주주의자들의 영향으로 다음과 같은 정치적 요구들이 포함됐다. 8시간 노동, 노동자 집회의 자유, 농민에 대한 토지 분배, 언론의 자유, 교회와 국가의 분리, 러일전쟁 종식과 제헌의회 소집.

1월 3일 시작한 푸틸로프 공장 파업은 1월 7일 페테르부르크 전체의 총파업이 됐다. 대공장 전체뿐 아니라 수많은 소규모 작업장들도 가동이 중단됐다. 실제로 모든 신문의 발행이 중단됐다. 공식 보고조차 파업자 숫자를 10~15만 명으로 잡았다. 레닌은 이렇게 썼다. "러시아에서 지금까지 계급투쟁이 그렇게 크게 폭발한 적은 결코 없었다."[4]

1월 9일 일요일에 페테르부르크 노동자 20만 명이 가퐁 신부를 앞세우고 거대한 평화 행렬을 지어 차르의 동궁 쪽으로 행진했다. 차르는 청원자들을 맞아들이기를 거부했다. 동궁을 수비하는 병사들은 군중에게 발포하라는 명령을 받았다. 죽은 사람이 1000명을 넘었고, 부상한 사람이 무려 2000명이었다. 그렇게 차르는 혁명을 진압하려 했다. 경악한 가퐁은 같은 날 밤에 군중에게 연설하면서 "이제 우리에게 차르는 없습니다" 하고 선언하고 병사들에게 "무고한 사람들을 피 흘리게 만들라고 명령한 배신자 차르"에 대한 의무에서 벗어났다고 생각하라고 호소했다. 노동자들은 성상과 차르의 초상이 총보다 힘이 약하다는 것을 쓰라린 경험으로 배웠다.

1월 9일 사태는 다양하게 해석됐다. 가장 단순한 해석은 전쟁성이 내린 해석으로, 대중 파업이 영국과 일본이 보낸 첩자들의 배후 조종(과 자금 지원)을 받아 일어났다는 것이었다.

전쟁부 장관은 '영국과 일본의 도발 첩자들'이 해군 장비 제조업체에 고용된 사람들 사이에서 파업을 선동하고 다녔다는 주장을 신문에 싣고 벽보에 써서 알릴 만큼 멀리 나아갔다. 심지어 신성종무원[러시아정교회 최고회의]조차도 이러한 해석을 받아들여 14일에 최근 일어난 소요 사태는 "러시아의 적성국들이 뿌린 뇌물 때문에 일어났다"고 애통해 하는 성명을 발표했다.[5]

자유주의자들은 혁명적 민중의 존재를 믿지 않았다. 그래서 그들은 1월 9일 사태를 가퐁의 개성이 자연스럽게 표출된 결과라고 설명했다. 동궁 수비 연대가 페테르부르크 노동자 시위를 진압하기 바로 이틀 전인 그러니까 1905

년 1월 7일 외국에서 발행한 자신의 신문 〈오스보보즈데니예〉에서 스트루베는 "러시아에는 혁명적 민중 같은 것은 아직 없다"고 썼다.[6]

자유주의자들은 1월 9일 사태의 모든 비밀이 가퐁의 개성에 있다는 믿음을 오랫동안 간직했다. 그들은 가퐁을 대중 통제의 비밀을 아는 정치 지도자로 묘사하고 사회민주주의자들은 교조적 종파로 묘사하며 양자를 대비했다. 그런 대비 속에서 그들은 사회주의 학교를 나온 정치의식을 가진 노동자 수천 명과 가퐁이 만나지 않았다면 1월 9일 사태는 일어나지 않았을 것임을 망각했다.[7]

레닌은 1월 9일 사태를 매우 다르게 평가했다. 피의 일요일이 지나고 3일 뒤 그는 다음과 같이 썼다.

노동계급은 내전에서 중요한 교훈을 얻었다. 프롤레타리아의 혁명적 교육은 오랫동안의 단조롭고 지루하고 저주받은 삶 속에서 이루어질 수 있는 것보다 더 많은 진보를 하루 만에 이루었다.[8]

'즉각 정부를 타도하라!' 이것은 제정을 신뢰했던 페테르부르크 노동자들조차 1월 9일 학살에 응답해 외친 구호였다. 그들은 자신들의 지도자인 사제 게오르기 가퐁을 통해 그렇게 대답했다. 그는 피의 일요일이 지난 뒤에 이렇게 선언했다. "이제 우리에게 차르는 없다. 피의 강물이 차르와 민중을 갈라놓고 있다. 자유를 위한 투쟁 만세!"[9]

2월 8일 레닌은 다시 이렇게 썼다. "1905년 1월 9일은 프롤레타리아가 어마어마하게 많은 혁명 에너지를 가졌음을 여실히 보여 주었다." 그리고 나서 그는 1월 9일 사태가 "사회민주주의 조직이 완전히 부적절했다는 …… 것도" 보여 주었다고 유감스러운 어조로 덧붙였다.[10]

레닌과 가퐁

처음에 사회민주주의자들은 가퐁 운동에 굼뜨게 대응했다. 그래서 마르토프는 다음과 같이 선언했다.

> 이상하게 보이겠지만, 가퐁 신부가 세운 합법 노동자 단체의 성장과 점진적 변화를 페테르부르크의 혁명 조직들이 간과했다는 것에 주목해야 한다. 그 합법 노동자 단체는 1904년 가을에 이미 원래의 '상호부조 원조기금'에서 모종의 노동자 조직으로 변모했는데도 말이다.
>
> 1904년 12월 말 가퐁 그룹이 푸틸로프 공장의 충돌 때문에 자본가들에 반대하는 전면 투쟁을 벌이자 사회민주주의자들은 사태에 완전히 압도당했다.
>
> 마침내 사회민주주의자들이 가퐁의 영향으로 노동자들에게 눈을 돌렸지만 그들은 냉대받았다. 파업 노동자들은 사회민주주의자들이 뿌린 유인물을 찢고 사회민주당 위원회가 기부한 500루블의 기부금조차 "마지못해 받았다."[11]

당시에 볼셰비키 페테르부르크 위원회가 발전하고 있던 운동에서 분리돼 고립 상태에 있었음을 위원 중 한 명인 도로셴코는 다음과 같이 묘사했다.

> 12월이 다 지나도록 나 그리고 나와 친한 동지들은 가퐁 조직의 지부 가운데 어느 하나라도 방문할 수 있는 기회를 얻지 못했다. 게다가 나는 바실례프-오스트로프 지부와 페테르부르크 지부의 조직된 노동자들에게서, 우리 동지들 가운데 한 명이라도 가퐁 조직의 지부들을 방문했다는 얘기를 듣지 못한 것으로 기억한다.[12]

1월 초 페테르부르크 위원회의 노동자 당원들은 가퐁 운동을 의식하기 시작했다.

의심할 여지없이 가퐁의 영향을 받고 있던 노동자들은 대부분 당시에 사회민주당을 자신들의 당으로 여기지 않았다. 게다가 노동자들은 가퐁이 자신들에게 성취하라고 촉구하는 것을 성취하는 데 사회민주당의 명확한 노선이 오히려 방해가 된다고 생각했다. 우리 노동자 당원들이 모두 모인 어떤 비밀 위원회 합동회의에서 구세프는 우리에게 페테르부르크 위원회가 취한 조처들을 알려주고 가퐁 조직의 지부가 있는 공장에 침투해 가퐁의 요구들과 당의 최소강령을 대비시키고 동궁까지 행진한다는 계획이 가망 없고 어리석은 계획임을 폭로하라는 위원회의 지시를 전했다.[13]

도로셴코 자신은 당의 최소강령과 가퐁의 요구들을 대비시키고 가퐁 계획의 어리석음을 폭로하라는 지시를 1월 7일 시티 지구 가퐁 지부회의에서 이행하려 했지만 "됐어, 꺼져, 끼여들지 말라구" 같은 외침 때문에 포기했다. "나는 연설을 계속할 수 없었고, 그래서 회의장을 나와야 했다."[14] 회의장을 나온 그는 볼셰비키 페테르부르크 위원회 회의에 참석했다. "전체적으로 받은 인상은, 회의가 어쨌든 동궁 행진이 실현되지 않을 것이라고 생각했다는 것이다. 우리는 정부가 가퐁의 의도를 사전에 꺾기 위한 조처들을 취할 것이라고 생각했다. 어쨌든 우리는 대규모 학살이 일어날 확률은 전혀 없다고 봤다."[15]

그러나 결국 페테르부르크 위원회는 당원들이 1월 9일 행진에 **참가해야**한다고 결정했다.

페테르부르크 위원회가 계획한 조처들을 실행하기 위해서, 시티 지구 위원회는 사도바야와 체르니셰프 골목 모퉁이를 1월 9일 집결 장소로 정하고 하급 지부 조직자들이 아침에 자신들이 조직한 사람들을 이끌고 그곳에 모이기로 했다.

실제로 나온 사람들은 매우 적었다. "작은 무리, 그러니까 대략 15명의 노동자만이 집결 장소에 모였다."[16]

그러나 레닌은 가퐁 운동이 제정 당국이 원래 의도했던 수준을 뛰어넘어 발전할 것임을 처음부터 깨닫고 있었다. "페테르부르크 파업"이라는 글에서 그는 다음과 같이 썼다.

1월 3일 푸틸로프 공장에서 시작한 파업은 노동계급 운동의 가장 인상적 표현들 가운데 하나로 발전하고 있다. …… 그래서 이제 주바토프 운동은 처음에 설정된 테두리를 뛰어넘고 있다. 경찰을 이롭게 하기 위해, 제정을 지지하고 노동자들의 정치의식 수준을 낮추기 위해 시작한 주바토프 운동은 제정에 대항하고 있고 그래서 프롤레타리아 계급투쟁을 폭발시키고 있다.

사회민주주의자들은 우리나라에서 주바토프 운동이 그러한 결과를 낳을 수밖에 없을 것이라고 오래 전에 예측했다. 사람들은 노동계급 운동의 합법화가 우리 사회민주주의자들에게 분명히 도움이 될 것이라고 말했다. 그것은 일부 노동자들 특히 후진 부문의 노동자들을 운동에 끌어들일 것이다. 그것은 사회주의 선동가가 곧장, 아마 결코 분기시킬 수 없는 사람들을 분기시키는 데 도움이 될 것이다. 그리고 일단 운동에 참여하고 자신의 앞날에 관심을 갖게 되면 노동자들은 더욱 멀리 나아갈 것이다. 합법 노동운동은 오로지 사회민주주의 노동운동의 새롭고 더 넓은 토대가 될 것이다.[17]

일주일 뒤에 "첫걸음"이라는 글에서 그는 똑같은 주제를 더 정교하게 다뤘다.

노동계급의 혁명 본능과 연대 정신이 경찰의 하찮은 계략들을 모두 이길 것이다. 주바토프주의자들 덕분에 가장 후진적인 노동자들이 운동에 참여할 것이고, 그래서 제정 정부 스스로 노동자들이 더욱 멀리 나아가게 만들 것이다. 자본가들의 착취 자체가 노동자들이 평화주의적이고 명백히 위선적인 주바토프의 품에서 벗어나 혁명적 사회민주주의 쪽으로 가게 만들 것이다.[18]

레닌은 가풍의 뒤에서 형성되고 있던 대중운동에 대해서 종파적 태도를 취하지도 않았고, 늘 그렇듯이 가풍에 대한 "사랑에 빠졌다." 가풍이 외국에 갔을 때 레닌은 가풍을 매우 만나고 싶어했다. 레닌은 가풍과 면담하면서 가풍이 매우 진실한 사람이라고 확신했다. 여러 해 뒤에, 즉 가풍이 경찰 첩자임이 밝혀져 그간 저지른 죄악 때문에 어떤 혁명가에게 암살당한 뒤, 크룹스카야는 레닌이 가풍에게 반한 상태였음을 다음과 같이 설명했다.

가풍은 러시아를 휩쓸고 있던 혁명의 살아 있는 일부였다. 그는 자신을 무척 신뢰하는 노동 대중과 밀접한 관계를 맺고 있었고, 그래서 일리치는 가풍과 만나는 것에 대해 흥분을 감추지 못했다.

최근에 어떤 동지가 대경실색해 이렇게 물었다. 어떻게 일리치가 가풍과 조금이라도 관계를 맺을 수 있었다는 것인가?

물론 우리는 사제한테서 결코 좋은 것이 나올 리가 없다고 미리 생각하고 가풍을 간단히 무시할 수도 있었다. 예컨대 플레하노프가 그랬다. 그는 가풍을 아주 쌀쌀맞게 대했다. 그러나 일리치의 강점은 혁명을 살아 있는 것으로 보았다는 사실이다. 그는 혁명의 특징을 식별하고, 혁명을 자세히 이해하고, 대중이 원하는 바를 알고 이해할 수 있었다. 그런데 대중에 대한 지식은 대중과 밀접한 관계를 맺어야만 얻을 수 있다. 그래서 일리치는 대중과 밀접한 관계를 맺고 대중에게 커다란 영향을 미치는 가풍을 무시할 수 없었다.[19]

1905년 1월 18일 레닌은 다음과 같이 썼다.

우리는 가퐁 신부가 충실한 기독교 사회주의자일 수도 있고 피의 일요일이 그를 진정한 혁명적 길로 들어서게 했다는 생각을 완전히 무시할 수 없다. 특히 1월 9일 학살 이후 가퐁이 "우리에게 차르는 없다"고 선언하는 편지들과 자유를 위한 투쟁을 호소하는 편지들을 쓴 후부터 우리는 그런 생각을 지지하는 쪽으로 기울었다. 왜냐하면, 그런 편지들은 그가 정직하고 진실하다는 것을 말해 주는 증거들이기 때문이다.[20]

4월 23일 레닌은 가퐁에 대해 이렇게 말했다. "나는 그한테서 사람이 진취적이고 지혜롭고 분명히 혁명을 진심으로 바라지만, 불행하게도 일관된 혁명적 세계관은 없는 듯한 인상을 받았다."[21]

레닌은 일부러 가퐁에게 마르크스주의를 가르쳐 주려고 했지만 성공하지는 못했다. 그는 가퐁을 만나고 집에 돌아와서 곧바로 크룹스카야에게 이렇게 말했다. "신부님한테 이렇게 말씀드렸다오. 아첨하는 것을 좋아하지 마십시오, 신부님. 공부를 하시면 자신을 발견하실 것입니다. 그리고 뇌물도 받지 마시라고 말씀드렸다오."[22]

다른 볼셰비키 지도자들은 가퐁을 그리 고운 눈으로 보지 않았다. 예컨대 12월 말인가 1월 초인가에 제네바에서 페테르부르크로 와서 페테르부르크 위원회 간사이자 지도자 자리를 맡은 구세프는 1월 5일 레닌에게 "저주받을 가퐁"에 대해 다음과 같은 편지를 보냈다.

가퐁 신부는 틀림없이 가장 순수한 주바토프주의자입니다. …… 가퐁을 폭로하고 가퐁에 맞서 투쟁하는 것이 우리가 급히 준비하는 선동의 기본 내용이 될 것입니다. 우리는 모든 힘을 행동으로 옮겨야 합니다. 우리 힘을 모두 파업에 낭비해야 한다고 하더라도 말입니다. 왜냐하면 상황이 우리에게 사회민주당의 명예를 안전하게 지키라고 요구하기 때문입니다.[23]

피의 일요일이 지난 뒤에도 그는 생각을 바꾸지 않았다. 1월 30일 그는 레닌에게 다음과 같은 편지를 보냈다.

또한 노동자들은 가퐁에 대해 (올바른) 태도를 취하는 것과 관련해 (다시 멘셰비키가 퍼뜨리고 다니는 반혁명 설교의 영향을 받아) 조금 혼란스러워 하고 있습니다. 4호에 실린 동지의 기사는 정부의 구실을 매우 올바르게 묘사하고 있지만 가퐁에게 너무 너그러운 태도를 취하고 있습니다. 그는 의심스러운 인물입니다. 저는 동지에게 이런 얘기를 몇 차례 편지로 써서 보냈습니다. 생각하면 할수록 그는 더욱 의심스러워 보입니다. 그를 단순한 기인畸人이라고 부를 수는 없습니다. 그는 주바토프주의자였고, 주바토프주의자들이 무엇을 하는 사람들이고 그들이 무엇을 원하는지를 알면서도 주바토프주의자들과 손잡고 일했습니다.[24]

노동조합과 소비에트에 대한 볼셰비키의 종파주의 태도에 반대하는 투쟁

성장하는 노동조합 운동에 대한 사회민주주의자의 태도를 둘러싸고 레닌은 협소한 종파주의 관점을 갖고 있는 자신의 지지자들과 싸워야 했다. 레닌과 가까운 사이였고 볼셰비키 해외 중앙위원이던 구세프는, 1905년 9월 열린 볼셰비키 오데사 위원회 회의에서 볼셰비키가 다음과 같은 원칙에 바탕을 두고 노동조합 문제에 대한 태도를 결정해야 한다고 제안했다.

1. 선전과 선동을 통해서 노동조합에 대한 환상을 모두 폭로하고, 노동조합이 노동운동의 궁극 목표에 견주어 협소하다는 것을 특별히 강조한다.
2. 제정 체제에서 노동조합 운동의 광범하고 안정된 발전은 생각할 수 없고 노동조합 운동이 그렇게 발전하려면 무엇보다 제정을 전복해야 한다는 것

을 프롤레타리아에게 분명히 밝힌다.

3. 선전과 선동에서 투쟁하는 프롤레타리아의 가장 중요한 일차 임무는 제정을 타도하고 민주공화정을 쟁취하기 위한 무장봉기를 즉각 준비하는 것임을 강력히 강조한다.

4. 노동조합 문제에 대해서, 사회민주당의 임무를 축소하고 프롤레타리아 운동의 추진력을 억제하는 경제주의자들의 협소하고 그릇된 관점으로 되돌아가는 이른바 멘셰비키에 반대해 강력한 이데올로기 투쟁을 계속 벌인다.

그러나 동시에 "모든 수단을 동원해, 새로 등장하거나 이미 존재하는 모든 합법·불법 노동조합에 대한 사회민주당의 영향력과, 가능하다면 사회민주당의 지도력을 유지해야"했다. 일부 위원들은 방금 말한 마지막 사항을 받아들이지 못했다. 회의 의사록을 보면 한 발언자가 다음과 같이 말한 것을 볼 수 있다.

S 동지는 자신이 제출한 결의안 제5항이 앞의 항목들과 완전히 모순된다는 사실을 간과하고 있습니다. 앞의 항목들은 무엇을 얘기하고 있습니까? 환상을 폭로해야 한다느니 파괴해야 한다느니, 간단히 말해서 노동조합을 무장해제시켜야 한다느니, 다시 말해서 노동조합을 분쇄해야 한다느니 하는 말을 하고 있습니다. 그리고 제5항은 느닷없이 지도력을 얘기하고 있습니다. 제가 보기에 노동조합은 분명한 프로그램이 있습니다. 만약 제가 노동조합 지도부 자리에 앉는다면, 그래서 제가 그 프로그램을 맡게 된다면, 저는 기금 모금 따위 일을 해야 할 것입니다. 이것이야말로 멘셰비키적인 잘못된 생각입니다.[25]

사실 구세프는 반대를 가까스로 극복했고, 그가 제출한 결의안은 만장일치로 통과돼 제네바에 있던 레닌에게 우송됐다.

그러나 레닌은 구세프가 보낸 결의안을 탐탁하지 않게 생각했다. 1905년 9월 30일 그는 구세프가 보낸 결의안이 "매우 그릇된" 것이라는 편지를 오데사 위원회에 보냈다.

일반으로 말해서, 저는 우리가 이러한 문제를 둘러싸고 멘셰비키에 대한 투쟁을 격화시키지 않도록 주의해야 한다고 생각합니다. 지금은 십중팔구 노동조합이 곧 생겨나기 시작할 때입니다. 우리는 초연해서도 안 되고, 무엇보다도 초연해야 한다고 생각할 틈을 조금도 주지 말아야 하며, 참여하고 영향을 미치는 등의 일을 하려고 노력해야 합니다. …… 처음부터 러시아 사회민주주의자들이 노동조합과 관련해 바른 말을 하고, 그래서 사회민주당이 참여하고 지도하는 전통을 즉시 창출하는 것이 중요합니다.[26]

몇 달 뒤에 그는 이와 똑같은 생각에 바탕을 두고 1906년 4~5월의 스톡홀름 ('통합') 당대회에 제출할 결의안을 다음과 같이 작성했다.

1. …… 모든 당 조직은 무당파적 노동조합 결성을 부추기고 모든 당원을 설득해 각자 자신의 작업장 노동조합에 가입하게 해야 한다.
2. …… 당은 노동조합에 속한 노동자에게 계급투쟁과 프롤레타리아의 사회주의 목표들을 폭넓게 이해시키고 교육하기 위해 모든 노력을 해야 한다. 노동조합에서 사실상 지도적 지위를 획득하고 특정 상황에서 노동조합이 당과 직접 관계를 맺도록 하기 위한 당의 활동을 통해서 그렇게 해야 한다. 그러나 노동조합에서 무당파적 조합원들을 쫓아내서는 안 된다.[27]

일부 볼셰비키 지도자들이 취한 노동조합에 대한 종파주의 태도에 반대하는 이러한 투쟁보다 훨씬 더 중요했던 것은, 새로 등장한 소비에트에 대해 페테르부르크 위원회 전체가 취한 실천적 태도를 비판하며 레닌이 벌인 투쟁이었다. 페테르부르크 노동자 대표 소비에트는 1905년 10월 총파업의 산물이었다. 10월 총파업은 모스크바 인쇄공들이 1000자당 급료를 몇 코페이카로 인상하고 구두점에도 급료를 지급하라고 요구하면서 일으킨 작은 파업으로 시작됐다. 나라 전체로 확산된 파업은 자생적으로 펼쳐졌다. 페테르부르크 소비에트 결성에서 주도권은 멘셰비키에게 있었다. 그러나 멘셰비키는 자신들의 창조물이 궁극으로 어떤 효과를 낼지 알지 못했다. 반면에 볼셰비키 페테르부르크 위원회는 소비에트에 매우 적대적인 태도를 보였다.

크라시코프는 볼셰비키 선동가들에게 "멘셰비키의 이러한 새로운 침투 …… 무당파적 주바토프주의 위원회"에 대해 경고했다고 한다.[28] 러시아 사무국 국장이자 러시아에서는 가장 뛰어난 볼셰비키 지도자이던 보그다노프는 다양한 정치적 견해를 가진 사람들을 포함한 소비에트가 사회주의에 반대하는 독립적 노동자 정당의 핵심이 되기 십상이라고 주장했다.[29]

페테르부르크 볼셰비키 중앙의 대표 고레프는 심드렁한 어조로 이렇게 썼다. "페테르부르크 소비에트가 활동 영역을 확대하고 통일된 혁명 세력이 되자 페테르부르크 위원회는 소스라치게 놀랐다." 그는 '니나 르보브나(M. M. 에센)'(페테르부르크 위원회의 영향력 있는 위원)의 언급과 일부 지구 모임에서 통과된 결의안들에 바탕을 두고 그런 판단을 내렸다.

'니나 르보브나'가 이런 얘기를 한 기억이 난다. "그러나 우리는 어디에 관여하고 있습니까? 그래서 우리는 그것들을 청산해야 합니다! 소비에트는 명령을 내리고 있고, 우리는 소비에트 뒤꽁무니나 따라다니면서, 우리가 내린 명령도 실행하지 못하고 있습니다." 이런 얘기들이었다.

또한, 이것은 지구 모임, 특히 도로셴코와 …… 볼셰비크 멘델레프였다가 지금은 유명한 멘셰비크가 돼 버린 슈바르츠-모노스존이 지도자로 활동한 페테르부르크 지구의 결의안에도 반영됐다. 그들은 소비에트가 노동조합 조직으로 전환하든지 아니면 우리 강령을 받아들이고 당 조직과 사실상 융합하라는 등의 요구를 했다.[30]

페테르부르크 위원회는 소비에트에 부정적 태도를 취했다. 일부 위원들은 당이 있으므로 소비에트는 필요없다고 생각하고 소비에트를 보이콧하길 원한 반면, 다른 위원들은 소비에트에 참여하고 되도록 많은 볼셰비키를 소비에트에 침투시키고 "내부에서 소비에트를 폭발시키자"고 주장했다. 물론 그들도 소비에트가 "필요없다"는 생각에 바탕을 두고 그렇게 주장했다.[31] 페테르부르크 네바 지구 볼셰비키 집행위원회 회의에서,

10월 29일, 집행위원 15명 가운데 한 명은 "선거 원칙은 소비에트의 계급의식과 사회민주주의 성격을 보장할 수 없다"는 점을 이유로 내세워 소비에트 참여를 반대했다. 4명은 소비에트가 사회민주주의 강령을 받아들이지 않는다면 소비에트 참여에 반대하겠다고 했다. 9명은 참여에 찬성했고 2명은 기권했다.[32]

1905년 10월 페테르부르크 볼셰비키가 소비에트에 부정적 태도를 취한 이유 가운데 하나는 멘셰비키가 소비에트에 긍정적 태도를 취했기 때문이었다. "멘셰비키의 비일관성과 원칙 부재를 비난하면서 볼셰비키는 소비에트를 보이콧하려 했다."[33]

당시 페테르부르크에 있던 볼셰비키 중앙위원회는 10월 27일 "모든 당 조직에 보내는 편지"를 보냈다. 편지에서 중앙위원회는 다음과 같은 위험을 지적했다.

프롤레타리아의 자생적 혁명운동을 통해 등장한 정치적으로 무정형이고 사

회주의적으로 성숙하지 않은 노동자 조직들 …… 그러한 조직들은 모두 프롤레타리아의 정치 발전에서 하나의 특정 단계를 나타낸다. 그러나 사회민주당 바깥에 있다면, 객관적으로 그것은 프롤레타리아를 원시적 정치 수준에 머물게 하고 그래서 프롤레타리아를 부르주아 정당에 예속시킬 위험이 있다.

페테르부르크 노동자 대표 소비에트가 바로 그러한 조직이라는 것이었다. 중앙위원회는 소비에트에서 활동하는 사회민주당원들에게 이렇게 요구했다. (1) 소비에트에 러시아 사회민주노동당의 강령을 받아들이라고 요구하고, 요구가 관철되면 당의 지도를 인정하고 "궁극적으로 당으로 녹아들게 한다." (2) 소비에트가 강령을 받아들이길 거부하면, 소비에트를 탈퇴하고 그러한 조직들의 반프롤레타리아 성격을 폭로한다. (3) 소비에트가 강령을 받아들이길 거부하면서도 모든 당면 문제에서 자신의 정치적 태도를 스스로 결정할 권리를 갖는다면, 소비에트에 남아 "그러한 정치적 지도의 어리석음"을 공개적으로 말할 권리를 갖는다.[34]

며칠 뒤에 안톤 동지(크라시코프)는 볼셰비키의 이름으로 소비에트에 당의 강령을 받아들이고 당의 지도를 인정하라고 제안했다. "내가 기억하는 바로는 논쟁은 아주 간단했다. 흐루스탈레프는 반대했다. 크라시코프의 제안은 전혀 지지를 얻지 못했다. 그러나 보그다노프의 계획과는 반대로 볼셰비키는 소비에트를 탈퇴하지 않았다."[35]

페테르부르크의 볼셰비키 지도부를 정신 차리게 하기 위해서는, 즉 그들을 소비에트에 대한 완전히 종파주의적인 태도의 심연에서 끌어내기 위해서는 레닌의 개입이 필요했다. 그는 소비에트가 등장한 뒤에도 거의 한 달 동안 외국에 남아 있었다. 그는 11월 8일 페테르부르크에 도착했는데, 오는 길에 스톡홀름에서 일주일쯤 머물면서 볼셰비키 신문 〈노바야 지즌〉에 기고할 목적으로 "우리 임무와 노동자 대표 소비에트 ― 편집자에게 보내는 편지"라는 기사를 썼다. 그 기사에서 그는 소비에트 문제에 대해 다음과 같이 말하고 있다.

노동자 대표 소비에트인가 아니면 당인가? 나는 문제를 이렇게 제기하는 것이 틀렸고 따라서 결정은 분명히 노동자 대표 소비에트와 당 둘 다 있어야 한다고 생각한다. 유일한 문제 ─ 그리고 매우 중요한 문제 ─ 는 소비에트의 과제와 러시아 사회민주노동당의 과제를 어떻게 나누고 어떻게 결합시킬 것인가 하는 것이다.

　　나는 소비에트가 어떤 당을 전적으로 지지하는 것은 바람직하지 않다고 생각한다.[36]

소비에트는 경제투쟁과 정치투쟁을 한꺼번에 벌이고 있었다. 경제투쟁에 대해 레닌은 다음과 같이 말하고 있다.

이 투쟁을 사회민주주의자만 또는 사회민주주의 깃발 아래서만 벌여야 하는가? 나는 그렇게 생각하지 않는다. 나는 ≪무엇을 할 것인가?≫에서 내가 밝힌(사실 지금과는 완전히 다르고 이제는 시대에 뒤떨어진 상황에서) 견해, 다시 말해서 노동조합 구성 그리고 노동조합과 경제투쟁에 참여하는 사람들의 구성을 사회민주당원들로 제한하는 것은 바람직하지 않다는 생각만큼은 아직도 변함이 없다.[37]

이어서 그는 정치투쟁을 다룬다.

이런 점에서 나는 노동자 대표 소비에트에 사회민주주의 강령을 받아들이고 러시아 사회민주노동당에 가입하라고 요구하는 것도 역시 바람직하지 않다

고 생각한다. 정치투쟁을 지도하려면 소비에트와 …… 당 둘 다 똑같이 절대로 필요하다고 생각한다.[38]

레닌은 소비에트가 투쟁에서 프롤레타리아의 새로운 조직 형태일 뿐 아니라 미래의 노동자·농민의 혁명 권력 형태이기도 하다고 예언하듯이 주장했다.

나는 …… 정치적으로 노동자 대표 소비에트를 임시혁명정부의 맹아로 여겨야 한다고 생각한다. 나는 소비에트가 되도록 빨리 자신을 러시아 전체의 임시혁명정부라고 선포해야 하며 아니면 임시혁명정부(형태만 다를 뿐 진짜 혁명정부라 할 수 있는)를 세워야 한다고 생각한다.[39]

이렇게 하려면 소비에트의 기반이 넓어야 한다. 소비에트는,

이러한 목적을 달성하기 위해서 노동자 대표들뿐 아니라, 첫째 어디서나 자유를 추구하는 수병들과 병사들의, 둘째 혁명적 농민의, 셋째 혁명적 부르주아 지식인들의 대표들도 새롭게 참여시켜야 한다. …… 우리는 소비에트가 매우 폭넓고 복잡하게 구성되는 것을 두려워하지 않는다. 우리는 그것을 진심으로 원한다. 왜냐하면 프롤레타리아와 농민이 단결하지 않는다면, 그리고 사회민주주의자들과 혁명적 민주주의자들이 투쟁 동맹을 맺지 않는다면, 위대한 러시아 혁명은 완벽한 성공을 거둘 수 없을 것이기 때문이다.[40]

〈노바야 지즌〉의 편집자는 이처럼 중요한 편지를 싣기를 거부했다. 이것은 34년이나 지난 뒤에 그러니까 1940년 11월 5일 〈프라우다〉에 실려서 처음으로 공개됐다.

따라서 거의 처음부터 소비에트가 앞날에 수행할 역사적 구실에 대한 레닌의 평가는 소비에트에 참여한 사람들의 평가보다 훨씬 더 앞섰던 셈이다. 그런데 소비에트는 투쟁에서 프롤레타리아의 새로운 조직 형태였을 뿐 아니라 미래의 노동자 권력 형태이기도 했다. 레닌이 이런 사상을 진공 속에서 발전시킨 것은 아니었다. 그는 많은 노동자들이 본능적으로 느끼던 것을 결합해 일반화하고 있었다. 트로츠키가 러시아 혁명의 역사를 서술하면서 들려준 다음과 같은 일화는 이런 밑바닥 사람들의 정서를 밝히 보여 준다.

폴타바 지방 출신의 어떤 늙은 코사크인은 28년 동안 자신을 급사로 쓰다가 아무 이유도 없이 해고한 레프닌 공주의 부당한 처우에 대해 불평했다. 그 노인은 자기 대신 공주와 협상해 달라고 소비에트에 요구했다. 이러한 호기심을 끄는 청원이 들어 있는 봉투 겉면에는 간단히 페테르부르크 노동자 정부라는 주소가 쓰여 있었는데도 그 편지는 혁명적 우편배달 덕분에 즉시 배달됐다.[41]•

앞에서 인용한 중요한 기사를 쓰고 나서 1년 후에, 즉 1905년 12월 모스크바 봉기를 경험하고 나서 1년 후에 레닌은 소비에트와 혁명정부의 상호관계에 대한 생각을 더욱 발전시켰다. 앞서 인용한 기사에서 레닌은 소비에트가 미래의 혁명정부 형태라고 주장했다. 1년 뒤 그는 소비에트는 혁명적 상황과 무관하게 존재할 수 없지만 소비에트가 직접 무장봉기를 조직할 수도 없다고 주장했다.

••

• 사실 '피의 일요일'이 지나고 사흘 뒤 레닌은 투쟁을 지도하려면 대중적인 민주주의 위원회가 필요하다는 주장을 이미 내놓았다. "모든 공장과 모든 지구와 모든 대부락에서 혁명위원회가 생겨날 것이다. 반란을 일으킨 민중은 제정의 정부 기관을 모두 전복하고 즉시 제헌의회 소집을 선포할 것이다."[42]

10~12월의 경험은 매우 유익한 가르침을 주었다. …… 노동자 대표 소비에트는 직접적 대중투쟁 기관이다. 소비에트는 애초에 파업투쟁 기관으로서 등장했다. 상황의 힘에 떠밀려서 소비에트는 매우 빨리 정부에 대항하는 일반적 **혁명 투쟁** 기관이 됐다. 파업이 봉기로 바뀌고 상황이 급박하게 전개되자 소비에트는 봉기 기관으로 바뀔 수밖에 없었다. 12월에 상당수의 '소비에트'와 '위원회'가 바로 이러한 임무를 수행했다는 것은 절대로 논박의 여지가 없는 사실이다. 상황은 전투적 행동의 시기에 그러한 기관들의 역량과 중요성이 봉기의 역량과 성공에 **전적으로** 의존한다는 것을 가장 인상 깊고 설득력 있게 입증해 보였다.

특정 정당에 소속되지 않은 이러한 대중기관들이 봉기의 필요성을 깨닫게 하고, 그것들을 봉기기관으로 바꾼 것은 어떤 이론이나 어떤 사람의 호소, 어떤 사람이 만든 전술, 당의 교리가 아니라 상황의 압력이었다. ……

그것이 사실이라면 — 명백히 그렇다 — 끌어낼 결론 역시 분명하다. '소비에트'나 그와 비슷한 대중기관들만으로는 봉기를 조직하기에 **충분하지 않다**. 대중기관은 대중을 결합시키고, 투쟁 속에서 단결을 이루고, 당의 구호들(또는 당들끼리 합의해 내놓은 구호들)에 정치적 지도력을 부여하고, 대중이 자신의 이해를 깨닫게 하고, 대중을 분기시키고 끌어들이기 위해서 필요하다. 그러나 대중기관은 **즉각적인 투쟁 부대**를 조직하기에는, 가장 좁은 의미의 **봉기를 조직하기에는** 충분하지 않다.[43]

지금 인용한 구절들은 레닌이 소비에트와 무장봉기의 전략적 상호관계를 탁월하게 이해하고 있음을 보여 준다. 그것도 겨우 몇 주 동안의 경험에 바탕을 두고 말이다! 사실상 그는 여기에서 1917년 이야기를 매우 간결하게 하고 있는 셈이다.

소비에트는 실제로 전체 노동계급으로 구성된다. 따라서 소비에트가 혁명적 상황에서만 등장하더라도 반드시 혁명가들이 소비에트를 지도하는 것은 아니다. 혁명을 반대하는 세력이 소비에트를 지도할 수도 있다. 1917년 2월 이후 러시아 상황이 그랬다. 당시 소비에트는 부르주아 임시정부와 그 정부의 제국주의 전쟁 노력을 지지했다. 1918년 독일 상황도 마찬가지였다. 당시 베를린 노동자평의회는 로자 룩셈부르크와 카를 리프크네히트를 평의회에 받아들이지 않았을 뿐 아니라, 혁명을 진압하고 이들 두 탁월한 지도자들을 살해한 자본가 정부를 지지했다.

혁명정당은 노동계급의 선진 부문을 대표한다. 노동자 권력을 세우려면 당과 소비에트가 분명히 결합해야 한다. 그래서 "소비에트나 그와 비슷한 대중기관들만으로는 봉기를 조직하기에 충분하지 않다." 그러나 또 다른 이유가 있다. 1917년 상황처럼 소비에트가 혁명정당의 영향력 아래 있다손 치더라도, 소비에트는 독자적으로 봉기를 수행할 수 없다. 소비에트는 무장봉기라는 급박한 행동을 하는 데 아주 중요한 동질성이 없기 때문이다. 소비에트는 봉기에 합법성을 부여하는 데 필요했다. 그러나 1917년이 되기 여러 해 전에 레닌이 아주 명확하게 말했듯이, 소비에트는 "가장 좁은 의미의 **봉기를 조직하기에는 …… 충분**"하지 않다.

레닌의 명확한 공식을 1905년 혁명의 교훈에 대한 로자 룩셈부르크와 레온 트로츠키의 분석과 비교하는 것도 유익하다. 1905년 혁명에 참여했던 로자 룩셈부르크는 자신의 걸작인 ≪대중파업, 정당 그리고 노동조합≫에서 소비에트는 아예 언급도 하지 않았다. 1918년이 돼서야 비로소 그녀는 소비에트가 일종의 노동자 정부 구실을 한다고 평가했다.

로자 룩셈부르크는 소비에트가 정부 구실을 하는 것으로 보지 않았다. …… 소비에트의 중요성을 잘 알고 있었는데도 말이다. 그는 소비에트가 자생적 투쟁기관이지만 상시적 제도의 구조 안으로 통합될 수 있는 것은 아니라고 생각했다. 이렇게 소비에트를 목적이라기보다 수단으로 보는 견해는 12년 뒤 독일 스파르타쿠스단의 초기 사상을 여전히 지배했다. 스파르타쿠스단 지도자들은 독일 사회민주당 지도자들이 제헌의회라는 달갑지 않은 요구를 내놓은 것을 보고 나서야 비로소 노동자·병사 평의회가 더 적극적이고 상시적인 구실을 할 수 있다고 생각했다. 러시아의 선례를 보고 영감을 얻은 것이다![44]

1905년 페트로그라드 소비에트 의장이었고 다가올 러시아 혁명이 사회주의 내용을 가질 것으로 예측한 트로츠키는 1905년 혁명 직후 감옥에서 쓴 글에서 소비에트가 하는 정부 구실을 분명하게 묘사했다.

정말이지 소비에트는 노동자 정부의 맹아였다. …… 소비에트가 등장하기 전에 산업 노동자들 사이에서 수많은 혁명 조직들이 등장한다. …… 그러나 이러한 조직들은 **프롤레타리아** 내부 조직들이었고, 그러한 조직들의 당면 목표는 대중에 대한 영향력을 얻는 것이었다. 소비에트는 처음부터 **프롤레타리아**의 조직이었다. 그리고 소비에트의 목표는 혁명 권력을 얻기 위한 투쟁이었다. …… 소비에트를 통해 러시아 근대사에 처음으로 민주주의 권력이 등장한 셈이다. 소비에트는 분산돼 있는 개인들을 대중 자신이 지배하는 조직된 권력이다. 소비에트는 진정한 민주주의를 창출한다. 소비에트에는 상원과 하원도 없고, 전문 관료도 없다. 그러나 소비에트에서 유권자들은 언제든지 대표들을 소환할 수 있는 권리가 있다. 소비에트 구성원들 그러니까 노동자들이 직접 선출한 대표들을 통해서 소비에트는 프롤레타리아 전체의 사회적 움직임과 개별 프롤레타리아 단체들의 사회적 움직임을 모두 직접 지도하고, 프롤레타리아의 행동을 조직하고 이러한 행동에 구호와 깃발을 제공한다.[45]

그런데 몇 달이 지나고 소비에트가 없어진 뒤에는 이상하게도, 트로츠키는 1905년 혁명의 교훈을 곰곰이 되짚어 본 ≪평가와 전망≫(1906년)에서 소비에트를 아예 언급도 하지 않았다. 그는 혁명적 노동자 정부가 장차 어떤 형태를 취할 것인지 파악하려는 노력을 전혀 하지 않았다. "혁명은 뭐니 뭐니 해도 권력의 문제이지 국가 형태(제헌의회, 공화정, 합중국)의 문제가 아니며 정부의 사회적 내용의 문제다."[46] 그는 혁명 당시 등장한 소비에트를 묘사할 수는 있었지만, 소비에트는 그에게 역사적 현상 이상의 의미는 아니었다.

소비에트를 탄생시킨 멘셰비키는 페테르부르크 소비에트를 권력투쟁의 조직으로도 보지 않았고 정부 형태로도 보지 않았다. 멘셰비키는 소비에트를 "프롤레타리아 의회", "혁명적 자치기관" 등으로 봤을 뿐이다.

08 | "당 문호를 개방하라"

레닌과 볼셰비키 위원

레닌이 ≪무엇을 할 것인가?≫나 제2차 당대회와 그 이후 자신의 주장을 통해 보여 준 당원 개념의 인격적 표현은 볼셰비키 위원committee-man[중견 간부 활동가]이었다. 볼셰비키 위원은 뛰어난 직업혁명가였고, 열성적인 선동가이자 조직가의 삶을 사는 사람이었다. 볼셰비키 위원은 대체로 모든 시간을 파업, 거리 시위, 비밀모임과 회의를 조직하는 일에 썼다. 그러다가 감옥에 가고 유형 가고 다시 탈출해 활동을 재개하고 다시 체포돼 유형을 갔다.

사실 멘셰비키도 244쪽의 표에서 알 수 있듯이 볼셰비키와 마찬가지로 직업혁명가들의 활동에 의존했다. 그러나 멘셰비키의 당 개념에서 직업혁명가는 특별한 구실을 하지 않았다. 이론에서 그들은 다른 모든 사회주의자들 — 파업 노동자들과 사회주의 지식인들을 포함해 — 과 동렬에 놓였다. 그러나 레닌한테 그들은 매우 중요한 기능을 하는 사람들이었다. 마르토프와 달리, 레닌은 당의 정치적 지도자로서뿐 아니라 직업혁명가들 위계 체계의 수장으로서도 자신의 임무를 수행해야 한다고 생각했다.

다른 볼셰비키 지도자들의 부족함을 발견할 때마다 레닌이 하급 당 위원들과 직접 접촉하려 한 것은 당연한 일이었다. 위원들은 아주 단호했고 동요가 적었다. 레닌은 그들을 고무하고 볼셰비키 분파에서 상급 지위로 승진시켰다. 그는 위원들을 매우 존중했다. 레닌은 바부시킨, 이네사 아르망, 오르조니키제, 스판다리안, 톰스키, 스탈린, 리코프, 크라신, 골로셰킨, 타라투라, 세레브랴코프와 그 밖의 많은 사람들처럼 단호하게 행동하는 사람들을 높이 평가했다.

그는 중앙집권적 당 기구를 물신화하지도 않았고 목적 자체로 보지도 않았으며, 노동계급 전위 부문의 행동과 의식과 조직화를 증대시키는 수단으로 보았다. 이와는 대조적으로 위원들은 보수적이고 엘리트주의적인 특징을 보였다. 이것은 스탈린이 1905년 혁명 전야에 쓴 호소문을 보면 알 수 있는데, 다음 대목에서 가장 두드러진다. "다같이 손잡고 당위원회를 중심으로 모이자. 우리는 당위원회만이 우리를 훌륭하게 지도할 수 있고, 당위원회만이 사회주의 세계라는 '약속의 땅'으로 가는 길을 환하게 비춰 줄 것임을 한시라도 잊어서는 안 된다."[1]

이 말을 같은 날 레닌이 멀리 제네바에서 보낸 글과 비교해 보자. "수세기에 걸친 착취와 고통과 슬픔으로 여러분 가슴속에 쌓인 분노와 증오를 터뜨리십시오!" 트로츠키는 이 말을 인용한 다음 이렇게 평하고 있다. "레닌의 모든 것이 이 문구 안에 들어 있다. 그는 대중과 함께 증오하고 저항했으며, 반란을 일으키고 싶은 욕구를 뼈저리게 느꼈고, 반란을 일으킨 사람들한테 반드시 '위원회'의 허락을 받고 행동하라고 요구하지 않았다."[2]

위원들은 많은 면에서 믿음을 주는 사람들이었다. 그들은 자기 삶을 혁명 운동에 바쳤고 당이 시키는 일은 뭐든지 했다. 그들은 운동을 떠나서 살지 않았다. 그들은 커다란 희생을 했으므로 강한 도덕적 권위가 있었다. 그들은 언제나 평당원 노동자들한테 희생을 요구할 위치에 있었다. 왜냐하면 그들 자신이 모범을 보였기 때문이다. 그들은 공격당하는 순간 즉시 결정을 내려야 하는 상황을 수없이 겪었기 때문에 커다란 자기 확신이 있었다. 그들은 대체로 유능하고 날카롭고 정력적이고 의지가 강했다. 완전한 불법 상황이었기 때문에, 이런 상태가 아니었다면 그들은 살아남을 수 없었을 것이다.

위원들은 몇 달이고 몇 년이고 쉬지 않고 활동했다. 런던에서 열린 5차 당대회(1907년)에 참가한 사람들의 명단을 훑어보면, 볼셰비즘의 골간을 이루었고 전통과 당의 연속성을 보존한 사람들이 누구였는지 알 수 있다.

반동기에, 그러니까 1906~1910년에 당을 대거 이탈한 사람들은 위원들이 아니었다. 위원들은 대체로 남아 있었다. 투쟁 속에서 간부 당원들이 선발됐는데, 그렇게 선발된 사람들이 대체로 위원들이었다. 그러나 불행하게도 자기희생과 특수한 능력이 당 기구의 보수성을 막는 수단을 제공해 주지는 못한다. 유명한 자연주의 학자 허버트 스펜서는 모든 유기체는 완벽도가 높아질수록 보수적이 된다는 현명한 말을 남겼다. 위원들을 충원하고 훈련하고 그들의 충성을 보존하는 방법을 알고 있었던 레닌은 1905년 혁명 기간에는 위원들의 보수성에 맞서 싸워야 했다.

1905년 혁명 이전 시기와 그 뒤 반동기에 위원들은 선진 노동자들보다 훨씬 더 높은 수준의 활동과 의식을 보였던 반면에, 정작 혁명 기간에는 상당히 뒤졌다.

당이 불법 상태에서 고통을 겪은, 힘들고 어려운 시절에 살아남기 위해 발전시켜야 했던 규율이 이제 장애물이 됐다. 크룹스카야는 위원의 특성을 다음과 같이 매우 간결하게 요약했다.

'코미테치크(위원)'는 대개 자기 확신이 매우 강한 사람이었고, 위원회의 활동이 대중한테 얼마나 커다란 영향을 끼치는지 아는 사람이었다. 위원은 대체로 당내 민주주의를 전혀 인정하지 않았다. 흔히 코미테치크는 "이러한 민주주의 지상주의는 우리를 당국의 손아귀에 넘겨줄 뿐이다. 우리는 이미 운동과 아주 잘 연관을 맺고 있다"고 말했다. 그리고 내심으로는 언제나 '외국에서 활동하는 사람들'을 무척 경멸했다. 위원들은 외국에서 활동하는 사람들이 살만 뒤룩뒤룩 찌고 음모나 꾸민다고 생각했다. "그들을 귀국시켜 러시아 상황에서 활동하게 해야 한다." 이것이 위원들이 심사숙고 끝에 내린 판단이었다. 코미테치크는 외국에서 압력받는 것을 싫어했다. 그와 동시에 혁신도 좋아하지 않았다. 그들은 변하는 상황에 적응하려는 마음도 없었고 그럴 능력도 없었다.

1904~1905년에 이 위원들은 엄청나게 많은 일을 해냈지만, 그들 가운데 많은 수는 합법 활동의 기회가 증가하는 상황과 공개 투쟁 방법에 적응하는 데 아주 많은 어려움을 겪었다. 3차 당대회에는 노동자들이 전혀 참여하지 않았다. 적어도 중요한 노동자는 단 한 명도 참여하지 않았다. 반면에 위원들은 많이 참석했다.[3]

당의 문호를 개방하기

1905년 혁명이 일어나 새로운 시대가 시작되자, 레닌은 다른 노래를 부르고 있었다. 그는 위원들이 낡은 습관, 형식주의, 경계심과 두려움을 버리고 과감하게 선제 행동에 나서게 하려고 필사적으로 노력했다.

조직하라, 조직하라, 조직하라, 당의 문호를 새로운 세력에 개방하라! 이것이 그가 참을성 있게 거듭거듭 부르짖은 메시지였다. 1905년 2월 11일 보그다노프와 구세프한테 보낸 편지에서 레닌은 다음과 같이 썼다.

정말이지 저는 때때로 볼셰비키 가운데 10분의 9가 실제로 형식주의자가 아닌가 생각합니다. …… 우리는 젊은 세력이 필요합니다. 저는 새로 들어올 사람들이 없다고 말하려는 사람은 모두 그 자리에서 쏴 버리고 싶을 지경입니다. 러시아에 있는 민중은 보병 군단입니다. 우리가 할 일은 젊은이들을 두려워하지 말고 그들을 더 폭넓고 과감하게, 더 과감하고 폭넓게, 다시 말하지만 더 폭넓게 더 과감하게 입당시키는 것입니다. 지금은 전쟁 시기입니다. 젊은이들 ― 학생과 젊은 노동자 ― 이 전체 투쟁의 쟁점을 결정할 것입니다. 복지부동, 당원 지위에 대한 존경 따위의 낡은 습관을 없애 버리십시오. 학생들 속에서 〈브페료드〉 지지자 서클을 수백 개씩 만들고 그들이 마음껏 활동하도록 부추기십시오. 젊은이들을 위원회로 받아들여 위원회를 세 배로 늘리고, 6개나 12개의 소위원회를 만들고, 정직하고 정력적인 사람은 누구든 위원으로 '선임'하십시오. 모든 소위원회가 관료적 절차를 밟지 않고 자유롭게 유인물을 쓰고 찍어내게 하십시오.(그들이 잘못을 저지르더라도 해롭지는 않을 것입니다. 〈브페료드〉를 만드는 우리가 그들의 잘못을 '부드럽게' 바로잡아 줄 것입니다.) 우리는 전력을 다해 모든 사람들을 혁명적 선제 행동에 결합시키고 활동할 수 있게 해야 합니다. 그들의 훈련 부족을 두려워하지 말고 그들이 경험이 없고 발전하지 않는다고 해서 떨어서는 안 됩니다. ……

동지들은 수백 개 서클을 조직하고, 조직하고, 조직해, 낡은 습관에서 헤어 나오지 못하는 (위계적인) 위원회의 어리석음을 완전히 없애야 합니다. 지금은 전쟁 시기입니다. 모든 계층 속에서 혁명적 사회민주주의의 모든 활동을 하기 위해 젊고 신선하고 정력적인 전투 조직을 곳곳에 새로 만들거나, 아니면 '위원회' 관료들의 후광을 업고 활동하십시오.[4]

1905년 3월 25일 레닌은 오데사 당위원회에 보낸 편지에서 다음과 같이 썼다. "동지들은 노동자들을 위원회로 끌어들이고 있습니까? 반드시 그렇게 해야 합니다. 절대로 그래야 합니다! 우리와 노동자들을 직접 연결해 주지 않는 이유가 무엇입니까? 〈브페료드〉에 글을 쓰는 노동자가 하나도 없습니다. 이것은 추문입니다. 우리는 무슨 일이 있어도 **수많은** 노동자 통신원들이 필요합니다."[5]

얼마 후에 ≪새로운 시대와 새로운 세력≫이라는 팸플릿에서 레닌은 당의 문호를 개방하라고 훨씬 더 강하게 요구했다. 그러나 그의 호소는 보수적인 위원들의 격렬한 저항에 부딪혔다.

1905년 봄에 열린 제3차 당대회에서 레닌과 보그다노프는 노동자들한테 당의 문호를 폭넓게 개방하고 노동자들이 당에서 주도적 구실을 하게 하자고 촉구하는 결의안을 제출했다.

> 훨씬 더 넓은 부문의 프롤레타리아와 반¾프롤레타리아의 의식을 완전한 사회민주주의 의식 수준으로 끌어올려서, 그들의 혁명적 사회민주주의 활동을 발전시켜서, 운동과 당 기구를 지도할 수 있는 노동자들을 노동계급 대중속에서 최대한 많이 찾아내고 우리 당을 지지하는 노동계급 조직을 최대한 많이 만들고 그들을 지역 지도부와 당 지도부로 끌어올려서, 당에 들어오려하지 않거나 들어올 수 없는 노동계급 조직이 적어도 당과 어느 정도 관계 맺게 해서, 당과 노동계급 대중의 관계를 강화하기 위해 모든 노력을 다해야한다.[6]

대회에서 논쟁은 차츰 격렬해졌다. 레닌과 보그다노프 다음에 나온 연사 그라도프(카메네프)는 이렇게 말했다. "저는 …… 이 결의안에 강력히 반대할 수밖에 없습니다. 이 문제는 당 기구에서 노동자와 지식인의 관계라는 문제로 존재하는 것이 아닙니다(레닌 : 바로 그런 문제로 존재합니다). 아니오, 그렇지 않습니다. 그것은 선동·정치 문제로서 존재합니다. 그게 전부입니다."[7]

지역위원회에 노동자들을 끌어들이는 문제는 특히 뜨거운 논쟁의 대상이 었다. 필리포프는 페테르부르크 위원회에는 노동자가 한 사람밖에 없었는데도 지난 15년 동안 페테르부르크에서 활동은 제대로 이루어져 왔다고 말했다(레닌 : 충격적인 일이오!).[8] 레스코프는 북부 위원회 사정은 훨씬 더 나쁘다고 말했다.

한때 우리 북부 위원회의 위원 7명 가운데 3명이 노동자였습니다. 그런데 지금은 위원 8명 가운데 노동자는 한 사람도 없습니다. 이 문제는 곧 훨씬 더 복잡해질 것입니다. 노동운동은 당의 영향력과 무관하게 거침없이 성장하고 있고, 새로 등장하는 대중은 조직돼야 합니다. 이 때문에 사회민주주의의 이데올로기적 영향력이 약해지고 있습니다.[9]

오시포프는 이렇게 보고했다. "얼마 전에 캅카스의 여러 위원회를 차례로 방문한 일이 있었습니다. …… 그때 바쿠 위원회와 바툼 위원회에는 노동자가 각각 한 사람씩 있었고, 쿠타이스 위원회에는 노동자가 한 사람도 없었습니다. 티플리스 위원회에만 몇 사람의 [노동자가 있었습니다.] …… 캅카스에서 활동하는 우리 동지들이 노동자 위원보다 지식인 위원을 선호할 리가 있겠습니까?"[10]

오를로프스키는 "지도부가 지식인들의 세습재산이 돼 버린 노동자 당은 활기가 없을 수밖에 없습니다" 하고 말했다.[11] 벨스키(크라시코프)는 "우리 위원회들은, 그리고 저는 활동하면서 그런 사람들을 많이 보았는데, 노동자들에 대한 모종의 공포증이 있습니다" 하고 말했다.[12] 레닌이 개입하면서 회의는 훨씬 더 소란스러워졌다.

미래 중앙의 임무는 상당수의 우리 위원회들을 재조직하는 일일 것입니다. 따라서 위원들의 무기력을 극복해야 합니다(박수와 야유). 세게예프 동지는 야유를 보내고 있는 반면, 위원이 아닌 사람들은 박수를 치고 있습니다. 저는 우리가 문제를 더 폭넓게 봐야 한다고 생각합니다. 노동자를 위원으로 임명하는 것은 교육적 임무일 뿐 아니라 정치적 임무이기도 합니다. 노동자들은 계급 본능이 있어서 일정한 정치적 경험을 하게 되면 매우 빨리 충실한 사회민주주의자가 될 것입니다. 저는 우리 위원회에 지식인 2명당 노동자 8명이 있어야 한다고 강력히 주장합니다.[13]

레닌 바로 다음에 나온 미하일로프의 연설은 타는 불에 기름을 부은 결과를 낳았다.

우리는 즉시 각 위원회의 위원 수를 15~20명으로 늘리고 선거 기구를 둬야 합니다. 위원회의 주력 부대는 노동자로 이뤄져야 합니다. 흔히 위원이 될 만한 노동자가 전혀 없다고들 말합니다. 그것은 사실이 아닙니다. 노동자를 받아들이는 기준은 …… 지식인에게 적용하는 기준과 달라야 합니다. 열성적인 사회민주주의자여야 한다고들 말하지만, …… 에르푸르트 강령을 바탕으로 한 사회민주주의 사상과 〈이스크라〉 몇몇 호에 친숙한 대학 1~2학년생들은 이미 열성적인 사회민주주의자로 여겨지고 있습니다. 따라서 실제로 지식인에게 요구하는 바는 매우 낮은 수준이지만 노동자들에게 요구하는 바는 매우 높은 수준입니다(레닌 : 옳소! 다수의 대표들 : 말도 안 돼!). 노동자들을 위원회에 받아들인다면, 그들이 대중에게 어느 정도 영향을 미치고 있는가를 기준으로 삼아야 합니다(야유와 고함). 지금 우리 서클들에서 지도자이고 지도자였던 노동자들은 모두 위원이 돼야 합니다(옳소!). 저는 이것이 노동자와 지식인 사이의 골치 아픈 문제를 해결하고 데마고그식 정치를 저지할 수 있는 유일한 방법이라고 생각합니다.[14]

나중에 레닌은 이 문제로 돌아갔다.

저는 위원이 될 만한 노동자가 전혀 없다는 말을 여기서 듣는 순간 도저히 가만히 앉아 있을 수 없었습니다. 우리는 이 문제를 너무 질질 끌고 있습니다. 확실히 당은 문제가 있습니다. 노동자들이 위원이 돼야 합니다. 이상하게도 대회에는 글 쓰는 사람이 겨우 3명 참가하고 있고, 다른 사람들은 위원들입니다. 그러나 글 쓰는 사람들은 노동자가 위원이 되는 것에 찬성하는 듯하지만, 위원들은 어떤 이유 때문인지 몰라도 그 문제를 둘러싸고 매우 흥분하는 듯합니다.

'게으름뱅이들과 관료 근성이 있는 사람들'은 모두 쫓아내야 한다.

이런 조항이 지식인들로 이루어진 위원회에 위협이 된다면, 저는 그 조항에 전적으로 찬성입니다. 지식인은 언제나 강력히 통제돼야 합니다. 지식인은 언제나 모든 종류의 사소한 싸움을 일으키는 주범입니다.

주변의 소수 지식인들에게 의존할 수는 없는 노릇입니다. 우리는 수백 명의 조직 노동자들에게 의존할 수 있고 그래야 합니다.[15]

대회에 참여한 대표들은 대부분 평당원들에 대한 자신들의 권위를 약화시킬 수 있는 어떤 조처에도 반대하는 위원들이었다. ≪무엇을 할 것인가?≫에서 따온 주장들을 버팀목 삼아 그들은 노동자를 위원회에 받아들이는 데 "지극히 신중"해야 한다고 주장하면서 "민주주의를 갖고 장난치는 것"을 비난했다. 레닌의 결의안은 반대 12, 찬성 9.5로 부결됐다. 그가 볼셰비키 사이에서 소수파가 되고 심지어 볼셰비키당 대회에서 야유를 받은 것은 그때가 마지막이 아니었다.*

---

* 노동자를 위원회에 가입시키는 문제에 대한 반대는 볼셰비키에게만 국한된 현상이 아니었다. 멘셰비키 사이에서도 이와 똑같은 상황이 벌어졌다.[16]

운이 나쁜 레닌은 지지자들을 설득해 ≪무엇을 할 것인가?≫에서 자신이 제안한 노선에 반대하게 해야 했다. 그는 다음과 같이 말했다.

제2차 당대회에서 …… [나는] ≪무엇을 할 것인가?≫에서 내가 제시한 공식들을 '강령' 수준으로 격상시켜 특별한 원칙으로 만들 생각이 [전혀 없었다.] 오히려 내가 사용한 표현은 '경제주의자들'이 한쪽 극단으로 나아갔다는 것이었다. 그 후 이 표현은 자주 인용되고 있다. 나는 ≪무엇을 할 것인가?≫가 '경제주의자들'이 구부린 것을 편 것이라고 말했다. 내가 강조하는 것은 구부러진 것을 우리가 매우 열심히 펴고 있었기 때문에 우리 행동이 언제나 가장 옳았다는 것이다.
　이런 얘기의 의미는 아주 명백하다. ≪무엇을 할 것인가?≫는 '경제주의'의 왜곡을 논쟁을 통해 바로잡은 것으로 그 팸플릿을 다른 측면에서 보는 것은 잘못일 것이다.[17]

사회주의 의식은 '외부'에서만 도입될 수 있고 노동계급이 자생적으로는 노동조합 의식만을 얻을 수 있다는 사상에 대해서, 이제 레닌은 ≪무엇을 할 것인가?≫의 관점과는 완전히 반대되는 관점에서 자신의 결론을 이끌어 냈다. 1905년 11월에 쓴 "당의 재조직"이라는 글에서 그는 직설적으로 다음과 같이 말했다. "노동계급은 본능적으로, 자생적으로 사회민주주의자다."[18]
　몇 해 뒤 1905년 혁명을 기념하는 글에서 레닌은 훨씬 더 멀리 나아가서, 자본주의 자체가 노동계급이 사회주의 의식을 터득하게 만든다는 견해를 표명하기까지 했다.

노동자들은 자신들의 삶의 조건 자체 때문에 투쟁할 수 있고 투쟁하지 않을 수 없다. 자본은 노동자들을 대도시에 대규모로 집중시키고, 노동자들을 단결시키고 노동자들에게 힘을 모아 행동하는 방법을 가르쳐 준다. 한 걸음 한 걸음 내딛을 때마다 노동자들은 자신들의 적 — 자본가계급 — 과 직접 맞닥뜨리게 된다. 이러한 적과 싸우는 전투에서 노동자는 **사회주의자**가 되고 빈곤과 억압을 모두 완전히 없애야 한다는 것을 깨닫게 된다.[19]

그렇다고 해서 레닌이 ≪무엇을 할 것인가?≫에서 잘못된 주장을 했다는 말은 아니다. 1900~1903년에 그가 직업혁명가들의 조직이 필요하다고 강조한 것은 완전히 정당했음이 입증됐다. 1908년에 레닌은 다음과 같이 썼다.

〈이스크라〉가 (1901년과 1902년에!) 직업혁명가들의 조직이라는 사상을 지나치게 강조했다고 지금 주장하는 것은, 일본이 러일전쟁 전에 러시아 군대의 전력을 과장해서 전쟁 준비의 필요성을 지나치게 강조했다고 러일전쟁 이후에 비난하는 것과 마찬가지다. 승리하기 위해서 일본은 러시아 군사력의 최대치를 가정하고, 그에 맞서서 싸우기 위해 군대를 자주 정비해야 했을 것이다. 불행하게도 우리 당을 평가하는 사람들은 외부인들이다. 그들은 문제의 핵심을 알지 못하고 오늘날 직업혁명가들의 조직이라는 사상이 이미 완전히 승리했다는 사실을 깨닫지 못한다. 당시 이런 사상을 전면에 내세우지 않았다면, 그 사상에 반대한 사람들에게 그 사상을 납득시키기 위해 '지나치게 강조'하지 않았다면 그 승리는 불가능했을 것이다.[20]

투쟁을 포기하는 것은 레닌의 특징이 아니었기 때문에, 3차 대회가 끝나고 몇 달 뒤인 1905년 11월 레닌은 더 열성적으로 이 문제를 다시 다루었다. 보수적 위원들의 반발에도 불구하고 당의 문호를 개방해야 했다. "노동자 사회민주주의자들을 모두 우리 주위에 결집시키고, 수백 명씩 당 조직으로 끌어들여야 한다."[21]

위원들은 당이 '희석될' 위험을 매우 두려워했다. 레닌은 노동자를 가입시키는 것에 반대하는 이런 태도를 다음과 같이 비판했다.

사회민주주의자가 아닌 사람들이 갑자기 대거 당으로 유입되는 것은 위험하다고 할 수 있을 것이다. 만일 그런 일이 일어난다면 당은 대중 속으로 사라져 버릴 것이고, 더는 계급의 의식적 전위가 아닐 것이고, 당의 임무는 꽁무니 쫓기로 격하될 것이다. 그것은 참으로 통탄스러운 시대일 것이다. 그리고 만일 우리가 데마고그식 정치로 조금이라도 기우는 경향을 보인다면, 만일 우리에게 당의 원칙들(강령, 전술 규칙, 조직 경험)이 전혀 없거나 그러한 원칙들이 약하고 흔들린다면, 이러한 위험은 명백히 매우 심각한 위협이 될 수도 있다. 그러나 사실 그러한 '만일'이라는 가정은 존재하지 않는다. …… 우리는 모든 사회민주주의자들이 공식으로 인정하고 어떤 비판도 받지 않은 근본 전제들을 확립했다(개별 사항과 공식에 대한 비판은 모름지기 살아 움직이는 당에서는 매우 정당하고 필요하다). 우리는 2차·3차 당대회와 여러 해에 걸친 사회민주주의 신문 활동 과정에서 일관되고 체계적으로 고안된 전술 결의안이 있다. 또한 우리는 일정한 조직 경험도 있고, 교육 임무를 수행하고 확실히 결실을 맺은 조직도 실제로 갖고 있다.[22]

당의 문호는 종교를 가진 노동자들에게도 개방해야 한다. 그들이 사용자와 정부에 반대한다면 말이다.

확실히 기독교인으로 남아 있는, 그러니까 신을 믿는 노동자들과 신비주의를 옹호하는 지식인들(정말이지 그런 사람들이 싫다!) 역시 일관성이 없다. 그러나 우리는 그들을 소비에트나 심지어 당에서도 쫓아내지 않을 것이다. 왜냐하면, 우리는 현실의 투쟁과 일반 노동자들 사이에서 벌이는 활동을 통해 활력 있는 모든 사람들에게 마르크스주의가 진리임을 확신시킬 것이고, 활력 없는 모든 사람들을 제치고 나아갈 것임을 굳게 확신하기 때문이다. 그리고 우리는 러시아 사회민주노동당 안에서 우리의 역향력을, 즉 마르크스주의자들의 압도적 영향력을 한시도 의심하지 않는다.[23]

노동자가 아닌 사람들에게도 당에 가입하라고 부추겨야 한다.

당연히 도시 · 산업 프롤레타리아가 우리 사회민주노동당의 중핵이 되겠지만, 우리는 강령에서 언급한, 노동하고 착취당하는 모든 사람 ― 수공업자, 빈민, 거지, 하인, 부랑자, 창녀 등 예외 없이 모든 사람 ― 을 프롤레타리아 주위로 끌어당기고 계몽하고 조직해야 한다. 물론 그들이 사회민주주의 운동에 참여하는 것이지 사회민주주의 운동이 그들에게 합류하는 것이 아니라는, 그들이 프롤레타리아의 관점을 받아들이는 것이지 프롤레타리아가 그들의 관점을 받아들이는 것이 아니라는 필요 · 의무 조건을 그들이 받아들여야 한다.[24]

레닌은 운동의 당면 과제라고 생각하는 것들을 특유의 방식으로 열심히 되풀이해서 얘기했다. 당시 그는 당의 문호를 노동자들에게 완전히 개방하라고 줄기차게 요구했다. "3차 당대회에서 나는 당위원회에 지식인 2명당 노동자가 8명 정도는 있어야 한다고 제안했다.[25] 지금 보면 얼마나 쓸모없어 보이는 제안인가! 이제 우리는 당 조직에 사회민주주의자 지식인 한 명당 수백 명씩 사회민주주의 노동자가 있기를 원해야 한다."[26]

한 해 뒤, 그러니까 1906년 12월에 그는 다음과 같이 되풀이해 얘기했다.

이제 확실히 **노동자들**의 도움을 얻어 당을 확장해야 한다. 페테르부르크에 당원이 겨우 6000명 있다는 것은 정상이 아니다(페테르부르크 지구에는 노동자를 500명 이상 고용한 여러 공장에서 8만 1000명의 노동자들이 일하고 있고, 모두 합해서 15만 명의 노동자들이 있다). 중부 산업 지구에 당원이 겨우 2만 명 있다는 것도 정상이 아니다(노동자를 500명 이상 고용한 공장들에서 37만 7000명의 노동자들이 일하고 있고, 모두 합해서 56만 2000명의 노동자들이 있다). 우리는 그런 중심지들에서 5~10배나 많은 노동자들을 당으로 끌어들이는 법을 배워야 한다.*

그러나 레닌은 자신이 조직하고 훈련시킨 사람들 사이에서 자신의 생각을 관철하기가 참으로 어렵다는 것을 깨달았다. 레닌은 조직에 대한 위원들의 충성을 각별한 관심을 갖고 높이 평가했다. 하지만 이제 그러한 충성은 조직 물신주의로 바뀌었고, 그래서 볼셰비즘의 커다란 걸림돌이 됐다.

당원은 계속 늘고

위원들이 단호하게 반대했는데도, 볼셰비키당은 혁명 이후에 급속히 팽창했고 당의 사회적 구성도 근본으로 바뀌었다.

2차 당대회에 제출된 보고서들을 기준으로 삼아 따져 보면, 1903년에 러시아에서 RSDLP 당원은 분트 조직원을 제외하면 겨우 몇천 명 정도였을 것이다. …… 1906년 4월 4차 당대회가 열릴 때쯤 볼셰비키는 1만 3000명으로 늘어났

---

* "우리는 '끌어들이는 법을 배운다'고 말한다. 왜냐하면, 그런 중심 지구들에서는 틀림없이 사회민주주의 노동자들의 수가 당원 수보다 훨씬 많기 때문이다. 우리는 관성적 태도 때문에 애를 먹고 있다. 그래서 우리는 그것과 싸워야 한다. 필요하다면 우리는 느슨한 조직들 — 더욱 느슨하고, 더욱 폭넓고, 더욱 접근하기 쉬운 프롤레타리아 조직들 — 을 만들어야 한다. 우리의 구호는 이것이다. 사회민주노동당의 성장에 찬성하고, 무당파적 노동자 대회와 무당파적 정당 반대한다!"[27]

고, 멘셰비키는 1만 8000명으로 늘어난 것으로 집계됐다. 다른 계산(1906년 10월에 뽑은)에 따르면 볼셰비키는 3만 3000명이었고, 멘셰비키는 4만 3000명이었다. …… 1907년에 전체 당원의 숫자는 15만 명으로 늘어났다. 볼셰비키가 4만 6143명, 멘셰비키가 3만 8174명, 분트가 2만 5468명, 폴란드 지역당과 라트비아 지역당이 각각 2만 5654명과 1만 3000명이었다.[28]

또한, 볼셰비키는 대체로 젊은이들의 당이었다. 이것은 레닌이 당의 변화에 대한 보수적 저항을 극복하는 데 여러 차례 도움이 된 요소였다. 1907년에 분파별 '평조직원'의 연령 분포를 퍼센트로 따지면 다음과 같았다.[29]

나이	볼셰비키	멘셰비키	합계
30세 이상	13	7	20
25~29세	8	6	14
20~24세	19	6	25
10~19세	11	1	12
합계	51	20	71

'활동가들' — 선전가, 대중 연설가, 선동가, 또는 지역 소비에트와 무장분견대(사회민주주의적)의 구성원들 — 은 더욱 젊었다.[30]

나이	볼셰비키	멘셰비키	합계
30세 이상	10	10	20
25~29세	14	16	30
20~24세	25	9	34
10~19세	10	0	10
합계	59	35	94

당 지도부도 매우 젊었다. 1907년 볼셰비키 지도자들 가운데서,

나이가 가장 많은 사람들은 크라신, 레닌, 크라시코프였다(모두 37세). 나이가 가장 적은 사람들은 리트비노프와 제믈랴츠카였다(모두 31세). 볼셰비키 지도자 9명의 평균 나이는 34세였다. 멘셰비키 지도자들의 평균 나이는 44세였다.[31]

레닌은 당이 젊은이들의 당이라는 것을 자랑스러워하고 기뻐했다.

우리는 미래의 당이고, 미래는 젊은이들의 것이다. 우리는 혁신자들의 당이다. 혁신자들을 가장 열심히 따르는 쪽은 언제나 젊은이들이다. 우리는 오래된 부패에 대항해 자기희생적인 투쟁을 벌이는 당인데, 언제나 젊은이들이 가장 먼저 자기희생적인 투쟁을 벌인다.

　30대의 '피곤한' 늙은이들, '현명해진' 혁명가들, 사회민주주의를 배신한 사람들을 모으는 일은 카데츠한테 맡겨 두자. 우리는 언제나 선진 계급 청년들의 당일 것이다![32]

몇 해 뒤 이네사 아르망한테 보내는 편지에서 레닌은 이렇게 썼다. "젊은이들만이 공들여 설득할 가치가 있는 사람들입니다."[33]

　레닌이 당의 보수적 저항을 극복하는 데 도움이 된 또 다른 요소는 당이 대체로 프롤레타리아로 구성돼 있었다는 점이다. 1922년 당원에 대한 조사가 실시돼 1905년 볼셰비키 숫자에 대한 정보를 얻을 수 있었다. 조사 결과 당원들의 직업이 다음과 같이 매우 다양했던 것으로 나타났다.[34]*

---

*　"이 정보는 당원들[자신]의 평가에 바탕을 두고 있다. 그들 중 절반 이상이 스스로 노동자라고 생각했다. [이 점을 고려할 때] 여기에 기록된 소수의 '농민'은 '농민' 신분

	노동자	농민	사무직 노동자·점원	기타	합계
당원 수	5,200	400	2,300	500	8,400
전체에서 차지하는 비율(퍼센트)	61.9	4.8	27.4	5.9	100

많은 공장들에서 당 세포들이 우후죽순처럼 생겼다. 그래서 볼셰비키 제3차 당대회(1905년 5월)에 제출된 페테르부르크 위원회의 보고를 보면, 페테르부르크 지구 공장에 17개 세포, 비보르크 지구에 18개 세포, 시치 지구에 29개 세포, 네바 지구에 20개 세포 그리고 15개의 수공업자 서클이 있다고 했다.[36] 이와 비슷하게 1905년 여름이 끝날 무렵 볼셰비키는 모스크바에 공장 세포가 40개라고 주장했다.[37]

이러한 사실들은 볼셰비키에 적대적인 학자들 사이에 널리 퍼져 있는, 볼셰비키당이 한줌의 지식인들로 이루어져 있었다는 관념을 전체적으로 논박하고 있다. 예컨대, 키프는 "프롤레타리아 당이라고 자처한 RSDLP는 사실 대중의 지지를 조금밖에 못 얻은 혁명적 지식인들 조직이었다"고 주장했다.[38]

1907년 1월에 레닌은 거짓말쟁이들만이 "지금 러시아에서 사회민주당의 대중적·프롤레타리아적 성격을 의심할 수 있다"고 썼다.[39]

시간이 지남에 따라 평당원뿐 아니라 당대회 대표들 사이에서 육체 노동자의 비율이 상당히 높아졌다. 네 번의 대회에 참여한 대표들의 사회적 구성은 다음과 같았다.

분류가 직업이 아니라 태어날 때부터의 법적 지위와 관련 있다는 것을 입증하는 증거다. 1905년에조차 운동에 참여한 '농민'의 대다수는 이미 촌락을 떠나 공장에서 일하고 있던 사람들이었다."[35]

대회	노동자	농민	사무직 노동자와 기타	미상
2차 대회(1903)	3	0	40	8
3차 대회(1905)	1	0	28	1
4차 대회(1906)	36	1	108	0
5차 대회(1907)	116	2	218	0

아마도 가장 대표적인 대회는 1907년에 열린 제5차 당대회라 할 수 있다. 제5차 당대회에서 각각의 대표는 지역 당원 500명을 대표한다고 주장했다.

직업(또는 전직) 면에서 볼셰비키 대표와 멘셰비키 대표의 사회적 구성은 다음 표에 나타나 있다.[40]

	볼셰비키		멘셰비키	
	인원 수	퍼센트	인원 수	퍼센트
육체 노동자	38	36.2	30	31.9
사무직 노동자·점원	12	11.4	5	5.1
'자유 전문직'	13	12.4	13	13.4
직업 혁명가	18	17.1	22	22.1
작가	15	14.3	18	18.6
무직	4	3.8	3	3.1
학생	5	4.8	5	5.2
지주	0	0.0	1	1.0
합계	105	100.0	97	100.4

직업 표는 두 분파 사이에 비슷한 점이 아주 많음을 보여 준다. …… 차이가 있다면, 볼셰비키가 멘셰비키보다 사무직·육체 노동자 숫자가 더 많고, 멘셰비키가 볼셰비키보다 직업혁명가 비율이 약간 더 높다는 점이다. 이 마지막 항목은 멘셰비키와는 대조되게 볼셰비키가 직업혁명가들의 분파였다는,

널리 퍼져 있는 흔한 주장을 반박하는 것이다.[41]

결론

조직 형태에 대한 레닌의 태도는 언제나 역사적으로 구체적이었고, 그것은 레닌의 강점이었다. 그는 조직에 관한 추상적·교조적 도식에 빠진 일이 결코 없었고, 계급투쟁 상황이 바뀔 때면 언제나 당의 조직 구조를 바꿔서 그에 적용하려 했다.

조직은 정치에 종속된다. 이것은 조직이 정치에 독립적 영향을 조금도 미치지 못한다는 말은 아니다. 그러나 조직은 그때그때 구체적 정책들에 종속돼야 한다. 레닌이 거듭거듭 되풀이해서 얘기했듯이, 진리는 언제나 구체적이다. 또한 이것은 구체적 임무들을 수행하는 데 필요한 조직 형태에도 적용된다.

레닌은 중앙집권적 당 조직의 필요를 어느 누구보다 더 잘 알고 있었다. 그러나 레닌은 조직을 목적 자체로 보지 않았고, 오히려 노동 대중의 행동과 의식 수준을 높이기 위한 지렛대로 보았다. 조직을 하나의 물신으로 만들고, 조직이 대중행동을 가로막고 있는데도 조직에 복종하는 것은 레닌의 정치에 맞지 않는 것이었다. 1905~1907년에 또는 1917년에 그랬듯이, 그는 필요하다고 생각되면 당 기구의 보수성을 극복하기 위해 대중의 힘에 호소했다.

09 무장봉기에 대한 레닌의 견해

"국민 생활의 중요한 문제들은
무력으로만 해결된다."[1]

레닌은 무장봉기를 혁명의 절정으로 보았다. 수동적이었던 멘셰비키는 봉기를 적극 준비하는 것이 어떤 구실을 하는지 결코 이해하지 못했다. 과거의 블랑키주의 폭동주의자들은 봉기의 기술적 측면만을 얘기했고, 봉기를 일반 대중운동, 대중의 일상생활·조직·계급의식과 분리했다. 그러나 레닌은 봉기는 적극적으로 연구하고 실행해야 하는 기예이자 일반 혁명운동과 관련된 기예라고 거듭거듭 얘기했다.

마르크스는 혁명은 새로운 사회의 탄생을 도와주는 산파라고 말했다. 그런데 산파술에는 우리가 연구해야 하는 일정하고 특수한 원칙들이 있다. 레닌은 이러한 측면에서 봉기 문제를 제기하고 봉기가 일어나는 구체적 상황을 따져 보았다. 그래서 그는 평생 동안 여러 차례에 걸쳐서 봉기 문제를 번번이 다른 방식으로 제기했다.

1897년에 그는 봉기 문제에 대한 검토를 뒤로 미루었다. ≪러시아 사회민주주의자의 임무≫에서 그는 다음과 같이 말한다.

제정을 직접 전복하기 위해 사회민주당이 어떤 방법에 의존할 것인가, 즉 사회민주당이 봉기를 선택할 것인가, 아니면 광범한 정치 파업을 선택할 것인가, 아니면 어떤 다른 형태의 공격을 선택할 것인가 하는 것은 장군들이 군대를 소집하기도 전에 전쟁위원회부터 소집하라고 요구하는 것이나 마찬가지일 것이다.[2]

군대 소집은 일반적 조직과 선전과 선동이 필요했다. 1902년 ≪무엇을 할 것인가?≫에서 레닌은 봉기를 일반적 준비 측면에서 다루었다.

대중 봉기를 상상해 보라. 지금 우리가 대중 봉기를 생각하고 준비해야 한다는 데 누구나 동의할 것이다. 그런데 어떻게 준비해야 할까? 확실히 중앙위원회가 봉기를 준비하려고 모든 지역으로 수임자를 임명해 파견할 수는 없는 노릇이다. 설사 우리에게 중앙위원회가 있다 해도 오늘의 러시아 상황에서는 중앙위원회가 수임자를 임명하는 것만으로는 절대로 아무것도 성취할 수 없을 것이다. 그러나 공동 신문을 발행하고 배포하는 과정에서 수임자들의 연결망이 형성되면 봉기 호소를 '팔짱 끼고 앉아서 기다릴' 필요가 없게 될 것이고 정규 활동이 가능해져서 우리는 제정에 불만이 있는 모든 사회 계층과 가장 광범한 계층의 노동 대중과 더 많이 접촉할 수 있게 될 것이다. 이것은 봉기에 아주 중요하다. 바로 그런 활동이 일반 정치 상황을 정확히 평가할 수 있는 능력을 배양하고 결국 봉기하기에 적절한 시기를 선택할 수 있는 능력을 배양하는 데 도움이 될 것이다. 바로 그런 활동이 모든 지역 조직들을 러시아 전체를 뒤흔드는 똑같은 정치 문제·사건·사태에 동시에 대응하도록, 그리고 될 수 있는 대로 강력하고 일사불란하고 적절한 방식으로 그런 '사건들'에 대응하도록 훈련시킬 것이다. 왜냐하면 봉기는 본질적으로 전체 민중이 정부에 보내는 가장 강력하고, 가장 동질적이고 가장 적절한 '대답'이기 때문이다. 마지막으로, 바로 그런 활동이 러시아 곳곳에 있는 모든 혁명 조직들을 훈련시켜 서로 가장 지속적이고 비밀스러운 접촉을 유지해 진정한 당의 통일을 이루어 내게 할 것이다. 왜냐하면 그러한 접촉이 없으면 봉기 계획을 집단으로 토론하고 봉기 전야에 필요한 준비 조처를, 즉 비밀을 가장 엄격하게 유지해야 하는 조처들을 취할 수 없기 때문일 것이다.[3]

레닌이 봉기 문제를 세 번째로 고려한 시기는 1905년이다. 1월 9일 피의 일요일 후에 레닌은 신문 〈브페료드〉에서, 그리고 1905년 5월 열린 3차 당대회에서 봉기를 직접 호소했다. 제3차 당대회에 제출한 "무장봉기 결의안"에서 그는 다음과 같이 말했다.

RSDLP 3차 대회는, 무장봉기라는 수단으로 제정에 맞서 직접 투쟁하기 위해 프롤레타리아를 조직하는 것이 현재의 혁명 상황에서 당의 가장 중요하고 긴급한 임무들 가운데 하나라고 주장한다.

그에 따라 대회는 당의 모든 기구에 다음과 같이 지시한다.

(1) 선전과 선동을 통해 임박한 무장봉기의 정치적 의미뿐 아니라, 실질적 조직 문제를 프롤레타리아에게 설명한다.

(2) 그러한 선전과 선동을 하면서 봉기 초기와 봉기 도중에 크게 중요할 수 있는 대중 정치 파업의 구실을 설명한다.

(3) 무장봉기 계획과 무장봉기를 직접 지도할 계획을 수립할 뿐 아니라 프롤레타리아를 무장시키기 위해서도 가장 정력적으로 노력하고, 이러한 목적을 위해 필요하다면 언제라도 노동자 당원들로 이루어진 특별 조직을 편성해야 한다.[4]

무장봉기는 3차 당대회에서 채택된 결의안들의 핵심 주제였다. 모든 안건을 무장봉기와 관련지어 토론하고 결정했다.

대회를 치르고 두 달이 지난 뒤 레닌은 ≪민주주의 혁명에서 사회민주주의의 두 가지 전술≫에서 봉기 준비가 시급함을 다시 강조했다.

확실히 우리는 노동계급을 교육하고 조직하는 분야에서 할 일이 아직도 많다. 그러나 지금 문제의 핵심은 우리가 교육·조직 활동에서 주된 정치적 강조점을 어디에 두어야 하는가다. 노동조합과 합법 단체를 강조해야 하는가 아니면 봉기에, 혁명 군대와 혁명 정부를 수립하는 활동을 강조해야 하는가? 둘 다 노동계급을 교육하고 조직하는 데 도움이 된다. 물론 둘 다 필요하다. 그러나 혁명이 진행되고 있는 지금, 문제는 노동계급을 교육하고 조직하는 활동에서 어느 것을 강조해야 하는가, 앞의 것을 강조해야 하는가 뒤의 것을 강조해야 하는가 하는 것이다.[5]

잠시 뒤에 그는 판단을 내렸다. "국민 생활의 중요한 문제들은 무력으로만 해결된다."[6]

1905년 12월 모스크바 무장봉기 전야에 레닌은, 일반 대중이 궐기해 혁명을 일으키고 행동할 태세가 돼 있으면, 당은 봉기를 호소하고 봉기의 성공에 필요한 실질적 조처들을 설명해야 한다고 분명히 얘기했다.

봉기 구호는 문제를 물리력으로 해결하기 위한 구호다. 오늘날 유럽 문명에서 물리력은 군사력일 수밖에 없다. 혁명의 일반 전제조건들이 성숙하기 전에는, 대중 자신이 각성하고 있고 행동할 태세가 돼 있음을 분명히 보이기 전에는, 외부 상황이 공공연한 위기를 낳기 전에는 봉기 구호를 내놓으면 안 된다. 그러나 일단 봉기 구호를 내걸었으면, …… 일단 주사위가 던져졌으면, 모든 속임수는 없어져야 한다. 그리고 지금 혁명이 성공하는 데 필요한 실질

적 조건들이 무엇인지를 대중에게 직접 그리고 공공연하게 설명해야 한다.[7]

봉기는 기예다

거듭거듭, 특히 1905년 12월 모스크바에서 무장투쟁이 일어난 뒤 레닌은 "봉기는 기예이고, 그러한 기예의 기본 원칙은 무모할 정도로 대담하고, 도저히 꺾을 수 없을 정도로 단호한 공세"라는 마르크스와 엥겔스의 심오한 주장을 언급했다. 레닌은 군사 지식, 군사 기술, 군사 조직이 매우 중요하다고 강조했다. 노동자는 자본가의 지식과 기술에서, 그리고 자신들의 투쟁 경험에서 배워야 한다.

1906년 8월 레닌은 "모스크바 봉기의 교훈들"이라는 글에서 다음과 같이 말했다.

아주 근래에 군사 기술이 새롭게 발전했다. 러일전쟁 때 수류탄이 만들어졌다. 소형 무기 공장들은 자동소총을 시장에 선보였다. 이러한 무기들은 이미 러시아 혁명에서 성공적으로 사용되고 있지만 결코 적절하게 사용되고 있지는 않다. 우리는 기술 발전을 활용하고, 노동자 분견대에 폭탄을 대량으로 제조하는 방법을 가르치고, 그들과 우리의 전투부대가 폭탄·신관·자동소총으로 무장하는 것을 도와줄 수 있고 도와주어야 한다.[8]

그리고 레닌은 모스크바 봉기의 교훈들에 대해 다음과 같이 쓰고 있다.

군사 전술은 군사 기술 수준에 좌우된다. 이것은 엥겔스가 모든 마르크스주의자들한테 보여 주고 명확하게 이해시킨 평범한 진리다. 오늘날의 군사 기술은 19세기의 군사 기술과 다르다. 무리를 지어 대포에 맞서 싸우고 연발 권총을 들고 바리케이드를 방어하는 것은 어리석은 짓일 것이다. 모스크바 봉기를 겪은 뒤인 지금이야말로 엥겔스의 결론들을 다시 검토하기에 가장 좋은 시기이고 모스크바 봉기는 새로운 바리케이드 전술을 만들어 냈다는 카우츠키의 말은 옳았다. 이 새로운 전술은 게릴라전 전술이다. 그런 전술을 실행하는 데 필요한 조직은 10명, 3명 또는 심지어 2명으로 이루어진 기동성 있는 아주 작은 부대다. 5명이나 3명으로 이루어진 부대를 말할 때마다 비웃는 사회민주주의자들이 있다. 그러나 그러한 비웃음은 군사기술이 부과한 조건들에서 시가전이 제기하는 새로운 전술과 조직 문제를 외면하는 저속한 방법일 뿐이다. 신사 여러분! 모스크바 봉기 이야기를 주의 깊게 연구하시오. 그러면 '5명으로 이루어진 부대'와 '새로운 바리케이드 전술' 문제 사이에 어떤 연관이 있는지를 이해할 수 있을 것이오.

모스크바 봉기는 이러한 전술을 발전시켰지만, 충분히 발전시키지는 못했고, 대대적으로 적용하지도 못했다. 또한 자원한 전투부대가 너무 적었고 노동자 대중에게 과감한 공격 구호를 제시하지 않았으며 그들도 그것을 적용하지 않았다. 게릴라 분견대들은 너무 획일적이었고, 무기와 방법이 부적절했고, 대중 지도 능력이 거의 배양되지 않았다. 우리는 이 모든 결함들을 메워야 한다. 우리는 모스크바 봉기 경험에서 배우고, 이 경험을 대중에게 확산시키고, 그 경험을 훨씬 더 많이 발전시키려는 그들의 창조적 노력을 고무해서 그렇게 할 수 있을 것이다.[9]

이미 레닌은 적어도 군대의 일부가 혁명의 편으로 넘어오지 않는다면 혁명은 승리할 수 없을 것임을 매우 명확히 알고 있었다. 이것은 1917년에 훨씬 더 명확해졌다. 그러나 군대를 혁명의 편으로 획득하려면 노동자들이 승리를 얻기 위해 자신의 목숨까지도 기꺼이 바치려 한다는 것을 병사들에게 확신시켜야 한다.

물론 혁명이 대중적 성격을 띠지도 않고 군대에 영향을 끼치지도 않는다면 진지한 투쟁은 가능하지 않다. 우리가 군대 안에서 활동해야 한다는 것은 두말하면 잔소리다. 그러나 설득이나 자기 확신의 결과로 한 번에 우리 편으로 군대를 획득할 수 있으리라고 상상해서는 안 된다. 모스크바 봉기는 이러한 견해가 얼마나 틀에 박힌 고정관념인지를 명확히 보여 주었다. 사실, 모든 진정한 대중운동에서 군대의 동요는 반드시 필요한데, 혁명 투쟁이 첨예해질 때마다 군대의 동요는 **군대를 획득하기 위한 투쟁**으로 이어지기 마련이다. …… 봉기 시기에 군대를 획득하기 위한 물리적 투쟁도 있어야 한다는 사실을 잊는 사람은 비참한 공론가로 판명날 것이다.

12월 봉기에서 모스크바 프롤레타리아는, 예컨대 12월 8일에 스트라스트나야 광장에서 군중이 코사크 기병대를 에워싸고 그들과 한데 어우러져서 우정을 나누고 그들에게 돌아가라고 설득했던 것처럼, 이데올로기적으로 군대를 '획득하는' 데 필요한 교훈들을 우리에게 가르쳐 주었다. 또한, 12월 10일 프레스냐 지구에서 여성 노동자 두 명이 1만 명의 군중 속에서 붉은 깃발을 들고 있다가 갑자기 뛰어 나와 코사크 기병대 쪽으로 가서 이렇게 소리쳤다. "우리를 죽여라! 목숨이 붙어 있는 동안에는 결코 깃발을 버리지 않을 것이다!" 그러자 코사크 기병대는 당황해서 황급히 철수했다. 그리고 군중은 "코사크 기병대 만세!" 하고 소리쳤다. 용기와 영웅주의를 보여 주는 이러한 사례들은 프롤레타리아의 뇌리에 영원히 지워지지 않는 인상을 남겼을 것이다.[10]

레닌은 일반적 구호들을 내놓는 데서 그치지 않고 실천 문제들에도 관심을 가졌다. 이것은 레닌의 특징이었다. 그는 전투부대가 서류상으로 존재하거나 틀에 박힌 일에 눌려서는 안 된다는 것을 명확히 했다. 피의 일요일 직후 그는 구스타브 폴 클뤼제레 장군이 지은 ≪시가전에 대해 : 한 코뮌 장군의 충고≫를 러시아어로 번역했다.[11] 클뤼제레 장군은 모험을 즐기면서 사는 동안에는 1848년 6월 파리 노동자 봉기 진압에 참여했지만, 그 뒤 이탈리아에서는 가리발디 편에 서서 싸웠고, 나중에 (그가 장군으로 참전한) 미국 남북전쟁에서는 북부 편에 서서 싸웠고, 마침내 파리코뮌의 군사 지도자가 됐다. 또한, 레닌은 군사학에 관한 자료들을 있는 대로 전부 찾아서 읽었다. 그가 가장 좋아한 군사학의 대가는 고전적 저작인 ≪전쟁론≫의 지은이 클라우제비츠였다. 또한, 레닌은 군사 문제와 봉기에 관한 마르크스와 엥겔스의 글들을 모두 다시 읽었다. 이런 식으로 피의 일요일에 대응한 망명 지도자는 레닌뿐이었다.

그는 자신의 연구 결과를 동지들에게 선전했다. 조직 계획을 제안한 페테르부르크 전투위원회한테서 봉기 준비 조직 활동을 보고받은 뒤, 1905년 10월 16일 레닌은 터무니없고 허무맹랑한 생각 따위는 하지 말라고 날카롭게 경고했다.

보고서를 근거로 판단하건대, 모든 일이 틀에 박힌 업무로 타락할 듯합니다. 이 모든 계획들, 전투위원회의 모든 조직 계획들은 '관료 형식주의'라는 인상을 줍니다. 내 솔직함을 용서해 주시기 바랍니다. 그러나 여러분은 내가 꼬투리 잡기나 하고 있다고 의심하지 않기를 바랍니다. 계획이나 전투위원회의 기능과 권리에 대한 논쟁과 토론은 이러한 문제에서 가장 하찮은 쟁점입니다.

가장 필요한 것은 뭐니 뭐니 해도 **행동**이다.

가장 필요한 것은 왕성한 활력입니다. 거듭 말하지만 활력이 절대로 필요합니다. 다시 말하건대, 여섯 달이 넘게 폭탄에 관한 얘기만 무성했지 정작 폭탄은 하나도 만들지 않았다는 것을 알게 될까 봐 겁납니다! 그런데 가장 경험 많은 사람들이 수다나 떨고 있습니다.

그는 전투위원회가 젊은이들을 주목해야 한다고 충고한다.

신사 여러분! 젊은이들한테 가십시오! 그것이 유일한 치료약입니다! 그렇게 하지 않으면, 분명히 말하건대 여러분은 너무 늦을 것이고(모든 것이 그것을 입증하고 있습니다) 조직, 살아있는 조직은 잃어버린 채 '박식한' 비망록·계획·도표·도식, 거창한 처방이나 얻게 될 것입니다. 젊은이들한테 가십시오.[12]

그러고 나서 레닌은 필요한 실행 조처들을 명료하게 설명한다.

즉시 모든 지역에서, 학생들 속에서, 특히 **노동자들 속에서** 전투 부대를 조직하십시오. 3명, 10명, 30명 등으로 이루어진 부대를 즉시 조직하십시오. 권총이든 칼이든 불을 붙이기 위한 석유 묻은 헝겊이든 최선을 다해 이런저런 무기로 그들 스스로 무장하게 하십시오. 이러한 분견대들이 즉시 지도자를 선출하고 되도록 페테르부르크 위원회의 전투위원회와 접촉하게 하십시오. 어떤 형식도 요구하지 말고, 부디 이런 도식들을 될 수 있는 대로 모두 잊고, '기능·권리·특권'은 모두 악마에게나 주십시오. …… 어떤 부대하고도 **접촉**하기를 마다하지 마십시오. 겨우 3명으로 이루어진 부대라 하더라도 말입니다. 경찰의 첩보 활동과 관련해 말하자면, 그런 부대가 믿을 수 있고 제정 군대와 싸울 준비가 돼 있는가 하는 것을 유일한 조건으로 삼으십시오. 그러한 부대들을 RSDLP에 입당시키거나 그들이 원할 경우 RSDLP와 관계를 맺게 하십시오. 그것은 굉장한 일일 것입니다. 그러나 나는 그것을 고집하는 것은 완전히 틀렸다고 생각합니다.

페테르부르크 전투위원회의 임무는 혁명군의 이러한 분견대들을 돕고, 연락 '사무국' 기능을 하는 것이어야 합니다. 그러한 문제에서 계획과 전투위원회의 '권리'에 관한 얘기로 시작한다면 전체 대의가 손상될 것입니다. 확신하건대 그렇게 하면 정말로 전체 대의가 도저히 회복될 수 없을 만큼 손상될 것입니다.

광범한 규모의 선전으로 나아가야 합니다. 5명이나 10명이 일주일에 수많은 노동자 학습 서클과 학생 학습 서클을 돌아다니게 하고, 침투할 수 있는 곳에서는 침투하게 하고, 어느 곳에서나 명확하고 간결하고 직접적이고 단순한 계획을 제안하게 하십시오. 즉시 전투 조직을 만들고 최선을 다해 무장을 갖추고 젖 먹던 힘까지 써서 활동하십시오. 우리는 쓸 수 있는 모든 방법을 동원해 도움을 제공할 것입니다. 그러나 우리의 도움을 기다리지 마십시오. 스스로 행동하십시오.

이러한 문제에서 중요한 것은 소집단 대중의 선제 행동입니다. 그들이 모든 일을 할 것입니다. 그들이 없으면 여러분의 전투위원회 자체는 아무것도 아닙니다. 나는 전투위원회가 접촉하는 그러한 전투 조직들의 숫자를 기준으로 전투위원회의 효율성을 평가하려 합니다. 한두 달 안에 전투위원회가 페테르부르크에서 적어도 200~300개의 그룹들을 갖지 못한다면, 전투위원회는 죽은 위원회이고, 땅 속에 묻혀야 할 것입니다. 지금처럼 소용돌이치는 시기에 전투위원회가 100~200개의 단체들을 모을 수 없다면, 정말이지 그것은 현실 생활과 동떨어져 있는 것입니다.

선전가들은 각 단체에 폭탄을 만드는 간단한 비법들을 가르쳐 주고, 그들에게 활동 형태를 간단명료하게 설명해 주고, 그런 다음 그들에게 활동을 전부 맡겨야 합니다. 부대들은 지금 당장 작전을 실행하는 것으로 군사 훈련을 즉시 시작해야 합니다. 어떤 부대들은 첩자를 죽이거나 경찰서를 타격하는 임무를 즉시 수행하고, 다른 부대들은 봉기 자금을 모으기 위해 은행을 공격하는 임무를 즉시 수행하고, 또 다른 부대들은 지역 수준의 계획을 실행하거나 준비해야 합니다. 그러나 본질적인 것은 즉시 실천에서 배우기 시작해야 한다는 것입니다. 이러한 시험 공격을 두려워하지 마십시오. 물론 그러한 공격들이 극단으로 흐를 수도 있으나, 그것은 내일의 해악인 반면, 오늘의 해악은 우리의 타성, 우리의 교조적 정신, 우리의 현학적 무기력 그리고 선제 행동에 대한 우리의 케케묵은 두려움입니다. 모든 집단이 배우게 하십시오. 경찰관을 두들겨 패야만 배울 수 있다면 그런 식으로 배우게 하십시오. 20여 명의 희생자들은 내일 수십만을 지도할 수백의 경험 있는 투사들을 훈련시킬 수 있다는 사실로 보상받을 것입니다.[13]

무장봉기 문제에 관한 레닌의 일반적 관점은 매우 일관되고 구체적이었다. 그러나 기술적 충고는 결점이 많았고, 당시의 필요와 맞지 않았다. 레닌과 레오니드 크라신 — 무기를 조달하고 제작하고 봉기 실행을 준비하는 임무를 맡았던 볼셰비키 '전투 조직' 책임자 — 이 취했던 조처들을 미루어 짐작하건대, 그들은 시가전이 대규모 돌격전과 육박전의 형태를 취할 것이라고 생각한 듯하다. 그래서 수류탄과 연발 권총을 강조했다. 레닌이 나중에 기꺼이 시인했듯이 1905년 12월 5일 모스크바에서 봉기가 일어나자 이러한 근거리 전투 무기들은 제정 군대의 장거리 전투용 소총과 대포의 상대가 되지 못하는 것으로 판명됐다.

1917년 10월 봉기에서 레닌은 당시의 구체적 상황에 전술적으로 어울리지 않는 충고를 했다(예컨대 페트로그라드가 아니라 모스크바에서 봉기를 시작하라는). 다행히 이러한 충고는 10월 봉기의 실질적 조직자인 트로츠키가 철회했다. 1905년에 크라신은 레닌의 기술적 충고에 동의했다. 산꼭대기에서 사령부는 전장 전체를 아주 분명하게 볼 수 있다. 그러나 사령부는 전투 현장에서 실제로 무슨 일이 일어나고 있고 일어나려 하는지, 전투병들이 어디에서 전투를 벌이는지를 잘못 판단하기 쉽다.

알맞은 시기에 봉기를 할 수 있어야 한다

이미 1905년 2월에 레닌은 혁명 지도부가 알맞은 시기에 무장봉기를 할 수 있어야 할 뿐 아니라 실제로 그렇게 해야 한다고 주장했다.

> 우리가 진정으로 봉기를 준비했다면, 그리고 이미 일어난 사회관계의 혁명 덕분에 대중 봉기를 실현할 수 있다면, 봉기 시기를 알맞게 정할 수 있는 가능성은 대단히 크다. …… 모든 계급 운동을 시기에 알맞게 전개할 수 있는가? 그럴 수 없다. 왜냐하면, 노동계급 운동은 사회관계의 혁명에서 생성되는 수천 개의 분리된 행동들로 이루어져 있기 때문이다. 파업을 시기에 알맞게 벌일 수 있을까? 그럴 수 있다. …… 모든 파업이 사회관계의 혁명에서 나온 결과라는 사실에도 불구하고 말이다. 언제 파업을 시기에 알맞게 벌일 수 있을까? 파업을 호소하는 조직이나 집단이 파업에 참가한 노동자 대중 속에서 영향력을 미치고 있고 그들의 불만과 분노가 늘어나는 때를 정확히 알고 있을 때 그렇다.[14]

파업 때 행동을 계획하고 시기에 알맞게 행동을 개시할 수 있는 단호한 지도부가 필요하다면, 무장봉기 때는 그러한 지도부가 훨씬 더 필요하다. 진지하고 헌신적인 혁명정당만이 진정한 대중 봉기를 지도할 수 있다. 왜냐하면, 대중은 동요하는 지도부와 단호한 지도부를 분명히 가려내기 때문이다.

1905년 2월에 이미 첨예한 문제로 대두한, 봉기를 시기에 알맞게 개시하는 문제는 1917년에는 현실 문제가 됐다. 그해 9월과 10월에 레닌은 볼셰비키 지도자들에게 봉기 날짜를 정하라고 간청하고 타박을 주고 참을성 있게 얘기했다. 그는 이렇게 말했다. "러시아 혁명과 세계 혁명의 성공은 2~3일간의 전투에 달려 있다."[15]

레닌의 뛰어난 창조적 상상력

봉기의 성격에 관해 레닌이 내린 결론들은 1905년 12월 모스크바 봉기라는 매우 제한된 경험에 바탕을 두고 있었다. 모스크바 봉기에는 노동자들이 거의 참여하지 않았고, 그래서 봉기는 금세 끝났다. 모스크바 봉기의 지도자들 가운데 한 사람은 자신의 회고록에 이렇게 썼다. "무장한 투사들의 숫자는 아마 몇백 정도였을 것이다. 대다수가 낡은 연발 권총으로 무장했으나, 일부는 시가전에서 매우 강한 위력을 발휘하는 모제르 연발총과 윈체스터 연발총을 갖고 있었다." 또 다른 탁월한 지도자는 다음과 같이 평가했다.

사람들은 나에게 모스크바에 전투병이 얼마나 있었는지 자주 물어봤다. 내가 가진 정보에 따르면, 연발 권총으로 무장한 전투 부대원이 700~800명쯤 있었다. 철도 지구에는 100명밖에 없었다. 프레스냐야, 하모브니키, 부트이르키에서는 시미트 부대를 제외하고 우리가 인계받은 부대를 포함해서 180~200명이 있었다. 이들이 지닌 무기는 경찰관한테서 빼앗은 '총신이 짧고 총구가 넓은 권총'과 연발 권총 그리고 주민들한테서 받은 총신이 둘인 총을 포함하고 있었다.[16]

봉기에 참여한 또 다른 지도자는 전투대원의 숫자를 2000명으로 잡았다.[17]

그리고 우리가 척후병, 혁명 '공병', 그리고 야전병원 노동자(이 일은 당시에는 매우 위험한 임무였는데, 왜냐하면 두바소프 군대가 부상자들을 도운 사람들을 모조리 특별하게 가려냈기 때문이다)로 운동에 봉사한 사람들의 수를 헤아려 본다면, 우리의 1차 혁명 12주년 기념일에 레닌이 연설하면서 인용한 8000명 이라는 수치와 엇비슷할 것이다.[18]

최초의 바리케이드들은 12월 9일 설치됐다. 최후의 저항은 8일 뒤 프레스나야 지구에서 세묘노프스키 연대한테 분쇄당했다. 레닌은 모스크바 봉기의 실패에서 일련의 결론들을 이끌어 냈는데, 이제 멘셰비키 극우익 진영에 속한 플레하노프는 레닌과 정반대의 결론들을 끌어냈다.

플레하노프는 이렇게 말했다. "뜻하지 않게 시작된 정치 파업은 모스크바, 로스토프 그리고 다른 지역에서 무장봉기를 낳았다. 프롤레타리아는 승리하기에 충분한 역량이 없음이 입증됐다. 이것을 예측하기는 어렵지 않았다. 따라서 무기를 든 것은 잘못이었다." 노동계급 운동에서 계급의식을 갖춘 사람들의 정치적 임무는 "프롤레타리아의 잘못을 지적해 주고 프롤레타리아에게 무장봉기라는 놀이가 얼마나 위험한 것인지 설명하는 것이다." "우리는 비프롤레타리아 야당들의 지지를 소중히 여겨야 하고, 그래서 방정맞은 행동으로 그들을 불쾌하게 해서는 안 된다."[19]

플레하노프가 이렇게 자기만족과 수동성을 보인 반면, 레닌은 지도부에 자기비판과 함께 무장봉기 문제에 더 적극적인 태도를 요구했다.

프롤레타리아는 투쟁의 객관적 조건이 변하고 파업에서 봉기로 전환해야 한다는 것을 자신들의 지도자들보다 더욱 빨리 감지했다. 언제나 그렇듯이 실천이 이론을 앞섰다. 평화적 파업과 시위는 금세 노동자들을 만족시키지 못하게 됐다. 노동자들은 다음에는 무엇을 해야 할까 하고 물었다. 그리고 그들은 더 단호한 행동을 요구했다. 바리케이드를 쌓으라는 지시는 지구들에 너무 늦게 도착해서, 지시가 도착했을 때는 이미 시내 중심가에 바리케이드가 설치되고 있었다. 노동자들이 대규모로 움직이기 시작했다. 그러나 그들은 그 정도에서 만족하지 못했다. 그들은 다음에는 무엇을 해야 할지 알고 싶어했다. 그들은 적극적 조처들을 원했다. 12월에 사회민주주의 프롤레타리아의 지도자들인 우리는 자신의 군대를 아주 엉망으로 배치해 대다수 병사들이 전투에 적극 참여할 수 없게 만든 총사령관 같았다. 노동자 대중은 단호한 대중행동 지시를 받기 원했으나 받지 못했다.

따라서 파업이 때가 이른 것이었고 따라서 시작되지 말아야 했다는, 그래서 "그들이 무기를 들지 말아야 했다"는, 모든 기회주의자들이 받아들인 플레하노프의 견해만큼 근시안적인 견해도 없을 것이다. 그와 반대로 우리는 사태를 평화적 파업에 머무르게 할 수 없고 대담하고 가차없는 무장투쟁이 필요하다는 것을 대중에게 설명해야 했다.[20]

결론

무장봉기에 대해 실천적이고 명확한 태도를 취했다는 점에서 볼셰비즘은 멘셰비즘과 근본으로 달랐다. 일찍이 1904년 3월 마르토프는 볼셰비키 신문 〈브페료드〉를 비판하는 머리기사에서 사회민주주의는 한 가지 의미에서만, 즉 궁극의 대중 봉기를 위해 독자적인 힘을 기른다는 의미에서만 "봉기를 준비"할 수 있다고 썼다. "이러한 준비의 기술적 측면은, 그것이 아무리 중요하더라도, 정치적 측면에 명백히 종속돼야 한다. 그리고 전적으로 실현 가능한 이러한 봉기를 위한 우리 당과 의식 있는 프롤레타리아 전체의 정치적 준비도 선동의 심화와 확대 속에, 프롤레타리아 가운데서 모든 혁명적 집단들의 조직이 확립되고 발전하는 것에 포함돼야 한다."[21] 레닌은 마르토프한테 다음과 같이 응수했다. "혁명의 정치적 측면에서 혁명의 '기술적' 측면을 분리하는 것은 순전히 헛짓거리다."[22]

1907년 런던에서 열린 5차 당대회에서 마르토프는 무장봉기에서 당이 수동적 구실을 한다는 자신의 생각을 훨씬 더 분명하게 밝혔다. "사회민주당은 무장봉기에 참여하고 대중에게 궐기하라고 촉구할 수 있을 것이다. …… 그러나 사회민주당이 '폭동주의자들'의 당이 되지 않는다는 자신의 강령에 충실하려면 봉기를 준비해서는 안 된다."[23]

레닌은 "무장하고 싶어하는 불타는 욕망으로 민중을 무장시킨다"는 마르토프의 공식을 매우 경멸했다. 피의 일요일 소식을 들은 직후 쓴 첫 번째 글에서 레닌은 다음과 같이 말했다. "민중의 무장이 당면 과제다." 무장봉기 문제는 혁명가들의 목표와 연결돼 있었다. 즉, 혁명가들은 권력 장악을 목표로 삼고 있는가, 삼고 있지 않은가? 레닌은 이렇게 말했다. "투쟁 목표를 성취할 수 있으리라는 기대를 하지 않으면 투쟁할 수 없다."[24]

승리할 수 없을 것이라고 생각하면서 일관되게 전쟁을 벌일 수는 없는 노릇이다. 멘셰비키는 러시아 혁명이 자유주의 부르주아지를 권좌에 앉힐 것이라고 믿었다. 이러한 믿음이 봉기 문제에 대한 그들의 수동적이고 어정쩡한 태도를 낳았다. 볼셰비키는 권력 장악을 목표로 삼았다. 그래서 그들은 기예인 봉기에 대해 명확하고 단호하고 실천적인 태도를 취했다.

1917년 10월에 대중운동과 계획적 무장봉기의 상호관계에 대한 레닌의 개념이 결정적으로 검증됐다. 무장봉기에서 정치적 지도력과 기술적 계획 사이의 균형을 맞추려면, 무장봉기를 신중하게 준비해야 하고 대담하게 실행해야 한다. 혁명 상황은 오래가지 않는다. 그리고 그러한 격동의 시기에 대중의 분위기는 매우 빨리 바뀐다. 혁명정당은 봉기를 실행하는 정확한 날짜와 방법을 결정해야 한다. 왜냐하면, 그것은 노동계급에게 죽느냐 사느냐하는 문제이기 때문이다.

프롤레타리아 무장봉기의 성격에 대한 레닌의 통찰이 보이는 예리함은 다음과 같은 인용문에서 잘 나타난다. 독자들은 이것이 1906년 8월이 아니라 1917년을 염두에 두고 쓴 것이라고 착각하기 쉬울 것이다.

거대한 대중투쟁이 다가오고 있음을 기억하자. 그것은 무장봉기일 것이다. 무장봉기는 되도록 같은 시간에 일어나야 한다. 대중은 자신들이 유혈낭자하고 필사적인 무장투쟁을 하고 있음을 알아야 한다. 대중이 죽음도 불사하는 분위기가 널리 확산돼야 하고, 이러한 분위기는 승리를 보장할 것이다. 최대한 힘을 쏟아 적에 대한 공격에 박차를 가해야 한다. 방어가 아니라 공격이 대중의 구호가 돼야 한다. 투쟁 조직은 기동성과 유연함이 있어야 한다. 그래야 군대 안의 동요하는 사람들이 적극적인 참여 쪽으로 이끌릴 것이다. 이러한 중요한 투쟁에서 계급의식을 갖춘 프롤레타리아의 당은 자신의 의무를 다해야 한다.[25]

10 | 임시혁명정부 논쟁

혁명정부의 성격에 대한 볼셰비키와 멘셰비키의 견해

자유주의 부르주아지의 꽁무니를 쫓아다닌 멘셰비키는, 혁명의 목표는 부르주아지가 승리해 혁명정부를 주도하는 것이라고 생각했다. 1905년 4~5월 제네바에서 열린 멘셰비키 대회는 "권력 장악과 임시정부 참여에 대해"라는 결의안을 채택했다. 그 결의안은 다음과 같이 선언했다. 다가오는 혁명은 부르주아 혁명이고 혁명의 결과로 탄생하는 정부는 임시정부일 것이다. 임시정부의 의무는

혁명을 더욱 발전시키는 것일 뿐 아니라 혁명의 요인들 가운데서 자본주의 체제의 토대를 위협하는 요인들에 맞서 싸우는 것이다.

사정이 이렇기 때문에, 사회민주당은 혁명이 진행되는 동안 혁명을 최대한 발전시키되, 부르주아 정당들의 일관성 없고 이기적인 정책들에 맞서 싸우다가 혁명을 방해해서는 안 되고, 혁명이 부르주아 민주주의 속으로 용해되는 것을 막을 수 있는 지위를 유지해야 한다. 따라서 사회민주당은 임시정

부에서 권력을 장악하거나 나눠 가지려는 목표를 추구해서는 안 된다. 사회민주당은 철저한 혁명적 야당으로 남아 있어야 한다.

캅카스에서 열린 멘셰비키 대회는 이러한 논리를 극단으로 밀고 나아가서 다음과 같이 말했다.

대회는 이렇게 생각한다. 사회민주당이 임시정부를 구성하거나 그러한 정부에 들어가게 되면, 한편으로 프롤레타리아 대중은 사회민주당에 실망해 사회민주당을 버릴 것이다. 왜냐하면, 사회민주주의자들이 권력을 장악해도 사회주의 건설 등 노동계급의 긴급한 요구들을 충족할 수 없을 것이기 때문이다. ······ 그리고 다른 한편으로 [사회민주당의 임시정부 구성과 참여는] 부르주아 계급이 혁명에서 발을 빼게 만들고 그래서 혁명의 범위가 축소되게 만들 것이다.[1]

레닌은 이러한 생각에 반대해 국가권력 장악을 목표로 삼지 않는다면 혁명을 할 수가 없다고 주장했다.

사회민주주의의 최소 강령을 성취하려면 혁명 독재가 필요하다. 레닌은 1905년 3~4월에 쓴 ≪사회민주주의와 임시혁명정부≫라는 팸플릿에서 다음과 같이 주장했다.

제정이 무너지는 시기에 혁명적 민주주의 독재가 필요하다는 생각을 거부하는 것은 우리의 최소강령을 수행하길 거부하는 것이나 마찬가지다. 최소강령에 정식화된 경제·정치 변화들 — 공화정, 민중의 무장, 교회와 국가의 분리, 모든 민주주의적 자유들, 중요한 경제개혁 요구 — 을 모두 고려해 보자. 이러한 변화들은 하층계급의 혁명적 민주주의 독재 없는 부르주아 사회에서 실현될 수 없다는 것이 명백하지 않은가?[2]

그는 1905년 6~7월에 쓴 ≪민주주의 혁명에서 사회민주주의의 두 가지 전술≫에서 똑같은 사상을 더욱 발전시켰다.

'제정에 대한 결정적 승리'를 얻을 수 있는 세력은 민중, 즉 프롤레타리아와 농민뿐이다. …… '제정에 대한 혁명의 결정적 승리'는 프롤레타리아와 농민의 혁명적 민주주의 독재 수립을 뜻한다.

이것이 혁명의 목표였다. 그는 계속해서 다음과 같이 말했다.

그리고 그러한 승리는 바로 독재일 것이다. 즉, 그러한 승리는 반드시 '법적'으로 또는 '평화적'으로 수립된 이런저런 제도들이 아닌 군사력, 대중의 무장, 봉기에 의존해야 한다. 그것은 독재일 수밖에 없다. 왜냐하면 프롤레타리아와 농민에게 긴급하게 그리고 절대로 필요한 변화들을 실행하면 지주, 대부르주아지, 제정이 필사적으로 저항할 것이기 때문이다. 독재를 하지 않는다면, 그러한 저항을 분쇄하고 반혁명 시도들을 격퇴할 수 없다.[3]

앞에서 인용한 멘셰비키 제네바 대회에서 나온 주장에 대해 레닌은 다음과 같이 응수했다.

[사회민주당이] 임시정부에 참여하면 부르주아지가 혁명에서 발을 빼고 혁명의 범위가 축소될 것이므로, 임시정부에 참여해서는 안 된다는 것을 생각해보라! 정말이지 여기에서 우리는 순수하고 일관된 형태의 신新〈이스크라〉 철학 전체를 볼 수 있다. 혁명이 부르주아 혁명이기 때문에 우리는 부르주아 속물주의에 굴복하고 길을 터 주어야 한다는 것이다. 우리가 부분적으로조차, 잠시라도, 임시정부에 참여할 경우 부르주아지가 뒷전으로 물러나면 어

떻게 하나 하는 걱정에 사로잡힌다면, 우리는 부르주아지가 뒷전으로 물러나지 않도록 하기 위해 혁명의 지도력을 완전히 부르주아지 손에 넘겨주고(완전한 '비판의 자유'를 계속 갖고 있으면서!) 프롤레타리아를 온건하고 온순하게 만들 수밖에 없다.[4]

혁명의 부르주아적 성격에는 동의한 볼셰비키와 멘셰비키

볼셰비키와 멘셰비키는 혁명을 통해서 등장할 그리고 등장해야 하는 정부의 성격에 관해 서로 견해가 달랐다. 볼셰비키는 노동자와 농민의 민주주의 독재를 주장한 반면에 멘셰비키는 부르주아 정부가 등장하리라고 예상했다. 그러나 한 가지 문제에서 러시아 사회민주주의 양대 분파는 견해가 같았다. 그것은 다가올 혁명이 부르주아 혁명일 것이라는 점이었다. 따라서 혁명은 한편으로 자본주의 생산력과, 다른 한편으로 제정, 지주, 그 밖의 봉건제 유산 사이의 충돌에서 비롯할 것이다.

이것이 멘셰비키의 견해였다는 것은 다시 말할 필요가 없다. 그러나 당시 레닌도 똑같은 견해였고 그 뒤로도 오랫동안 그러한 견해를 고수했다는 사실은, 부르주아 혁명의 한계를 한참 뛰어넘는 10월 혁명의 실제 승리에 비춰 약간의 설명이 필요하다.

레닌은 ≪민주주의 혁명에서 사회민주주의의 두 가지 전술≫에서 다가올 러시아 혁명에 대해 다음과 같이 썼다.

혁명은 기껏해야 토지를 농민에게 급진적으로 재분배할 것이고, 공화정 형성을 포함해 일관되고 완전한 민주주의를 수립할 것이고, 농촌 생활뿐 아니라 공장 생활에서도 아시아적 속박의 억압 상황을 철저히 없앨 것이고, 노동자들의 상태를 철저히 개선하고 생활수준을 향상시킬 토대를 놓을 것이고, 가장 중요한 점으로 혁명의 불길을 유럽으로 퍼뜨릴 것이다. 그러나 그러한 승리는 아직은 우리의 부르주아 혁명을 사회주의 혁명으로 전화시키지 않을 것이다. 민주주의 혁명은 당장에는 부르주아 사회 · 경제 관계의 틀을 벗어나지 않을 것이다.[5]

그리고 "러시아에서 일어날 이러한 민주주의 혁명은 부르주아지의 지배를 약화시키기는커녕 오히려 강화시킬 것이다."[6]

러시아의 후진성과 러시아 노동계급의 수적 열세를 고려해 레닌은 "최대 강령을 즉시 실현하고 사회주의 혁명을 위해 권력을 장악하자는 황당무계하고 반쯤 아나키즘 같은 사상"을 거부했다.

러시아의 경제 발전 수준(객관적 조건)과 광범한 프롤레타리아 대중의 계급의식과 조직화 수준(객관적 조건과 떼려야 뗄 수 없이 결합된 주관적 조건) 때문에 노동계급이 즉시 완전히 해방될 수는 없다. 가장 무지한 사람들만이 지금 일어나고 있는 민주주의 혁명의 부르주아적 성격을 외면할 수 있다. …… 정치적 민주주의가 아닌 다른 길을 통해서 사회주의에 도달하려는 사람은 누구나 경제적 의미에서든 정치적 의미에서든 황당무계하고 반동적인 결론에 도달할 수밖에 없을 것이다.[7]

나아가 "우리 마르크스주의자들은 프롤레타리아와 농민이 진정한 자유로 가는 길은 부르주아적 자유와 부르주아적 진보라는 길뿐이고, 그 밖에 다른 길은 있을 수 없음을 알아야 한다."[8]

같은 책에서 레닌은 혁명 강령이 자본주의의 틀을 넘지 않는 개혁에 국한돼야 한다고 명확히 얘기한다.

지금 시기의 객관적 조건과 프롤레타리아 민주주의의 목표에 부합할 혁명 강령. 이러한 강령은 우리 당의 최소강령 전체, 기존 사회·경제 관계에 바탕을 두고 완전히 실현할 수 있는 …… 당면 정치·경제 개혁 강령이다.[9]

레닌은 1917년 2월 혁명 전까지 이러한 견해를 바꾸지 않았다. 예컨대 ≪전쟁과 러시아 사회민주주의≫(1914년 9월)에서 그는 여전히 러시아 혁명은 "일관된 민주주의 개혁을 위한 세 가지 조건, 즉 (모든 민족의 완전한 평등과 자결이 보장된) 민주공화정, 토지 재산 몰수, 8시간 노동"에 머물러야 한다고 썼다.[10]

게다가, 레닌이 1917년까지 쓴 글들을 모두 살펴보면, 그는 부르주아 혁명이 완전히 발전한 후에야 프롤레타리아 사회주의 혁명이 가능할 것이라고 예측했다는 사실을 분명히 알 수 있다. 11장에서 보게 되겠지만, 농업 문제에 대한 그의 분석이 이것을 입증해 주고 있다. 레닌은 토지국유화가 자본주의 발전을 위한 길을 열어 주고 프롤레타리아 수의 급격한 증가와 계급투쟁의 격화를 낳을 수 있는 요구지만, 그것은 사회주의적 요구가 아니라 자본주의적 요구라고 주장했다. 그것은 "미국식 자본주의 발전 경로", 즉 봉건제의 잔재에 얽매이지 않는 발전을 가능하게 할 것이다. 토지의 사적 소유 폐지는 토지에 대한 자유로운 자본 투자와 생산 부문 간의 자유로운 자본 이동을 가로막는 장애를 모두 제거하기 위해 부르주아 사회에서 취할 수 있는 최대한의 조처다. "국유화는 토지 소유의 장벽을 모두 무너뜨리고 자본주의의 필요에 알맞은 새로운 경제 제도를 위해 모든 토지를 '정리' 할 수 있게 한다."[11]

레닌이 부르주아 혁명이 사회주의 혁명으로 발전할 것이라고 예측했다면, 토지국유화에 관해 이러한 주장들을 강조할 이유는 명백히 없었을 것이다.

트로츠키

레닌과 마찬가지로 트로츠키도 자유주의 부르주아지는 어떠한 혁명 과제도 일관되게 수행할 수 없다고 확신했다. 트로츠키는 무엇보다도 부르주아 혁명의 근본 요소인 농업혁명은 노동계급과 농민의 동맹을 통해서만 이루어질 수 있다고 확신했다. "러시아의 농업 문제는 자본주의에는 무거운 짐이다. 그것은 혁명정당에게는 도움인 동시에 최대 도전이다. 그것은 자유주의에게는 걸림돌이요, 반혁명에게는 죽음에 대한 경고다."[12] 그러나 다가올 러시아 혁명의 성격에 관한 트로츠키의 견해는 레닌의 견해와 근본으로 달랐다.

독일 종교개혁 운동 이후 일어난 모든 혁명에서 농민은 이런저런 부르주아 분파를 지지했다. 그러나 러시아에서는 노동계급의 힘과 부르주아지의 보수주의 때문에 농민이 프롤레타리아를 지지할 수밖에 없을 것이다. 차르와 대지주에 대항하는 혁명에서 노동자와 대다수 농민 사이에 동맹이 형성되겠지만, 혁명의 결과로 등장하는 정부는 **독립적인** 두 세력의 연합 정부가 아니라 프롤레타리아가 주도하는 정부일 것이다. 따라서 혁명은 부르주아 민주주의 과제들의 실현에 머무를 수 없을 것이며, 프롤레타리아 사회주의 조치들을 즉각 실행하는 방향으로 나아가야 한다고 트로츠키는 명확하게 주장했다.

자본주의가 성장함에 따라 프롤레타리아도 성장하고 더욱 강해진다. 이러한 의미에서 자본주의 발전은 프롤레타리아가 독재를 향해 성큼 나아가는 것이다. 그러나 권력이 노동계급 수중에 넘어가는 날짜와 시간은 생산력 발전 수준이 아니라 계급투쟁의 관계들, 국제 상황, 최종적으로는 노동자들의 전통, 투쟁 의지, 주도력 같은 몇몇 주관적 요소들에 직접 좌우된다. …… 프롤레타리아 독재가 한 나라의 기술 발전과 자원에 어느 정도 자동으로 좌우된다는 생각은 어리석고 단순한 '경제' 유물론의 편견이다. 이러한 관점은 마르크스주의와 아무런 공통점도 없다.

우리 견해로는, 러시아 혁명은 부르주아 자유주의 정치인들이 자신들의 통치 능력을 충분히 보일 수 있는 기회를 갖기 전에 권력이 노동자 수중에 넘어갈 수 있는 — 혁명이 승리하면 당연히 그렇게 돼야 한다 — 조건들을 창출할 것이다.[13]

혁명이 결정적으로 승리하면 권력은 혁명 투쟁에서 주도적 구실을 하는 계급의 수중에, 즉 프롤레타리아 수중에 넘어갈 것이다.[14]

권력을 장악한 프롤레타리아는 농민을 해방시킨 계급으로 농민 앞에 서게 될 것이다.[15]

그러나 농민이 프롤레타리아를 밀어내고 프롤레타리아를 대신할 수도 있지 않을까? 그것은 불가능하다. 모든 역사적 경험은 이러한 가정을 뒤엎고 있다. 역사적 경험은 농민이 **독립적인** 정치적 구실을 절대로 떠맡을 수 없음을 보여 준다. 자본주의 역사는 농촌이 도시에 지배된 예속의 역사다.[16]

프롤레타리아의 정치적 지배는 프롤레타리아의 경제적 노예 상태와 양립할 수 없다. 프롤레타리아가 어떤 정치적 깃발 아래 권력을 장악하든 간에, 프롤레타리아는 사회주의 정책 노선을 취하지 않으면 안 된다. 부르주아 혁명의 내적 메커니즘 때문에 정치적 지배자 자리에 오른 프롤레타리아가 자신의 사명을 부르주아지의 사회적 지배를 위한 공화주의 · 민주주의 요구들에 한정할 수 있다고 생각하는 것은, 프롤레타리아 스스로 그렇게 하기를 바랄지라도 가장 커다란 몽상일 것이다. …… 프롤레타리아가 권력을 장악하는 즉시 '최소'강령과 '최대'강령 사이의 장벽은 허물어진다.[17]

트로츠키의 연속혁명 이론에는 또 다른 중요한 요소가 있었다. 그것은 다가올 러시아 혁명의 국제적 성격이었다. 그는 러시아 혁명이 일국 수준에서 시작되겠지만 더 발전한 나라들에서 혁명이 승리해야 완성될 수 있다고 생각했다.

그러나 러시아 경제 상황에서 노동계급의 사회주의 정책이 어느 정도나 적용될 수 있을까? 우리가 확실하게 말할 수 있는 것은 하나밖에 없다. 노동계급의 사회주의 정책은 러시아의 기술적 후진성에 걸려 넘어지자마자 정치적 난관에 부딪칠 것이다. 유럽 프롤레타리아가 국가 차원에서 직접 지원하지 않으면 러시아 노동계급은 권력을 유지할 수 없고 자신의 일시적 지배를 영원한 사회주의 독재로 전화시킬 수도 없다. 이것은 잠시도 의심할 수 없다. 그러나 다른 한편으로 서구의 사회주의 혁명 덕분에 우리가 노동계급의 일시적 지배를 사회주의 독재로 직접 전화시킬 수 있을 것임도 의심할 수 없다.[18]•

러시아 혁명에 대한 트로츠키의 전망은 1917년에 의심할 여지없이 완전히 올바른 것임이 입증됐다. 멘셰비키와 관련해서 뿐 아니라 노동자·농민의 민주주의 독재에 관해 레닌이 1905~1916년에 내놓은 전망과 관련해서도 트로츠키가 옳았음이 입증됐다. 그러나 트로츠키는 미래의 사태 전개 양상에

• 트로츠키 이론의 이러한 측면은 1848년 독일 혁명에 대한 마르크스의 분석을 발전시킨 것이었다. 독일 혁명이 일어나기 전에조차 ≪공산당 선언≫은 독일의 "선진적 조건들"과 "발전한 프롤레타리아" 때문에 "독일 부르주아 혁명"은 "즉각 뒤따르는 프롤레타리아 혁명의 서곡일 뿐"이라고 예측했다. 그리고 1848년 혁명이 패배한 뒤에 마르크스는, 부르주아지가 반봉건 혁명을 수행할 능력이 없는 상태에 직면한 노동계급은 부르주아 혁명을 프롤레타리아 혁명으로 전화시키고 일국 혁명을 국제 혁명으로 전화시키기 위해 투쟁해야 한다고 말했다.

　　공산주의자동맹 중앙평의회(1850년 3월) 연설에서 마르크스는 다음과 같이 말했다. "민주주의적 프티부르주아지는 되도록 빨리 혁명을 끝내길 원하지만 …… 많건 적건 재산을 소유한 계급이 모두 지배자 자리에서 물러날 때까지, 프롤레타리아가 국가권력을 장악할 때까지, 프롤레타리아 연합이 한 나라에서뿐 아니라 세계의 모든 유력한 나라들에서 발전해 이 나라들의 프롤레타리아 사이의 경쟁이 종식되고 최소한 결정적 생산력이 프롤레타리아 수중에 집중될 때까지, 혁명을 연속적으로 하는 것이 우리의 관심사인 동시에 임무입니다." 마르크스는 다음과 같은 문구로 연설을 끝맺었다. "그들의(노동자들의) 투쟁 구호는 연속혁명이어야 합니다!"[19]

대한 명확한 전망을 가졌지만, 볼셰비즘과 멘셰비즘의 대립이 어떤 양상으로 발전할 것인가 하는 **구체적** 전망과 관련해서는 아주 잘못된 판단을 내렸다. 추상적 관점에서 보면 러시아 혁명이 부르주아 혁명일 것이라고 주장했다는 점에서 볼셰비키는 멘셰비키와 똑같은 잘못을 저질렀다. 트로츠키가 보기에 볼셰비키와 멘셰비키 모두 혁명으로 가는 길을 막는 걸림돌일 수밖에 없었다. 그래서 1909년 그는 로자 룩셈부르크가 발간하던 폴란드 마르크스주의 잡지 ≪프셰글라트 소치알 데모크라티치니≫에 실린 "우리의 차이"라는 글에서 다음과 같이 썼다.

> "우리의 혁명은 부르주아 혁명"이라는 추상적 관념에서 출발한 멘셰비키는 프롤레타리아가 국가권력을 자유주의 부르주아지한테 넘겨주기 위해 자신의 전술을 모두 자유주의 부르주아지의 행동에 맞춰야 한다는 사상에 도달하는 반면에, 볼셰비키도 마찬가지로 추상적 관념 ㅡ"사회주의 독재가 아니라 민주주의 독재"ㅡ 에서 출발해 권력을 장악한 프롤레타리아가 스스로 부르주아 민주주의의 한계를 설정한다는 사상에 도달한다. 이 문제에서 멘셰비키와 볼셰비키 사이에 상당한 차이가 있는 것은 사실이다. 멘셰비즘의 반혁명적 측면은 이미 확연히 드러났지만, 볼셰비즘의 반혁명적 측면은 승리할 경우에만 심각한 위협이 될 듯하다.[20]

그러나 트로츠키는 레닌을 잘못 판단했다. 앞에서 얘기했듯이, 레닌의 1905년 전망은 다가올 혁명이 부르주아 민주주의적 과제에 **머무른다**는 것을 포함하고 있었을 뿐 아니라 혁명의 내부 동력이 독립적 노동계급 행동에 있다는 것도 포함하고 있었다. 그래서 마침내 1917년 검증에 직면하자 볼셰비즘은 내부 투쟁을 거친 끝에 자신의 부르주아 민주주의적 껍데기를 벗어던졌다. 레닌은 제한된 강령을 가진 혁명군대라 하더라도 투쟁에서 진정으로 혁명적이고 독립적인 지도력을 발휘한다면 강령의 한계를 극복할 수 있다는 것을 발견했다. 일단 해 보면 알게 된다On s' engage, et puis …… on voit.

러시아 혁명에 대한 레닌의 전망에는, 혁명의 과제는 부르주아의 과제인데 반해 혁명의 지도력은 프롤레타리아가 장악해야 한다는 모순이 있었다. 첫째 요소는 볼셰비즘과 멘셰비즘 사이에 차이가 없지만, 둘째 요소는 근본으로 차이가 있다.

> 볼셰비키는 프롤레타리아가 민주주의 혁명에서 지도자 구실을 한다고 주장했다. 멘셰비키는 프롤레타리아의 임무를 "철저한 야당"으로 축소했다. 볼셰비키는 혁명의 계급적 성격과 계급적 의미를 적극 규정하고, 승리한 혁명은 "프롤레타리아와 농민의 혁명적 민주주의 독재"를 뜻한다고 주장했다. 멘셰비키는 언제나 부르주아 혁명을 그릇되게 해석해 프롤레타리아의 임무는 부르주아지한테 종속되고 의존하는 것이라는 생각을 받아들이는 쪽으로 기울었다.[21]
>
> 사회민주주의자들은 …… 프롤레타리아의 행동과 계급의식과 조직화에, 착취당하는 노동 대중 사이에서 프롤레타리아의 영향력에 전적으로 의존한다.[22]
>
> 프롤레타리아의 관점에서 보면 전쟁에서 헤게모니는 가장 정력적으로 싸우고, 적을 공격할 기회를 결코 놓치지 않고, 언제나 말과 행동이 일치하고, 그래서 민주주의 세력의 이념적 지도자가 되고, 모든 종류의 어중간한 정책들을 비판하는 사람이 쥐게 된다.[23]

부르주아 혁명에서 프롤레타리아의 독립성과 헤게모니를 향해 한 걸음만 더 가면, 혁명 과정에서 프롤레타리아가 부르주아 민주주의의 한계를 뛰어넘을 수 있다는 레닌의 주장으로 가게 된다. "민주주의 혁명으로 우리는 단숨에 우리 역량, 즉 계급의식을 갖춘 조직된 프롤레타리아의 역량에 정확히 비례

해 사회주의 혁명으로 이행하기 시작할 것이다. 우리는 중단 없는 혁명을 지지한다. 우리는 중간에 멈추지 않을 것이다."[24]

간단히 말해, 레닌은 혁명이 승리한 뒤 어떤 일이 벌어질까 하는 물음에 서로 다른 두 가지 대답을 내놓고 있다. 첫 번째 대답은 ≪두 가지 전술≫과 1905년에서 1907년 사이의 저작들에서 발견되는 것으로, 자본주의의 발전 시기가 있을 것이라는 것이다. 두 번째 대답은 다음과 같이 요약할 수 있다. 권력을 장악하자. 그러면 그 뒤 어떻게 되는지 알게 될 것이다.

트로츠키는 레닌의 견해를 오해했다. 왜냐하면 그는 레닌의 견해를 변증법으로 파악하지 않았기 때문이다. 우리는 레닌이 의존하고 있었고 만들고 있었던 동력 — 제정과 제정의 부속물인 자유주의 부르주아지에 맞서는 프롤레타리아의 투쟁, 농민의 지도자로서 프롤레타리아의 투쟁, 무장봉기를 주도하는 프롤레타리아, 권력 장악을 위해 투쟁하는 마르크스주의 정당 등 — 을 고려해야 한다. 이러한 혁명의 대수학代數學에서는, 레닌의 방정식에서 미지수로 표시된 불확실한 요소 — 혁명이 최소강령의 한계를 얼마나 많이 뛰어넘을 것인가 — 의 실제 값은 대체로 투쟁 자체의 동역학에 따라 결정될 것이다.

무엇보다도 트로츠키는 그림 같은 추상적 일반화를 할 수 있는 재능 때문에 잘못된 판단을 했다. 그는 서로 다른 강령의 측면뿐 아니라 강령 뒤에 숨어 있는 단련되고 조직되고 결속된 사람들의 측면에서도 볼셰비즘의 장점을 평가하지 못했다. 그래서 트로츠키가 쓴 1905년 혁명의 역사를 다룬 책을 보면, 볼셰비키나 레닌을 단 한 번도 언급하지 않는다는 것을 알 수 있다. 시간이 훨씬 많이 흐른 뒤 그는 다음과 같이 시인했다.

망명 시기에 두 분파 가운데 어느 분파에도 속해 있지 않았기 때문에, 나는 볼셰비키와 멘셰비키 사이의 이견과 더불어, 한편에는 단호한 혁명가들이 모여들고 있었고 다른 한편에는 갈수록 기회주의로 치닫고 현실에 순응해 가던 사람들이 모여들고 있었다는 아주 중요한 상황을 충분히 이해하지 못했다.[25]

레닌 자신이 십중팔구 1919년 이전에 ≪평가와 전망≫을 읽지 않았다는 사실 때문에 레닌과 트로츠키 사이의 오해가 더 증폭됐다는 점도 기억해야 한다. 1906년 초판은 경찰한테 압수당했다. 사실 레닌은 ≪평가와 전망≫을 여러 차례 거론했다. 그러나 그 책을 인용한 적은 없었다 ─ 레닌은 다른 사람의 주장을 반박하는 글을 쓰는 경우에 인용하고 또 인용하는 버릇이 있었다 ─ 는 사실로 미루어 보건대 그가 처음 읽은 것은 분명히 2판이었을 것이다.

결론을 얘기하면, 민주주의 독재라는 레닌의 추상적인 대수 공식이 실천에서 산수 언어로 바뀌었고, 거기에서 얻은 결론들은 노동계급을 지도하는 볼셰비키당이 한 모든 행동의 결과였다고 할 수 있다.

11 │ 반란을 일으킨 무지크

무대에 등장하는 농민

혁명의 결정적 투쟁은 도시에서 일어났지만, 이러한 투쟁들에 뒤이어 농촌 대중의 광범한 봉기가 일어났다. 1905년 봄이 지나가자 농민 투쟁이 농촌 전역에서 발전했다. 농민들은 지주의 토지를 점거하고 장원을 약탈하고 가축과 곡식을 빼앗았다. 한 역사가는 농민운동을 다음과 같이 묘사했다.

모스크바에서 남쪽으로 멀리 떨어져 있는, 토질이 척박한 지역에 쿠르스크 주州가 있는데, 이곳에서 혁명기 최초의 중요한 농민 봉기가 시작됐다. 1905년 2월 6일 밤 홀조브키 마을에서 커다란 소요가 있었다. 포포프라는 사람의 장원으로 이어지는 길에서 많은 사람들의 시끄러운 발걸음 소리와 삐꺽거리는 소리가 들려왔고, 그가 소유한 숲에서 나무 자르는 소리와 나무 쓰러지는 소리가 들려왔고, 그 뒤 마을로 돌아가는 듯한 사람들의 더 시끄러운 발걸음 소리가 들려왔다. 경비 병력이 도착했을 때는 이미 상황이 끝난 뒤였다. 농민들은 이미 나무를 대량으로 잘랐고, 이제 '경찰에 맞서 무장 저항'을 시작했다. 그러나 그 결과가 어땠는지는 연대기에 기록돼 있지 않다. 홀조브키의 소요는 주변 마을들로 확산됐다. 마치 사전에 무슨 계획이라도 있었던 것처럼 말이다. 실제로 경찰국은 다음과 같이 보고했다. 저녁이 되면 농민들은 행동 명령이 떨어지길 기다린다. 그러면 지평선 어디선가 행동 신호를 알리는 횃불이 타오르고 농민들은 커다란 함성을 지르고 무차별 사격을 가하면서 당일 밤에 약탈하기로 결정한 장원을 향해 돌격한다. 그런 다음 자신들이 기습한 장원에서 가져갈 수 있는 것은 무엇이든 닥치는 대로 몽땅 빼앗아 집으로 돌아간다. 군대가 농민 소요 지구로 투입됐으나, 농민 소요는 다른 4개 군郡으로 퍼져 군대는 소요를 진압할 수 없었다.[1]

1905년 여름 내내 27개 주 60개 군에서 농민 폭동이 있었다. 그해 10~12월에 47개 주 300개 군에서 농민 봉기가 일어났다.[2]

농민운동은 천대받은 중부 지역에서 가장 격렬했다. 그곳에서는 지주들의 저택과 재산이 완전히 파괴당했다. 파업과 보이콧은 주로 남부에서 일어났다. 그리고 농민운동이 가장 약했던 북부에서는 삼림 파괴가 가장 일반적인 운동 형태였다. 경제적 불만이 급진적인 정치적 요구들과 뒤섞이기 시작한 곳에서는 농민이 행정 당국을 인정하지 않고 조세 납부를 거부했다.[3]

가장 격렬했던 사건들은 1905년 말 사라토프 주에서 일어났다. 운동에 휩쓸린 마을에는 수동적 농민이 하나도 없었다. 지주들과 그 가족들은 자기 집에서 쫓겨났고, 농민들은 지주가 가진 동산을 모두 나누어 가졌고, 가축을 끌고 갔고, 일꾼들과 하인들은 자기 몫의 보수를 챙겼고, '붉은 닭'이 건물 지붕 위에 올라갔다(즉, 건물들이 불에 탔다). 무장 분견대가 이러한 공격을 실행하는 농민 '군대'를 이끌었다. 마을 경찰과 경비대는 아예 꼬리를 감추었고, 어떤 곳에서는 무장 농민한테 체포되기도 했다. 지주들의 저택은 불에

타서 지주는 나중에 자기 땅에 돌아올 수가 없었다. 그러나 폭력은 없었다.[4]

농민 봉기는 1905년 가을부터 1906년 가을까지 러시아 전역에서 계속됐다. 농민 봉기의 목표는 봉건 소유·생산 관계의 유산을 없애는 것이었다. 농업 문제는 오랫동안 러시아 국민 생활을 지배해 왔고, 농민 봉기도 오랫동안 끊임없이 일어났다. 역사와 전통이 있고 대중에게 널리 영향을 미친 혁명적 농민운동이 실제로 오래 전부터 존재했다.

농민은 동질적 계급이 아니라 모순된 계급들로 분화한 사회집단이었다는 것을 이해해야 한다. 즉, 농민은 부농(쿨락)과 중농, 그리고 빈농과 농업 노동자로 이루어진 계급이었다.

1905년 레닌은 유럽 러시아 농업 인구의 계급 분화를 다음과 같은 표로 나타냈다.[5]

	농가 수 (단위 : 100만 호)	전체 농지 (단위 : 100만 데샤친)	농가당 평균 보유 농지 (단위 : 데샤친)
봉건 착취로 피폐해진 농민	10.50	75.0	7.0
중농	1.0	15.0	15.0
농업 부르주아지와 자본가적 지주	1.5	70.0	46.7
봉건 장원	0.03	70.0	2333.0
합계	13.03	230.0	17.6
농가 종류에 따라 분류되지 않은 집단	—	50.00	—
총계	13.03	280.0	21.4

토지가 소수 지주들한테 몰려 있고 빈농 대중한테는 아주 적게 몰려 있는

이러한 기본적 분화 — 대지주 1인당 330명의 빈농 가족 — 가 농업의 엄청난 기술적 후진성, 농민 대중의 천대받고 짓눌리는 지위, 끝없이 다양한 봉건적 부역 착취의 밑바탕에 깔려 있었다.

부역 영농 체제에서 농민 분급지는 지주들이 노동력과 농기구와 가축을 값싸게 얻을 수 있는 수단이었다. 이러한 제도는 러시아 농업의 중심지였던 유럽 러시아의 중부 주州들에서 특히 널리 퍼져 있었다. 이 제도의 주된 특징은 노동지대였다. 노동지대의 형태 가운데 하나는 농민들이 여름에 하는 노동의 대가를 겨울에 미리 지급하는 것이었다. 겨울에 농민들은 현금이 무척 부족해 터무니없는 조건을 받아들일 수밖에 없었다. 또 다른 형태의 노동지대는 '복합 부역'이었다. 농민들은 복합 부역 아래서 — 돈을 위해서나 자신들한테 임대된 토지의 대가로 — 지주의 봄 작물 1데샤친과 지주의 겨울 작물 1데샤친, 때로는 목초지 1데샤친까지 자기 농기구와 말을 이용해서 경작했다.

농민이 분노를 터뜨리게 만든 주된 요인이었던 '절취지截取地'도 이와 비슷한 착취에 이용됐다. 지주들이 1861년 농노'해방' 기간에 훔친 절취지는 농민이 원래 보유한 토지의 5분의 1가량이었다. 게다가 농민한테서 빼앗은 토지는 가장 비옥한 토지였다. 농민은 초지와 목장을 빼앗기고 숲과 강을 이용할 수 있는 권리도 빼앗긴 셈이다. 또한 농민은 자신에게 분급된 토지의 값을 치르라는 요구도 받았다. 그래서 농민은 지주한테 노동을 제공하거나 분급지의 임대 가치를 상당히(50~70퍼센트씩이나) 초과하는 돈을 내야 했다. 농민이 이러한 의무에서 벗어나려면 토지의 시장가치를 초과하는 '상환금'을 내야 했다. 1905년에 와서 지주들은 상환 원금과 이자로 19억 루블을 손에 넣었는데, 이것은 이전 44년 동안 이루어진 루블화의 가치 하락을 고려하면 토지의 시장가치의 거의 3배나 되는 액수였다. 이러한 상환금을 낼 수 없는 농민은 더욱더 가혹한 멍에를 짊어져야 했다. 엎친 데 덮친 격으로 많은 농민들은 이제 '절취지'에서 일해야 했다.

농민의 분급지는 대개 여기저기 흩어져 있고 모양도 길고 좁다란 손바닥만한 농지들이었고 토질도 가장 나빴다. 토질이 가장 좋은 땅들은 1861년에 지주들이 몽땅 가로챈 터라 남아 있는 토지들은 황폐한 것들밖에 없었다.

이러한 속박의 사슬은 촌락공동체라는 제도 때문에 강화됐다. 이것은 토지의 공동 사용을 강요한 것이었다. 이것의 특징은 강제 윤작과 숲과 토지의 공동 사용이었다. 촌락공동체 제도의 주된 특징은 지주와 국가에 모든 종류의 부역과 세금을 집단적으로 제공할 의무, 분급지를 거부할 권리가 없는 상태에서 토지의 주기적 재분배, 분급지의 매매 금지였다. 대지주들은 촌락공동체를 이용해 봉건 억압을 강화하고 농민들한테서 토지 상환금과 여러 가지 명목의 세금을 짜냈다.

마르크스주의와 농민

러시아에서 마르크스주의 운동은 처음부터 농업 문제, 특히 농민문제가 대단히 중요함을 인식하고 있었다. 1885년 노동해방단이 발표한 러시아 마르크스주의자들의 첫 번째 강령 초안은 다음과 같이 요구했다.

> 우리 농업 관계, 즉 토지 상환 조건과 농민 부락에 토지를 분급하는 조건의 근본 수정. 농민이 분급지를 거부할 권리와 자신에게 부과되는 공동체에서 거주하는 것이 이롭지 않다고 생각하면 거기를 떠날 권리 등.[6]

강령이 말한 것은 이게 전부였다. 여러 해가 흐른 뒤 레닌은 다음과 같이 평가했다. "그 강령의 오류는 강령의 원칙이나 부분적 요구들이 틀렸다는 것이 아니다. 절대 아니다. …… 그 강령의 오류는 추상성, 즉 목표에 대한 구체적 관점이 없었다는 것이다. 정확히 말하자면 그것은 강령이 아니라 가장 일반적 언어를 사용한 마르크스주의 선언이다."[7] 그러나 그는 바로 다음과 같이 덧붙였다.

물론 이러한 잘못의 책임을 강령 작성자들한테 돌리는 것은 터무니없는 일일 것이다. 그들은 노동자 당이 결성되기 아주 오래 전에 최초로 일정한 원칙들을 마련한 사람들이기 때문이다. 그와는 반대로 러시아 혁명이 터지기 20년 전에 그 강령이 농노해방의 '근본 수정'이 불가피함을 인식하고 있었다는 점을 특별히 강조해야 한다.[8]

정치 생활 초기에 레닌은 농촌 생활을 자세히 연구했다. 그가 가장 먼저 쓴 글은 "농민 생활에서 새로운 경제 발전"이다. 레닌은 이것을 1893년 봄에 썼다. 1899년 그는 최초의 주요한 이론적 저작을 썼다. 감옥 생활을 하는 기간과 시베리아 유형 기간에 연구하고 쓴 이 저작은 ≪러시아 자본주의의 발전≫이었다. 이 저작은 러시아 농촌에서 자본주의 발전, 봉건 경제의 쇠퇴와 자본주의가 발전하는 동안 등장한 다양하고 복잡한 이행기 구성체들의 사례를 통해 뒷받침되는 탁월하고 철저한 분석에 3분의 2를 할애하고 있다. 이러한 이론적 연구는 러시아 마르크스주의자들이 농업 정책과 전략과 전술을 실천을 통해 발전시킬 수 있는 토대가 됐다.

레닌이 농업 강령을 정교하게 다듬으려고 노력해서 얻은 첫 번째 성과는 "노동자 당과 농민"(1901년)이라는 글이었다. 이것은 다소 거칠지만 러시아 사회민주노동당의 첫 번째 농업 강령이라 할 수 있다. 1903년 2차 당대회는 그 글을 농업 강령으로 채택했다. 농업혁명에 대한 중심 요구들은 다음과 같은 것들이었다.

상환금과 면역지대[부역 의무를 면제받는 대신 납부한 세금]의 즉시 완전 철폐,

제정 정부가 노예 소유주들의 탐욕을 채워 주려고 오랫동안 수많은 대중한테서 우려낸 것을 돌려주라는 요구 …… 빼앗긴 토지를 다시 농민들한테 돌려주기, 농민을 여전히 강제노동과 부역제에 묶어 놓는 조건의 철폐, 즉 농민을 사실상 농노제 상태에 묶어 놓는 조건의 철폐.[9]

2차 당대회에 제출할 농업 강령을 다듬는 과정에서 레닌은 농촌에서 모든 봉건 관계의 철폐를 겨냥한 지침들을 정식화했다.

첫째, 농업혁명은 틀림없이 러시아 민주주의 혁명의 일부가 될 것이다. 이 혁명의 내용은 반봉건적 속박 관계에서 농촌을 해방시키는 것이다. **둘째**, 혁명의 사회·경제적 측면에서 임박한 농업혁명은 부르주아 민주주의 혁명일 것이며 자본주의의 발전과 자본주의 계급 모순의 발전을 약화시키는 것이 아니라 촉진할 것이다.[10]

레닌이 한 번도 수정하지 않은, 논란의 여지없는 요구들 ─ 농민에 대한 신분 과세 폐지, 지대 인하, 토지를 마음대로 이용할 자유 ─ 외에 2차 당대회에서 채택한 농업 강령은 토지 상환금 환수와 절취지 환수를 요구하는 많은 조항들을 담고 있었다. 후자(강령 4조)가 핵심 요구였다. 그것은 봉건제의 유산 가운데 하나를 없애는 수단으로 옹호됐다.

울며 겨자 먹기 식으로 이루어진 우리나라 농노해방 때문에, 농민의 땅에서 절취한 토지들에 힘입어 농노 소유 형태의 농업이 오늘날까지 잔존하고 있는 곳에서는, 그곳이 어떤 곳이라 하더라도, 농민들은 이러한 잔재를 즉각 없앨 권리가 있으며, 심지어 몰수해서라도 '절취지를 환수'할 권리가 있다.[11]

그리고 레닌은 이 점을 반복해서 얘기하고 강조했다. "우리는 절취지 환수 요구가 현재 우리 농업 강령에서 제시할 수 있는 최고치라고 주장하고 실제로 그렇다는 것을 입증하기 위해 노력할 것이다."[12] 당시 그는 절취지 환수를 뛰어넘는 것은 그저 대규모 농업에 반대해 소규모 농업을 지지하는 것일 뿐이라고 주장했다.

일반으로 말해서, 소규모 농업과 소소유를 확대하는 것은 말할 것도 없고, 그것을 발전시키고 지지하고 확립하는 것은 사회민주당의 임무가 결코 아니다.[13]
일반으로 말해서, 소소유를 지지하는 것은 반동적이다. 왜냐하면 그러한 지지는 대규모 자본주의 경제를 거스르는 것이고, 그래서 사회 발전을 지연시키고 계급투쟁을 무디게 해 얼렁뚱땅 넘어가게 만들 것이기 때문이다. 그러나 이 경우에 우리는 자본주의에 반대해서가 아니라 농노 소유제에 반대해서 소소유를 지지해야 한다.[14]

토지국유화에 대해서는 어떤 견해였을까? 당시, 그러니까 1902년에 레닌의 태도는 명확했다. "토지국유화 요구는 원칙상 매우 타당하고 특정 순간에 아주 안성맞춤이지만 현재로서는 정치적으로 합당하지 않다."[15] 농업혁명의 목표가 봉건 관계를 깨끗하게 없애는 것이라면, 지주의 토지를 모두 몰수해서는 안 됐다. 특히 자본주의 농업과 임금노동 고용을 위해 사용되는 토지는 더 그랬다.

가뭄한테서 배우는 레닌

그러나 1905년 혁명에서 농민 봉기의 폭과 깊이는 레닌의 1903년 강령이 퍽 보수적인 것이었음을 밝히 드러냈다. 아주 재미있는 것은, 레닌이 당시에 농민의 정서를 알려고 열심히 노력했고, 절취지 환수 요구가 농민의 정서에 어울리는 것인지 알려고 가퐁 신부나 우연한 방문객인 마틴셴코라는 수병한테서까지 얘기를 들으려고 애썼다는 점이다. 크룹스카야는 레닌의 방에 앉아 있던 어떤 학생과 관련해 다음과 같은 얘기를 남기고 있다.

> 그 학생은 사회민주주의 강령이 옳은 이유를 설명하기 시작했다. 그는 요점을 하나하나 설명했다. 신출내기답게 아주 열심이었다. …… 그 젊은 친구는 강령을 계속 소리 내어 읽었다. 그때 가퐁과 마틴셴코가 들어왔다. 내가 그들한테 차를 갖다 주려는 순간, 그 젊은이는 농민에게 '절취지'를 돌려주는 문제를 다룬 구절을 읽기 시작했다. 모두 읽은 뒤 그는 농민이 절취지를 얻기 위한 투쟁 이상으로 나아갈 수 없다고 말했다. 그러자 가퐁과 마틴셴코는 벌컥 화를 내더니 다음과 같이 소리쳤다. "모든 토지를 민중에게!"[16]

이것은 레닌한테 커다란 인상을 주었음이 틀림없다. 왜냐하면 크룹스카야가 계속해서 다음과 같이 회상하고 있기 때문이다.

> 타메르포르스에서 열린 12월 협의회에서 일리치는 강령에서 농민 토지에 관한 이 내용을 완전히 삭제하자는 동의안을 제출했다. 그 대신에 지주 재산 몰수와 관청·교회 소유 토지, 수도원 사유지, 왕실 사유지의 몰수를 포함하는 농민의 혁명적 조치를 지지한다는 구절이 삽입됐다.[17]

레닌은 자신이 과거에 저지른 실수를 감추려 하지 않았다.

1903년 강령은 1885년 사회민주주의자들이 일반으로 공공연하게 얘기한 '수정'의 성격과 조건을 명확하게 규정하려 시도했다. 그러한 시도 — 절취지를 다룬 강령의 주요 항목에서 — 는 농노제와 속박을 통해서 착취에 이용되는 토지(1861년에 '절취된' 토지)와 자본주의 방식으로 이용되는 토지를 구분하는 가설에 바탕을 두고 있었다. 그러한 가설은 아주 잘못된 것이었다. 왜냐하면 실제로 농민 대중운동은 특정한 범주의 지주 토지를 겨냥한 것이 아니라 지주 체제 일반을 겨냥한 것이었기 때문이다.[18]

전국적인 대규모 — 규모가 워낙 커서 말로 표현하기가 어려울 정도다 — 농민운동의 경험이 없었다면 사회민주노동당의 강령은 구체적으로 될 수 없었을 것이다.[19]

1903년 우리 당 2차 대회는 처음으로 농업 강령을 채택했다. 그러나 당시 우리는 농민운동의 성격과 폭과 깊이를 가늠할 수 있는 경험이 없었다. 1902년 봄 남부 러시아에서 일어난 농민 봉기는 여전히 산발적으로 터져 나왔다. 따라서 농업 강령 초안을 작성할 때 사회민주주의자들이 어떤 제약을 받았는지 이해할 수 있을 것이다.[20]

1905년이 지난 뒤 이러한 협소함과 보수주의를 정당화하는 일은 결코 없었다. "현재 모든 토지 재산 몰수 요구를 거부하는 것은 분명히 명확한 형태를 취한 사회운동의 범위를 제약하는 것을 뜻할 것이다."[21]

볼세비키 타메르포르스 협의회(1905년 12월 12~17일)에서 레닌은 다음과 같은 결의안을 내놓았다.

협의회는 우리 당의 농업 강령을 다음과 같이 수정하는 것이 바람직하다고 주장한다. 절취지 조항을 삭제하고 그 대신에 모든 국가·교회 소유지와 수도원, 왕실, 개인의 사유지를 몰수하는 것을 포함하는 농민의 혁명적 조치를 당이 지지한다는 선언을 삽입해야 한다.[22]

토지국유화에 대해

레닌은 이러한 주장에서 출발해 농업 강령을 더 수정하자는 의견을 내놓았다. 모든 토지의 국유화라는 구호를 내놓은 것이다. 그는 1906년 3월에 쓴 팸플릿 ≪노동자 당의 농업 강령 수정≫에서 다음과 같이 말했다.

> 만약 …… 러시아에서 지금 진행되고 있는 혁명의 결정적 승리가 민중의 완전한 주권을 가져온다면, 즉 공화정과 완전히 민주주의적인 국가 체제를 수립한다면, 당은 토지의 사적 소유를 철폐하고 모든 토지를 전체 민중에게 공동재산으로 넘겨주기 위해 노력할 것이다.[23]

또한, 지주에 맞서는 농민운동의 힘은 레닌한테 1903년에 그가 자본주의 농업이 농촌에서 차지하는 비중을 과대평가했음을 일깨워 주었다. 봉건 관계는 당시 그가 추측한 것과 달리 단순한 잔재가 아니라 농촌 상황 전반에서 여전히 커다란 영향을 미치고 있었다. 그는 자신이 쓴 책인 ≪1905~1907년 1차 러시아 혁명에서 사회민주주의당의 농업 강령≫에서 이 점에 대해 다음과 같이 지적했다.

> 1903년에 우리가 채택한 절취지 강령의 오류는 …… 우리가 발전의 추세는 정확히 파악했지만 그러한 발전의 계기를 정확히 규정하지 않았다는 사실 때문이었다. 우리는 러시아에서, 즉 지주 경작과 농민 경작에서 자본주의 농업의 요소들이 이미 충분히 자기 모양새를 갖추었고(절취지와 그 부대 조건은 예외다. 그래서 우리는 절취지를 농민한테 돌려줘야 한다는 요구를 내걸었다) 이 때문에 강력한 농민 부르주아지가 창출된 듯했고 따라서 '농민의 농업혁명'은 일어날 수 없을 것이라고 생각했다. 이러한 잘못된 강령은 …… 러시아 농업에서 자본주의 발전 정도를 과대평가한 결과였다. 당시 우리가 보기에는

농노제의 잔재들은 사소한 듯했고, 농민 분급지와 지주 토지에서 이루어지는 자본주의 농업은 많이 성숙해 자리를 잡은 듯했다. …… 우리는 낡은 농업 체제의 잔재들과 맞서 싸운다는 부분적 목표를 낡은 농업 체제 전체에 맞서 싸운다는 목표로 바꿔서 그러한 잘못을 바로잡았다. 지주 경제를 축출한다는 목표 대신 지주 경제를 폐지한다는 목표를 세운 것이다.[24]

무지한 무지크한테서 배우는 레닌

혁명 기간인 1905~1907년에 레닌은 러시아 무지크한테서 배우는 것이 중요하다고 여겼다. 제정 두마의 왕당파 농민 의원조차 보수적 껍데기 깊은 곳에 사실은 혁명적 알맹이가 있음을 레닌한테 가르쳐 주었다. 레닌은 제정 두마에서 왕당파 우익 농민 의원인 스토르차크의 연설을 열렬히 환영하는 마음으로 인용했다.

스토르차크는 '신성한 재산권', 재산권 '침해' 용납 불가 등에 관한 니콜라이 2세의 말을 전부 되풀이하면서 연설을 시작한다. 그는 계속해서 이렇게 말한다. "황제 폐하의 만수무강을 기원합니다. 폐하의 말씀은 지당하십니다." …… 그리고 그는 이런 말로 연설을 끝맺는다. "그러나 폐하께서 정의와 질서가 있어야 한다고 말씀하셨는데, 그렇다면 저에게 3데샤친의 땅이 있고 제 옆에 3만 데샤친이 있다면 그것은 당연히 정의와 질서가 아닙니다."[25]

그리고 레닌은 다음과 같이 논평한다.

무지한 농민은 …… 태아만큼이나 순박하고 놀랄 만큼 정치적으로 무지하다. '질서', 즉 3만 데샤친 소유자들을 보호하는 무질서·불의와 제정의 관계가

그의 눈에는 보이지 않는다.[26]

스토르차크와 기본적으로 그와 견해가 같은 의원들 — 티토프 신부, 안드레이추크, 포포프 4세, 니크츄크 — 은 농민대중의 혁명 기질을 무의식적으로, 즉 자연스럽게 표현하면서도 자신들의 말과 제안이 뜻하는 바가 무엇인지 공개적으로 얘기하는 것은 물론 생각하는 것조차 두려워한다.[27]

계속해서 그는 두마에서 다른 농민 의원들이 한 연설을 인용한다.

토밀로프 : 우리 견해로는 "유일한 해결책은 …… 바로 이것입니다. 러시아의 모든 촌락공동체에서 전에 실시한 것과 비슷한 조사에 바탕을 두고 토지를 즉각 재분배해야 합니다. 이러한 조사를 통해서 1905년 11월 3일 현재 남성 인구수를 확정해야 합니다.

자나 깨나 농민의 꿈은 토지와 자유를 얻는 것입니다. 그러나 우리는 현 정부가 권력을 갖고 있는 한 토지 재산은 침해할 수 없다고 들어 왔습니다(중앙에서 여러 사람이 "사유재산이오"라고 외친다). 예, 사유재산이지요. 아니, 귀족의 재산이라 해야 맞겠지요(중앙에서 여러 사람이 "당신 재산도 귀족재산이야" 하고 외친다). 우리로 말하자면, 우리한테 할당된 분급지를 포기할 용의가 있습니다. …… 저는 어떤 마을에서든 농민은 자신의 분급지를 몽땅 포기하고 평등해질 용의가 있다고 말씀드리는 것입니다. 각료 대표의 연설도 사실은 이런 얘기입니다. 권력이 농민의 수중에, 일반으로 국민의 수중에 넘어가지 않는 한 농민은 토지도 정치적 자유도 얻지 못할 것입니다. 여러분의 솔직함에 감사드립니다. 이미 알고 있었지만 말입니다."[28]

페트로프 3세 : "여러분, 알렉세이 미하일로비치 통치 시대와 라진*이

----

* 스테판 라진은 러시아에서 봉건적 억압과 농노제에 대항해서 1667~1671년에 일어난 농민 봉기의 걸출한 지도자였다.

지도한 운동으로 자신의 의사를 표출한 농민의 저항을 기억하십시오(오른쪽에서 "어허!" 하는 소리). …… 민중은 1905년에 자신의 요구를 가장 강하게 내놓았습니다. 또한, 빈곤 때문에 사람들은 거리로 쏟아져 나와 자신에게 필요한 바를 긴급하게 요구했습니다. …… 모든 토지는 모든 민중의 평등한 소유로 전환해야 합니다. …… 그리고 노동 대중은 모든 토지가 자신들 손에 넘어오기 전까지는 편안한 세월을 보내지 못할 것임을 확신합니다. …… 저는 여러분이 끝없이 혼란스런 삶을 다시 한 번 보게 될 것이라고 절대적으로 확신합니다. 성서의 구절이 올바름이 입증될 것입니다. 칼로 일어선 자는 칼로 망하리라(오른쪽에서 웃음소리). 트루도비키 [농민] 그룹의 이상과 염원은 바뀌지 않았습니다. …… 우리는 …… 이렇게 말합니다. 모든 토지를 토지 경작자들에게, 그리고 모든 권력을 노동 대중에게!"

메르즐랴코프 : "토지는 토지를 경작하는 사람들이 가져야 합니다. …… 러시아에서는 어떤 토지 갈취도 있어서는 안 됩니다. 토지는 자기 노동으로 토지를 경작하는 사람들의 것이어야 합니다."[29]

농민 네치타일로의 발언 : "농민의 피를 마시고 농민의 뇌를 빨아먹은 사람들이 농민들더러 무식하다고 말합니다." 골로빈이 끼어들었다. 지주는 농민을 모욕할 수 있지만 농민이 지주를 모욕하면? …… "이 토지들은 민중의 것인데도, 우리는 토지를 사라는 말을 듣습니다. 아니 우리가 영국이나 프랑스나 다른 나라에서 건너온 외국인들입니까? 여기는 우리나라입니다. 무엇 때문에 우리가 우리 자신의 토지를 사야 합니까? 우리는 이미 피와 땀과 돈으로 토지의 대가를 10배 넘게 치렀습니다."

농민 키르노소프(사라토프 주)의 발언 : "요즘 우리는 토지 얘기만 하고 있습니다. 우리는 다시 토지는 신성불가침한 것이라는 말을 들었습니다. 제가 보기에 토지는 침해할 수 없는 것이 아닙니다. 민중이 원한다면 무엇이든 침해할 수 있습니다(오른쪽에서 "어허!" 하는 소리). 그래요, 어허!(왼쪽에서 박수 소리) 여러분, 당신들이 우리를 당신들 카드놀이의 내기거리로 이용하고 우리를 개와 맞바꾼다는 것을 우리가 모른다고 생각하십니까? 우리는 알고 있습니다. 그것은 모두 당신들의 신성불가침한 재산이었습니다. …… 당신들은 우리한테서 토지를 훔쳐 갔습니다. …… 저를 여기로 보낸 농민들은 이렇게 말합니다. 토지는 우리 것이다. 우리는 여기에 토지를 사러 온 게 아니라 가져가려고 왔다."

농민 바시유친(하리코프 주)의 발언 : "우리는 여기에서 각료회의 의장이라는 사람이 나라 전체를 대표하는 장관이 아니라 13만 지주를 대표하는 장관이라는 것을 알게 됐습니다. 그에게 9000만 농민은 아무것도 아닙니다. …… [오른쪽을 가리키며 ─ 지은이] 당신들은 착취자들입니다. 당신들은 자기 토지를 아주 비싼 지대를 받고 임대해 주고 농민의 살갗을 산 채로 벗기고 있습니다. …… 정부가 민중의 욕구를 충족하지 못하는 날에는 민중이 토지를 빼앗을 것이라는 점을 알아두십시오. …… 저는 우크라이나인입니다. [그는 예카테리나 여왕이 포텐킨에게 농노 2000명이 딸린 2만 7000데샤친의 작은 장원을 선물했다는 사실을 회고한다 ─ 지은이] …… 전에 토지는 데샤친당 25루블에서 50루블 사이에 팔렸습니다. 그러나 지금은 데샤친당 지대가 15루블에서 30루블 사이이고 목초지 지대는 35루블에서 50루블 사이입니다. 저는 그것을 벗겨 먹기라 부릅니다(오른쪽에서 "뭐라구? 벗겨 먹기?" 하는 소리와 웃음소리). 그렇습니다. 흥분하지 마세요(왼쪽에서 박수). 저는 그것을 농민의 살갗을 산 채로 벗기는 것이라 부릅니다."[30]

레닌은 농민 의원들의 연설을 다음과 같이 평가했다.

[그들은] 농민대중의 투쟁 정신을 거리낌 없이 표현하고 있다. …… 자신들의 견해가 대중의 정서와 열망을 직설적이고 놀랄 만큼 정확하고 생생하게 전달

하고 있다고 말하는 트루도비키 농민들의 연설은 강령들을 뒤섞어 놓고 있다 (일부는 농민 42명의 청원에 동조한다고 말하고, 다른 의원들은 카데츠한테 동조한다고 말한다). 그러나 그들의 연설은 깊숙한 내면의 감정을 어떤 강령보다 더 강력하게 표현하고 있다.[31]

레닌은 더 나아가 사회민주주의 노동자 의원들의 연설보다 농민 의원들의 연설에서 훨씬 더 강력한 혁명적 열정을 발견했다.

2차 두마에서 혁명적 농민들이 한 연설을 혁명적 노동자들의 연설과 비교해 보면, 다음과 같은 차이가 있는 것에 놀랄 것이다. 전자는 훨씬 더 자발적인 혁명적 정신과 지주 체제를 즉시 파괴하고 새로운 체제를 즉시 건설하고자 하는 뜨거운 열망이 배어 있다. 농민은 당장 적에게 달려들어 적을 목 졸라 죽이려 애쓰고 있다.[32]

레닌은 교조주의에서 완전히 자유로웠고 대중운동의 맥박을 느끼고 있었다. 비록 그 맥박이 왕당파 농민의 가슴속에서 뛰는 것이었을지라도 말이다!

볼셰비키, 멘셰비키, 농민

2차 두마 선거 기간에 사회민주주의 양대 분파, 즉 볼셰비키와 멘셰비키는 카데츠와 동맹할 것인지 아니면 카데츠에 반대해 트루도비키*와 동맹할 것인지를 둘러싸고 격렬하게 투쟁했다.

일찍이 1892년 플레하노프는 러시아 농민은 서구의 농민과 마찬가지로

---

* 나로드니키의 정당.

근본으로 보수 집단이라고 주장한 바 있다. "부르주아지와 프롤레타리아를 제외하면, 우리나라에서 야당이나 혁명 단체가 지지를 얻을 수 있는 사회 세력은 없다고 본다."[33]

≪기근에서 사회주의자들의 임무≫라는 팸플릿에서 플레하노프는 다음과 같이 썼다.

프롤레타리아와 무지크는 진정한 정치적 상극이다. 프롤레타리아의 역사적 임무는 혁명적인 반면에 무지크의 역사적 임무는 보수적이다. 동양 전제주의가 수천 년 동안 요지부동이었던 것도 농민에 기초한 덕분이었다. 프롤레타리아는 비교적 짧은 시간에 서구 사회의 토대를 모두 뒤흔들어 놓았다. 그리고 러시아에서 프롤레타리아의 발전과 정치교육은 서구에서 그랬던 것보다 비교할 수 없을 만큼 아주 빠르게 진전되고 있다.[34]

이런 식의 주장은 한편으로는 자유주의 정당 — 카데츠 — 그리고 다른 한편으로는 농민 정당 — 트루도비키 — 에 대한 멘셰비키의 태도에 영향을 미쳤다.

멘셰비키 콜초프는 트루도비키와 동맹을 맺는 것에 반대하고 카데츠와 동맹을 맺자는 주장을 다음과 같이 내놓았다.

사회민주주의자들은 누구와 더 많이 접촉할 것인가? 도시 민주주의와 할 것인가 아니면 농촌 민주주의와 할 것인가? 사회민주주의는 문화적·종교적·민족적, 그 밖의 다른 편견들에 맞서는 투쟁에서 누구의 지지를 더 빨리 받을 수 있는가? 누가 생산력을 해방시킬 조처를 모두 더 빨리 지지할까? 사회민주주의 정책에서 기본인 이러한 질문들을 제기하는 것이 필요하다. 왜냐하면 그렇게 해야 비로소 해답 자체가 명확해지기 때문이다. 부르주아지의 혁명적 구실에 관한 ≪공산당 선언≫의 모든 주장은 19세기와 마찬가지로 20세기에도 여전히 진실이며, 영국에서 들어맞았듯이 러시아에서도 여전히 들어맞는다. …… 농촌 민주주의로 말하자면, 농촌 민주주의는 혁명을 향해 질주할 때조차 낡고 닳아빠진 생산양식과 사회조직을 방어하기 십상일 것이다.[35]

레닌은 이러한 주장을 다음과 같이 반박했다.

당의 볼셰비키 분파는 자유주의자들을 대공업의 대변자들로 간주한다. 왜냐하면 자유주의자들은 프롤레타리아를 두려워해 혁명을 될 수 있는 대로 빨리 끝내려 애쓰고 있고 반동 세력과 타협하고 있기 때문이다. 볼셰비키 분파는 트루도비키를 혁명적 프티부르주아 민주주의자들로 간주하고 그들이 농민에게 중요한 토지 문제, 즉 토지 재산 몰수 문제에 대해 급진적 태도를 취하는 쪽으로 기울어 있다고 본다. 이것은 볼셰비키 전술을 설명해 준다. 볼셰비키는 배신이나 일삼는 자유주의 부르주아지, 즉 카데츠를 지지하기를 거부하고 민주주의적 프티부르주아지를 자유주의자들의 영향권에서 떼어내려고 최선을 다한다. 볼셰비키는 농민과 도시 프티부르주아지를 자유주의자들한테서 떼어내 프롤레타리아를 따라, 전위를 따라 혁명 투쟁을 수행하게 하려 한다.[36]
　어느 카데츠 당원은 우익 농민이 카데츠보다 더 좌익이라고 말했다. 맞다. 농업 문제에서 1~3차 두마의 '우익' 농민들은 모두 카데츠보다 더 좌익이었고, 그래서 사실은 계급적 타산을 하면서 군주주의자 행세를 하는 자유주의 사업가들의 군주주의와 달리 무지크의 군주주의는 사라져 가는 순진함일 뿐이라는 것을 입증해 보였다.[37]

반봉건 민주주의 혁명에서 레닌은 프롤레타리아 당과 프티부르주아 농민 민주주의 정당의 동맹을 옹호했다.

혁명적 민주주의 정당들과 조직들(사회혁명당, 농민연합, 반쯤은 노동조합이고 반쯤은 정치 단체인 일부 조직 등)은 광범한 농민대중과 프티부르주아 대중의 이해와 관점을 가장 명확하게 표현하고, 지주 체제와 반봉건 국가에 강력하게 저항하고, 민주주의를 위해 일관되게 노력하며, 사실상 부르주아 민주주의적인 자신들의 목표를 다소간 희미한 사회주의 이념으로 색칠한다. 사회민주당은 이들 정당들과 투쟁 협정을 맺는 것이 가능하고 필요한 것이라고 보면서도 동시에 그러한 정당들의 사이비 사회주의 성격을 폭로하고 프롤레타리아와 소자산가 사이의 계급 대립을 은폐하려는 그들의 시도에 맞서 싸운다.[38]

레닌이 토지국유화 구호를 부르주아 민주주의 혁명을 뛰어넘는 것으로 보지 않았다는 것을 먼저 명확히 하고 넘어가자. 그는 러시아 농촌에서 자본주의로 가는 길이 두 개가 있다고 설명한다. 첫째 길은 봉건 잔재 때문에 가로막혀 왜곡된 길 ― 레닌은 이것을 프로이센식 길이라고 불렀다 ― 이고, 둘째 길은 농노제의 모든 잔재에서 자유로운 길 ― 레닌은 이것을 아메리카식 발전의 길이라고 불렀다 ― 이다.

첫째 경우에 봉건 지주 경제는 부르주아 융커 지주 경제로 완만하게 발전한다. 융커 지주 경제는 농민을 수십 년 동안 가장 비참한 박탈과 속박 상태로 밀어 넣는다. 그와 동시에 소수의 대농大農이 성장한다. …… 생산력 발전(사회 진보의 최고 척도)을 촉진하려면 우리는 지주형 부르주아적 발전이 아니라 농민형 부르주아적 발전을 지지해야 한다. 전자는 속박과 농노제의 완전한 보존(부르주아 방식을 다시 따르는), 생산력의 느린 발전, 자본주의 발전의 지연을 뜻한다. 그것은 광범한 농민 대중한테 무척 커다란 참상·고통·착취·억압을 뜻하는 것이고, 결국 프롤레타리아에게도 그럴 것이다. 둘째 유형은 가장 **빠른** 생산력 발전을 뜻하고 농민 대중에게는 (상품생산 아래서) 가능한 최고의 생존조건을 뜻한다. 러시아 부르주아 혁명에서 사회민주주의의 전술은 기회주의자들의 생각과 달리 자유주의 부르주아지를 지지하는 과제가 아니라 투쟁하는 농민을 지지하는 과제에 따라 결정된다.[39]

혁명가들은 러시아를 아메리카식 길을 따라 이끌고 가는 것을 목표로 삼아야 한다. 따라서 혁명가들은 봉건제의 잔재를 없애는 가장 극단적이고 철저한 방법으로서 토지국유화를 지지해야 한다. "러시아 혁명에서 토지를 위한 투쟁은 자본주의의 발전이라는 혁신된 길을 위한 투쟁일 뿐이다. 그러한 혁신의 일관된 구호는 토지국유화다."[40]

레닌은 자신의 테제를 뒷받침하려고 마르크스를 언급한다. 마르크스는 "1848년 독일 부르주아 혁명 시기에, 그리고 자신이 당시에 '산업' 발전을 이제 겨우 시작하고 있을 뿐이라고 가장 정확하게 지적한 미국과 관련해 1846년에, 토지국유화의 가능성을 인정했을 뿐 아니라 때로는 직접 주장하기도 했다."[41]

2년 뒤인 1908년 레닌은 이러한 견해를 다음과 같이 되풀이했다.

토지국유화가 사회주의와, 심지어 평등한 토지 소유와 조금이라도 공통점이 있다고 생각하는 것보다 더 어리석은 생각은 없다. 익히 알다시피 사회주의는 상품경제의 폐지를 뜻한다. 반면에 국유화는 토지를 국가 소유로 전환하는 것을 뜻하며, 그러한 전환은 사적 경작에 전혀 영향을 미치지 않는다.[42]

토지국유화 : 사회주의로 가는 첫걸음?

레닌은 토지국유화가 부르주아 혁명의 일부이자 단편인 이유를 상세하게 설명했다. 예컨대, 그는 1907년 11~12월에 쓴 ≪1905~1907년 1차 러시아 혁명에서 사회민주주의당의 농업 강령≫에서 다음과 같이 말하고 있다.

혁명적 국유화 시기가 지나가면 자본주의의 필요에 맞는 새로운 농업 관계를 최대한 굳게 다지려는 열망 때문에 분배 요구가 터져 나올 수도 있다. 그러한 요구는 사회의 나머지를 희생해 자신의 소득을 늘리려는 **특정** 토지 소유자들의 열망 때문에 터져 나올 수도 있다. 마지막으로 그러한 요구는 프롤레타리아와 반프롤레타리아 계층을 '진정시키고자 하는' 열망(또는 간단히 말해, 억누르려는 열망) 때문에 터져 나올 수도 있다. 왜냐하면, 그들한테는 토지국유화가 사회적 생산 전체의 사회화 '욕구를 자극'할 요소가 될 것이기 때문이다.[43]

러시아에서 중세의 잔재를 철저하게 일소할 수 있는 것은 아무것도 없다. 아시아적 반쇠퇴 상태에 있는 농촌 지역을 철저하게 쇄신할 수 있는 것은 아무것도 없다. 농업 발전을 빨리 촉진할 수 있는 것은 아무것도 없다. 국유화만이 이런 일들을 할 수 있다. 혁명에서 농업 문제와 관련해 다른 해결책을 쓴다면 경제 발전에 불리한 환경이 조성될 것이다.

혁명 시기에 국유화의 도덕적 중요성은 프롤레타리아가 '사적 소유의 한 형태'에 일격을 가하는 데 도움이 된다는 것이다. 그리고 이러한 공격은 틀림없이 세계 도처에서 반향을 얻을 것이다.[44]

그러나 토지국유화는 부르주아 혁명의 일부인 동시에 계급 세력 관계의 변화에 따라 농촌에서 사회주의를 위한 투쟁의 발판이 될 수도 있다. 1917년 9월 ≪사회민주주의당의 농업 강령≫ 2판(1908년 초판은 경찰한테 압수당했다) 후기에서 레닌은 이렇게 썼다. "토지국유화는 부르주아 혁명의 '마지막 결론'일 뿐 아니라 사회주의로 가는 한 걸음이기도 하다."[45]

레닌은 러시아 혁명에 대한 모든 예측에서 결코 교조적이지 않았고, 혁명이 부르주아적 한계를 뛰어넘어 즉시 중단 없는 사회주의 투쟁으로 나아가도록 최대한 밀어붙일 태세가 돼 있었다.

프롤레타리아 대 농민

레닌은 당의 농업 정책을 발전시키는 과정에서 주로 다음과 같은 두 가지를 중심에 놓고 사고했다. 첫째, 노동계급이 농민을 지도해야 한다. 둘째, 노동자 당은 독립성을 유지해야 하고 농민과 명확히 분리돼 있어야 한다.

> 프롤레타리아는 혁명적 농민을 지지하는 동안에도 자신의 계급적 독립성과 고유한 계급적 목표들을 한시도 잊어서는 안 된다. 농민운동은 다른 계급의 운동이다. 그것은 프롤레타리아의 투쟁이 아니라 소소유자들이 벌이는 투쟁이다. 농민운동은 자본주의 토대에 반대하는 투쟁이 아니라 자본주의의 토대에서 농노제의 잔재를 모두 쓸어내기 위한 투쟁이다.[46]
>
> 우리는 농민운동을 끝까지 지지한다. 그러나 우리는 그것이 다른 계급의 운동이며 사회주의 혁명을 가져오거나 가져올 수 있는 혁명이 아니라는 것을 기억해야 한다.[47]
>
> 농민은 프롤레타리아의 주도력과 지도가 없으면 속 빈 강정이다.[48]

레닌은 트루도비키와 사회혁명당의 연합 형태로 독립적 농민 정당이 발전할 가능성에 대해 논의했다. 그러나 그는 그러한 당이 안정적일지 그리고 동질적일지 의심했다.

지금 단계에서는 어느 누구도 러시아에서 부르주아 민주주의가 미래에 어떤 형태를 취할 것인지 말할 수 없다. 카데츠가 파산하면 농민 민주주의 정당이 진정한 대중정당의 모양새를 갖추고 형성될 수도 있다. 그리고 그러한 당은 과거에도 테러 조직이었고 지금도 여전히 테러 조직인 사회혁명당 같은 조직은 아닐 것이다. 또는, 프티부르주아지가 정치적으로 통일되기 어렵기 때문에 농민 민주주의 대중정당이 형성되지 못할 수도 있고, 앞으로도 오랫동안 농민 민주주의는 지금처럼 느슨하고 무정형의 젤리 같은 트루도비키 일당과 같은 상태에 있을 수도 있다.[49]

분명히 트루도비키는 아주 일관된 민주주의자들은 아니다. (사회혁명당을 포함해) 트루도비키는 의심할 여지없이 자유주의자들과 혁명적 프롤레타리아 사이에서 동요한다. 그러한 동요는 결코 우연이 아니다. 그것은 소생산자들의 경제조건이라는 본질 자체에서 비롯하는 불가피한 결과다. 한편으로 소생산자는 억압당하고 착취당한다. 소생산자는 이러한 처지에 맞서는 투쟁, 민주주의를 위하고 착취를 폐지한다는 이상을 위한 투쟁에 무의식적으로 나서게 된다. 다른 한편으로 소생산자는 소유자다. 농민 속에는 소유자 근성이 도사리고 있다. 오늘 없으면 내일이라도 있게 마련이다. 농민을 프롤레타리아와 대립하게 하고, 농민 마음속에 부자가 되고 싶어하고 부르주아가 되고 싶어하며 자신의 토지와 퇴비 더미 위에 앉아서 사회와 떨어져 있고 싶어하는 열망을 창출하는 것도 소유자 근성, 즉 소유주 근성이다.[50]

농민 가운데 민주주의자들은 …… 굳건한 조직을 만들 수 없다.[51]

너무 틀렸기도 하고 너무 옳기도 했다

1917년의 승리는 러시아 혁명에 대한 레닌의 견해가 두 가지 점에서 틀렸음을 입증해 보였다. 러시아 혁명이 부르주아 혁명일 것이라는 주장과 토지국유화가 더 폭넓고 빠른 자본주의 경제 발전의 발판 구실을 할 것이라는 주장이 바로 그것이다. 그렇다면 레닌은 어떻게 1917년 혁명의 승리에서 그렇게 결정적 구실을 할 수 있었을까? 이러한 물음에 대해 기본적으로 우리는 레닌의 잘못된 전망에조차 프롤레타리아 혁명의 승리로 곧장 이어지는 전략과 전술의 핵심이 담겨 있었다는 말로 대답할 수 있다.

우리 혁명이 경제적 내용에서 부르주아 혁명(이것은 의심의 여지가 있을 수 없다)이라 하더라도, 거기에서 부르주아지가 지도적 구실을 하고 부르주아지가 바로 혁명의 동력이라는 결론을 이끌어 내서는 안 된다. 대체로 플레하노프와 멘셰비키가 주장하는 그러한 결론은 마르크스주의를 속류화하는 것이고 우스꽝스럽게 만드는 것이다. 부르주아 혁명의 지도자는 공장주, 상인, 법률가 등과 연합한 자유주의 지주이거나 아니면 농민 대중과 연합한 프롤레타리아일 것이다. 양쪽 경우에 혁명의 부르주아적 성격은 그대로 유지되지만 혁명의 전망, 혁명이 프롤레타리아에게 얼마나 이로울지, 혁명이 사회주의에 (즉, 무엇보다도 생산력의 빠른 발전에) 얼마나 이로울지는 그 두 가지 경우에 완전히 다르다.

이런 얘기를 통해서 볼셰비키는 부르주아 혁명에서 사회주의 프롤레타리아의 기본 전술을 이끌어 낸다. 다시 말해 볼셰비키는 민주주의적 프티부르주아지와 함께 투쟁하면서도, 자유주의자들과 떨어져 있고 자유주의 부르주아지의 불안정성을 마비시키고 토지 소유를 비롯한 농노제의 모든 잔재를 완전히 폐지하기 위한 대중투쟁을 발전시킨다.[52]

레닌은 혁명의 성격이 부르주아 민주주의 혁명이라 하더라도 농민은 위에서, 심지어 미래의 제헌의회같이 혁명으로 탄생한 전국적 기구에서 구원의 손길이 내려오길 기다리지 않고 독립된 지역 투쟁 조직을 창출해서 최대의 주도력과 민주주의를 반드시 보여 줄 것이라고 주장했다.

오늘날 러시아에서 피할 수 없는 농업 개혁이 혁명적 민주주의 구실을 하게 하는 길은 하나밖에 없다. 지주와 관료와 국가를 아예 무시하고 농민 스스로 혁명적 주도력을 행사해 농업 개혁을 실행해야 한다. 즉, 혁명적 수단으로 농업 개혁을 실행해야 한다. …… 그리고 이것이 우리가 혁명적 농민위원회 결성을 최우선 요구로 내걸면서 제시하는 길이다.[53]

마르크스는 파리코뮌을 겪은 뒤 다음과 같이 주장했다. "노동계급은 단순히 기존 국가기구를 인수해서 자신의 목적에 맞게 사용할 수 없다." 프롤레타리아는 "기존 국가기구를 분쇄해야 한다. 이것이 모든 진정한 민중 혁명의 전제조건이다." 레닌은 마르크스의 이러한 주장을 그대로 되풀이해서 다음과 같이 주장했다. "농민은 구체제와 상비군과 관료제를 폐지하지 않고는 농업 혁명을 수행할 수 없다. 왜냐하면 이 모든 것은 지주 체제의 가장 믿을 만한 받침돌이고 지주 체제와 수천 갈래로 얽혀 있기 때문이다."[54]

게다가 혁명은 부르주아 민주주의 혁명일 뿐이지만 그래도 국제적 성격을 갖고 있었다.

러시아 혁명은 자신의 노력으로 승리를 얻을 수 있지만, 자신의 힘만으로는 혁명의 성과를 단단하게 다질 수 없을 것이다. 러시아 혁명은 서구에서 사회주의 혁명이 일어나지 않는다면 이런 일을 성취할 수 없다. …… 민주주의 혁명이 완전히 승리한 뒤 소소유자는 불가피하게 프롤레타리아와 대립할 것이다. 그리고 프롤레타리아와 소소유자의 공동의 적인 자본가, 지주, 금융 부르주아지 등이 빨리 타도될수록, 이런 일도 그만큼 빨리 일어날 것이다. 우리 민주공화국은 서구의 사회주의 프롤레타리아 말고는 다른 예비 자원이 없다.[55]

자유주의 부르주아지에 대한 무자비한 투쟁, 동요하는 농민 정당에 대한 불신과 농민 정당으로부터의 독립성, 농민에 대한 직접 행동 요구, 낡은 관료 경찰 국가기구 분쇄를 위한 투쟁, 혁명의 국제적 성격 강조 등 1905~1907년 혁명에 뿌리를 둔 이런 사상들은 모두 1917년 혁명의 승리를 낳은 정책들의 핵심이었다. 그러한 사상들을 감싸고 있던 부르주아 민주주의의 외피들은 다가올 투쟁의 폭풍 속에서 모두 벗겨졌다. 불행하게도 1905년과 그 뒤 레닌이 내놓은 정책들의 일관된 혁명적 알맹이와 그 부르주아 민주주의적 껍질 사이의 모순은 레닌이 러시아에 돌아와 '고참 볼셰비키'의 공식을 비판하기 이전인 1917년 2월 혁명 이후 몇 주 동안 당을 위기에 빠뜨리고 볼셰비키 지도부를 마비시키는 요인이 됐다.

12 | 예행총연습

1905년 혁명은 비록 패배로 끝나긴 했어도 서로 다른 사회계급의 이해와 목표, 각각의 장점과 약점, 러시아 사회에서 그들이 각각 차지하는 중요성, 그들 사이의 관계 변화를 드러내는 데 매우 중요했다. 또한 1905년 혁명은 기존의 주요 정당들한테 마지막은 아닐지라도 철저한 검증의 기회였다.

레닌이 보기에 혁명과 쇠퇴의 시기, 즉 1905~1907년은 수많은 사람들이 경험을 얻고 교훈 ― 민중의 가슴과 머릿속에 피와 살이 돼 자리 잡을 ― 을 배울 수 있는 커다란 기회였다.

계급과 당의 진정한 성격이 명확하게 드러났다. 이 시기에 모든 정당들은 "맹아적 발전 단계"에 종지부를 찍었다.

이 시기에 처음으로 계급들은 공공연한 정치투쟁을 통해 명확하게 분열했고 제 형태를 갖추었다. 지금 있는 정당들은 …… 지난 3년 동안 이전 반세기 동안보다 백 배나 더 성숙한 계급들의 이해와 관점을 전례 없이 정확하게 표현하고 있다.[1]

먼저 모든 '집단'의 본질이 드러났다. 자유주의자들은 자신들의 본색을 드러냈다.

혁명 이전의 이른바 자유주의 '집단'과 자유주의 나로드니키 '집단', 또는 전체 '국민'의 대변자이자 동시에 '계몽된' 집단 — 통합돼 있고 동질적이며 젬스트보와 대학과 모든 '품위 있는' 언론 등에 퍼져 있는 듯한 광범한 부유층 귀족과 지식인 반대파 집단 — 은 혁명 속에서 자신들이 부르주아지의 이데올로그이자 지지자임을 드러내 보였고, 사회주의적 프롤레타리아와 민주주의적 농민의 **대중투쟁**과 관련해서는 반혁명적이라고 이제 누구나 인정할 수 있는 관점을 받아들였다.[2]

격변들로 말미암아 무엇보다도 혁명에서 프롤레타리아가 하는 구실이 드러났다.

혁명 내내 그리고 시위와 봉기에서 '의회' 활동에 이르기까지(연대순으로 따져서) 이 시기 전체를 살펴보면 모든 투쟁 현장에서 프롤레타리아 대중의 지도적 구실은 모든 사람이 알 수 있을 만큼 명백하게 드러났다.[3]

혁명은 거대한 대중 학교였다.

수많은 대중이 '총파업', 지주 축출, 지주 저택 방화, 공공연한 무장봉기를 포함해 가장 다양한 형태로 진정으로 대중적이고 직접적인 혁명 투쟁의 실천적 경험을 얻었다.[4]

최상의 교육은 투쟁을 통해 이루어진다. 1917년 1월 9일 취리히에서 열린 젊은 노동자들의 집회에서 1905년 혁명을 주제로 연설하면서 레닌은 다음과 같이 말했다.

부르주아 신사 계급과 그들의 무비판적 지지자들, 사회개혁주의자들이 유식한 체하며 대중 '교육'에 대해 얘기할 때, 대개 그들이 하는 얘기는 따지고 보면 학교교육을 통해 많은 지식을 얻자는 것이다. 사실 그것은 대중의 사기를 떨어뜨리고 대중한테 부르주아 편견들을 심어주는 것이다.

진정한 대중 교육은 대중의 독립적인 정치투쟁, 특히 혁명 투쟁과 결코 떨어질 수 없는 것이다. 투쟁만이 착취당하는 계급을 교육한다. 투쟁만이 착취당하는 계급한테 자신이 얼마나 커다란 힘이 있는지 분명하게 가르쳐 주고, 계급의 시야를 넓혀 주고, 계급의 능력을 강화해 주고, 계급의 정신을 맑게 하고, 계급의 의지를 형성한다.[5]

1905년 1월 22일의 역사적 의미는 바로 거대한 민중이 정치의식과 혁명 투쟁을 자각했다는 데 있다.[6]

비록 노동자들이 혁명의 승리를 얻지는 못했지만, 혁명은 노동자들을 얻었다.

러시아 프롤레타리아는 3년[1905~1907년 — 지은이]에 걸친 투쟁 과정에서 영웅적으로 투쟁한 덕분에 다른 국민이 수십 년이나 걸려서 얻은 성과들을 자신과 러시아 민중에게 갖다 주었다. 러시아 프롤레타리아는 배신이나 일삼고 경멸당해 마땅한 무능한 자유주의의 영향력에서 노동 대중을 해방시켰다. 러시아 프롤레타리아는 사회주의를 위한 투쟁의 전제조건으로서 자유와 민주주의를 위한 투쟁에서 지도권을 획득했다. 러시아 프롤레타리아는 억압당하고 착취당하는 모든 계급에게 혁명적 대중투쟁 능력을 갖다 주었다. 그런 투

쟁은 세계 어느 곳에서나 인류가 중요한 진보를 획득할 때마다 반드시 필요한 요인이었다.[7]

노동자 대중은 1905년을 결코 잊지 않을 것이었다.

그저 기다려라, 그러면 1905년은 다시 올 것이다. 바로 그것이 노동자들이 사태를 바라보는 방식이다. 그들한테는 투쟁의 그해가 무엇을 해야 하는가를 보여 준 본보기였다. 지식인과 배신이나 일삼는 프티부르주아지한테 1905년은 '광란의 해'였고 무엇을 하지 말아야 하는가를 보여 준 본보기였다. 프롤레타리아가 혁명의 경험을 자세히 연구해 비판적으로 수용하는 것은, 당시 사용했던 투쟁 방법을 더 성공적으로 적용해 똑같은 10월 파업 투쟁과 12월 무장봉기를 더 규모가 크고 더 집중되고 더 의식적인 것으로 만드는 방법을 배우는 것이다.[8]

　패배한 군대가 잘 배운다는 말이 있다. …… 혁명 초기와 대중 혁명 투쟁이 역전되는 초기에 획득한 의심의 여지없는 한 가지 성과가 있다. 그것은 대중이 전에 보였던 온건함과 연약함을 최종으로 날려 버린 것이다. 분리선이 더욱 명확해졌다. 계급과 당들 사이에 골이 패였다.[9]

혁명을 통해 주요 정당들은 모두 영속적인 틀을 갖추게 됐고, 그 틀은 투쟁의 부침으로도 결코 바뀌지 않을 것이었다.

직접적인 혁명 투쟁 시기에는 계급 집단들의 깊고 지속적인 토대가 형성되고, 거대 정당들로 분열하는 사태가 벌어진다. 그리고 이러한 상황은 심지어 아주 오랜 기간의 정체 상황에서도 계속된다. 일부 정당들은 지하로 숨어 들어가 살아 있다는 표시를 내지 않고 정치 무대의 전면에서 사라질 수도 있다.

그러나 투쟁이 조금만 되살아나도 주요 정치 세력은 자신들이 살아 있다는 표시를 낼 수밖에 없을 것이다. 물론 형태는 바뀌겠지만 그들이 하는 행동의 성격과 방향은 바뀌지 않을 것이다. 이렇게 저렇게 패배를 경험한 혁명의 객관적 과제들이 완수되지 않는 한 말이다.[10]

대중의 주도력을 강조한 레닌

1905년을 겪으며 레닌은 무엇보다도 노동계급의 놀라운 창의력에 대한 믿음을 실천을 통해 확인했다.

1906년 3월에 쓴 ≪카데츠의 승리와 노동자 당의 과제≫에서 레닌은 다음과 같이 말했다.

속물적이고 카데츠적이고 개혁주의적인 진보의 시기보다는 혁명의 시기에 역사는 더 폭넓고, 더 풍부하고, 더 신중하고, 더 질서정연하고, 더 체계적이고, 더 용기를 주고, 더 생생해진다. 그러나 자유주의자들은 진리를 왜곡한다! 그들은 하찮은 일들을 웅장한 역사 만들기라고 속인다. 그들은 억압당하거나 짓밟히는 대중의 수동성을 관료와 부르주아지의 노력을 통한 '체제'의 승리라고 여긴다. 그들은 더러운 관료들과 자유주의 삼류 글쟁이들이 법령 초안을 난도질하는 것에는 입을 다물고 있다가, '보통 사람들'이 대중을 억압하는 수단을 모두 분쇄하고 권력을 장악하고 온갖 도둑놈들의 소유로 여겨지던 것을 빼앗기 위해 직접 정치 행동에 나서는 시기가 시작될 때, 간단히 말해 짓눌려 살던 수많은 대중이 책을 읽을 뿐 아니라 역사를 만드는 행동, 즉 결정적 행동에 나설 만큼 지성과 이성이 각성할 때, 지성과 이성의 소멸에 대해 떠들어 댄다.[11]

또한,

민중, 특히 프롤레타리아의 조직 능력과 농민의 조직 능력도 이른바 (짐을 끄는 말처럼) 조용한 역사적 진보의 시기보다는 혁명적 격변기에 100만 배나 더 강하고 원숙하며 생산적으로 나타난다.[12]

여러 해가 지난 뒤 레닌은 바로 이 주제를 다시 다루었다. "민주주의자는 …… 대중의 이해와 염원과 관련해 때때로 환상을 품기는 하지만 …… 대중에 대한, 대중의 행동에 대한, 대중 정서의 정당함과 투쟁 방법의 적절함에 대한 신뢰를 갖고 있다."[13]

앞에서 언급한 취리히 강연에서 레닌은 1905년에 대해 다음과 같이 말했다. 1905년은,

프롤레타리아의 잠자는 에너지가 얼마나 거대한지를 보여 준다. 1905년은 혁명 시기에 — 나는 러시아 역사에 대한 가장 정확한 자료에 바탕을 두고 조금도 과장하지 않고 얘기하고 있다 — 프롤레타리아가 일상적인 평화 시기보다 백 배나 더 많은 투쟁 에너지를 발산할 수 있음을 보여 준다. 1905년은 프롤레타리아가 진정으로 위대한 목표를 위한 투쟁에서, 그리고 진정으로 혁명적인 방식으로 수행한 투쟁에서 얼마나 엄청난 노력을 할 수 있는지를 1905년 이전에는 인류가 알지 못했다는 것을 보여 준다![14]

대중한테서 배우다

우리는 볼셰비키당이 1월 9일과 페테르부르크 소비에트가 수립되는 동안에 대중을 따라잡지 못했다는 것을 앞에서 보았다. 레닌은 당이 대중에게 의존

해야 한다고 언제나 강조했다. "혁명가들의 구호는 반응을 불러일으키지 못했고, 실제로 사태의 흐름을 따라잡지 못했다. 1월 9일과 그 뒤 일어난 대중파업 그리고 전함 포템킨의 반란은 모두 혁명가들이 직접 호소하기 전에 일어난 사건들이었다."[15]

당의 중심 임무는 "대중의 혁명적이고 창조적인 행동의 범위를 넓혀 주는 것이다. 왜냐하면 대중은 평화 시기에는 이러한 행동에 거의 참여하지 않지만, 혁명 시기에는 전면에 나서기 때문이다."[16] 또한, 당의 중심 임무는 "대중의 정치의식이 주된 힘"이라는 것을 깨닫고[17] "대중의 정치의식, 계급의식의 발전을 모든 것보다" 우위에 놓는 것이다.[18]

당은 언제나 투쟁하는 대중과 함께해야 한다. 승리하든 패배하든 대중이 올바르게 행동하든 잘못을 저지르든 말이다. 레닌은 여러 해가 지나고 10월 혁명이 승리한 뒤 다음과 같이 말했다.

노동자 대중과 끊을 수 없는 관계, 노동자 대중 속에서 쉬지 않고 선동할 수 있는 능력, 모든 파업에 참여할 수 있는 능력, 대중의 모든 요구에 대응할 수 있는 능력이 바로 공산당한테 가장 중요하다.[19]

투쟁하는 대중은 오류를 범할 수밖에 없다. 그러나 공산주의자들은 대중과 함께하면서 이런 오류를 알아차리고 대중한테 설명해 바로잡으려고 노력하고, 계급의식이 자발성을 극복하게 하려고 꾸준히 노력한다.[20]

레닌이 말한 투쟁하는 대중이 반드시 대다수 노동계급을 가리킨 것은 아니다. 혁명정당은 노동계급 속에 뿌리를 두고 있어야 하지만 반드시 계급 전체에 뿌리를 두고 있어야 하는 것은 아니다. 전체 역사를 통틀어 혁명정당은 계급의 소수, 즉 전위에서만 형성됐다. 레닌은 1907년 8월 22일 다음과 같이 썼다.

혁명적 소수를 자처하는 사람들의 운동을 지지하지 않는 것은 모든 혁명적 투쟁 방법을 사실상 거부하는 것을 뜻한다. 왜냐하면 1905년 내내 혁명운동에 참여한 사람들은 혁명적 소수를 자처하는 사람들이었기 때문이다. 그들이 투쟁에서 완전히 성공하지 못한 것은 싸우고 있던 대중이 많지 않았기 — 그들이 많지는 않았지만 그럼에도 그들은 대중이었다 — 때문이다. 그러나 러시아에서 해방운동이 성취한 모든 성공, 즉 러시아 해방운동이 얻은 모든 성과는 전부 하나같이 대중 자신이 투쟁한 결과였다. 비록 그 대중이 소수였지만 말이다.[21]

1905년 1월 대다수 노동자들은 차르가 점잖게 자신들의 얘기를 들을 것이라고 생각했다. '피의 일요일'은 수많은 대중을 눈뜨게 했다. 10월에 바로 그 노동자들은 차르를 위협하기만 해도 차르가 양보할 것이라고 믿었다. 10월 총파업은 노동자들의 믿음을 산산조각 냈다. 다음 단계는 무력 사용이었다. 그러나 이번에도 대다수 노동계급은 이런 생각을 받아들이지 않았다. 모스크바의 소수 노동자들만이 12월 무장봉기에 참여했다.

계급의 선진 부위에 뿌리를 두고 있는 혁명정당은 투쟁 속에서 노동자들한테 배우고 그와 동시에 노동자들을 가르친다.

1905년 — 볼셰비키의 학교

1905년 혁명은 또한 혁명적 노동자 당에게는 커다란 학교였다. 혁명은 이론과 강령을 시험하는 가장 좋은 기회다. 혁명은 모든 종류의 정치적 모호함과 허구를 파괴한다. 혁명은 이데올로기적 비타협성을 요구한다. 혁명은 선진 노동자들의 의식에서 무사안일과 관성과 우유부단함을 없앤다. 그와 동시에 혁명에서는 투쟁 방향이 급격하게 바뀌기 때문에, 당은 뛰어난 전술적 기교가 있어야 하고 급변하는 운동의 요구에 적응해야 한다.

혁명 때는 전위 당과 계급의 관계뿐 아니라 당 지도자와 당의 관계도 매우 두드러진다. 1905년에 레닌이 자기 분파에 대해 가졌던 지도력은 독보적이었다. 그러나 혁명은 레닌에게 끊임없이 생각하고 조직하려는 노력을 요구했다. 어떤 의미에서 그는 날마다 자신의 지도력을 다시 확인하고 자기 당을 다시 장악해야 했다. 1905년을 증거 삼아, 그리고 1917년의 경험을 원용해서, 우리는 레닌이 없었다면 레닌 분파의 지도력에 어떤 일이 일어났을지에 대한 유익한 통찰을 얻을 수 있을 것이다. 1905년에 볼셰비키가 단련됐다면 레닌은 훨씬 더 많이 단련됐다. 레닌의 사상·강령·전술은 1905년에 가장 엄격한 검증을 거쳐야 했다.

레닌은 프롤레타리아의 지도적 구실과 자유주의자들로부터 프롤레타리아의 독립성, 혁명 투쟁의 조직 형태로서 소비에트의 구실, 미래의 혁명정부 형태, 봉기의 기예에 관해 아주 명확한 태도를 취했다. 1905년 혁명은 레닌의 올바른 전략과 전술에도 불구하고 실패했다. 다시 말해서 프롤레타리아와 프롤레타리아 당이 충분히 발전하지 않았기 때문에 1905년 혁명은 실패한 것이다. 레닌에게 1905년은 거대한 훈련 학교였고, 그와 그의 당이 1917년의 위대한 나날을 준비하게 만들었다.

마르크스와 엥겔스가 지루한 '정상적' 시기에 1848년을 장차 혁명적 노동자 운동의 형태를 결정할 이정표라고 여겨 계속 되돌아본 것과 마찬가지로, 레닌도 1905년 이후에 1905년을 되돌아보았다. 이 시기에 있었던 대중의 혁명적 투쟁은 레닌이 볼셰비즘의 전략과 전술을 정식화하거나 재再정식화하는 출발점이었다.

13 | 암울한 반동의 승리

혁명은 아직도 전진하고 있다

혁명이 몇 달 동안 내리막길을 걷고 반동이 시작됐는데도 레닌은 여전히 혁명이 고조되고 있다고 믿었다. 그래서 1905년 12월 봉기가 패배한 뒤 그는 다음과 같이 썼다.

> 러시아의 민주주의 혁명은 어떤 상태에 있는가? 러시아의 민주주의 혁명은 패배했는가, 아니면 우리는 단순히 일시적 소강 상태를 겪고 있는가? 12월 봉기는 혁명의 절정이었고, 우리는 지금 "입헌 제정" 체제를 향해 무모하게 달려들고 있는 것인가? 아니면 혁명운동은 대체로 가라앉고 있는 것이 아니라 새로운 촉발을 준비하며 상승하고 있고, 일시적 소강 상태를 이용해 새로운 세력을 결집하고, 첫 번째 봉기가 실패한 뒤 성공 가능성이 훨씬 더 큰 두 번째 봉기를 약속하고 있는 것인가?[1]

그러고 나서 그는 위와 같은 물음에 대해 다음과 같이 답했다.

봄에는 새로운 투쟁이 분출하지 않을 수 있다. 그러나 새로운 분출이 다가오고 있고 그것도 십중팔구 머지않아 일어날 것이다. 우리는 무장하고 군사적 형태의 조직을 갖추고 단호한 공격작전을 준비한 상태에서 새로운 폭발을 맞이해야 한다.

이러한 전망을 바탕으로 1905년 12월 12~17일 타메르포르스(핀란드)에서 열린 볼셰비키 협의의는

경찰의 통제를 받으며 실시되는 두마 선거에 참여하기 위해서가 아니라 프롤레타리아 혁명 조직을 확대하고 모든 계층의 민중 속에서 무장봉기를 선동하기 위해서 선거 집회를 널리 이용하라고 모든 당 기구에 권고했다. 봉기를 조금도 지체하지 않고 즉시 준비해야 하며 모든 곳에서 조직해야 한다. 왜냐하면 봉기가 승리할 때만 우리는 진정한 민중의 대표기구, 즉 보통 · 직접 · 평등 · 비밀 투표로 자유롭게 선출한 제헌의회를 소집할 수 있기 때문이다.[2]

그로부터 3개월 뒤, RSDLP 통합 당대회에 제출하려고 작성한 결의안 초안에서도 레닌은 머지않아 봉기가 일어날 것이라고 여전히 주장하고 있었다. "현재 무장봉기는 자유를 위한 투쟁의 필요 수단일 뿐 아니라 운동이 현재 도달한 단계다."[3]

1906년 6월 초 레닌은 다음과 같이 썼다. "지금 우리는 혁명의 가장 중요한 시기들 가운데 한 시기를 통과하고 있음이 분명하다. 옛 질서에 맞서는 광범한 대중운동이 부활할 조짐들은 오랫동안 눈에 띄게 나타났다. 이제 이러한 운동의 부활은 절정에 달하고 있다."[4] 그리고 7월에도 그는 여전히 혁명이 상승세를 타고 있다고 보았다. "러시아 전역에서 동시에 행동을 개시할 수 있는 가능성이 높아지고 있다. 모든 부분의 봉기들이 하나의 봉기로 발전

할 수 있는 가능성이 높아지고 있다. 대다수 민중은 정치 파업과 권력투쟁으로서 봉기가 불가피하다는 것을 전례 없이 강력하게 느끼고 있다."⁵

그러나 그로부터 6개월 뒤 그러니까 1906년 12월 초 레닌은 자신의 상황 판단을 수정했다. 그리고 어떤 변명도 하지 않고 그는 혁명이 이미 여러 달 전에 패배했다고 선언한 다른 사람들, 특히 멘셰비키보다 자신이 뒤처진 이유를 설명했다.

마르크스주의자는 혁명의 시기가 다가오고 있음을 가장 먼저 예측하고 미리 민중을 분기시키고 경종을 울리는 반면, 속물들은 충성스러운 신하라는 노예 상태에 계속 빠져 있다. 따라서 마르크스주의자는 가장 먼저 직접적인 혁명 투쟁의 길에 오른다. …… 마르크스주의자는 직접적인 혁명 투쟁의 길에서 가장 늦게 나온다. 마르크스주의자는 모든 가능성이 사라지고, 더욱 빠른 길에 대한 희망의 그림자조차 보이지 않고, 대중파업과 봉기 등을 준비하라고 호소할 수 있는 토대가 명백하게 사라지고 있는 경우에만 직접적인 혁명 투쟁의 길에서 나온다. 따라서 마르크스주의자는 자신에게 다음과 같이 소리치는 무수한 혁명의 배신자들을 경멸한다. "우리가 당신보다 '진보적'이야! 우리가 가장 먼저 혁명을 포기했어! 우리가 가장 먼저 입헌 왕정에 '굴복'했어!"⁶

혁명가는 객관적 사실이 의심의 여지없이 명백해지기 전까지는 혁명의 패배를 인정할 수 없다. 혁명가들은 맨 나중에 전쟁터를 떠나야 한다.

그릇된 전망

1907년에 세계적인 경기 침체가 닥치자 레닌은 이제 혁명 투쟁이 부활할 것이라고 예상했다. 그래서 RSDLP 5차 당대회에 제출한 결의안 초안에서 다음과 같이 썼다. "프롤레타리아의 궁핍이 극에 달했고 프롤레타리아의 경제투쟁이 매우 강도 높게 전개되고 있음을 수많은 사실이 입증하고 있다. …… 이러한 경제 운동을 러시아에서 발전하고 있는 전반적인 혁명적 위기의 주된 원천이자 토대로 봐야 한다."[7]

러시아 마르크스주의자들은 대체로 경제 위기가 혁명 투쟁을 상승시킨다는 견해를 받아들이고 있었다. 유일한 예외는 트로츠키였다. 그리고 트로츠키가 완전히 옳았음이 입증됐다.

커다란 투쟁과 패배의 시기 뒤에 찾아온 경제 위기는 노동계급을 분기시키기보다는 사기를 떨어뜨리는 효과를 낸다. 그런 경제 위기는 자기 힘에 대한 노동자의 믿음을 약화시키고 노동계급을 정치적으로 약화시킨다. 그러한 상황에서는 경기회복만이 프롤레타리아의 대열을 정비시키고, 프롤레타리아의 혈관에 신선한 피를 공급하고, 프롤레타리아의 자신감을 회복시키고, 프롤레타리아가 더 거세게 투쟁할 수 있게 한다.[8]

과거를 돌아보며 트로츠키는 다음과 같이 올바르게 말할 수 있었다.

1907년에 발생한 세계 경제 위기는 러시아의 장기 불황을 3년 더 연장시켰고, 그래서 노동자들이 새로운 투쟁을 하도록 고무하기는커녕 노동자들을 분산시키고 그 어느 때보다 더 약화시켰다. 직장폐쇄, 실업, 빈곤의 충격으로 허약해진 노동자 대중은 마침내 완전히 사기를 잃었다. 바로 그것이 스톨리핀 반동이 이룩한 '업적'의 물질적 토대였다. 프롤레타리아가 역량을 되찾고, 대열을 정비하고, 자신이 생산의 필수 요소라는 생각을 되찾고, 새로운 투쟁을 벌이기 위해서는 새로운 경기회복이라는 회복제가 필요했다.[9]

반동의 승리

1907~1910년은 끔찍한 반동기였다. 노동운동의 후퇴는 파업 운동이 1905년의 절정 이후 재앙이라 할 수 있을 만큼 감소했다는 사실에서 알 수 있다.[10]

연 도	파업 참가 노동자들의 숫자 (단위 1000명)	전체 노동자에서 차지하는 비율 (%)
1895~1904(평균)	431	1.46~5.10
1905	2863	163.8
1906	1108	65.8
1907	740	41.9
1908	176	9.7
1909	64	3.5
1910	47	2.4

"1908년에 파업 참가 노동자들의 숫자는 혁명 이전 10년간의 평균치보다 훨씬 더 적었고 1909년에는 더욱 적었다."[11] 정치 파업의 쇠퇴가 특히 두드러졌다. 파업일수는 다음과 같았다.[12]

연 도	전체 파업 일수	정치 파업 일수
1895~1904(총계)	2,079,408	—
1905	23,609,387	7,569,708
1906	5,512,749	763,605
1907	2,433,123	521,647
1908	864,666	89,021

혁명이 쇠퇴하자 주도권은 완전히 차르 정부 손으로 넘어갔고, 그래서 대규모 백색테러가 벌어졌다.

스톨리핀 독재 기간에 5000건 이상의 사형 판결이 났고 3500여 명이 실제로 사형당했다. 이것은 대중운동 시기 전체보다 적어도 세 배나 많은 숫자였다 (무장봉기가 진압당한 뒤 재판을 거치지 않은 총살은 제외하고).[13]

노동운동의 붕괴

혁명운동이 내리막길을 걷고 차르 정부가 다시 자신감을 얻자, 노동운동은 급속하게 붕괴했다. 전투에서 패배한 뒤 사기가 땅에 떨어지자 후퇴가 참패로 바뀐 것이다. 노동자들은 더는 저항할 능력이 없었다. 전체 운동은 산산조각 났다.

1908년 3월 레닌은 다음과 같이 썼다.

6월 3일 반동 쿠데타가 일어나고 6개월 남짓 시간이 흘렀다. 의심할 여지없이 금년 상반기는 사회민주주의자들의 혁명 조직을 포함해 모든 혁명 조직의 상당한 후퇴와 약화로 얼룩진 시기였다. 동요 · 분열 · 붕괴 등이 바로 올해 상반기의 일반 특징이었다.[14]

그러나 레닌은 쉽게 두 손을 들지 않았다. 운동의 상승을 알리는 것은 무엇이든, 예컨대 비합법 출판물이 증가한 것이나 지역과 공장 조직이 살아남은 것 등의 사실을 지푸라기라도 잡는 심정으로 붙잡으려 했다. 1909년 1월 레닌은 희망 섞인 어조로 이렇게 선언했다. "최근에 열린 러시아 사회민주노동당 전 러시아 협의회는 당을 거리로 나오게 했고, 반혁명 승리 이후 러시아 노동계급 운동 발전의 이정표를 기록하고 있다."[15]

그러나 그의 낙관주의는 완전히 근거 없는 것이었다. 운동이 다시 상승세를 타게 되리라는 것을 알리는 조짐은 전혀 없었다. 사실 레닌이 말한 협의회

— 1908년 12월에 열린 — 에 참여한 러시아 대표는 겨우 네 명이었다.[16] 스탈린은 "당의 위기와 우리의 임무"라는 글에서 당시 상황을 다음과 같이 묘사했다.

우리 당이 심각한 위기를 겪고 있음은 누구나 아는 사실이다. 당원 감소, 조직의 위축과 허약함, 당 조직들의 고립, 조정되지 않는 당 활동 등은 모두 당이 중병을 앓고 있음을, 즉 심각한 위기를 겪고 있음을 보여 준다.

당을 특히 침체시키고 있는 으뜸 요소는 당 조직들이 광범한 대중과 떨어져 고립돼 있다는 사실이다. 한때 우리 당의 조직원은 수천 명이었고 그들은 수십만 명을 지도했다. 당시 당은 대중 속에 굳게 뿌리내리고 있었다. 지금은 사정이 다르다. 수천 명이 아니라 수십 명 또는 기껏해야 수백 명이 당 조직에 남아 있을 따름이다. 수십만 명을 지도하는 것에 관해 말하자면, 말할 건더기도 없다. …… 위기의 심각성이 어느 정도인지를 즉시 알아보려면 페테르부르크의 사정만 봐도 충분할 것이다. 1907년에 페테르부르크의 당원은 8000명이었지만 지금은 300~400명도 모으기가 어렵다. 모스크바, 우랄 지역, 폴란드, 도네츠 탄전 등도 별로 다를 바가 없다.

하지만 그게 다가 아니다. 당은 대중과 떨어져 고립돼 있다는 사실로 고통받을 뿐 아니라, 당 조직들이 서로 연결돼 있지 않고 동일한 당 생활을 하지 못한 채 서로 완전히 따로 놀고 있다는 사실 때문에도 고통받고 있다. 페테르부르크는 캅카스에서 무슨 일이 벌어지는지 알지 못하고, 캅카스는 우랄 지역에서 무슨 일이 벌어지는지 알지 못하는 식이다. 각각의 지역이 저마다 자신의 삶을 살고 있다. 엄밀하게 말해서, 1905년부터 1907년까지 우리 모두 아주 자랑스럽게 얘기했던 공동의 당 생활을 하는 단일 정당이 더는 아니다.[17]

운동은 실제로 완전히 해체돼 있었다. 예컨대, 1905년 여름 모스크바 지구에는 당원이 1435명 있었다.[18] 1906년 5월 당원 수는 5320명으로 늘었다.[19] 그러나 1908년 중엽에는 당원 수가 250명으로 줄었고 6개월 뒤에는 150명으로 떨어졌다. 1910년 보안경찰 오흐라나의 첩자 쿠쿠시킨이 지구 간사를 맡으면서 당 조직은 아예 없어지고 말았다.[20]

가라앉는 배를 가장 먼저 떠난 층은 지식인들이었다. 1908년 3월 레닌은 "당에서 이탈하는 지식인들"에 관해 말했고, 이러한 얘기를 뒷받침하는 수많은 통신원들의 보고서를 인용했다.

쿨레바키 공장에서 보낸 어떤 통신문에는 이런 얘기가 있다. "최근에 지식인 활동가의 부족으로 지역 조직이 죽어 버렸다(중부 산업 지대의 블라디미르 지역 조직)." 우랄 지역 통신원들은 다음과 같이 썼다. "대체로 불법 조직을 기피하는 사람들 …… 투쟁이 상승하고 자유가 널리 퍼진 시기에야 당에 가입했던 사람들은 우리 당 조직을 떠났다." 중앙 기관지에 실린 "조직 문제들"은 이러한 보고서들과 신문에 실리지 않은 다른 보고서들을 다음과 같이 요약하고 있다. "널리 알려진 바와 같이 지식인들은 최근 몇 달 동안 대거 당을 떠나고 있다."[21]

그로부터 1년 뒤, 그러니까 1909년 1월 말 레닌은 운동이 처한 비참한 상태를 다음과 같이 묘사했다.

지난해는 붕괴의 해, 이념적 · 정치적 분열의 해, 당이 표류한 해였다. 우리 당 모든 조직의 조직원들이 크게 줄었다. 그중 일부, 즉 거의 프롤레타리아로 구성되지 않은 조직들은 산산조각 났다.

당 위기의 주요 원인은 …… 동요하는 지식인과 프티부르주아 집단들이다. 노동자 당은 이들을 제거해야 한다. 또한 부르주아 민주주의 혁명이 일찍 승리하리라는 희망을 품고 노동계급 운동에 참여한, 반동기를 견딜 수 없는 집단들도 당이 위기를 맞게 만든 주요 원인이다. 그들의 불안정성은 이론에서("혁명적 마르크스주의에서 후퇴") …… 그리고 전술("구호 수준 낮추기")과 당 조직에서 나타났다.[22]

1910년 3월 초에 막심 고리키한테 보낸 편지에서 레닌은 "모든 곳에서 당 조직이 엄청나게 쇠퇴했고, 많은 지역에서 당 조직들이 붕괴했고, 지식인들이 대거 이탈했습니다" 하고 다시 지적했다. "남은 것이라고는 노동자 서클들과 고립된 개인들뿐입니다. 젊고 경험 없는 노동자들은 간신히 자기 앞길을 개척하고 있습니다."[23]

같은 해 10월 레닌은 다음과 같이 썼다.

러시아 노동자 운동과 사회민주당의 심각한 위기는 아직도 계속되고 있다. 당 조직의 붕괴, 지식인들의 대거 이탈, 당 조직에 충성하는 사회민주주의자들의 혼란과 동요, 광범한 부문의 선진 프롤레타리아 사이에 나타난 낙담과 냉담, 이러한 상황을 타개할 수 있는 방안의 불확실성 등이 현재 상황의 두드러진 특징이다.[24]

12월에 레닌은 "중앙위원회 러시아 협의회가 1년 내내 한 번도 회의를 열지 않았다"고 불평했다.[25] 1911년 5월에는 이렇게 썼다. "현재 당의 실제 처지는 아주 열악해서, 거의 모든 지역에서 비공식적이나마 정기적으로 모이는 사람들은 극소수의 당 활동가들과 중핵들뿐이다. 그들은 서로 고립돼 있다. 그들은 어떤 출판물도 거의 읽지 않는다."[26]

경찰 프락치의 암약도 운동의 붕괴에 한몫했다. 1910년과 1911년 초에 러

시아에서 활동하던 볼셰비키 중앙위원회 위원들 전원이 체포됐다.[27]

오흐라나가 거의 모든 당 기구에 침투했고 의심과 상호불신의 분위기가 팽배했다. 1910년 초에 치밀하게 계획된 체포 작전 후에 경찰 프락치 쿠쿠시킨이 모스크바 지구 조직 책임자가 됐다. 어떤 활동가는 이렇게 썼다. "오흐라나의 이상이 실현되고 있다. 비밀 첩자들이 모든 모스크바 조직의 책임자가 됐다." 페테르부르크의 상황도 별로 다르지 않았다. "지도부는 뿌리가 뽑힌 듯했고 지도부를 복원할 방법도 없었으며 첩자의 침투 때문에 우리의 중추부가 붕괴됐고 조직은 산산조각 났다." 해외에서 열린 러시아 당 대표들의 모든 회의에는 오흐라나 첩자가 적어도 한 명은 있었다.

1912년 볼셰비키 합법 일간지 〈프라우다〉가 페테르부르크에서 창간되자 경찰 첩자 미론 체르노마조프와 로만 말리노프스키가 편집부 자리를 차지했다. 체르노마조프는 편집장이었고, 말리노프스키는 기고 편집자이자 회계담당이었다. 경찰은 말리노프스키를 통해서 〈프라우다〉에 기부금을 제공한 사람들의 명단과 구독신청자 명단을 입수했다. 말리노프스키는 두마 볼셰비키 의원단의 의장이었고 중앙위원이었다. 레닌은 그를 칭찬했다. "처음으로 우리는 두마에 걸출한 노동자 지도자를 갖게 됐다."[28] 레닌은 말리노프스키를 외국으로 불러 가장 비밀스러운 회의에 참석하게 하고 중요한 비밀을 그에게 알려 주었다.

레닌과 절친했던 지노비예프는 나중에 이렇게 말했다. "이 불행한 시기에 당 전체는 완전히 사라져 버렸다."[29]

견디기 힘든 망명 생활

반동기에 해외에서 살던 혁명가들의 삶은 거의 참을 수 없는 것이었다. 레닌은 제네바 거리를 걷다가 이렇게 중얼거렸다. "꼭 여기 묻히러 온 것 같단

말야." 이에 대해 언급하면서 크룹스카야는 다음과 같이 말했다. "우리의 두 번째 망명 시기 …… 는 첫 번째 망명 시기보다 훨씬 더 힘들었다."[30]

레닌이 첫 번째로 해외에 거주한 기간은 5년이었다. 그러나 그 5년은 운동이 상승하고 희망을 품을 수 있는 기간이었다. 반동과 운동의 붕괴로 시작한 두 번째 망명 기간은 10년 동안 계속됐다.

고립되고 무기력한 망명자들은 격렬한 언쟁을 일삼았고, 서로 격렬하게 비난했으며, 모든 사람들을 배신자라고 욕했고, 자신들이 당한 끔찍한 패배를 상대방의 잘못으로 돌렸다. 레닌은 이러한 고통스러운 상황을 다음과 같이 묘사했다.

> 망명자들의 생활에는 많은 고통이 뒤따른다. …… 망명자들은 다른 사람들보다 더욱 심한 가난과 궁핍에 시달린다. 망명자들의 자살 비율은 특히 높고, 온몸이 아주 쇠약하고 무기력한 상태로 지내는 비율도 믿을 수 없을 만큼 높다. 사실, 고통에 시달리는 사람들의 사정이 그럴 수밖에 없지 않겠는가?[31]

레닌은 1908년 1월 14일 자기 누이 마리아에게 보낸 편지에서 다음과 같이 썼다. "우리는 넌더리 나는 여기 제네바에서 며칠 동안이나 썩고 있어. …… 여기는 끔찍한 소굴이야. 그런데도 우리는 아무것도 할 수 없어. 우리는 이런 분위기에 익숙해질 것 같아."[32]

그로부터 10개월 정도 지난 다음 파리로 떠날 준비를 하면서 어머니에게 보낸 편지에서 다음과 같이 썼다. "대도시로 가면 우리 삶도 활기를 되찾을 것입니다. 우리는 이런 시골구석에 틀어박혀 있는 것에 싫증이 납니다."[33]

그러나 1910년 2월에는 다음과 같이 썼다. "파리는 여러 면에서 시궁창이다. …… 나는 아직도 이런 분위기에 완전히 적응할 수 없다(여기에서 자그마치 1년이나 살았는데도! ……)."[34]

1911년 가을 안나가 파리에 있는 레닌을 찾아왔을 때 레닌은 안나에게 두 번째 망명이 무척 고통스럽다는 것을 숨길 수 없었다. "그의 정신 상태는 눈에 띄게 우울했다. …… 어느 날 함께 얘기하고 있다가 나에게 '다음 혁명이 일어날 때까지 우리가 살 수 있을까?' 하고 물었다."[35]

1910년 4월 11일 고리키에게 보낸 편지에서 레닌은 다음과 같이 썼다. "지금 망명 생활이 혁명 이전 망명 생활보다 백 배나 더 힘듭니다. 망명 생활과 사소한 언쟁은 서로 뗄 수 없는 것입니다."[36]

살림도 아주 어려워서 그들은 아주 궁핍하게 지냈다. 크룹스카야는 다음과 같이 회상했다.

우리는 아주 가난했다. 노동자들은 그나마 입에 겨우 풀칠은 할 수 있었다. 그러나 지식인들의 사정은 최악이었다. 항상 일자리를 얻을 수 있는 것도 아니었다. 망명자의 돈으로 먹고살고 …… 망명자에게서 밥을 얻어먹는 것은 굴욕적이었다. 몇 가지 슬픈 사건들이 기억난다. 어떤 동지가 프랑스 청소부가 되려고 했으나 일을 배우기가 어려워서 자주 직업을 바꿔야 했다. 그는 다른 망명자들이 사는 곳에서 멀리 떨어진 노동계급 지구에서 살았다. 마침내 그는 밥을 제대로 먹지 못해 몸이 허약해져 침대에서 일어날 수조차 없게 되자 우리에게 돈을 부탁하는 편지를 보냈다. 그러나 그는 돈을 자기한테 직접 갖다 주지 말고 수위한테 맡겨두고 가라고 부탁했다.

니콜라이 바실리예비치 사포즈코프(쿠즈네초프)는 아주 어렵게 살았다. 그의 아내는 도기에 칠을 하는 일을 했지만 급료가 워낙 적어서 누구나 이 거인 같은 사람이 차츰 쇠약해지는 것을 알 수 있었다. 자꾸 굶는 바람에 그의 얼굴은 온통 주름투성이가 돼 쪼글쪼글해졌다. 그래도 그는 불평 한마디 하지 않았다. 그런 경우가 허다했다. 가장 슬픈 사건은 프리가라 동지의 경우였다. 프리가라 동지는 모스크바 봉기에 참여하기도 했다. 그는 노동계급이 모여 사는 시외의 한 동네에서 살았다. 그래서 동지들은 그에 대해 아는 것이 거의 없었다. 어느 날 그는 우리한테 와서 흥분한 어조로 옥수수가 잔뜩 실린 수레를 보았다는 둥 수레 위에 예쁜 여자들이 앉아 있었다는 둥 횡설수설했다. 실성한 것이다. 처음에 우리는 너무 굶어서 그런 것이려니 하고 생각했다. 어머니는 그에게 주려고 음식을 준비하기 시작했다. 얼굴이 하얗게 돼버린 일리치는 불쌍한 마음이 들어 프리가라와 함께 남아 있었다. 그러는 동안 나는 정신과 전문의인 친구를 부르러 달려갔다. 정신과 전문의인 친구가 와서 그와 몇 마디 얘기를 나누더니 굶어서 생긴 심각한 정신착란이라고 말했다. 그는 증상 자체는 그리 심각한 것이 아니지만 자칫하면 자학증으로 발전해 자살할 수도 있다고 경고했다. 친구는 그를 감시해야 한다고 말했다. 우리는 그의 주소도 몰랐다. 브리트만이 집까지 데려다 주었는데 중간에서 그는 사라지고 말았다. 우리는 사람들을 불러 모아서 그를 찾아보았지만 허사였다. 나중에 그의 시체가 센 강에서 발견됐다. 그는 목과 발에 돌을 매달고 자살했다.[37]

러시아와 연락이 제대로 안 된다

망명한 혁명가들이 러시아에서 살아남은 소수의 운동과 분리돼 고립됐다는 사실은 해외에 있던 레닌과 그의 동지들의 삶과 신경에 긴장을 더했다. 레닌과 러시아 지하 운동 사이의 연락은 언제나 제대로 되지 않았고, 반동기에는 연락 상황이 더욱 나빠져서 마침내 연락이 사실상 끊긴 상태가 됐다.

레닌의 개인적 접촉은 대체로 당이나 분파의 모임에서 이루어졌다. 그러나 이러한 모임들에는 러시아에서 파견된 대표들이 아주 적게 참석했다. 1908년 12월 협의회에는 러시아 대표가 겨우 네 명 참석했다. 그로부터 6개월 뒤 그러니까 1909년 6월에 열린 〈프롤레타리〉 확대 편집부 회의에는 러시아 대표 다섯 명이 참석했다. 그중 셋은 12월 협의회 때 대표를 파견한 지역에서 온 대표였고, 나머지 둘은 시베리아를 탈출한 사람들로 어느 정도는 러시아와 접촉이 끊긴 사람들이었다.

고리키는 레닌과 자주 연락을 주고받았지만 정치적으로는 레닌의 반대파였다. 고리키가 1909년 8월 카프리에서 개설한 학교가 더 성공적이었지만, 이 학교 수강생 중에도 러시아에서 온 위원은 13명뿐이었다. 고리키의 학교 덕분에 레닌은 접촉을 다소 확대할 수 있었다. 왜냐하면 카프리 학교 수강생 다섯 명과 조직자 한 명이 11월에 '레닌 지지자'임을 밝히고 퇴교해서 파리로 레닌을 만나러 왔기 때문이다. 나머지 여덟 명도 12월에 카프리 학교가 끝나면서 앞의 다섯 명이 걸었던 길을 밟았다.

1908년 12월에서 1909년 12월까지 레닌은 겨우 22명의 러시아 위원을 만났다. 그 뒤 15개월 동안, 그러니까 1911년 봄에 롱쥐모에서 자신의 학교가 개교할 때까지 레닌은 러시아 위원을 전혀 만나지 못했다. 1910년 12월에 레닌은 당시 자신을 반대했던 보그다노프와 루나차르스키가 볼로냐에서 개설한 학교의 학생들을 상대로 '카프리 실험을 반복'하려 했으나 완전히 실패하고 말았다.[38]

러시아와 주고받는 서신 연락도 매우 부정기적으로 이루어졌다. 1903년 당대회 전에 레닌은 한 달에 300통의 편지를 보냈지만 이제는 편지를 거의 쓰지 않았다. 이 시기에 레닌이 쓴 편지들을 실은 ≪전집≫(러시아어판 제5판)을 보면 레닌이 러시아로 보낸 편지가 매우 적다는 것을 알 수 있다. 레닌은 1909년에 9통, 1910년에 15통, 1911년에 7통, 1912년 상반기에 8통을 썼다.(1912년 하반기부터 레닌이 편지를 쓰는 횟수는 크게 늘어났다. 레닌은 1912년 하반기에 31통, 1913년에 43통, 1914년 1월부터 7월까지 35통을 썼다.)[39]

설상가상으로 러시아의 통신원들은 그리 도움이 되지 않을 때가 많았다. 그들은 단지 검열관을 속이려고 또는 보고할 사항이 없거나 실제 상황을 감추려고 매우 모호하게 편지를 썼다. 그래서 레닌은 이렇게 불평했다. "니콜라이는 유쾌한 감탄사로 가득하면서도 전혀 쓸모가 없는 편지들을 보냈고, 당신은 편지가 아니라 전혀 이해할 수 없는 짧은 감탄사로 가득한 전보를 몇 통 보냈습니다. 나는 당신이 보낸 편지를 두 통 받았는데 편지들을 보고 아주 놀랐습니다. 문제가 무엇인지 간단명료하게 써 보내는 것이 얼마나 쉬운 일입니까."[40] 통신원들은 편지를 전혀 보내지 않는 일이 잦았다. 1909년에서 1916년 사이에 레닌이 쓴 편지들에는 간간이 이런 얘기들이 나온다. "당신한테서 좀더 일찍 소식을 듣지 못한 것이 참으로 유감스럽습니다. 우리는 여기서 완전히 고립돼 있습니다. 우리는 당신과 비야치에게 연락하려 했습니다. 그러나 성공하지 못했습니다."[41] 또는, "동지 여러분, 우리는 동지들한테서 오랫동안 아무 소식도 듣지 못했습니다"(이것은 중앙위원회 러시아 사무국으로 보낸 편지였다!).[42] 이러한 얘기들은 다음과 같은 호소로 요약돼 있다. "제발 우리에게 더 많이 연락해 주시오. 연락, 연락, 연락, 바로 이것이 우리에게 필요합니다."[43]

볼셰비키 신문의 배포 체계가 1905년 이후 붕괴한 뒤 제대로 복구되지 않았다는 사실 때문에 어려움은 더욱 가중됐다. 볼셰비키 신문은 1910년까지 전부 해외에서 발행됐지만 거의 러시아로 밀반입되지 못했다. 게다가 위원들은 해외에서 발행되는 신문이 국내 상황을 제대로 다루지 않기 때문에 실제로는 쓸모가 없다고 불평했다. 1909년 스탈린은 다음과 같이 썼다.

해외에서 발행되는 기관지가 러시아에 매우 제한된 수량만 들어올 뿐 아니라 러시아 상황의 흐름에도 뒤지고 있어서 노동자들을 흥분시키는 문제들을 시의적절하게 다룰 수 없고 우리 지역 조직들을 상시적으로 연결시킬 수도 없다.[44]

이것은 어려운 상황에서 수행한 조직 활동에 자부심을 느끼고 자기보다 '못한' 망명자 토론 그룹을 경멸하는 '실천적' 활동가의 사고방식을 보여 주는 좋은 보기다. 1912년 프라하 회의에서 퍄트니츠키도 이러한 사고방식을 보여 주었다. "나는 편집부를 격렬하게 비판했다. 왜냐하면 편집부는 중앙 기관지인 〈소치알 데모크라트〉가 당내 언쟁에 훤한 해외 동지들만을 위해서 존재하는 것이 아니라 러시아의 동지들을 위해 존재한다는 사실을 때때로 잊었기 때문이다."[45]

자신도 망명자였던 세마치코 박사는 혁명 이후 다음과 같이 썼다. "대체로 망명자들의 논쟁은 실생활과 동떨어진 구닥다리들의 싸움처럼 보였다. 이러한 논쟁에 직접 참여한 나조차 그렇게 생각했을 정도다."[46] 7인의 중앙위원 가운데 한 명인 수렌 스판다리안은 자신을 중앙위원으로 선출한 1912년 1월 협의회에서 망명자 그룹의 필요성에 의문을 제기했다. "활동하고 싶은 사람들은 모두 …… 나와 함께 러시아로 돌아갑시다."[47]

후퇴하는 법을 가르치는 레닌

공격을 펼치는 군대를 지휘하는 것보다 후퇴하는 군대를 지휘하기가 훨씬 더 어렵다. 의심할 여지없이 볼셰비즘의 역사에서 가장 힘든 시기 가운데 하나는, 레닌이 가장 고립됐던 반동기였다. 여러 해가 지난 뒤 레닌은 과거를 돌아보며 혁명의 지도자들은 후퇴하는 법을 배울 필요가 있다고 말할 수 있었다.

혁명정당은 교육을 받아야 했다. 혁명정당은 공격하는 법을 배우고 있었다. 이제 혁명정당은 그러한 지식을 질서 정연하게 후퇴하는 법에 대한 지식으로 보충해야 한다는 것을 깨달아야 했다. 혁명정당은 공격하는 법과 후퇴하는 법을 정확하게 배우지 않으면 승리할 수 없다는 것을 깨달아야 했다. 혁명 계급은 쓰라린 경험을 통해서 이것을 깨닫는다.

그리고 아주 자랑스러운 어조로 그는 계속해서 다음과 같이 썼다.

패배한 모든 야당과 혁명정당 가운데 볼셰비키는 가장 질서 정연하게 후퇴했고, 자기 '군대'의 손실을 최소로 줄이고 당의 중핵을 가장 탁월하게 보존했고, 분열을 최소화했고(분열의 깊이와 교정 불능의 차원에서), 사기저하를 최소화했고, 가장 광범하고 가장 올바르고 힘 있게 활동을 재개할 수 있는 최상의 조건을 마련했다. 볼셰비키는 혁명을 떠들어 대기 좋아하는 자들, 그러니까 후퇴해야 한다는 것과 후퇴하는 법을 알아야 함을 이해하려 들지 않는 자들을 가차없이 들춰내고 당에서 쫓아냈기 때문에 질서 정연하게 후퇴할 수 있었다.

구체적으로 말해서 후퇴란 직접적이고 공개적이고 혁명적인 투쟁 무대에서 철수해서 "가장 반동적인 의회에서, 가장 반동적인 노동조합, 협동조합, 보험조합과 이와 비슷한 단체에서 합법으로 활동하는 것"을 뜻한다.[48]

두마 선거에 대한 태도

몇 해 동안(1906~1910년) 두마에 대해 어떤 태도를 취할 것인가 하는 문제가 핵심적으로 중요했다. 이 문제 때문에 레닌은 자기 분파 ― 볼셰비키 ― 의 대다수와 의견이 대립했고, 이와는 다른 이유들 때문에 멘셰비키와도 의견이 대립했다.

두마에 대한 태도 문제는 볼셰비키 당대회나 멘셰비키 협의회가 열리기 전에, 그러니까 1905년 5월 차르가 신임 내무장관 불리긴에게 자문기구 성격의 대의제 의회에 관한 초안을 작성하라고 지시했다는 것이 발표되면서 중심 문제로 떠올랐다. 멘셰비키는 선거 참여를 지지했다. 8월 6일 두마의 권한이 매우 제한돼 있고 선거 과정 자체가 매우 비민주적임을 명시적으로 밝히는 두마 헌장이 발표됐을 때조차 멘셰비키는 태도를 바꾸지 않았다. 유권자들은 사회적 '신분'에 따라 나뉘게 돼 있었고, 노동자 대표 선출에는 엄청난 제약이 따랐고, 선거 과정도 복잡한 단계로 나뉘어 있었다. 볼셰비키는 '적극적' 선거 보이콧을 지지했다.

1905년 9월 초 사회민주당 전체 — 볼셰비키, 멘셰비키, 라트비아 사회민주당, 폴란드 사회민주당, 유대인 분트, 우크라이나 혁명당 — 협의회는 멘셰비키 대표들을 제외하고 보이콧을 지지하기로 결의했다. 레닌은 그것이 뜻하는 바를 1905년 8월 "불리긴 두마 보이콧과 봉기"라는 글에서 설명했다. "수동적 기권과는 구분되는 적극적 보이콧은 선동을 열 배로 늘리고, 모든 곳에서 집회를 조직하고, 선거 집회를 활용하고, 우리가 그 집회들에 강제로 밀고 들어가야 하는 경우에조차 시위와 정치 파업 등을 일으킨다는 것을 뜻한다."[49]

12월 11일 새로운 선거법이 담긴 헌장이 공표됐다. 이것은 유권자들을 사회적 '신분'으로 나누고 선거를 여러 단계로 나누어 실시한다는 것을 확인하는 한편 노동자와 농민의 대표를 인정하는 방향으로 상당한 양보를 했다. 그래서 노동자들이 선출하는 대표의 숫자가 크게 늘었고, 농민들이 선출하는 대표의 숫자는 더 크게 늘어났다. 그랬어도 부유한 사회 계층의 복수투표권과 간접 선거는 분명히 비민주적이었고, 농민의 대표보다는 지주의 대표를 더 많이 선출하는 편파적 제도였다. 노동자와 농민은 다른 계급과 별도로 투표를 하게 돼 있었다.

그것은 지주 선거구에서 유권자 2000명당 선거인 1명을 허용했고 도시 선거구에서는 유권자 7000명당 선거인 1명을 허용했다. 지주 1명의 표가 도시 부르주아 3명의 표, 농민 15명의 표, 노동자 45명의 표와 같았다. 노동자 선거구의 선거인들은 국가 두마 의원들을 선출하는 선거인단의 4퍼센트밖에 안 됐다.[50]

레닌은 두마 선거의 적극적 보이콧을 지지하면서 보이콧 전술은 혁명이 계속 힘 있게 전진할 것이라는 가정에 바탕을 두고 있음을 명확히 했다. 그는 이렇게 썼다. "적극적 보이콧은 …… 명확하고 정확하고 직접적인 구호가 없이는 생각할 수조차 없다. 무장봉기만이 그러한 구호가 될 수 있다."[51] 1905년 12월 무장봉기가 패배한 뒤에는 혁명이 잠시 멈춘 것뿐이고 머지않아 다시 봉기가 일어날 것이라는 이유를 들어 계속 보이콧을 지지하는 주장을 했다.

마침내 볼셰비키와 마음을 바꾼 멘셰비키가 모두 두마 선거를 보이콧했지만 개별 사회민주주의자들은 당의 지시를 거부하고 선거에 출마했다. 그들 가운데 많은 수는 상당히 성공을 거두었고, 그래서 멘셰비키는 선거 보이콧이 실수였다고 성급하게 인정하고 말았다. 1906년 4월 28일 두마가 소집됐을 때 많은 사회민주주의자들이 의원 가운데 끼어 있었다. 그중 14명이 독립적인 사회민주주의 의원단으로 조직됐다. 나중에 실시된 선거에서 그루지야 멘셰비키는 5명을 추가로 당선시키는 성과를 거두었다.

5월에 레닌은 "티플리스에서 사회민주주의의 선거 승리"라는 글에서 다음과 같이 말했다.

우리는 캅카스에서 우리 동지들이 거둔 성공을 환영한다. …… 독자들은 우리가 두마 보이콧을 지지했다는 것을 알고 있다. …… 그러나 말할 필요도 없이, 이제 사회민주주의 당원들이 실제의 당 노선에 기초해 두마 의원으로 당선됐으니, 통일된 당의 당원으로서 우리는 모두 최선을 다해 그들이 어려운 임무를 수행하도록 도울 것이다.[52]

RSDLP 스톡홀름 대회(1906년 4~5월)가 열렸을 때 트란스캅카스에서 파견된 멘셰비키 대표들은 당이 보이콧 전술을 포기하고 임박한 선거의 후보를 지명해야 한다고 제안했다. 볼셰비키 분파는 멘셰비키가 배신행위를 했다고 비난했다. 레닌은 멘셰비키를 편든 유일한 볼셰비키 대표였다. 볼셰비키는 자지러지게 놀랐다. 사실 레닌은 분파 규율을 무시하고 멘셰비키를 편든 것이었다.

1906년 6월 말 레닌은 자신의 새로운 견해를 옹호하면서 다음과 같이 썼다.

우리가 두마를 보이콧했다고 해서 반드시 우리는 두마에서 우리 당의 그룹을 만들어서는 안 되는가? 그렇게 생각하는 보이콧 지지자들은 …… 실수하는 것이다. 우리는 가짜 대의기구 소집을 막기 위해 모든 노력을 기울여야 했다. 그리고 실제로 그렇게 했다. 정말 그렇다. 그러나 우리가 모든 노력을 했는데도 두마가 소집됐기 때문에 우리는 두마를 활용한다는 임무를 회피해서는 안 된다.[53]

8월 12일 그는 보이콧을 끝내자는 주장을 명확히 지지하고 나섰다.

좌익 사회민주주의자들은 국가 두마를 보이콧하는 문제를 다시 생각해 봐야 한다. 우리가 언제나 이 문제를 특정 시기의 정치 상황과 연결지어 구체적으로 제기했다는 것을 명심해야 한다.[54]

혁명적 사회민주주의자들이 보이콧 주장을 거둬들여야 할 때가 왔다. 우리는 2차 두마가 소집될 때 (또는 '소집된다면') 2차 두마에 들어가는 것을 거부하지 않을 것이다. 우리는 두마라는 무대를 사용하는 것을 거부하지 않을 것이다. 그러나 우리는 두마의 중요성을 과장하지도 않을 것이다. 오히려 이미 역사가 제공한 경험을 따라서 우리가 두마에서 벌이는 투쟁을 다른 형태의 투쟁, 그러니까 파업이나 봉기 등에 전적으로 종속시킬 것이다.[55]

이렇게 노선을 바꾼 레닌은 볼셰비키 내에서 완전히 고립됐다. 1907년 7월 21~23일 코트카(핀란드)에서 열린 RSDLP 3차 협의회에서 레닌은 보이콧에 반대하는 결의안을 제출했다(볼셰비키 공식 대변인인 보그다노프는 보이콧을 찬성하는 결의안을 제출했다). 레닌을 지지한 볼셰비키 대표는 아무도 없었다. 오히려 그들은 레닌이 볼셰비즘을 배신했다고 비난했다.

레닌의 결의안 초안에는 다음과 같은 말이 나온다.

따라서,

(1) 러시아 혁명의 경험이 보여 주듯이 적극적 보이콧은 혁명이 온 세상을 휩쓸고 각계각층으로 확산되고 급격하게 고조돼서 무장봉기로 발전하는 경우에만, 그리고 구체제가 처음으로 대의제 의회를 소집하는 데서 비롯하는 입헌적 환상에 맞서 싸우는 이데올로기적 투쟁 목표와 관련해서만 사회민주주의자들이 사용하는 올바른 전술이다.

(2) 이러한 조건들이 없으면 혁명적 사회민주주의자들의 올바른 전술은 2차 두마 때와 마찬가지로 선거 참여를 호소하는 것이다.[56]

레닌은 자신이 멘셰비키보다 늦게 두마 선거 보이콧을 중지해야 한다는 결론에 도달했다는 사실은 신경 쓰지 않았다. 오히려 이러한 종류의 '실수'는 전혀 실수가 아니었다. "혁명적 사회민주주의자들은 **맨 먼저 가장 단호하고**

가장 직접적인 투쟁이라는 길을 걸어야 하며 …… 더 돌아가는 투쟁 방법은 맨 마지막 차례로 채택해야 한다."[57]

또한, 그는 보이콧을 계속하자고 주장하는 볼셰비키 가운데 뛰어난 혁명 투사들이 많다는 것도 아주 잘 이해하고 있었고, 그들이 아주 아주 좋은 의도로 그런 주장을 한다는 것도 잘 알고 있었다.

의심할 여지없이, 대부분의 경우 보이콧에 대한 동조는 혁명가들이 과거 혁명 역사에서 가장 뛰어난 시기의 전통을 살리고, 과감하고 공공연하고 단호한 투쟁의 불꽃으로 어둡고 단조롭고 칙칙한 현재 상황에 불을 지피려는 훌륭한 노력에서 나오는 것이다. 그러나 우리는 혁명 전통에 대한 이러한 관심을 소중하게 여기기 때문에, 특정 역사 시기의 구호를 사용해서 당시의 핵심 조건을 되살릴 수 있다는 생각에 격렬하게 반대해야 하는 것이다. 끊임없이 선전·선동하고, 대중이 구체제에 맞서는 직접적이고 공격적인 투쟁의 조건들을 훤히 알게 하려고 혁명 전통을 보존하고, 그 전통을 이용하는 법을 아는 것과, 특정 구호가 나오고 그것을 성공하게 하는 조건과 무관하게 그 구호를 반복하고 그 구호를 근본적으로 다른 상황에 적용하는 것은 완전히 다른 문제다.[58]

레닌은 볼셰비키한테 현실을 똑바로 보라고 요구했다. "망할 놈의 반혁명이 우리를 이 망할 놈의 돼지우리로 몰아넣었기 때문에, 우리는 푸념을 늘어놓지도 말고 허세 부리지도 말고 혁명을 위해 돼지우리에서도 활동해야 한다."[59]

여러 해가 지난 다음, 레닌은 옛 일을 돌아보면서 다음과 같이 말했다.

때로는 상황에 밀려서 투쟁하는 당에게 불가피하게 타협이 강요되는 경우가 있다. …… 진정한 혁명정당의 임무는 모든 타협을 거부하는 것이 불가능하다고 선언하는 것이 아니라, 피할 수 없다면 **모든 타협을 통해서** 원칙을 고수하고 자기 계급과 혁명의 목적에 충실하고 혁명을 위한 길을 닦고 민중을 교육해 혁명을 승리로 이끄는 과제에 충실할 수 있어야 한다.

3차 두마와 4차 두마 참여에 …… 동의한 것은 타협이었고, 혁명적 요구들을 잠시 포기한 것이었다. 그러나 이것은 우리에게 절대적으로 강요된 타협이었다. 왜냐하면 세력 관계 때문에 우리가 당분간은 대중적인 혁명 투쟁을 벌일 수가 없었고, 이러한 투쟁을 오랫동안 준비할 수 있으려면 우리가 그러한 '돼지우리' 안에서조차 활동할 수 있어야 했기 때문이다. 역사는 볼셰비키당이 두마 문제에 이러한 태도를 취한 것이 완전히 옳았음을 입증해 주었다.[60]

14 전략과 전술

클라우제비츠한테서 배우는 레닌

1894년에서 1914년에 이르는 20년 동안 러시아 노동운동은 정말 많이 성숙했다. 노동운동의 발전은 전략과 전술을 생생하게 배울 수 있는 학교였다. 노동운동의 발전이 거둔 가장 커다란 결실이라 할 수 있는 레닌은 운동과 함께 성장했고, 운동에 영향을 끼쳤으며 운동에서 영향을 받았다. 이 20년은 레닌과 전체 노동계급이 오랜 기간에 걸쳐 전략과 전술을 모두 검증하는 최대의 시험 ― 전쟁에서 비롯한 끔찍한 학살과 전쟁을 혁명을 통해 종식하는 시험 ― 준비를 뜻했다. 이러한 준비기의 최상의 교훈들은 1905년 혁명과 혁명의 결과가 제공했다.

마르크스주의 ― 과학이자 기예

앞에서 얘기했듯이, 1905년 혁명이 일어나자 레닌은 서둘러서 카를 폰 클라우제비츠의 군사 저술들을 연구했다. 이것은 레닌이 전술과 전략을 정식화하는 데 상당한 영향을 끼쳤다.

나폴레옹한테서 영감을 얻은 위대한 전쟁 철학자 클라우제비츠는 전술을 "전투에서 군사력을 사용하는 것에 관한 이론"으로, 전략을 "전쟁의 목적을 달성하기 위해 전투를 사용하는 것에 관한 이론"으로 정의했다. 레닌은 혁명 전술과 전략의 관계를 클라우제비츠와 매우 비슷하게 규정했다. 전술 개념은 계급투쟁에서 하나의 과제나 하나의 부문에 해당하는 조처들에 적용된다. 그래서 레닌은, 예컨대 1905년 1월 투쟁 기간이나 가뭄과 관련해 필요한 전술을 말했고, 노동조합 전술, 의회 전술 등도 말했다. 혁명 전략은 이런 전술들을 결합시켜 사용해서 노동계급이 권력을 장악하도록 이끄는 것이다.

자본주의와 노동운동이 완만하고 유기적이고 체계적으로 발전하던 시기에 등장한 제2인터내셔널은 실천에서는 전술 문제, 즉 노동조합, 의회, 지방 정부 기구, 협동조합에서 개혁을 위한 일상 투쟁의 과제들에 머물렀다. 사태의 방향이 급격히 바뀌는 격동기에 발전한 러시아 혁명운동은 전략 그리고 전략과 전술의 관계라는 더 커다란 문제에 직면해야 했다. 이러한 문제를 레닌보다 더 잘 발전시킬 수 있는 사람은 아무도 없었다. 왜냐하면, 레닌은 마르크스주의를 과학의 수준에서 기예의 수준으로 끌어올리는 방법을 어느 누구보다도 더 잘 알고 있었기 때문이다.

마르크스주의는 항상 과학이라고 한다. 그러나 행동 지침으로서 마르크스주의는 또한 기예임이 틀림없다. 과학은 존재하는 것을 다루는 반면 기예는 우리에게 행동하는 법을 가르쳐 준다. 레닌의 주된 공헌은 마르크스주의를 기예로까지 발전시켰다는 것에 있다. 마르크스가 제1인터내셔널 창건에 참여하지 않고 죽었더라도 그는 여전히 마르크스일 것이다. 그러나 레닌이 볼셰비키당을 건설하지 않고, 1905년 혁명과 뒷날 1917년 혁명을 지도하지 않고, 공산주의 인터내셔널을 창건하지 않고 죽었다면 그는 레닌이 되지 못했을 것이다.

이론에서 실천으로, 과학에서 기예로 나아가기 위해 레닌은 그것들 사이의 변증법적 관계, 즉 둘의 공통점과 차이점을 설명해야 했다.

마르크스와 엥겔스는, 기껏해야 역사 과정에서 각각의 특수한 시기의 구체적인 경제·정치 상황 때문에 반드시 바뀔 수밖에 없는 일반적 과제들을 알 수 있게 해 줄 뿐인 '공식들'을 단순히 암기하거나 반복하는 것을 비웃으면서, 언제나 "우리 이론은 교조가 아니라 행동지침이다" 하고 말했다.[1]

사회의 일반적 운동 법칙과 현실의 구체적인 역사적 상황은 크게 다르다. 왜냐하면, 삶은 어떤 추상 이론보다 훨씬 더 복잡하기 때문이다. 아주 많은 요인들이 상호작용하기 때문에 책에서 얻는 지식만이 현실을 직시하는 바탕인 것은 아니다. 레닌은 "이보게, 이론은 회색이지만, 영원한 생명의 나무는 푸르다네"라고 말하기를 좋아했다. 사태 발전에서, 어떤 일들이 일어남직한 상황에서, 그리고 복잡한 상황에서는 언제나 생생한 현실이 어떤 이론적 개념이나 진단보다 더 풍부한 법이다. 그래서 레닌은 마르크스주의를 숭배 대상으로 변질시킨 사람들을 비웃었다. "우상은 사람들이 기도하고, 십자가를 긋고, 절을 하는 대상이다. 그러나 우상은 실제 삶과 실제 정치에 아무런 영향도 끼치지 않는다."[2] 그는 이네사 아르망한테 보낸 편지에서 다음과 같이 썼다. "대부분의 사람들(부르주아지의 99퍼센트, 청산파의 98퍼센트, 볼셰비키의 60~70퍼센트)은 생각하는 법을 모른다. 그들은 낱말을 외우고만 있다."[3]

마르크스주의를 비교조적으로 이해하고, 마르크스주의를 행동 지침으로 사용하는 것을 가로막는 주된 장애물은 구체를 추상으로 대체하려는 경향이다. 이것은 특히 역사 발전이 변덕스럽고, 도약과 후퇴와 급격한 방향 전환으로 가득한 혁명 직전 상황이나 혁명 상황에서는 가장 위험한 잘못들 가운데 하나다.

추상적 진리 따위는 없다. 진리는 언제나 구체적이다.[4]

추상적 진리는 모든 구체적 상황에 적용되면 공문구가 된다. "모든 파업에는 사회혁명의 촉수가 숨어 있다"는 것은 두말하면 잔소리다. 그러나 우리가 파업에서 곧바로 혁명으로 건너뛸 수 있다는 생각은 몽상이다.[5]

일반적인 역사적 진술은 어떤 특정한 사례의 조건들을 구체적으로 분석하지 않고 그러한 사례에 적용하면 모두 공문구가 된다.[6]

동시에 혁명 지도자는 계급투쟁의 역사적 발전에서 전체 윤곽을 분명하게 과학적으로 이해해야 한다. 일반적인 경제 · 정치 지식이 없으면, 계급투쟁이 우여곡절을 거치는 동안 의지와 확신을 계속 유지할 수 없을 것이다. 그래서 레닌은 전략과 전술이 "객관적 상황에 대한 정확한 평가"에 바탕을 두고 있어야 하며[7] 동시에 "계급 관계를 총체적으로 분석한 뒤에 결정하는" 것이라고[8] 수도 없이 되풀이해서 얘기했다. 말하자면 전술과 전략은 명확하고 자신감 있고 이론적인 분석, 즉 과학에 바탕을 두고 있어야 한다.

이론적 회의는 혁명적 행동과 양립할 수 없다. "중요한 것은 선택한 길이 옳은 길이라는 확신이다. 이러한 확신은 혁명적 에너지와 혁명적 열정을 100배나 증대시켜 기적을 이루어 낼 수 있다."[9]

역사 발전 법칙을 이해하지 않고서는 끈기 있는 투쟁을 계속할 수 없다. 고군분투하고 절망하고 고립되고 어려움을 겪는 시기에 혁명가들은 자신들의 행동이 역사 발전에 필요한 바들을 충족하는 것이라는 확신 없이는 살아남을 수 없다. 멀고 험한 역사 발전의 길에서 낙오되지 않으려면 혁명가는 사상이 확고해야 한다. 이론적 회의와 혁명적 단호함은 양립할 수 없다. 레닌의 강점은 언제나 이론을 인류 발전 과정과 관련지었다는 것이다. 레닌은 모든 이론적 개념의 중요성을 실천의 필요들과 관련지어 판단했다. 마찬가지로 실천에서 모든 조치가 마르크스주의 이론에 들어맞는지를 시험했다. 그는 이론과 실천을 완벽하게 결합했다. 볼셰비키 역사가 포크로프스키의 다음과 같은 기록은 결코 과장이 아니었다. "레닌한테서 순수 이론 작업은 하나도 찾아볼 수 없다. 모든 이론 작업은 선전의 측면이 있기 때문이다."[10]

레닌은 임기응변을 중요하다고 생각했다. 그러나 이것이 단순히 그때그때 바뀌는 인상으로 전락하지 않으려면 정밀하게 다듬은 이론을 바탕으로 한 일반적 전망 속에 통합돼야 했다. 이론 없는 실천은 불확실함과 오류를 낳을 수밖에 없다. 다른 한편으로, 마르크스주의를 투쟁과 분리해 연구하는 것은 마르크스주의를 그 주축 ― 행동 ― 에서 분리하는 것이고, 그래서 쓸모없는 공붓벌레를 낳게 된다. 실천은 혁명 이론을 통해 명백해지고, 이론은 실천을 통해 검증된다. 마르크스주의 전통은 오직 투쟁을 통해서만 인간의 심장과 뇌로 흡수된다.

이론은 과거에 한 실천의 일반화다. 그람시는 매우 적절하게 이렇게 말했다. "사상은 전혀 다른 사상에서 나오지 않고, 철학도 전혀 다른 철학에서 나오지 않는다. 사상과 철학은 끊임없이 혁신되는 현실 역사 발전의 표현이다."[11] 자신의 정체성을 잃지 않고 새로운 상황에 적응하려면 이론과 실천을 통일시켜야 한다.

레닌은 영속적이고 창조적인 이데올로기 실험을 하지 않는 혁명 조직은 결코 살아남을 수 없다는 것을 알고 있었다. 그는 자신의 연구가 결국 정치에서 어떻게 쓰이는지를 알려고 언제나 애썼다. 그러나 실제로 연구에 몰두하는 동안에는, 몇 달씩 실천 정치와 거리 두는 것도 망설이지 않고 대영박물관이나 프랑스 국립도서관에 파묻혀 지냈다.*

당의 강령 ― 당의 기본 원칙들 ― 은 노동계급의 역사적 잠재력을 출발

---

* 포크로프스키는 회고록에서 1908년에 볼셰비키가 자신을 포함한 대표단을 레닌한테 보내서 철학 연구를 그만두고 실천 정치로 돌아오라고 요청했으나 레닌은 거부했다고 밝히고 있다.[12]

점으로 삼는다. 다시 말해서 강령은 일반으로는 사회의 물질 조건에서, 특수하게는 사회 내부에서 노동계급이 차지하는 위치에서 도출된다. 그러나 전략과 전술의 출발점은 그러한 물질세계가 아니라 노동자의 의식이다. 의식 — 마르크스는 이것을 이데올로기적 상부구조라 했다 — 이 물적 토대를 직접 반영하는 것이라면, 전략과 전술은 당 강령에서 직접 도출될 수 있을 것이다. 그러나 전략과 전술의 도출은 사실 간접적이고 복잡하며, 당 자체의 활동을 비롯해서 노동자들의 경험과 전통의 영향을 받는다. 혁명정당은 임금 체제를 원칙적으로 반대하지만, 전술상으로는 임금을 더 많이 받으려는 노동자들의 투쟁에 결코 무관심하지 않다.

혁명 지도부는 투쟁을 전체적으로 이해하고 상황이 바뀔 때마다 올바른 구호를 내놓을 수 있어야 한다. 올바른 구호가 단순히 당 강령에서 나오는 것은 아니다. 그것은 상황에, 무엇보다도 대중의 정서와 감정에 들어맞아야 한다. 그래야 노동자들을 이끌고 나아가는 데 쓰일 수 있다. 구호는 혁명운동의 일반 방향뿐 아니라 대중의 의식 수준에도 맞아야 한다. 당의 일반 노선은 현실에 **적용돼**야만 진가를 드러낸다. 일반 이론과 특수한 전술의 유기적 통일은 레닌의 투쟁과 활동 방식의 핵심에 자리잡고 있었던 것이다.

당은 강령이 없으면 사태의 흐름에 휩쓸리지 않고 자신의 노선을 일관되게 추구하는 통합된 정치 유기체일 수 없다. 당면 정치 상황에 대한 평가를 바탕으로 우리 시대의 '골치 아픈 문제들'에 명확한 해답을 제공하는 전술 노선이 없다면, 이론가들의 서클은 될 수 있어도 움직이는 정치 실체는 될 수 없을 것이다.[13]

하나의 전략 계획이나 전술의 올바름을 확인하는 유일한 방법은 실천을 통한 검증, 즉 현실의 계급투쟁 발전 경험에 비추어 확인하는 것이다.

전술에 관한 결정들은 될 수 있는 대로 자주 새로운 정치 사건들에 비추어 확인해야 한다. 그러한 확인 작업은 이론과 실천 양자의 관점에서 필요하다. 이론의 관점에서 필요한 이유는, 결정을 올바르게 내렸는지, 그리고 뒤이어 일어난 사건들이 이 결정에 어떤 수정을 가하게 하는지를 확인하기 위해서다. 실천의 관점에서 필요한 이유는, 결정을 적절한 지침으로 활용하는 방법을 배우기 위해서, 즉 결정을 실천에서 적용하려는 작전 명령으로 여기는 방법을 배우기 위해서다.[14]

트로츠키도 이와 똑같은 생각을 매우 적절하게 다음과 같이 밝혔다. "볼셰비키의 기본적인 사고방식은 말에 타 봐야 말을 모는 법을 배울 수 있다는 것이다."[15] 투쟁 속에서만 전략과 전술을 배울 수 있다. 레닌은 "일단 해 보면 알 수 있다"는 나폴레옹의 말을 거듭 인용했다. 바꿔 말하면 이런 뜻이다. "먼저 전심전력으로 전투에 참여하라. 그러면 어떤 일이 일어나는지 알게 된다."

전쟁에서는, 특히 혁명 시기의 계급 전쟁에서는 적의 진영뿐 아니라 아군 진영에도 미지수가 너무 많기 때문에 냉철한 분석을 대담한 임기응변 ─ 대체로 직관, 즉 적극적이고 창조적인 상상력을 바탕으로 한 ─ 과 결합시켜야 한다.

마르크스주의가 다른 모든 사회주의 이론과 다른 점은 객관적 상황과 객관적 사태 전개 방향을 철저하고 냉철하게 과학적으로 분석하면서도 대중의 ─ 그리고 이런저런 계급과 적극 접촉할 수 있는 개인·단체·조직·정당의 ─ 혁명적 에너지, 혁명적 창의성, 혁명적 주도력이 중요하다는 것을 가장 단호하게 인정한다는 것이다.[16]

레닌은 대중의 생각과 정서를 이해해야 한다고 끊임없이 강조했다. 레닌 자신은 그것들을 이해하는 데 남들보다 뛰어났다. 트로츠키는 이렇게 말했다. "가장 중요한 시기에 혁명 지도부의 기예 가운데 10분의 9는 대중의 감정을 포착하는 법을 아는 것이다. 대중의 감정을 알아차리는 탁월한 능력은 레닌의 최대 강점이었다."[17]

투쟁 자체를 통해서만 당은 대중이 진짜로 무엇을 생각하고 무엇을 이루어 낼지를 알 수 있다. 마르크스주의는 기계적 결정론, 즉 숙명론과 주의주의적인 자기 의지를 거부한다. 마르크스주의의 기초는 유물론적 변증법과 대중은 행동을 통해서 자신들의 능력을 발견한다는 원칙이다. 레닌의 현실주의와 틀에 박힌 수동적 '현실 노선'은 아무 공통점도 없다. 레닌이 말했듯이 후자는 "선진 계급의 긴급한 과제를 강조하고 기존 상태를 무너뜨릴 수 있는 요소들을 기존 상태에서 발견하는 마르크스주의적 현실주의라는 혁명적 변증법"과 대립한다.[18] 레닌은 현실 세력들을 냉정히 평가해야 한다는 것과 혁명정당 자체가 세력 관계에서 핵심 요소임을 잘 알고 있었다. 당이 대담하게 행동하면 노동자들은 자신감을 얻지만 당이 머뭇머뭇하면 대중은 수동성과 사기 저하에 빠질 수도 있다. 세력 관계를 결정하고 대중의 투쟁 의지를 북돋는 유일한 방법은 당이 지도하는 행동이다.

혁명 투쟁이 발전하고 상황이 변했는데도 이미 쓸모없게 돼 버린 전술을 고수하는 것은 위험하다는 사실을 알아야 한다. 혁명 지도자가 저지르기 쉬운 가장 위험하고 파괴적인 잘못은 어제는 옳았지만 오늘의 바뀐 세력 관계에는 들어맞지 않는 공식에 사로잡히는 것이다. 역사가 급변하는 시기에는 진보 정당조차 한동안 새로운 상황에 적응하지 못하고 전에는 옳았지만 이제는 모든 의미를 잃어버린 ─ 역사의 급격한 변화가 '갑작스러운' 만큼 '갑자기' 의미를 잃는 ─ 구호를 되풀이하는 경우가 아주 흔하다.

혁명에서는 정확하게 때를 맞추는 타이밍이 결정적으로 중요하다. 혁명이 발전하는 속도를 되도록 정확하게 재야 한다. 그러지 않으면 현실주의 전술은 있을 수 없다. 사실, 사태 전개 속도에 관한 우리의 전망은 결코 완벽하게 정확할 수 없다. 따라서 우리는 때를 정확히 맞추어 필요한 교정을 해야 한다.

당의 전술과 전략이 당의 일반 원칙에 들어맞으려면, 전술과 전략은 명확하고 직접적이어야 한다. 대중이 혁명정당의 정치를 이해하려면, 전술과 전략이 당 정책의 핵심을 흐리는 세부 사항들에 파묻혀서는 안 된다. 당 정책은 간단명료한 구호 몇 가지로 표현돼야 한다. "분명하고 솔직한 정책이 최상의 정책이다. 원칙에 바탕을 두는 정책이 가장 실천적인 정책이다."[19]

따지고 보면 폭넓고 원칙에 바탕을 두는 정치만이 진정으로 실천적인 정치다. 일반적 문제를 먼저 해결하지 않고 부분적 문제와 씨름하는 사람은 누구나 자신도 모르는 사이에 반드시 그리고 번번이 그러한 일반적 문제에 '부딪힐' 것이다. 부지불식간에 일반적 문제에 번번이 부딪히는 것은 자신의 정치가 완전히 오락가락하고 원칙을 잃을 수밖에 없다는 뜻이다.[20]

행동 노선은 이론에, 역사적 경험에, 전체 정치 상황에 대한 분석 등에 바탕을 둘 수 있으며 또한 두어야 한다. 그러나 이 모든 논의에서, 투쟁하는 계급의 당은 우리의 정치 행동이 구체적으로 던지는 물음들 ― '긍정'이냐 '부정'이냐? 특정 순간인 바로 지금 이것 또는 저것을 해야 하는가 하지 말아야 하는가? ― 에 매우 분명하게 대답 ― 이중 해석을 허용하지 않는 ― 해야 한다는 것을 알아야 한다.[21]

세력 관계를 아주 냉철하게 따져야 하고, 그러고 나서 일단 결정을 내리면 단호하게 행동해야 한다. 나폴레옹은 베르티에 장군한테 보낸 편지에서 이렇게 썼다. "나는 지금 군사 계획을 짜고 있소. 그런데 나만큼 소심한 사람도 없을 것이오. 나는 모든 위험과 일어날 수 있는 모든 불행을 과장하고 있소. …… [하지만] 일단 결정을 내리면 나는 그것이 성공할 수 있는 요인들 말고는 모두 잊게 되오."

이 말을 인용한 다음 트로츠키는 다음과 같이 논평한다.

'소심한'이라는 어울리지 않는 단어에 들어 있는 태도를 제외하면, 이러한 생각의 본질은 레닌한테도 명백하게 적용된다. 전략 문제를 결정할 때면 그는 자신의 결단력과 선견지명을 적들도 가지고 있다고 가정했다. 레닌의 전술적 오류는 대부분 그의 전략 능력의 부산물이었다.[22]

가장 불리한 가정을 바탕으로 과감한 계획을 세우는 것이 레닌의 특징이었다.

'핵심 고리 쥐기'

레닌은 언제나 정치 행동의 복잡한 사슬에서 당면 시기의 핵심 고리를 찾아내서 쥐고 전체 사슬에 방향을 제시해야 한다고 가르쳤다.

모든 문제가 '악순환을 거듭하는' 이유는 정치 생활 전체가 무수한 고리로 이어진 끝없는 사슬이기 때문이다. 정치의 모든 기예는, 놓칠 가능성이 별로 없고, 당면 시기에 가장 중요하고, 대체로 고리를 쥔 사람이 사슬 전체를 쥘 수 있게 해 주는 고리를 찾아내서 최대한 꽉 움켜쥐는 것이다.[23]

그는 이 비유를 자주 거론했고, 항상 이 비유가 보여 주는 원칙에 따라 실천했다. 그래서 가장 중요한 시기에 그는 부차적 요소들을 모두 제쳐두고 가장 중요한 요소를 파악할 수 있었다. 그는 중요한 문제에 직간접으로 관심을 기울이지 못하게 만들 수 있는 것은 모두 털어냈다. 트로츠키는 다음과 같이 적절하게 얘기했다.

기분 좋게도 위험한 장애물이 치워지면 레닌은 거듭거듭 이렇게 외친다. "그러나 우리는 이것저것을 하는 것을 까맣게 잊었다." …… 또는 "우리는 주된 것에 너무 관심을 기울이다가 기회를 놓쳤다." …… 그러면 누군가 이렇게 대답할 것이다. "하지만 이런 문제를 제기했고 이런 것을 제안했는데도 당신은 도무지 아무 얘기도 들으려 하지 않았소!"

레닌은 이렇게 말한다. "내가 그랬다고? 말도 안 돼! 하나도 기억나지 않아!"

그러면서 갑자기 웃음을 터뜨린다. 그것은 '유죄'를 인정하는 뜻이 담긴 심술궂은 웃음이다. 그리고 팔을 들어 올렸다가 힘없이 늘어뜨리는 특유의 몸짓을 한다. 마치 아무것도 할 수 없다고 체념한 듯이 말이다. 레닌의 이러한 '단점'은 당에서 자신을 지지하는 모든 세력을 최대한 동원할 수 있는 그의 재능의 또 다른 측면이다. 바로 이러한 재능 덕분에 그는 역사상 가장 위대한 혁명가가 될 수 있었다.[24]

그리고 트로츠키는 다음과 같이 쓰고 있다.

블라디미르 일리치는 나를 비롯한 많은 동지들한테서 부차적 문제나 특정한 지엽적 문제에 관심을 기울이지 않는 듯하다고 흔히 비판받았다. 사태 발전 속도가 느린 '일상적' 시기에 이것은 정치 지도자의 흠일 것이다. 그러나 본질에서 벗어나고 중요성도 없고 부차적인 것이 모두 이면으로 사라지거나 그늘에 가려져 남은 것이라곤 내전이라는 첨예한 형태의, 근본적으로 화해할 수 없는 계급 적대만이 있는 새로운 시대의 지도자로서 레닌의 탁월함도 바로 그 점이다. 레닌이 아주 혁명적인 눈으로 무엇이 가장 중요하고 무엇이 가장 필요하고 무엇이 가장 본질적인지를 제시할 수 있었던 것은 탁월한 재능 덕분이었다. 나를 비롯해, 레닌의 활동과 사고방식을 가까이에서 지켜볼 기회가 있었던 동지들은 그의 통찰력, 표면적이고 우연적이고 피상적인 것을 모두 거부하고 문제의 핵심에 다가가서 근본적인 행동 방법을 알아내는 그의 사고의 정확함을 열렬히, 정말로 열렬히 찬양하지 않을 수 없었다.[25]

레닌은 전술에서 이런저런 잘못을 했다. 그것은 대체로 핵심 고리에 몰두하고 오랫동안 행동 현장에서 벗어나 있었기 때문이다. 그러나 동전의 다른 면은 그의 빛나는 전략적 사고였다. 그는 전술 판단에서 잘못을 저질렀지만 멀리서 당의 전략을 가차없이 비판했다.

레닌이 하루는 이런 방향으로 하루는 반대 방향으로 '막대 구부리기'를 강조한 것은 원칙적으로 옳았다. 노동자 운동의 모든 측면이 고르게 발전했다면, 균형성장이 당연하다면, '막대 구부리기'는 운동에 해로운 영향을 끼쳤을 것이다. 그러나 현실의 삶에서는 불균등 발전 법칙이 지배한다. 특정 시기에는 운동의 어떤 측면이 결정적이다. 전진을 가로막는 주된 걸림돌은 기간 당원들의 부족일 수도 있고, 그와 반대로 기간 당원의 보수성 때문에 그들이 계급의 선진 부문보다 뒤처질 수도 있다. 모든 요소가 완벽하게 조화롭다면 '막대 구부리기'도 필요 없겠지만, 혁명정당이나 혁명의 지도부도 필요 없을 것이다.

직관과 용기

객관적 상황에 대한 냉철한 평가 자체만으로는 혁명 전략과 전술을 발전시키기에 충분하지 않다. 무엇보다도 혁명 지도자는 매우 날카로운 직관이 있어야 한다.

불확실한 것이 아주 많고 우연과 복잡한 상황에 많은 것이 달려 있는 혁명 상황에서는 강한 의지만으로는 충분하지 않다. 전체 상황을 빠르게 읽고 본질과 비본질을 가려내고 상황 묘사에서 빠진 부분들을 채울 수 있는 능력이 필요하다. 모든 혁명은 수많은 미지수와 동격이다. 그래서 혁명 지도자는 현실적 상상력이 있어야 한다.

레닌은 1905년에 잠시 러시아에 들른 시간을 제외하면 혁명이 일어나기 전 15년 동안을 외국에서 지냈다. 현실을 느끼고, 노동자들의 분위기를 파악하는 레닌의 능력은 시간이 지날수록 약해지기는커녕 오히려 강해졌다. 레닌의 현실적 상상력은 깊은 이론적 이해, 좋은 기억력, 창조적 사고에 뿌리를 두고 있었다. 그 상상력은 망명 중인 레닌을 만나러 가끔 사람들이 찾아올 때마다 활력을 얻었다.

레닌의 혁명적 직관은 불가사의할 정도였다. 한 가지 사례만 들자면, 다음의 이야기는 레닌이 다른 사람들 같았으면 무심코 지나쳤을 한 노동자의 말을 듣고 어떻게 전체 사회·정치 상황에 대한 상을 그렸는지를 보여 준다.

7월 사태 이후 케렌스키 정부가 나를 극진히 '배려'해 준 덕분에 나는 지하로 숨어야 했다. …… 페트로그라드 후미진 교외의 노동계급 지구에 있는 자그마한 노동자 집에서 사람들이 저녁을 먹고 있었다. 여주인이 빵을 식탁에 내놓자 남자 주인이 이렇게 말했다. "얼마나 좋은 빵인지 보세요. '저들'은 지금 우리한테 감히 나쁜 빵을 주지 못해요. 우리는 [7월 사태 전에는] 페트로그라드에서 좋은 빵을 먹는다는 생각조차 포기할 뻔했는데 말예요."

나는 7월 사태에 대한 이 계급적 평가에 놀랐다. 나는 7월 사태의 정치적 의미만을 생각했고, 7월 사태가 상황의 일반 흐름에서 하는 구실만을 따져

봤고, 역사에서 이러한 지그재그를 낳은 상황과 이 지그재그가 앞으로 낳을 상황, 그리고 우리 구호를 어떻게 바꾸고 바뀐 상황에 적응하기 위해 당 기구를 어떻게 바꿀 것인지만 분석했다. 빵이 부족한 적이 없었던 나는 빵을 생각도 못 했다. 빵은 당연히 있는 것이라고 생각했다. ……

그러나 이들 피억압 계급의 구성원들은, 보수도 넉넉하게 받고 교육 수준도 높은 노동자일지라도, 우리 지식인들이 도저히 따라갈 수 없을 만큼 놀라울 정도로 간단하고 솔직하게, 아주 단호하고 명확한 관점으로 난국을 헤쳐 나간다. 세계 전체는 '우리' 곧 노동 대중과 '저들' 곧 착취자들로 양분돼 있다. 무슨 일이 벌어졌는지에 관해 조금도 당황할 필요가 없다. 7월 사태는 오랫동안 계속된 자본과 노동 사이의 전투들 가운데 하나일 뿐이다. 나무를 베어 넘어뜨리면 나무 조각들이 튀는 법이다.

"정말 골치 아픈 문제는 혁명이 낳은 '아주 복잡한 상황'이다." 이게 바로 부르주아 지식인들이 생각하고 느끼는 바다.

"우리가 '저들'을 조금 쥐어짰더니 '저들'은 전처럼 우리한테 감히 큰소리치지 못한다. 우리는 다시 저들을 쥐어짜고 아예 몰아내 버리겠다." 이게 바로 노동자들이 생각하고 느끼는 바다.[26]

크룹스카야는 아주 올바르게 다음과 같이 썼다. "일리치에게는 언제나 일종의 특수한 본능 — 노동계급이 당면한 시기에 경험하고 있는 것에 대한 심오한 이해 — 이 있었다."[27] 역사의 가장 극적인 시점에서 대중의 감정을 파악하는 데는 직관이 특히 중요한데, 레닌은 이런 면에서 남달리 뛰어났다. "대중을 생각하고 대중의 상태를 감지하는 능력은 특히 중대한 정치적 전환점에서 최대로 발휘된 레닌의 특성이었다."[28]

특정한 전술을 일단 결정하면, 혁명 지도자는 망설이지 말아야 한다. 혁명 지도자는 최고의 용기를 가져야 한다. 이 점에서도 레닌은 조금도 모자람이 없었다. 포크로프스키는 이러한 특징을 다음과 같이 잘 묘사했다.

이제 와서 과거를 되돌아보면, 커다란 정치적 용기가 레닌의 기본 특성들 가운데 하나였던 것 같다. 정치적 용기란 겁 없는 행동이나 위험을 무시하기 같은 것이 아니다. 혁명가들 가운데 교수대나 시베리아를 두려워하지 않는 사람들은 숱했다. 그러나 그들은 중대한 정치적 결정에 대한 부담을 떠안기를 두려워했다. 분명히 레닌은 아무리 벅차다 할지라도 결정에 대한 책임 떠맡기를 결코 두려워하지 않았다. 이런 점에서 레닌은 자신과 당의 운명뿐 아니라 나라 전체의 운명과 어느 정도는 세계 혁명의 운명도 좌우할 수 있는 조치들에 대한 책임을 떠맡았고 어떤 위험도 피하려 하지 않았다. 이것은 매우 특이한 현상이어서 레닌은 언제나 극소수 사람들과 함께 행동을 시작해야 했다. 왜냐하면, 처음부터 그를 따를 만큼 충분히 대담한 사람은 매우 드물었기 때문이다.[29]

마르크스주의에 숙명론적 성격을 부여해서 중요한 결정을 내려야 하는 의무를 회피하려 한 '마르크스주의자들'이 많았다. 이것은 멘셰비키의 특징이었다. 위기 때마다 그들은 의심, 망설임, 두려움을 보였다. 그러나 혁명은 사회문제를 해결하는 가장 가차 없는 방법이다. 그래서 머뭇거림은 혁명 시기에 나타날 수 있는 최악의 조건이다. 레닌은 가장 일관된 혁명가였다. 그는 가장 대담하게 결정을 내렸고, 가장 중대한 행동들에 대한 책임을 앞장서서 떠맡으려 했다.

꿈과 현실

혁명 전략과 전술을 실행하려면 현실주의자가 돼야 할 뿐 아니라 몽상가도

돼야 한다. 레닌을 낭만주의자가 아니라 현실주의자로 묘사하는 사람들이 많았다. 이것은 레닌을 오해한 것이다. 원대한 꿈이라는 염원이 없다면 혁명가라고 할 수 없다.

피사레프는 꿈과 현실 사이의 틈을 두고 다음과 같이 썼다. "숱한 틈이 있다. 내 꿈은 사태의 자연스러운 흐름을 앞서 나아갈 수도 있고, 또는 완전히 빗나가서 사태의 자연스러운 흐름과 무관한 방향으로 나아갈 수도 있다. 첫째 경우에 내 꿈은 전혀 해롭지 않을 것이다. 오히려 그것은 노동하는 사람들에게 활력을 주고 더 북돋울 수도 있다. …… 그런 꿈에는 노동력을 왜곡하거나 마비시킬 수 있는 것이 전혀 없다. 오히려 사람이 이런 식으로 꿈을 꿀 수 있는 능력을 모조리 빼앗긴다면, 그래서 때때로 자신이 이제 막 만들기 시작한 생산물의 완전한 모습을 미리 머릿속에서 생각할 수 없다면, 예술, 과학, 실천적 생활 등의 분야에서 폭넓고 열성적인 노력을 시작하고 완성하도록 사람들을 재촉할 만한 자극제가 과연 있을지 도저히 상상할 수 없다. …… 꿈을 꾸는 당사자가 자기 꿈을 진지하게 믿는다면, 그가 삶을 주의 깊게 관찰하고 자신의 관찰과 상상을 비교한다면, 그리고 일반으로 말해서 자신이 품은 공상을 실행하려고 성실하게 노력한다면, 꿈과 현실 사이의 틈은 전혀 해롭지 않다. 꿈과 삶 사이에 어느 정도 연관이 있다면 만사 척척이다."

불행하게도 우리 운동에는 이러한 종류의 꿈이 너무나 없다. 이런 상황에 책임이 가장 큰 사람들은 자신의 냉철한 견해를 자랑하고 '구체적인 것'에 '친숙'하다고 으스대는 사람들이다.[30]

레닌은 자신의 낭만적 요소를 행동의 필요에 종속시켰다. 그는 세상일에 초월한 듯한 러시아 지식인들의 태도를 경멸했다. 레닌은 곤차로프가 쓴 ≪오블로모프≫라는 유명한 소설에 나오는 주인공 오블로모프를 여러 번 경멸적으로 언급했는데, 이 인물은 항상 위대한 행위를 꿈꾸지만 게으르고 무기력해 그 행위를 할 수 없는 "잉여 인간"이었다.

페르디난트 라살은 혁명 정치의 근본 조건을 뛰어나게 말했다. "위대한 행동은 모두 현실에 대한 진술에서 시작한다." 레닌은 영어 속담을 자주 얘기했다. "사실은 드러나기 마련이다." 그는 다음과 같이 말했다. "마르크스주의는 가능성이 아니라 사실에 바탕을 둔다. 마르크스주의자는 정말 의심할 여지없이 정확하게 드러난 사실만을 정책의 근거로 제시해야 한다."[31] 그는 언제나 현실에서 가능으로 건너가는 다리를 찾으려 했다. 운동이 직면한 막중한 과제와 초라한 현실 운동 사이의 심연을 직시하기를 두려워하지 않았다. 그는 발을 땅에 딛고 머리는 하늘을 보고 있었다.

전략과 전술의 학교인 당

레닌은 혁명정당이 전략과 전술을 실행할 수 있는 가능성이 현실적인 경우에만 혁명 전략·전술 문제가 의미가 있다고 생각했다. 그는 당을 전략과 전술의 학교로, 노동계급 권력 장악을 위한 전투 조직으로 보았다.

혁명의 지도부가 대중의 일부가 되지 않고 작업장에서, 거리에서, 집에서, 식당에서 대중의 말에 귀를 기울이지 않고서 어떻게 대중에게 배우고 대중이 생각하고 느끼는 바를 알 수 있을까? 대중을 가르치려면 지도부는 대중에게 배워야 한다. 레닌은 평생 동안 그렇게 생각했고 실천했다.

당은 계급의 선진 부문보다 뒤처져서는 안 된다. 그러나 당은 따라잡을 수 없을 만큼 멀리 앞서 나가도 안 된다. 당은 계급의 선두에 서야 하고 계급에 뿌리박아야 한다.

모든 진지한 혁명 활동이 성공하려면 혁명가들은 자신이 진정으로 용감한 선진 계급의 전위로서만 활동할 수 있다는 사상을 이해하고 행동에 옮겨야 한다. 전위는 자신이 이끄는 대중 사이에서 고립되지 않고 정말로 전체 대중을 앞으로 이끌고 나아갈 수 있을 때만 전위라는 자신의 임무를 수행한다.[32]

이미 얘기했듯이 혁명정당은 노동계급 의식이 고르지 못하기 때문에 필요하다. 그러나 동시에 당은 의식을 최대한 높이 끌어올려서 이러한 불균등성을 빨리 극복하기 위해 존재한다. 평균 수준이나 심지어 가장 낮은 수준의 계급의식에 적응하는 것은 기회주의의 본질이다. 다른 한편으로 프롤레타리아의 가장 선진 부문과 조직적으로 분리되고 고립되는 것은 종파주의로 가는 길이다. 당면 상황에서 선진 부문의 의식을 최대한 높이 끌어올리는 것이야말로 진정한 혁명정당의 임무다.

대중에게 배우려면 당은 또한 자신이 저지른 잘못에서도 배울 수 있어야 하고 엄격한 자기비판도 할 수 있어야 한다.

정당이 자신의 잘못을 대하는 태도는 그 당이 얼마나 진지한지, 실천에서 자기 계급과 노동 대중에 대한 의무를 어떻게 수행하는지를 판단하는 가장 중요하고 확실한 방법이라 할 수 있다. 잘못을 솔직히 인정하고, 잘못을 저지른 이유를 분명히 밝히고, 잘못을 바로잡을 방법을 깊이 생각하는 것이 바로 진지한 당이라는 증거이고, 당이 자신의 임무를 수행하는 방식이고 자기 계급과 대중을 교육하고 훈련하는 방식이다.[33]

선진 계급으로 구성된 투쟁하는 정당은 잘못을 두려워할 필요 없다. 오히려 당이 두려워해야 하는 것은 잘못을 계속 저지르는 것, 즉 그릇된 수치심 때문에 잘못을 인정하고 바로잡기를 거부하는 것이다.[34]

대중은 당의 잘못을 바로잡는 일에 관여해야 한다. 그래서 1905년 1월 21

일 레닌은 다음과 같이 썼다.

우리 사회민주주의자들은 차르와 그의 주구들한테 들키지 않으려고 비밀 활동을 해야 하지만, 사람들이 우리 당과 당내의 다양한 견해 그리고 당의 강령과 정책에 관해 남김없이 알게 하고, 당대회에 참여한 이런저런 대표가 대회에서 말한 내용도 알게 하려고 애쓴다.[35]

직접적인 혁명의 투쟁 시기에는 공개 논쟁이 훨씬 더 중요하고 반드시 필요하다. 레닌은 1906년 4월 25일과 26일에 뿌린 유인물에서 다음과 같이 썼다.

지금 같은 혁명 시기에 당의 이론적 오류와 빗나간 전술은 모두 경험을 통해 가차 없이 비판받고, 경험 자체가 노동계급을 유례없이 빨리 계몽하고 교육시킨다. 그런 시기에 모든 사회민주주의자의 임무는 이론과 전술 문제를 둘러싼 당내 사상투쟁이 되도록 공개적으로 폭넓고 자유롭게 전개되게 하고, 사상투쟁이 사회민주주의 프롤레타리아의 단결된 혁명 행동을 해치거나 막지 못하게 하는 것이다.[36]

레닌은 논쟁을 당내 서클들에 한정해서는 안 되며, 공개로 진행해서 당원이 아닌 사람들도 이해할 수 있게 해야 한다고 거듭 촉구했다.

우리 당이 앓고 있는 중병은 대중정당이 겪는 성장통이다. 왜냐하면 숨어 있는 본질을 명확하게 이해하지 않는, 다양한 경향들이 공개적으로 투쟁하지 않는, 당의 지도자나 당 조직이 추구하는 노선을 대중에게 알리지 않는 대중정당이나 계급정당은 있을 수 없기 때문이다. 그렇게 하지 않는다면 당이라

는 이름에 걸맞은 조직을 건설할 수 없다.[37]

또한,

당 강령의 원칙을 벗어나지 않는 비판은 당의 모임뿐 아니라 공개 집회에서
도 아주 자유롭게 이루어져야 한다(플레하노프가 이 주제에 대해 RSDLP 2차
대회에서 한 얘기를 떠올려 보라). 그러한 비판이나 그러한 '선동'(비판은 선동
과 결코 떨어질 수 없는 것이기에)을 금지해서는 안 된다.[38]

당내 민주주의와 당이 계급에 뿌리내리기 사이에는 변증법적 관계가 있
다. 올바른 계급 정책과 프롤레타리아로 이루어진 당이 없으면, 건강한 당내
민주주의란 있을 수 없다. 탄탄한 노동계급 토대가 없으면 당내 민주주의와
규율 얘기는 모두 의미 없는 장광설일 뿐이다. 동시에 당내 민주주의나 지속
적인 자기비판이 없다면, 올바른 계급 정책의 발전은 있을 수 없다.

우리는 규율의 중요성에 대한, 그리고 규율 개념을 노동계급 당에서 어떻게
이해해야 하는지에 대한 우리의 이론적 견해를 이미 여러 차례 분명히 밝혔
다. 우리는 그것을 **행동의 통일, 토론과 비판의 자유**라고 규정한다. 그러한 규
율만이 선진 계급의 민주주의 정당에 어울리는 것이다.[39]
　　프롤레타리아는 토론과 비판의 자유 없는 행동 통일은 인정하지 않는다.[40]

민주주의가 투쟁 경험을 제대로 이해하고 받아들이는 데 반드시 필요하다
면, 중앙집권주의와 규율은 투쟁을 지도하는 데 필요하다. 단단한 조직적 응
집력은 당이 행동하고 주도권을 쥐고 대중행동을 지도할 수 있게 한다. 자신
감이 없는 당은 대중의 신뢰를 얻을 수 없다. 신속하게 행동하고 당원들의

활동을 지도할 수 있는 강력한 당 지도부가 없으면 혁명정당은 존재할 수 없다. 혁명정당은 단호한 권력투쟁을 지도하는 중앙집권주의 조직이다. 그런 당은 행동에서 철의 규율이 필요하다.

전쟁의 기예에 대한 클라우제비츠의 견해

앞에서 레닌의 전략·전술 개념이 클라우제비츠의 저작에서 영향을 받았다고 얘기했다. 두 사람의 정식화와 태도가 두드러지게 비슷하다는 것은 클라우제비츠의 글을 보면 금방 알 수 있다.

클라우제비츠는 자신이 지은 책 ≪전쟁론≫ 첫머리에서 추상적 전쟁 개념과 현실의 구체적 전쟁은 근본적으로 다르다고 주장한다. 클라우제비츠는 실제 전쟁은 추상적 전쟁과 다른데, 왜냐하면 이상적 조건은 결코 현실로 나타나지 않기 때문이라고 말한다. 단순한 인과관계뿐 아니라 원인과 결과를 잇는 서로 다른 고리들의 교차가 사건들을 지배한다. 우연이 커다란 구실을 한다. 심리적 요인은 사람들이 결정을 내릴 때 중요한 영향을 미친다. 클라우제비츠는 주된 '마찰'이 일어나는 이 모든 상황을 분류한다. 이 '마찰'은 물리학에서 현실의 역학 과정과 이상적인 역학 과정 사이의 모순을 설명하는 개념에서 끌어낸 것이다. '마찰'을 고려해야만 실제 전쟁과 추상적 전쟁의 관계를, 경험과 이론의 관계를 알 수 있다. '마찰'은 전쟁의 "현실과 개념의 차이"의 원천이고 "특정 상황의 영향력"도 이 '마찰'에서 비롯한다.[41]

개념을 현실 세계와 일치시키려면 "경험에 상응하는 결과에 의존"해야 한다. "왜냐하면 많은 식물이 너무 높이 자라지 않을 때만 열매를 맺을 수 있듯이 실천의 기예에서도 이론이라는 꽃과 잎은 너무 크게 자라서는 안 되며, 그것들의 토양인 경험 가까이에 있어야 하기 때문이다."[42]

전쟁의 기예는 많은 과학 — 물리학, 지리학, 심리학 등 — 에 의존하지만 그래도 그것은 하나의 기예다. 위대한 전쟁 지도자는 적을 섬멸하는 특수한 임무에 이런 과학을 사용하는 방법을 배울 수 있는 사람이다. 전쟁이 복잡하기 때문에, 지휘관은 한편으로 무엇보다도 경험과 강한 의지력이, 그리고 다른 한편으로는 직관과 상상력이 필요하다.

모든 전쟁에서는 구체적 사실들이 풍부하지만, 그와 동시에 각각의 전쟁은 미지의 바다와도 비슷하다. 눈에 보이지 않는 암초가 가득하지 않을까 의심스러운, 그것도 밤에 항해해야 하는 바다 말이다. 또 그 바다에서 역풍이 불면, 다시 말해서 우연히 큰 사건이 일어나 상황이 불리해지면, 고도로 숙련된 기술, 침착함 그리고 투지가 필요하다. …… 이러한 마찰에 대한 지식은 매우 자주 입에 오르내린, 훌륭한 지휘관에게 필요한 전쟁 경험의 중요한 일부다. 이러한 마찰이 지휘관의 마음속에서 너무 크게 자리 잡고 있어서 지휘관이 이 마찰에 압도된다면 그는 분명히 명장이라고 할 수는 없다. …… 그러나 지휘관은 자신이 그것을 극복할 수 있는지 없는지, 어디에서 극복할 수 있는지, 그리고 바로 이 마찰 때문에 결과를 정확하게 예측할 수 없다는 것을 알고 있어야 한다. 게다가 그것은 이론으로 배울 수 있는 것이 결코 아니다. 그리고 그럴 수 있다손 치더라도 요령이라고 부를 만한 판단 경험이 여전히 필요할 것이다.[43]

클라우제비츠는 전술과 전략의 관계를 뛰어나게 정식화했다.

전략은 전쟁 목적을 이루기 위해 전투를 사용하는 것이다. 따라서 전략은 전체 군사 행동에 목표를 부여해야 하며, 전체 군사 행동은 전쟁의 목적과 일치해야 한다. 다시 말해서 전략은 전쟁 계획을 구성한다. 그리고 이러한 목적을 이루기 위해 전략은 최종 결과로 이어지는 일련의 행동들을 연결한다. 말하자면 전략에 따라 개별적인 군사 작전 계획이 수립되고, 각각의 전투들이 조율된다. 이런 것들은 모두 어느 정도 부정확한 것으로 판명되는 추측들을 바탕으로 결정할 수밖에 없는 반면, 세부 사항들과 관련된 많은 계획들을 미리 결정할 수는 없다. 따라서 전투 현장에서 세부 사항들을 매듭짓고 전쟁에서 끊임없이 필요한 일반 계획을 수정하려면 당연히 전략을 야전군과 조화시켜야 한다. 그러므로 전략은 잠시라도 그러한 활동과 떨어져 존재해서는 안 된다.[44]

전술은 전략에 종속돼야 한다. 그러나 일련의 전술 조처들이 성공하면 전략이 바뀔 수도 있다.

중요한 것은 양측을 지배하는 관계를 계속 살펴보는 것이다. 그러한 관계에서 특정한 무게중심, 힘과 운동의 중심이 형성되는데 이것이 모든 것을 좌우한다. 그래서 적의 이러한 무게중심을 겨냥해 집중 타격을 가해야 한다.
　　큰 것이 언제나 작은 것을 좌우하고, 중요한 것이 언제나 하찮은 것을 좌우하고 본질이 우연을 좌우한다. 이것을 우리 견해의 지침으로 삼아야 한다.[45]
　　결정적 시점이나 지점에서 우위를 확보하는 것은 매우 중요한 문제이고 …… 일반적 경우에는 이 문제가 단연코 가장 중요하다.[46]

클라우제비츠는 비교조적 정신을 갖고 있었기 때문에, 이상화한 모형과 이것이 나타내고자 하는 현실 사이의 관계를 명확하게 알 수 있었다. 그는 이론과 실천의 발전 속에서 양자의 유기적 관계를 이해했다. 그는 전쟁에서 승리하는 지도부가 적용해야 하는 과학과 군사적 기예 사이의 연관을 강조했다. 무엇보다도 그는 명확한 과학적 개념 인식으로 뒷받침되는 직관 능력이 매우 중요하다는 것을 이해했다.

클라우제비츠의 사상은 프리드리히 엥겔스의 군사 저작에 영향을 끼쳤고, 클라우제비츠와 엥겔스 모두 레닌에게 커다란 영향을 끼쳤다. 레닌은 경험과 과학 그리고 기예가 복잡하게 얽히고설킨 전술과 전략 개념을 자신의 사고의 일부로 만들었을 뿐 아니라 자신의 피가 되게 하는 재능이 있었다. 본능으로, 재빠르게, 레닌은 가장 효과 있는 전략과 전술을 발전시켰고 그의 의지력은 그의 지성에 버금갔다.

　　전략가이자 전술가로서 레닌은 자신의 능력을 1905년 혁명에서 한껏 발휘했고 12년 뒤 1917년 10월 혁명의 승리에서 완숙미를 보여 주었다.

15 │ 멘셰비키와 반쯤 통합하다

1905년 혁명의 폭풍기에 멘셰비키당은 조직되지 않아 사태의 흐름에 이리저리 휩쓸렸다. 주로 중간주의 인사들로 구성된 멘셰비키당은 사태 진전에 영향을 받아 크게 좌선회하면서, 자유주의에 충성하지 않고 볼셰비키와 대의를 같이하게 됐다.

많은 멘셰비키가 부르주아 혁명에 대한 신념을 잃기 시작했다. 그들은 부르주아지가 배신적이고 반혁명적이라거나 사실상 존재하지 않는다며 무시해 버리고, 볼셰비키처럼 권력 장악과 임시혁명정부 수립을 준비했다. 예컨대, 단은 카우츠키에게 이렇게 써 보냈다. "혁명의 분위기는 마치 포도주 같아서 이곳 사람들은 술에 흠뻑 취해 사는 듯합니다."[1]

당시 멘셰비키 신문 〈나찰로〉의 편집자는 트로츠키와 파르부스였다. 트로츠키에 따르면, 〈나찰로〉와 볼셰비키 신문 〈노바야 지즌〉의 관계는 매우 우호적이었다. 그들은 서로 어떤 논쟁도 벌이지 않았다. 볼셰비키의 〈노바야 지즌〉은 "〈나찰로〉 첫 호가 나왔다"는 기사를 실었다. "우리는 투쟁하는 동지들을 환영한다. 첫 호에서는 10월 파업에 대한 트로츠키 동지의 탁월한 묘사가 특히 주목할 만하다." 서로 싸우는 사람들은 이런 식으로 글을 쓰지 않는 법이다. 싸움은 전혀 없었다. 오히려 두 신문은 부르주아지의 비판에 맞서 서로 방어했다. 레닌이 도착한 뒤에도 〈노바야 지즌〉에는 내 연속혁명론을 옹호하는 글이 실렸다. 두 분파는 물론 두 신문도 당의 통일을 회복한다는 노선을 따랐다. 레닌이 참여한 볼셰비키 중앙위원회는 그동안의 분열은 외국 망명이라는 사정 때문에 생긴 결과였을 뿐이며, 혁명이 일어나면서부터 분파 투쟁은 합당한 이유를 상실하게 됐다는 취지의 결의안을 만장일치로 통과시켰다. 나는 〈나찰로〉에서 같은 주장을 옹호했는데, 마르토프가 수동적으로 저항했을 뿐이다.[2]

레닌은 몇 년 뒤에도 마찬가지로 다음과 같이 이야기했다. "〈나찰로〉를 기억하라. …… '위테는 파리 증권거래소의 앞잡이며, 스트루베는 위테의 앞잡이'라는 정신으로 쓰인 글들을 기억하라. 그 글들은 탁월했다! 또 당시는 훌륭한 시기였다. 카데츠에 대한 평가를 둘러싸고 멘셰비키와 우리는 의견이 같았다."[3] 우익 멘셰비키인 체르바닌은 1905~1906년을 침울하게 회상했다. "멘셰비키는 페테르부르크의 11월 파업과 8시간 노동제의 강제 실시, 제1차 두마 보이콧 등에 참여하면서, 볼셰비키의 혁명적 열광에 휩쓸리고 말았다."[4]

상황과 전망

모스크바에서 멘셰비키는 혁명적 노동자 투쟁의 선두에 섰다. 12월 6일 모스크바 소비에트 집회에서 멘셰비키는 총파업과 무장봉기를 요구하는 결의안을 열렬히 지지했다.[5] 며칠 뒤 멘셰비키는 무장봉기를 지지하는 전단을 뿌렸다.[6] 멘셰비키 지도자 마르티노프는 자신들이 1905년에 한 행동을 다음과 같이 요약했다. "우리는 그때 우리 자신에게 이렇게 이야기했다. 포도주가 부어져 있으니, 마셔야 할 것이다[시작한 이상 끝을 내야 한다는 뜻의 프랑스 속담]. 즉, 결정적 순간에는 분석할 겨를도 없이 단호하게 행동해야 한다." 그러나 멘셰비키는 사태를 지도하려고 애쓰기보다는 사태에 휩쓸렸다. 마르티노프는 계속해서 이렇게 말했다. "하지만 우리는 상황을 우리에게 강제된 것으로 여겼지만 볼셰비키는 우리와 달리 상황을 만들기 위해 노력했고 그것을 당연하게 여겼다."[7] 그 후 몇 달도 채 안 돼 마르티노프는 1905년의 '광기'를 후회했다! 마르토프의 반응은 독특했다. 그는 1906년 2월 악셀로드에게 보낸 편지에서 이렇게 불평했다. "두 달 동안 …… 저는 쓰기 시작한 글들을 하나도 끝낼 수 없었습니다. 신경쇠약인지 정신적 피로 때문인지 어쨌든 정신을 집중할 수가 없습니다." 트로츠키는 이 편지가 공개된 1917년이 지나 다음과 같이 논평했다. "마르토프는 1906년에 자신의 병을 무엇이라고 불러야 할지 몰랐다. 그런데 그 병은 분명한 이름이 있으니, 바로 멘셰비즘이다." 그리고 "혁명의 시대에 기회주의는 무엇보다 동요와 '스스로 정신을 집중할 수 없는' 무능력을 의미한다"고 덧붙였다.[8]

레닌은 혁명적 사태의 압력이 멘셰비키를 계속 왼쪽으로 몰아붙이기를 기대했다. 1905년 2월부터 레닌은 볼셰비키와 멘셰비키의 통합을 호소했고, 11월에 다음과 같이 말했다.

사회민주당의 노동자들 대다수가 당의 분열에 너무나 실망해 있으며, 통합을 요구한다는 것은 누구나 다 아는 사실이다. 그리고 분열 때문에 사회민주당의 노동자들(또는 사회민주당에 들어오려고 작정한 노동자들)이 사회민주당에 냉담한 반응을 보였다는 것도 다 아는 얘기다.

노동자들은 당의 '우두머리들'이 스스로 통합할 것이라고 더는 기대하지 않는다. 통합의 필요성은 지난 5월 열린 멘셰비키 협의회와 사회민주노동당 3차 당대회에서 공식적으로 인정됐다. 그로부터 6개월이 지났는데도, 통합은 거의 진전되지 않고 있다. 노동자들이 더는 참을 수 없어 하는 것도 당연하다.[9]

사실상 러시아 전역의 볼셰비키와 멘셰비키 지부들은 중앙의 정책과는 관계없이 솔선해서 서로 통합하고 있었다. 1905년 여름에는 볼셰비키와 멘셰비키 위원회들의 통합이 줄을 이었다. 그래서 퍄트니츠키는 전국 차원에서 두 당의 공식 통합이 이루어지기 6개월 전인 1905년 11월 오데사에서 볼셰비키와 멘셰비키의 통합이 어떻게 이루어졌는지를 다음과 같이 회상했다.

이때쯤 볼셰비키 중앙위원회가 파견한 레바(블라디미로프)는 위에서부터 두 중앙이 통일하기를 기다리지 말고, 어떤 대가를 치르더라도 멘셰비키와 통합하라는 제안을 들고 페테르부르크에서 왔다. 대학살이 있기 전에 오데사에 도착한 볼셰비키 바론(에드워드 에센)이 그를 지지했다. 볼셰비키뿐 아니라 멘셰비키 당원들도 이들의 제안을 열렬히 지지했다. 그 이유는 쉽게 이해할 수 있었다. 얼마 안 되는 우리 병력이 취약한 데다 분산돼 있다는 사실을 대학살 동안 모든 당원이 분명하게 인식했기 때문이다. 오데사의 전체 당원 집회에서 구세프 동지가 10월 17일 선언 이후 우리 조직이 취해야 할 조직 형태를 보고했으며, 레바와 바론 동지는 멘셰비키와 즉각 통합할 것을 호소했다. 위원회는 통합에 반대하지는 않았지만, 밑에서부터 통합하는 방식에는 분명하게 반대했다. 오데사 위원회는 볼셰비키당의 일부이고, 당을 지도하는 것은 3차 당대회에서 선출된 중앙위원회와 중앙 기관지였다. 그런 상황에서 우리 당 중앙위원회의 인정과 동의 없이 어떻게 오데사 위원회가 멘셰비키와 통합할 수 있냐는 것이었다. 다른 한편, 바론과 레바는 밑에서 압력을 가하려는 목적으로, 중앙위원회의 동의 없이 통합할 것을 주장했다. 위원회는 통합 제안이 볼셰비키와 멘셰비키의 당 집회에서 압도 다수의 지지로 통과되리라는 것을 분명히 알고 있었다. 어디에서 발언하든, 즉시 통합 지지자들이 거의 만장일치로 지지받았기 때문이다. 따라서 볼셰비키 위원회는 자신들이 반대했던 통합의 조건을 만들 수밖에 없었다.[10]

1906년 4월 23일부터 5월 8일까지 스톡홀름에서 '통합' 당대회가 열렸다. 그 결과물인 '통합' 당에는 볼셰비키와 멘셰비키(합해서 약 7만 명)뿐 아니라 유대인 분트(3만 3000명), 로자 룩셈부르크가 지도하던 폴란드 사회민주당(2만 8000명)과 라트비아 사회민주당(1만 3000명)이 포함됐다.

1906년 4월 레닌은 멘셰비키와 볼셰비키의 차이가 실제로 점점 작아지고 있으며, 어느 때보다 더 통합이 필요하다고 주장했다.

사회민주주의 운동이 자신의 일반적인 '정상' 경로에서 벗어난 것이라는 관점에서 문제를 살펴보더라도, 우리는 사회민주당원들 사이의 연대감과 이데올로기적 통일성이 '혁명적 격변' 시기 전보다 혁명적 격변기에 더 강하다는 사실을 알게 될 것이다. '격변기'에 채택된 전술들 때문에 사회민주당의 두 분파는 더 멀어진 것이 아니라 더 가까워졌다. 이전의 견해 차이들은 무장봉기 문제에 대한 통일된 견해 앞에서 사그라졌다. 사회민주당 두 분파 모두 이 특수한 기구, 즉 혁명 권력의 맹아인 노동자 대표 소비에트에서 활동했다. 그들은 병사들과 농민들을 소비에트로 끌어들였으며, 프티부르주아 혁명당들과 공동으로 혁명적 선언문을 발행했다. 혁명 이전 시기의 낡은 논쟁은 사라지고 현실 문제들에 대한 의견이 일치했다. 솟구치는 혁명 물결이 견해 차이를 쓸어버리고 사회민주당원들이 전투적 전술을 채택하도록 강제했다. 이 물결은 두마 문제를 뒤로 밀쳐내고, 봉기 문제를 일정에 올렸으며, 당면 과제들을 수행하는 가운데 사회민주당과 혁명적 부르주아 민주주의자들을 더 가깝게 만들었다. 〈세베르니 골로스〉에서 멘셰비키는 볼셰비키와 함께 총파업과 봉기를 호소했다. 그들은 노동자들에게 권력을 장악할 때까지 계속 투쟁하라고 호소했다. 혁명적 상황 자체가 실천적 슬로건을 제시했다. 사태를 평가할 때 세부 문제들에 대해서만 논쟁이 있었다. 예를 들어, 〈나찰로〉는 노동자 대표 소비에트를 혁명적 지역 자치 정부 기관으로 여긴 반면, 〈노바야 지즌〉은 그것을 프롤레타리아와 혁명적 민주주의자들을 단결시키는 국가 권력의 맹아적 기관으로 여겼다. 또 〈나찰로〉의 견해는 프롤레타리아 독재 쪽으로 기운 반면, 〈노바야 지즌〉은 프롤레타리아와 농민의 민주주의 독재를 주장했다. 그러나 이런 종류의 견해 차이는 유럽의 모든 사회주의당의 각 발전 단계마다 발견되지 않았던가?[11]

하지만 레닌은 멘셰비키를 완전히 신뢰할 수 있다고 생각하지 않았으므로, 통합된 당에서 자신의 분파를 해체하려 하지 않았다. '통합' 당대회 전날 레닌은 루나차르스키에게 다음과 같이 설명했다. "우리가 중앙위원회에서 다수를 확보할 수 있다면, 우리는 최고로 엄격한 규율을 요구할 것이오. 우리는 멘셰비키가 당의 통일에 복종해야 한다고 계속 주장할 것이오. 만약 그들이 프티부르주아적 근성 때문에 우리와 함께 행동할 수 없게 되면, 더 곤란해지는 것은 그들일 것이오. 그들이 당의 분열에 대한 책임을 지게끔 합시다."

루나차르스키는 "하지만 우리가 소수라면, 우리가 그들에게 복종해야 하나요?" 하고 물었다.

레닌은 웃으며 대답했다. "우리는 통합이 우리 목을 죄는 올가미라고는 생각하지 않소. 어떠한 경우에도 멘셰비키가 우리를 밧줄로 묶어 질질 끌고 가게 놔두지 않을 것이오."[12]

실제로 레닌은 사태의 압력이 멘셰비키를 왼쪽으로 밀어붙일 게 확실하다고 생각했다. 1906년 말에 멘셰비키가 레닌이 강력하게 반대한 카데츠와 선거 동맹을 맺었을 때도 이런 생각을 고수했다. 그래서 1906년 11월에 다음과 같이 이야기했다.

사회민주당이 카데츠와의 동맹을 승인했다고 해서 [멘셰비키와] 조직적 관계를 완전히 단절해야 하는가? 다시 말해서 분리해야 하는가? 우리는 그렇지 않다고 생각한다. 다른 볼셰비키의 생각도 마찬가지다. 첫째, 멘셰비키는 실천적 기회주의의 길에 불안하고 불확실하게 첫발을 겨우 내딛었을 뿐이다. …… 둘째, 이 점이 더욱 중요한데, 오늘날 러시아 프롤레타리아 투쟁의 객관적 조건이 명확하고도 결정적인 조처를 불러일으킬 수밖에 없다. 혁명의 물결이 (우리가 예상하는 대로) 매우 높아지든, 아니면 (일부 사회민주당원들이 감히 그렇게 말하지는 못하면서도 생각하는 대로) 완전히 가라앉든 간에, 두 가지 가운데 어떤 경우라도 카데츠와의 동맹 전술은 파탄날 것이며, 그것도 멀지 않은 장래에 그렇게 될 것이다. 따라서 현 시기 우리의 임무는 혁명적 프롤레타리아의 확고하고 건강한 계급적 본능을 신뢰하면서, 지식인들의 히스테리를 피하고 당의 통일을 유지하는 것이다.[13]

레닌은 "멘셰비키 동지들이 …… 부르주아 기회주의자들과 동맹했다가 쓰라린 경험을 한 후, 혁명적 사회민주당으로 되돌아올 것"이라고 믿었다.[14]

한편, 타메르포르스에서 열린 당협의회(1906년 11월 3~7일)는 멘셰비키의 영향을 받아 카데츠와 선거 동맹을 맺기로 결정했다. 이에 대해 레닌은 지역 당 조직이 자신의 지역에서 이 결정에 자유롭게 반대할 수 있어야 한다는 태도를 취했다. "현재의 선거운동에서 멘셰비키와 중앙위원회가 동맹을 지지하기로 결정한 것은 지역 조직에서는 실천적 구속력을 갖지 않으며, 카데츠와의 동맹이라는 이 수치스런 전술을 당 전체가 수행하는 것도 아니다."[15]

협의회에서 모든 대표자들은 협의회의 결정이 어떤 식으로든 누구에게도 구속력을 갖지 않는다는 점에 동의했다. 왜냐하면 협의회는 의결 기구가 아니라 자문 기구이기 때문이다. 또 협의회의 대표자들은 민주적으로 선출된 사람들이 아니라, 중앙위원회가 자신이 선별한 지역 조직에서 원하는 수만큼 임명한 사람들이다.[16]

레닌은 또 협의회의 결정에 대해 이렇게 말했다. "그 결정들이 이 특수한 문제에 대해 어느 범위까지 구속력을 갖는가? 분명히 당대회 결정의 한도 내에서, 그리고 당대회가 승인한 지역 당 조직의 자율성이라는 한도 내에서 벗어나서는 안 된다."[17]

그러면 레닌이 그토록 중시하던 민주집중제는 어떻게 된 것일까? 수년 동안 그는 연방주의적 당 개념에 반대하면서, 당 하부 조직이 상부 조직에 복종해야 한다고 주장했다. 1904년 2~5월에 쓴 ≪일보전진 이보후퇴≫에서 레닌은 "중앙집중주의에 반대해 자율성을 방어하려는 명백한 경향은 …… 조직 문제에서 기회주의가 보이는 근본적 특징"이라고 말했다.[18]

하지만 레닌에게 조직 방법은 전적으로 정치적 목적에 종속되는 것이었다. 그래서 1906년에 자신의 기존 주장과는 전혀 다른 조직 규약을 통합당에 제안하려고 준비했다. 그 얼마 뒤, 레닌은 거리낌 없이 이렇게 설명했다.

우리 당의 규약은 당의 민주적 조직을 매우 분명하게 규정하고 있다. 조직 전체는 선거에 기초해서 아래에서 위로 세워진다. 당 규약은 지역 조직이 자신들의 지역 활동에서 독립적(자율적)이라고 선언한다. 중앙위원회는 규약에 따라 당의 모든 사업을 조정하고 지도한다. 따라서 중앙위원회가 지역 조직의 구성을 결정하는 데 개입할 수 있는 어떠한 권리도 없음은 명백하다. 조직은 아래에서 위로 건설되는 것이므로, 상부에서 조직 구성에 개입하는 것은 민주주의와 당 규약을 철저히 거스르는 행위가 될 것이다.[19]

레닌은 당 규율이라는 개념도 새롭게 해석했다.

책임 있는 기구가 결정을 내린 후에는, 우리 **모두** 당원으로서 **마치 한 사람처럼** 행동해야만 한다. 오데사의 볼셰비키는 구역질이 나더라도 카데츠의 이름이 적힌 투표용지를 투표함에 넣어야 한다. 또 모스크바의 멘셰비키는 마음속에서는 카데츠를 지지하더라도 사회민주당원의 이름이 적힌 투표용지를 투표함에 넣어야 한다."[20]

두어 달 뒤인 1907년 1월 레닌은 당이 직면한 문제들에 관해 당원 전체 **투표 제도**를 주장할 정도로까지 나아갔는데, 이는 분명히 민주집중제의 개념 전체와 상충되는 제안이었다.

문제의 해결이 진정으로 민주적이려면, 선출된 조직 대표자들만을 소집하는 것으로는 충분하지 않다. 대표자를 선출할 때, 조직의 **전체** 성원들이 **독립적으로** 그리고 **각자 스스로** 전체 조직 앞에서 현안이 된 문제에 대해 견해를 피력해야 한다.[21]

레닌은 모든 정치적 문제를 당원 전체 투표로 결정하는 것이 불가능하다는 점을 인정하면서도, 민주주의를 위해서는 "가장 중요한 문제, 특히 대중 자신의 특정 행동과 직접 관련된 문제는 대표자를 파견하는 것뿐 아니라, 당원 전체 견해를 투표를 통해 확인하는 것으로 해결해야 한다"고 주장했다.[22]

내용을 간추리면, 혁명의 시기에 멘셰비키는 대체로 사태의 흐름에 휩쓸리면서 상이한 경향들이 서로 구분되기 시작했다. 오른쪽에는 플레하노프, 악셀로드, 마르토프 같은 자들이 있었는데, 이들은 카데츠 쪽으로 기울면서 자유주의자들이 지도하는 부르주아 혁명 개념을 받아들였다. 왼쪽에는 트로츠키와 파르부스 같은 사람들이 있었으며, 레닌은 먼 훗날 코민테른을 결성한 과정, 즉 중간주의 분자들 다수가 좌경화한 것과 유사한 과정이 멘셰비키 사이에서 일어나기를 기대했다. 레닌은 멘셰비키 노동자들의 중간주의와 지도자들 다수의 치유할 수 없는 직업적 중간주의를 구별했다. 그래서 멘셰비키 우익과 확신에 찬 중간주의자들에 대해서는 단호하게 반대하면서도, 응집력 있고 강경한 볼셰비키 집단이 완전히 별개의 집단으로 남아 있기보다는 통합당의 한 분파로 들어가야 중간주의 분자들을 더 효과적으로 견인할 수 있을 것이라고 생각한 것이다.

16 │ 레닌이 초좌파주의자들을 당에서 축출하다

볼셰비키 내에도 레닌이 씨름해야 할 어려운 문제들이 있었다. 보이콧 문제는 RSDLP가 적극 참여한 제2차 두마 선거가 끝난 뒤에도 여전히 논란거리였다. 선거 결과, 사회민주당은 상당한 성공을 거두었는데 볼셰비키파 18명을 포함해 65명의 사회민주당원들이 의원으로 선출됐다.[1]

하지만 1907년 6월 3일 내무부 장관 스톨리핀은 제2차 두마를 해산했으며, 정부에서 다수파 야당을 제거할 목적으로 대의제와는 거리가 먼 새로운 선거법을 발표했다. 이 새 법은 지주 선거구에서는 230명당 한 명의 선거인을, 1급 도시 선거구에서는 1000명당 한 명을, 2급 도시 선거구에서는 1만 5000명당 한 명을 뽑도록 하면서, 농민 선거구에서 6만 명당 한 명을, 그리고 노동자 선거구에서 12만 5000명당 한 명의 선거인을 뽑도록 정해 놓았다. 지주와 부르주아지가 선거인단의 65퍼센트를 선출했으며, 농민들은 22퍼센트(그 전 선거에서는 42퍼센트를 차지했다), 노동자들은 기존의 4퍼센트에서 더 줄어 이제 2퍼센트에 불과했다. 새 선거법은 아시아계 러시아 토착민들과 아스트라한과 스타브로폴 주에 사는 터키인들의 선거권을 박탈했으며, 폴란드와 캅카스 주민들의 선거인 비율을 절반으로 줄여 놓았다. 러시아어를 쓰지 않는 사람들은 모두 선거권을 박탈당했다. 결과적으로 두마에서 지주, 상업 부르주아지, 공업 부르주아지를 대표하는 의원들의 비율은 엄청나게 증가한 반면, 안 그래도 적은 노동자·농민 의원들의 비율은 급감했다.

그러자 최근에야 해결된 보이콧 문제가 당장 되살아났다. 지방 볼셰비키 조직들은 다시 두마를 보이콧하는 쪽에 압도적으로 찬성표를 던졌다. 1907년 7월 핀란드에서 열린 당협의회에서는 보그다노프가 이끄는 볼셰비키 대표 9명 중 8명이 보이콧 정책으로 되돌아갈 것을 지지했다. 레닌은 멘셰비키, 폴란드 사회민주당, 분트 조직원들과 함께 보이콧 반대에 표를 던졌다.

1907년 8월 새 선거법에 따른 선거가 실시됐을 때, 사회민주당원들은 가까스로 19개의 의석을 확보했다.

1907년 당협의회 이후 일부 볼셰비키가 소환파라는 분파를 형성했다. 1908년에는 이들이 조직적 세력을 규합해 레닌의 지위에 심각하게 도전했다. 레닌과 소환파는 지방 조직들의 충성을 얻으려고 서로 경쟁했다. 레닌은 아주 근소한 차이로 모스크바 조직을 계속 통제할 수 있었다. 1908년 5월 모스크바에서 열린 전체 시협의회에서 소환파는 14표를 얻은 반면, 레닌 지지자들은 18표를 얻었다.[2] 중부산업지대 지역 사무국은 소환파의 요새나 다름없었다.[3]

페테르부르크에서는 '최후통첩파'라는 덜 극단적인 반대파가 세력을 떨쳤다. 이 분파는 사회민주당의 두마 의원단에 더 비타협적이고 급진적으로 행동하도록 요구하는 최후통첩을 보내야 한다고 주장했다. 페테르부르크 볼셰비키 조직은 1909년 9월까지 최후통첩파의 영향력 아래 놓여 있었다.[4]

레닌과 보이콧파 사이의 주된 쟁점은 사회민주당원들이 두마 선거에 참여해서 두마에 대표를 파견해야 하는가 아닌가였다. 그렇지만 보이콧파는 합법적인 노동조합까지도 보이콧하고 싶어했다. 노동조합이 경찰과 손발이 척척 맞아 합법적인 활동만 수행한다면, 혁명의 대의에 아무런 쓸모가 없다

는 것이 보이콧파의 생각이었다.[5]

소환파의 지도부에는 매우 뛰어난 사람들도 몇몇 있었다. 수년 동안 볼셰비키의 부지휘관 구실을 해 온 보그다노프(막시모프)나 가장 뛰어난 볼셰비키 조직가인 크라신, 선전가이자 저술가인 루나차르스키·고리키·바자로프, 역사가인 포크로프스키와 두마의 볼셰비키파를 지도했던 알렉신스키 등이 그들이었다. 이들은 레닌이 "어떻게든 멘셰비키의 의회주의 태도에 기어이 투항하려 한다"고 비난했다.[6] 1908년 12월 러시아 전체 당협의회에서 멘셰비키인 단은 다음과 같이 단언했다. "레닌이 볼셰비즘을 배신했다고 볼셰비키 당원들이 비난한다는 사실은 누구나 다 안다."[7]

혁명운동이 좌절되자 초좌파주의라는 세균이 번식할 수 있는 조건이 만들어졌다. 1905년 이후와 1848년 혁명 이후 혁명가들의 심리 상태는 놀라우리만치 비슷했다. 마르크스가 빌리히와 샤퍼를 두고 한 말은 보그다노프에게도 그대로 들어맞는다.

혁명이 잔인하게 진압된 뒤에는 혁명에 참여했던 사람들, 특히 가족의 품을 떠나 멀리 유형지로 내던져진 이들의 마음속에 깊은 상처가 남게 된다. 그래서 아무리 성격이 굳건한 사람이라도 얼마 동안은 정신을 차리기 어려울 수 있다. 그렇게 되면 그들은 더는 사태의 흐름을 따라갈 수 없게 된다. 그들은 역사의 방향이 바뀌었다는 사실을 인정하려 들지 않는다. 그래서 음모를 꾸미고 혁명을 시도하면서 스스로 위험에 빠질 뿐 아니라 혁명의 대의도 위태롭게 한다. 빌리히와 샤퍼의 오류도 이렇게 해서 생긴 것이다.[8]

혁명이 분쇄당한 마당에, 보그다노프처럼 새로운 무장봉기의 준비를 긴박한 임무인 양 주장하는 것보다 더 심리적으로 위안이 되는 일이 뭐가 있겠는가?

끔찍한 반동기는 많은 혁명가들, 특히 유형지에 갇혀 구체적인 행동을 할 기회가 거의 없던 혁명가들로 하여금 추상적 선전에 의존하게 만들었다. 추상적 선전의 말뿐인 극단주의는 그 행동의 수동성과 정비례하는 것이었다. 이 혁명가들은 실천적인 혁명가의 책임은 전혀 지지 않은 채 자기 예찬에만 머물러 있었으며, 말뿐인 비타협적 태도는 수동적인 자기만족을 가려 주는 허울이었을 뿐이다.

혁명가들이 노동계급 내에서 전혀 실질적인 지지를 받지 못하고 고립돼 있을 때가 바로 초좌파주의가 무르익을 조건이 된다. 혁명가들이 고립될수록, 투쟁하는 노동자들에게 배워 오류를 정정할 기회가 적어지고, 따라서 극단적인 구호의 유혹은 더 커진다. 사실상 아무도 듣는 사람이 없는 마당에, 극단적인 혁명적 문구를 못 쓸 이유가 어디 있겠는가? 아무도 없는 곳에서는 새로운 상황에 적응해야 하는 압력도 매우 작아진다.

객관적인 장애물이 무엇이든 상관없이 빨리 성과를 내고 싶어 안달하는 보그다노프와 그의 동료들의 성급함을 당이 바로잡아 줄 수도 있었을 것이다. 이것이 민주집중제의 민주적 요소다. 하지만 불운하게도 당은 거의 존재하기도 어려운 상태였기 때문에 지도부의 잘못을 바로잡아 줄 수 없었다. 레닌은 그들이 "사소한 활동", 특히 의회 연단 활용을 거부한다고 비판했다. 실제로 그들의 전술은 결국 '최후 심판의 날'을 기다리겠다는 것과 다름없었다. 그들은 "가장 중요하고 가장 시급한 일, 즉 제대로 가동되는 큰 조직, 모든 상황에서 제 구실을 할 수 있고 계급투쟁의 의지가 충만하며 자신들의 목표를 분명하게 자각하고 진정한 마르크스주의 세계관으로 단련된 조직 안에서 노동자들을 단결시키는 일을 방해하고 있다."[9]

새로운 시기에는 새로운 전술이 필요하다고 레닌은 주장했다.

혁명 기간에 우리는 '프랑스어 하는 법', 다시 말해 마음을 뒤흔드는 숱한 구호들을 운동에 끌어들이고, 직접적 대중투쟁의 활력을 불러일으켜 투쟁의 범위를 확대하는 법을 배웠다. 이제 이 침체와 반동과 분열의 시기에 우리는 '독일어 하는 법', 다시 말해 상황이 다시 회복될 때까지 한 걸음 한 걸음 내딛으며 아주 조금씩 승리를 얻어내면서 서서히 체계적으로 착실하게 움직이는 법을 배워야 한다(그 밖에 다른 방법은 없다). 이런 작업이 지루하다고 생각하는 사람이나 이런 국면에서도, 이렇게 크게 굽은 길모퉁이에서도 [이전과] 마찬가지로 사회민주당 전술의 혁명적 원칙을 유지하고 발전시켜야 할 필요성을 이해하지 못하는 사람은 마르크스주의자의 이름을 함부로 빌려다 쓰는 사람이다.[10]

레닌은 또 다음과 같이 말했다. 혁명가들은

투쟁이 분출한 뒤, 혁명적 행동의 기회가 모두 사라진 다음에 역사가 우리더러 '입헌 제정'이라는 우회로를 따라 걸으라고 판결했다면, 아무리 그것이 번거롭고 느리고 지루한 하루하루의 고역일지라도 우리의 본분을 다해야 했다. …… 프롤레타리아에 대한 이런 의무를 완수하려면, 해방의 시기에 사회민주주의에 이끌린 사람들(심지어 '해방 당시에만 사회민주주의자'였던 사람들도 있었다), 주로 우리 구호의 열정과 혁명적 의지와 '생생함'에 이끌려 혁명의 나날에는 전투적으로 싸우지만, 반혁명 시기의 일상 투쟁을 감당하기에는 끈기가 부족한 그런 사람들을 참을성 있게 단련시키고 재교육해야 했다. 이런 사람들 가운데 일부는 점차 프롤레타리아 활동으로 빠져들어 와 마르크스주의 세계관을 받아들이기도 했다. 나머지 사람들은 정확한 의미도 모른 채 그저 몇몇 구호를 외우고, 낡은 문구를 되풀이할 줄밖에 모르는 탓에 사회민주당의 혁명적 전술의 오랜 원칙을 바뀐 조건에 맞게 응용할 능력이 없었다.[11]

보그다노프와 그의 동맹자들을 배 밖으로 내던지지 않았다면, 기나긴 반동기와 그 뒤를 이은 더딘 상승기 동안 볼셰비즘이 살아남지 못했으리라는 것은 의심할 여지가 없다. 여러 해가 지난 뒤, 지난 일을 회상하면서 레닌은 자신의 책 ≪'좌파' 공산주의 ─ 유치증≫(1920)에서 다음과 같이 이야기했다.

> 볼셰비즘은 **프티부르주아 혁명주의**에 맞선 여러 해의 투쟁 속에서 구체화하고 발전했으며 강철같이 단단해졌다. 프티부르주아 혁명주의는 아나키즘 같은 냄새를 풍기거나 아나키즘에서 뭔가 따오기도 하기 때문에, 모든 본질적인 문제에서는 일관된 프롤레타리아 계급투쟁의 조건과 요구 사항들에 맞지 않는다. …… 프티부르주아지가 자본주의의 무시무시한 참상을 보고 격분하는 것은 아나키즘과 마찬가지로 모든 자본주의 나라의 특징적인 사회현상이다. 그런 혁명주의가 불안정하고 성과가 없다는 것, 그리고 순식간에 굴종과 냉담, 망상, 이러저러한 부르주아적 유행에 발작적으로 열광하는 경향이 있다는 것 등은 널리 알려진 사실이다.[12]

레닌은 앞으로 다가올 거대한 혁명 전투를 준비하려면 혁명정당이 계급 대중과 더불어 그들의 선두에서 그들 속으로 용해되지도 않고 그들과 분리되지도 않으면서 반동기를 견뎌 낼 방법을 배워야 한다는 사실을 알고 있었다. 이것은 강인한 간부층을 단련하고 다듬을 수 있는 시기이기도 하다. 그렇지만 비록 투쟁의 범위와 깊이가 매우 제한적일지라도, 투쟁과 분리되고 고립된 채 아무도 없는 텅 빈 공간에서는 이런 훈련을 수행할 수 없다.

보그다노프를 축출하다

1909년 6월 8일에서 17일 사이에 레닌은 파리에 있는 자기 아파트에서 볼셰비키 신문 〈프롤레타리〉의 확대 편집부 회의를 소집했다. 그의 선동으로 이 회의는 1907년 런던 당대회에서 선출된 기존 볼셰비키 중앙 지도부를 제쳐두고, 임명과 제명 그리고 당 규율 제정의 권한을 떠맡게 됐다. 그들은 "러시아 사회민주노동당 안의 명확한 한 조류로서 볼셰비즘은 소환주의나 최후통첩주의와 아무런 공통점이 없다"는 결의안을 채택하고, 소환파의 지도적 인물인 보그다노프를 볼셰비키에서 제명했다. 보그다노프는 이전의 협의회에서 임명된 사람들을 새로운 편집부 회의가 해임할 권리는 없다며 이의를 제기했지만 허사였다. 볼셰비키 당대회를 새로 개최하자는 그의 요구는 묵살됐다.

레닌은 보그다노프의 진술이 형식상 정당하다고 인정했다. "제명당한 사람들은 형식적 관점에서 볼 때 막시모프의 제명은 '변칙적'이었다면서, '우리는 이 제명을 인정할 수 없다'고 말한다. 그 이유는 막시모프를 '런던 당대회에서 볼셰비키가 선출했기 때문'이라는 것이다!"[13] 그러나 레닌은 이제 볼셰비키파는 옛날 모습의 희미한 그림자일 뿐임을 알고 있었기 때문에, 협의회가 새로 열리면 보그다노프가 다수의 지지를 얻을까 봐 염려했다. 그래서 볼셰비키 대회의 소집을 막으려고 있는 힘껏 노력했고, 그래서 다음과 같은 결의안을 제출했다.

볼셰비키 특별 협의회나 당대회를 소집하면 당이 머리끝에서 발끝까지 완전히 분열할 수밖에 없을 것이며, 러시아 사회민주노동당을 그렇게 완전히 분열시키는 데 앞장선 부문은 치유할 수 없는 타격을 입게 될 것이므로 〈프롤레타리〉의 확대 편집부는 다음과 같이 결의한다.

확대 편집부의 모든 지지자들에게 볼셰비키 특별 당대회의 개최를 선동하지 말도록 경고한다. 왜냐하면 그런 선동은 객관적으로 당을 분열시키고, 혁명적 사회민주주의의 당내 지위를 근본적으로 약화시킬 수 있기 때문이다.[14]

볼셰비키파 내부에서 보그다노프에 맞서 투쟁하는 것은 매우 힘든 일이었음이 입증됐다. 초좌파주의자들은 형식주의적이고 상상력이 부족하며 현실과 동떨어져 있다. 하지만 대중행동 없이 어떻게 이것을 입증할 수 있을까? 레닌은 보그다노프에 반대하는 자신의 주장에 대한 지지를 얻어 낼 방편으로 능동적인 노동자들과 현실운동에 기댈 수가 없었다. 그래서 무엇이든 손에 잡히는 다른 대안을 이용하지 않을 수 없었으며, 이 경우에는 확대 편집부의 부자연스럽고 대표성 없는 회합이 바로 그 대안이었다.

레닌의 지지자들 가운데서도, 보그다노프에게 취해진 외견상 독단적인 조치를 달가워하지 않는 사람들이 많았다. 당시 아주 충실한 레닌의 추종자였던 스탈린까지도 레닌의 독단적 행동을 비난하며 그가 볼셰비키를 분열시킨다고 책망했다. 스탈린은 두마 선거에 관한 태도에서 레닌과 정치적 연대를 선언하는 한편으로, 1909년 8월 27일자 〈바킨스키 프롤레타리〉에서 다음과 같이 이야기하기도 했다.

위에서 언급한 견해 차이에도 불구하고 편집부의 두 분파는 볼셰비키파의 특히 중요한 문제들(현 정세 평가, 혁명에서 프롤레타리아와 다른 계급들이 하는 구실 등)에 대해서는 의견이 일치한다. 이런 사실에 비추어, 바쿠 위원회는 볼셰비키파의 단결과 따라서 편집부 두 분파 간의 협력이 가능할 뿐 아니라 반드시 필요하다고 확신한다.

이런 점을 고려해 볼 때, 바쿠 위원회는 편집부 내 다수파의 조직적 정책과 의견을 달리하며, 편집부 내 소수파 지지자들을 '우리 대열에서 쫓아내는 것'에 이의를 제기한다. 또한 바쿠 위원회는, 막시모프 동지가 편집부의 결정에 따르지 않겠다고 선언해서 더 큰 불화의 원인을 새로 만들어내는 것에도 항의한다.[15]

보그다노프에게 대항하려고 사용한 철학적 회초리

레닌이 보그다노프와 싸우면서 사용한 한 가지 무기는 철학이었다. 보그다노프와 레닌의 관계는 오랜 기간에 걸친 것이었다. 보그다노프는 의사이자 경제학·사회학·자연과학·철학 등에 상당한 명성이 있는 저술가였다. 레닌은 1898년부터 보그다노프의 명성을 익히 들어 알고 있었는데, 그해에는 시베리아에서 보그다노프의 ≪간단한 경제학 학습≫을 접하기도 했다. 레닌은 그 책이 매우 훌륭하다는 것을 알게 됐다. 그래서 정치경제학 입문서를 한 권 써달라는 출판업자의 제안을 "보그다노프와 경쟁하기는 어려울 것"이라는 이유로 거절했다.[16]

보그다노프는 1904년 볼셰비키에 가입했을 때, 자신의 철학서인 ≪경험일원론≫ 제1권을(제2권은 1905년, 제3권은 1906년에 출판됐다) 레닌에게 보냈다. 이것은 신칸트주의적인 마하와 아베나리우스의 철학서들에서 강한 영향을 받은 책으로서, 1909년에 레닌의 철학적 공격에서 주요 표적이 된 바로 그 책이었다. 정통 마르크스주의 철학의 중심 대변인이자 당시 멘셰비키였던 플레하노프는 레닌이 보그다노프와 손잡은 것을 조소했다. 이에 대해 레닌은 1905년의 제3차 당대회에서 이렇게 답변하기도 했다.

> 플레하노프는 마하와 아베나리우스의 귀를 잡고 질질 끌고 간다. 나는 이들을 조금도 동정할 생각이 없는데, 도대체 이런 사람들이 사회주의 혁명과 무슨 상관이 있는지 나로서는 도무지 이해할 수가 없다. 그들은 경험의 개인적·사회적 구조에 대해서, 또는 대충 그런 종류의 글을 쓰지만, 민주주의 독재에 대해서는 정말 아무것도 모른다.[17]

레닌은 보그다노프의 철학적 견해에 동의하지 않았다. 고리키에게 보낸 편지에서, 레닌은 보그다노프의 첫 권을 받아보자마자 읽어봤지만 동의할 수 없어서 저자에게 긴 비판의 글을 써 보냈다고 말했다. 1906년 ≪경험일원론≫ 제3권이 나왔을 때 보그다노프는 레닌에게 증정본 한 부를 보냈는데, 레닌은 즉시 더 한층 "애정을 담아서, 철학을 다룬 노트 세 권 분량의 짧은 편지"를 써 보냈다! 그러나 그렇다고 해서 레닌이 보그다노프와 정치적 연대를 중단한 것도 아니고, 철학적인 이유 때문에 관계를 단절해야 한다거나 철학이 정치 전술과 직접적·필연적 관계가 있다고 이야기한 것도 아니었다.

1908년 2월 레닌은 다음과 같은 글을 썼다.

볼셰비키 경향의 이데올로기적 대변인으로서 〈프롤레타리〉 편집부는 다음의 내용을 분명하게 언급할 필요가 있다고 판단한다. 사실상 이 철학적 논쟁은 분파적인 게 아니며, 또 그렇게 돼서도 안 된다는 것이 편집부의 생각이다. 이런 견해 차이를 분파적인 것이라고 주장하려 드는 것은 완전히 잘못됐다. 두 철학 사조에 동조하는 사람들은 두 분파에 모두 속해 있다.[18]

1908년 2월 25일 고리키에게 보내는 편지에서는 다음과 같이 말했다.

1904년 여름과 가을에 보그다노프와 나는 볼셰비키로서 완전한 합의에 이르러 암묵적인 동맹을 맺었습니다. 철학을 중립 영역으로 여겨 암묵적으로 배제한 이 동맹은 혁명 기간 내내 지속됐기 때문에, 우리는 그 혁명에서 혁명적 사회민주주의(=볼셰비즘) 전술을 함께 수행할 수 있었습니다. 나는 이 혁명적 사회민주주의 전술이야말로 유일하게 올바른 전술이었다고 깊이 확신합니다.[19]

〈프롤레타리〉는 철학을 둘러싼 우리의 모든 견해 차이에 대해 철저히 중립적 자세를 유지해야 합니다. 러시아 사회민주노동당의 한 조류이자 이 당

의 혁명적 좌파의 전술 노선을 대변하는 볼셰비키를 경험비판론이나 경험일
원론과 연관시킬 만한 근거를 조금이라도 독자들에게 제시해서는 안 됩니다.[20]

레닌은 4월 16일 고리키에게 보낸 편지에서 다시 한 번 이렇게 말했다.
"철학을 당의 (분파) 문제와 **분리해야** 합니다. 볼셰비키 중앙지도부는 이것이
반드시 지켜져야 한다고 결정했습니다."[21]

하지만 혁명적 변화가 지금 당장 일어날 것 같지 않다는 것이 1908년 들
어 마침내 분명해지자, 보이콧 같은 문제를 둘러싸고 레닌과 보그다노프의
전술적 차이가 줄어들기는커녕 오히려 더욱 두드러지게 됐다. 전반적인 이데
올로기적 반동에 뒤이어 철학적 차이의 중요성도 더욱 커졌다. 보그다노프와
바자로프, 루나차르스키 등은 이 기회에 멘셰비키인 유스케비치와 발렌틴,
그 밖의 저술가들과 손잡고 ≪마르크스주의 철학 개요≫라는 제목으로 철학
에 관한 논문집을 펴낼 생각이었다.

보그다노프에 맞선 분파 투쟁에서 철학을 공격 무기로 이용할 수 있다는
오직 그 사실 하나 때문에 레닌이 철학에 관심을 가졌다고 생각하는 것은 옳
지 않다. 철학은 당시 마르크스주의적 사고에서 전면에 부각될 수밖에 없었
다. 1905년 혁명 전에는 칼 마르크스의 경제 학설이 사회주의자들 사이에서
가장 중요한 토론 주제였다. 혁명 기간에는 마르크스주의 정치학이 경제학을
대신했다. 그리고 혁명 이후의 반동기에는 마르크스주의 철학이 크게 부각됐
다. 레닌이 썼듯이

낡은 질서 전체가 "뒤엎어졌지만" 이 낡은 질서 아래 성장하면서 젖먹이 때
부터 이 질서의 원칙과 관습, 전통과 신념을 받아들였던 계급 대중은 **어떤**
종류의 새 질서가 '형성'되고 있는지, 어떤 사회 세력이 이 새 질서를 '만들고'
있는지, 그리고 어떤 사회 세력이 '대격변' 시대의 특징인 엄청나고 격심한

고통에서 어떻게 벗어나게 해 줄 수 있는지 알지 못하고 또 알 수도 없는 그런 시대에는 필연적으로 비관주의와 무저항, '정신'에 호소하는 태도가 하나의 이데올로기로 떠오른다.[22]

정치를 통해 끔찍한 차르 체제를 굴복시키지 못했음이 분명해지자, 철학적 사색의 세계로 도피하려는 움직임이 유행했다. 그리고 현실의 대중운동과 전혀 접촉하지 못하는 가운데 모든 것은 출발점에서부터 검증받지 않으면 안 됐다. 운동의 전통이나 그 기본 원칙이나 어느 것 하나 끊임없이 의심받지 않는 것이 없었다.

1904년은 칸트 사망 100주년이 되는 해였다. 칸트 철학이 현대 과학 사상에서 두각을 나타내면서, 그 뒤 몇 해 동안 많은 마르크스주의자들이 칸트의 윤리학이나 '신칸트주의' 인식론을 집중 토론했다. 이 논의에서 보그다노프와 루나차르스키, 바자로프를 비롯한 사람들은 마하와 아베나리우스가 제안한 바대로 마르크스주의와 신칸트주의 인식론을 결합하려 했다. 한술 더 떠 루나차르스키는 공공연히 '피데이즘fideism'(창신創神주의. 레닌은 이것을 "지식을 신앙으로 대체하려는 것, 다시 말해서 일반으로 신앙에 중대한 의미를 부여하려는 일종의 교리"라고 규정했다[23])을 지지하는 발언을 하기까지 했다. 루나차르스키는 "신을 찾는" 또는 "신을 만든" 운운하며 종교적 은유를 사용하기도 했다. 고리키는 보그다노프와 루나차르스키의 영향을 받았는데, 당시 고리키가 쓴 소설 ≪고백≫은 다음 구절에서 절정에 이르고 있다.

…… 나는 새로운 종교로 인류를 불러 모았다. …… 민중, 그들이 창조자이고 …… 그들 안에 신이 있다. …… 나는 별들 사이 공간에서 이곳이 세상 ― 지은이을 ― 내 어머니를 ― 보았다. …… 그리고 어머니의 주인인 전능한 불멸의 민중을 보았다. …… 그러고서 나는 기도를 시작했다. "오, 주권자인

민중이여, 당신은 나의 신이시고, 당신은 당신의 탐색의 고통과 괴로움 속에서 그 영혼의 아름다움으로 만들어 낸 모든 신의 창조자입니다. 당신 외에 다른 신은 이 세상에 있을 수 없습니다. 당신은 기적을 행하시는 유일한 신이니까요."[24]

레닌의 비판은 아주 신랄했다. 그는 고리키에게 다음과 같이 써 보냈다. "신부 옷을 입지 않은 성직자, 그러니까 조잡한 종교를 갖지 않은 채 신을 창조하고 고안해 낼 것을 설교하는 민주적이고 이데올로기적으로 잘 무장된 성직자보다는 …… 차라리 어린 소녀들을 타락시키는 가톨릭 성직자가 '민주주의'에서 **훨씬 덜** 위험한 존재입니다."[25]

레닌이 보그다노프와 그의 동료들을 비판하는 데 "철학적 회초리"를 사용한 것은, 단순히 두마 선거에 참여하는 문제나 노동조합 내에서 활동하는 것 등에 관한 분파 차이 때문만은 아니었다. 그보다는 반동기 동안 신칸트주의라는 철학적 관념론이 마르크스주의의 생존을 심각하게 위협하리라는 것을 레닌이 알아차렸기 때문이기도 했다. 사회종교적 신비주의와 종교적·사회적 비관주의가 서로 맞물려 혁명운동의 생존자들을 위협했던 것이다.

하지만 레닌 자신의 책인 《유물론과 경험비판론》 역시 현실 운동과 진정으로 결합하지 못한 데 따른 후유증을 앓고 있었다(이것은 레닌 《전집》 38권의, 훌륭하면서도 변증법적으로 간결하고 생생한 《철학 노트》와 비교해 보기만 해도 금방 알 수 있다). 중요한 점은 레닌이 다른 저작들에서와는 달리 그 뒤에 나온 팸플릿이나 논문에서 《유물론과 경험비판론》의 주장을 결코 되풀이하지 않았다는 것이다. 신문의 어느 특집 기사에서도 이 책의 주제를 정교하게 다듬지 않았다. 또한 1909년 이후로는 막대한 분량의 편지를 포함해서 레닌의 저작 어디에서도 그 주제를 다시 거론하지 않았다.

반동기에 나타난 종교적·신비주의적 반反유물론 풍조에 대한 투쟁은 사실상 1909년에 끝났다. 새로운 대중운동이 움터 오는 새벽이 멀지 않았기 때문이다.

보그다노프 추종자들과 싸움을 계속하다

1909년 6월 레닌이 분리를 강행한 뒤로, 보그다노프와 그의 지지자들은 러시아 사회민주노동당 안의 독립 분파가 됐다. 그들은 자신들이 유일하게 "진정한 볼셰비키"라고 주장했다. 12월에 그들은 독자 신문을 내기 시작했는데, 이 신문은 1904년 말 레닌과 보그다노프가 창설한 최초의 볼셰비키 기관지의 이름 — 〈브페료드(전진)〉 — 을 달고 있었다. 그 뒤 몇 해 동안 그들은 브페료드파 볼셰비키로 알려졌다.

한동안 그들은 레닌주의자들보다 꽤 잘 나갔다. 그래서 1910년 12월에 레닌은 이렇게 쓰기도 했다. "브페료드파는 …… 독자적 수송 체계와 독자적 기구를 갖춘 분파로서 자신들을 굳건히 다져 왔으며, 1910년 1월의 총회 이후로 몇 배나 더 강력하게 성장해 왔다."[26]

자신들의 사상을 장려하려고 보그다노프와 루나차르스키, 알렉신스키 등은 막심 고리키의 지원을 받으며 1909년 카프리(이탈리아의 도시)에서 당 정치학교를 개최했다. 이 학교는 4개월 정도 계속됐다. 1910년 말과 1911년 초에는 볼로냐에서 2차 정치학교를 조직했다.

카프리 정치학교에 참석한 학생들은 일리치에게 거기 와서 강의해 달라고 부탁했다. 하지만 일리치는 단호히 거절했다. 그는 학생들에게 그 학교의 분파적 성격을 설명하고, 그들에게 파리로 오라고 요청했다. 카프리 정치학교 내에서도 분파 투쟁이 불붙었다. 11월 초, 학교의 조직자인 빌로노프를 포함해서 다섯 명의 학생들은(학생은 모두 12명이었다) 자신들이 충실한 레닌주의자들이라고 공식적으로 밝힌 뒤, 학교에서 쫓겨났다. 이 사건은 레닌이 그 학교의 분파적 성격을 지적한 것이 얼마나 옳았는지를 아주 잘 보여 주었다. 쫓겨난 학생들은 파리로 왔다.

카프리 정치학교에 참석했던 다섯 학생들은 미카엘과 함께 도착했다. …… 일리치는 그들에게 몇 차례 강의를 했고, 그들의 학습에 지대한 관심을 기울였다. 그러고 나서 결핵에 걸린 미카엘만 빼고 그들은 모두 러시아로 향했다. …… 12월 말 카프리에서 학습이 끝나자, 나머지 학생들이 파리에 도착했다. 일리치는 이들에게도 강의를 했다. 그는 그들에게 "농민운동과 우리의 과제"와 "스톨리핀의 토지 정책"을 비롯해서 시사적인 문제들을 주제로 이야기했다.[27]

이 당시는 실제 활동이 워낙 적었던 탓에, 해외에서 열린 조그마한 당 정치학교도 꽤 큰 성과였다. 사실상 당은 거의 존재하지 않았다. 보그다노프 일파와 분열한 것은 최후의 결정타인 듯했다.

볼셰비키의 내분에 참여한 사람들이나 이를 지켜본 사람들에게는 마치 레닌의 당이 끝장난 것처럼 보였다. 1907년에 4만 명이 넘던 당원 수가 1910년에는 200~300명이라는 형편없는 수준으로 줄어들었다. 게다가 소그룹들로 뿔뿔이 흩어져 있었고 보안경찰이 대거 침투해 있었다. 각 그룹들은 다른 그룹들이나 해외 지도부와도 거의 접촉이 없었다. 레닌 역시 그때까지 자신과 함께했던 훌륭한 저자들 ─ 보그다노프, 루나차르스키, 포크로프스키, 로즈코프, 고리키 ─ 을 고스란히 잃었다. 멘셰비키는 볼셰비키에 지식인 출신들이 부족해진 것을 고소해 했다. 그래서 보그다노프와 그 밖의 사람들이 축출된 지 2~3년 뒤에, 마르토프는 사실상 볼셰비키 지도부가 파산했다고 생각했다.

[볼셰비키 지도부는] 말 그대로 이름 없는 사람들 또는 이름을 들으면 기분

나쁜 극소수의 사람들이고, 지식인들이라기보다는 똑똑한 **룸펜프롤레타리아**
트이다. 지휘봉을 손에 쥐고 나자, 그들은 하나 남은 지식인 — 레닌 — 의
이름을 자신들의 이데올로기적 기치로 내건 부사관 무리로 바꾸었다.[28]

그러나 이것은 멘셰비키의 착각이었다. 훌륭한 글 솜씨라는 잣대 하나로
당 간부들의 지도력을 측정할 수는 없었다. 레닌은 반동기 동안 수백 명의
간부를 보존했으며, 몇백 명을 더 훈련시켰다. 그는 언제나 미래를 준비하고
있었던 것이다.

17 | 멘셰비키와 최종 분열하다

멘셰비키의 우경화

혁명기에 왼쪽으로 크게 기울었던 멘셰비키는 혁명 후 오른쪽으로 크게 방향을 바꾸었다. 1906년 4월 10~25일 스톡홀름 통합 당대회에서는 트로츠키와 파르부스에게 영향받은 좌파들을 거의 찾아볼 수 없었다. 레닌은 이렇게 적고 있다.

> 〈나찰로〉에서 명확히 드러났고 당내에서 파르부스 동지와 트로츠키 동지의 이름을 떠올리게 한 그 경향이 멘셰비키 내에서 완전히 사라졌다는 것은 놀라운 일이다. 사실, 멘셰비키 중에 몇몇 '파르부스주의자들'과 '트로츠키주의자들'이 있을 수는 있다. 나는 그런 사람들이 8명 정도 있다고 들었다.[1]

루나차르스키는 멘셰비키의 오락가락을 다음과 같이 설명했다.

> 멘셰비키는 그때그때의 분위기에 압도되는 인상주의자들이다. 혁명의 물결

이 거세지던 1905년 10~11월에 〈나찰로〉는 숨 가쁘게 질주해 볼셰비키보다 더 볼셰비키적으로 됐다. 그들은 민주주의 독재에서 사회주의 독재로 질주했다. 그러나 혁명의 물결이 잦아들어 열정이 사그라지고 카데츠가 부상하자, 멘셰비키는 이런 조용한 분위기에 금세 적응했다. 지금 그들은 카데츠 뒤를 졸졸 따르면서 오만한 태도로 10~11월의 투쟁 형태들을 폄하하고 있다.[2]

1905년 동안 사회민주주의자들이 자유주의자들을 '배려'해야 한다고 주장한 사람은 플레하노프와 마르토프 등 소수에 불과했다. 그런데 반동기가 되자 멘셰비키는 카데츠와 동맹하는 것을 주요 전술로 채택했다. 멘셰비키의 대변인 라흐메토프는 이런 동맹을 지지하며 다음과 같이 주장했다.

카데츠는 주위에서 정치적 동맹을 제안하면서 접근해 올 때보다 적대감이라는 단단한 벽에 둘러싸여 있을 때 우여곡절을 겪기가 더 쉽다. …… 카데츠에게는 무분별하고 따라서 쓸데없이 난폭한 태도를 보이기보다는 여론의 압력을 이용해서(두마에 결의안·지시·청원·요구안을 보내고 항의 집회를 조직하게 하거나 노동자 조직들과 카데츠 사이에 협상을 하게 해서) 접근할 때 훨씬 더 많은 성과를 거둘 수 있다[강조 — 지은이].[3]

1906년 11월에 쓴 "카데츠와의 동맹"이라는 기사에서 레닌은 다음과 같이 반박했다. "카데츠와의 동맹을 승인하는 것은 멘셰비키가 노동자 당의 기회주의 분파임을 보여 주는 분명한 증거다."[4]

멘셰비즘 내에서 가장 일관된 우파적 조류는 청산주의였는데, 이들은 소환파와 최후통첩파가 볼셰비키에 영향을 미친 것과 거의 같은 식으로 멘셰비키에 영향을 미쳤다. 보그다노프가 불법 상황을 맹목적으로 추종해 두마나 노동조합의 합법 활동에 들이는 노력을 모두 싫어했다면, 청산주의자들은 운동을 합법적이고 공개적인 활동, 즉 두마 선거, 두마 내의 의회 활동, 합법 노조와 합법 신문에만 한정시키면서 불법 정치조직과 활동을 줄이거나 중단하는 것을 지지했다. 그래서 ≪나샤 자랴≫의 편집자이자 청산주의의 새로운 대변인 포트레소프는 1910년 2월에 "집중되고 조직적이며 위계적인 형태의 정당은 존재하지 않는다"고 퉁명스럽게 말했다. 또 다른 청산주의 잡지인 ≪보즈로즈데니예≫는 1910년 3월 30일자 호에서 이 견해를 논평하며 다음과 같이 썼다.

> 청산할 것은 없다. [그리고 우리(≪보즈로즈데니예≫의 편집자들 — 지은이)가 한마디 덧붙이자면] 낡은 지하활동의 형태로 이 위계질서를 재건하려는 꿈은 해롭고 반동적인 유토피아일 뿐이며, 이것은 한때 어느 당보다 더 현실적이던 당의 대표자들이 정치적 직관을 상실했음을 보여 준다.[5]

마찬가지로, 멘셰비키인 또 다른 보그다노프는 다음과 같이 썼다. "낡은 지하활동과 단절하고 진정으로 공개적이고 공공연한 정치 활동을 시작하는 것, 이것은 우리 노동운동의 최근 단계를 특징짓는 새로운 양상이기도 하다."[6]

마르토프는 합법 당 조직과 불법 당 조직 사이의 권리가 **평등해야** 한다고 주장해서, 은근히 청산주의를 편들었다. 그는 불법 조직은 합법 당을 위한 **지지자** 노릇을 해야 한다고 생각했다.

> 범위가 다소 한정되고 어느 정도 집중된 음모 조직은 오로지 **사회민주주의 정당** 건설에 참여할 때만 의미가 있다(이때는 꽤 커다란 의미가 있다). 사회민주주의 정당은 더 느슨해야 하며, 또한 공개 노동자 조직들을 지지하는 것을 주된 임무로 삼아야 한다.[7]

레닌은 이런 생각에 대해 다음과 같이 논평했다.

이것은 사실상 당이 청산주의자들에게 종속되는 결과를 낳는다. 스스로 불법 당과 대등하다고 생각하면서 자신과 불법 당을 대립시키는 합법주의자들은 청산주의자일 뿐이다. 경찰한테 박해받는 불법 활동을 하는 사회민주주의자들과, 당과 결별하고 합법성을 유지해서 안전하게 보호받는 합법주의자들 사이의 '평등'은 사실상 노동자와 자본가 사이의 '평등'이다.[8]

합법주의자들이 실제로 당을 지지하는지 안 하는지는 불법 조직이 판단해야 한다. 다시 말해서 [우리는 — 지은이] '평등 이론'을 명확히 거부한다![9]

마르토프에게 지하조직이란 어쩔 수 없이 완전한 불법 상황으로 다시 퇴보할 때를 대비해 남겨둔, 뼈대만 앙상한 조직을 의미했다. 반면에, 레닌은 합법 활동이란 껍데기에 불과한 일이며 그 목적은 지하 당의 활동 영역을 넓히는 것이라고 생각했다. 지하활동을 등한시하는 것은 심각한 정치적 결과를 낳을 수밖에 없었다. 검열을 통과한 출판물로 제정 타도를 주장하기란 당연히 불가능했다. 따라서 당을 합법 활동 영역에만 한정하는 것은 사실상 공화주의 원칙을 포기하는 것을 뜻했다. 이것은 카데츠가 소중히 간직한 희망, 즉 제정을 점진적으로 입헌군주제로 바꾸자는 주장으로 나아가는 첫걸음이었다.

초좌파주의자들과 싸우는 한편, 레닌은 강령을 합법 요구에 한정하는 청산주의에 빠질 위험성도 주의 깊게 경계했다.

불법 활동과 합법 활동을 결합하려면 특히 불법 당의 '구실과 중요성을 하찮게 여기는 태도'와 싸워야만 한다. 특정 상황에서는 합법 틀 내에서 사소한 문제를 놓고 당의 방침을 방어해야 할 필요도 있다. 하지만 그럴수록 특히 더 이러한 목적과 구호들이 축소되지 않도록 주의해야 하며, 바뀐 투쟁의 형태가 투쟁 내용을 훼손하거나 그 비타협성을 깎아 내리지 않도록, 그리고 프롤레타리아의 역사적 전망과 역사적 목표를 일그러뜨리지 않도록 각별히 주의해야 한다.[10]

〈프롤레타리〉 확대 편집부에 제출한 보고서(1909년 6월)에서 레닌은 두 전선 ― 초좌파주의자와 우파 청산주의자에 대항한 ― 에서 투쟁할 것을 요구했다. 그는 다음과 같이 주장했다.

두 종류의 청산주의 ― 우파 청산주의와 좌파 청산주의 ― 와 투쟁해야 한다. 우파 청산주의자는 불법 러시아 사회민주노동당이 불필요하며 사회민주주의자의 활동은 거의 전적으로 합법 기회에 집중해야 한다고 말한다. 좌파 청산주의자는 다른 극단으로 나아간다. 그들에게는 당 활동의 합법 통로가 전혀 존재하지 않으며, 어떤 희생을 치르더라도 불법 활동만이 '전부'다. 두 조류 모두 러시아 사회민주노동당을 청산하려는 자들이라는 점에서 피차일반이다. 왜냐하면 지금 우리가 처한 역사적 상황에서 합법 활동과 불법 활동을 조직적이고 사려 깊게 결합하지 않는다면, 러시아 사회민주노동당을 유지하고 탄탄히 다지는 것은 상상도 할 수 없기 때문이다.[11]

레닌은 볼셰비키 분파에서 소환파를 추방할 태세가 돼 있던 반면, 기본적으로 화해파인 마르토프는 청산주의자들에 반대하기는 했지만 가차 없이 투쟁할 수는 없었다.

노동회의

당을 청산하는 한 가지 방법은 당을 광범한 노동당과 노동회의로 바꿔 놓는 것이었다. 멘셰비키의 이단아 라린은 ≪광범한 노동당과 노동회의≫(모스크바, 1906년)라는 팸플릿에서 그렇게 주장했다. 라린이 생각한 광범한 노동당은 러시아 프롤레타리아 900만 명 가운데서 90만 명 정도를 포함해야 했다. 그러자면 당의 '간판'을 내려야 하고, 당은 사회민주주의를 포기해야 했다. 사회민주당원들과 사회혁명당원들이 하나로 합쳐야 했다. 새로운 당은 "당파를 초월한 당"이어야 했고, 사회민주당원들과 사회혁명당원들이 함께 광범한 당 내에서 선전 집단의 구실을 해야 했다.[12]

멘셰비즘의 막후 실력자 악셀로드도 라린과 비슷한 맥락에서 다음과 같이 이야기했다.

노동회의는 지난 몇 해 동안 지속된 청산주의 과정을 완결할 것이다. 그래서 봉건국가와 위계적 사회 · 정치 체제라는 진부한 역사적 토대 위에서 성장했던 낡은 당 체제를 깨끗이 청산할 것이며 동시에, 러시아 사회민주주의의 역사적 생애에서 완전히 새로운 시대, 즉 서방의 여러 사회민주주의 정당과 똑같은 길을 따라 발전하는 시대의 시작을 알릴 것이다.[13]

또 다른 멘셰비키 로츠코프는 공개적이며 평화적인 노동자 조직, 즉 "노동계급의 이익을 옹호하는 정치 단체"의 설립을 제안했다.[14]

이 조직은 어떤 폭력도 주장하지 않는다. 폭력혁명이 필요하다는 말이나 생각을 하지 않는다. 왜냐하면 실제로 그럴 필요성이 생겨날 리 없기 때문이다. 만일 반동적인 광란에 눈먼 누군가가 이 '단체'의 회원들이 폭력혁명을 추구한다고 비난한다면, 근거도 없고 터무니없으며 법률적으로도 빈약하기 짝이 없는 이 따위 비난의 책임은 모두 비난하는 자의 머리 위로 떨어질 것이다![15]

레닌은 노동회의라는 발상을 비판하는 길고 신랄한 글을 썼다. 첫째로, 그는 노동회의에 관한 청산주의자들의 '현실 노선'이 비현실적이라고 주장했다. 그래서 1911년 12월 초에 다음과 같이 썼다.

'당국'이 그런 단체를 결코 허용하지 않을 것이 분명하다. …… 당국은 그런 단체가 '실제로 설립되도록' 승낙할 리가 없다. 눈먼 자유주의자들만이 이것을 깨닫지 못한다. 지금 같은 상황에서는 노동조합이 광범해질 수도 없고 '정치적'이거나 안정될 수도 없다는 것을 인식하기만 한다면, 합법으로 움직이는 노동조합을 조직하는 것도 유용한 일이다. 그러나 무력을 사용한다는 생각을 조금도 허용하지 않는 정치적 노동자 단체라는 자유주의 관념을 설교하는 것은 공허할 뿐 아니라 해로운 짓거리다.[16]

1912년 3월에도 다음과 같이 주장했다.

자유주의자들의 당인 카데츠조차도 결코 합법적이지 않은 현재 러시아의 정치 상황에서, 공개적인 사회민주주의 노동계급 정당을 결성하는 것은 분명히 희망 사항일 뿐이다. 청산주의자들은 불법 정당을 거부했지만, 합법 정당을 설립하는 자신들의 의무를 다한 것도 아니다.[17]

얼마 뒤, 그는 노동회의가 어디에 있느냐고 물었다.

1년이 넘게 우리는 청산주의자들에게 이렇게 이야기하고 있다. 말은 이제 그만하고 "노동계급의 이익을 옹호하는 단체" 등등의 "합법 정치 단체"를 세우기 시작해라. 말만 하지 말고 어서 일을 시작해라!
그러나 그들이 작업을 시작할 수 없는 이유는 지금의 러시아에서는 자유

주의적 유토피아를 실현할 수 없기 때문이다.[18]

합법 노동회의라는 발상에 반대해서 레닌은 불법 정당을 최고 우위에 둬야 하는 이유를 다음과 같이 주장했다.

1. 현재 유일하게 올바른 조직구조 형태는 합법·반½합법 노동자 단체의 연결망으로 둘러싸인 당 중핵의 총합인 불법 정당이다.

2. 지역 상황에 맞게 불법 조직을 건설하는 것은 절대적 의무다. 여러 방법으로 불법 조직의 중핵을 보호하고, 지역과 전체의 생활 조건에 따라 최대한 유연하게 활동 방식을 맞춰 갈 때에 비로소 불법 조직의 생명력이 보장된다.

3. 현재의 조직 활동 영역에서 당면한 주요 과제는, 가장 활동적인 노동자들을 모아서 모든 공장에서 불법적인 당 위원회를 온전히 건설하는 것이다. 노동계급 운동이 엄청나게 상승하면, 대다수 지역에서 당의 공장위원회가 복구될 수도 있고 또 현존하는 위원회들이 강화될 수 있을 것이다.

4. …… 제각기 분리돼 있는 지역 조직들을 통합해 단일한 지도 조직을 만드는 것이 이제 모든 조직 중앙의 필수 과제가 됐다.[19]

물론 혁명적 사회주의자들은 '결사의 자유'를 위해 싸워야 한다. 그러나 이것은 제정을 전복하려는 투쟁의 일부로 자리매김돼야 한다. 혁명으로 제정을 전복하는 것과 부분적 개혁 사이의 직접적 연관을 지적하지 않는 것은 노동자들을 속이는 것이며 자유주의로 빠지는 길이다.

언론, 결사, 집회, 파업의 자유가 노동자들에게 반드시 꼭 필요하다는 점을 지적하는 것은 매우 중요하다. 그러나 그것은 어디까지나 이런 자유와 정치적 자유의 일반 토대, 즉 정치체제 전반의 근본 변화가 떼려야 뗄 수 없이 연관돼 있음을 깨닫게 하려는 방편임을 지적하는 것이 훨씬 더 중요하다. 6월 3일 체제에서 결사의 자유를 보장받겠다는 자유주의적 공상이 아니라, 이 체제에 전면 반대하고 그 토대를 공격하면서 자유 일반을 위해, 특히 결사의 자유를 위해 투쟁해야 한다.[20]

노동자들은 진지하게 결사의 자유를 요구한다. 그래서 전체 민중의 자유를 위해, 군주제 전복과 공화정을 위해 투쟁하고 있다.[21]

반동기의 상황은 합법 활동에 온전히 집중해야 한다는 발상을 아주 매력적으로 보이게 만들었다. 그래서 지식인 수백 명은 자신의 모든 활동을 다양한 합법 조직 ― 공제조합, 노동조합, 교육 단체, 두마 의원단을 위한 자문위원회 등등 ― 활동으로 전환했다.

청산주의자들은 가장 절망적인 시기에 전면에 떠올랐다. "그들은 경찰 탄압에 덜 시달렸으며, 많은 저술가들과 상당수의 훌륭한 강사들, 대다수의 지식인들을 거느렸다. 이 내로라하는 지도자들이 청산주의자들 주위에 우글우글했다"고 올민스키는 쓰고 있다. 시시각각 대열이 줄어들던 볼셰비키 분파는 자신들의 불법 조직을 보존하려고 노력했지만, 그럴 때마다 적대적인 상황에 부딪히지 않을 수 없었다. 볼셰비즘은 확실히 운이 다한 것처럼 보였다. "지금 같은 상황에서는, 어떤 종류이든 강고한 당 분파를 형성하려는 노력은 감상적이고 반동적인 유토피아로 끝나고 만다"고 마르토프는 말했다.[22]

레닌은 청산주의자들이 지하조직에서 도망친 지식인들이라고 봤다.

어떤 사람들은 지치고 의기소침해져서 지하활동에서 도망쳤을 수 있다. 이런 개인들은 동정해 줘야 한다. 이들을 도와줘야 하는 이유는 이들의 의기소침함이 곧 사라지고 나면, 다시금 속물근성이나 자유주의, 또는 자유주의적 노동정책에서 벗어나 노동계급의 지하활동으로 돌아오고픈 충동이 생길 것이기 때문이다. 그러나 지치고 의기소침해진 사람들이 신문을 연단으로 삼아서, 자신들의 도주가 피곤함, 나약함, 지적 혼란 때문이 아니라 명예로운 일이라며, "무기력하고" "쓸모없고" "빈사 상태에 있는" 지하활동에 책임을 뒤집어씌우려 든다면, 이 도망자들은 역겨운 배신자이자 변절자이다. 이 도망자들은 노동계급 운동에 가장 해로운 훈계를 늘어놓으며 운동의 위험한 적으로 돌변했다.[23]

멘셰비키라고 해서 다 청산주의자였던 것은 결코 아니다. 그러나 대다수 멘셰비키는 적어도 청산주의자들을 용인했다. 마르토프와 단은 청산주의자들을 지지하지 않았지만, 파리에서 발행한 자신들의 신문 〈골로스 소치알 데모크라타〉를 통해 볼셰비키의 비판에 맞서 청산주의자들을 방어했다. 그리고 이 두 사람은 청산주의자들이 발행하는 합법 신문에 적극 협력하고 있었다.

'자금 징발' 문제

혁명이 퇴조하자 당의 기금을 어디서 마련할까 하는 문제가 더욱더 절박해졌다. 1905년 동안에도 볼셰비키 기구들은 아주 규모가 작았다. 크룹스카야는 회고록에서, 일이 분주하고 많아서 미하일 세르게예비치 바인슈타인을 비서로, 베라 루돌포프나 멘진스카야를 보조 비서로 끌어들였다고 말했다.

미하일 세르게예비치는 군사 조직 일에 더 많이 관여했으며 니키틴(크라신)의 지시를 수행하느라 항상 바빴다. 나는 위원회와 개인들의 연락과 임명 책임을 맡았다. 중앙위원회 비서들이 단순한 기술로 얼마나 힘들게 꾸려 나갔는지 지금은 상상하기도 힘들 것이다. 내 기억으로는, 우리는 중앙위원회 회의에 참여하지도 못했고, 어느 누구도 우리를 '담당'하지 않았고, 메모는 전혀 사용하지도 못했고, 암호로 된 주소들은 성냥통이나 제본된 책 같은 곳에 숨겨 두었다.

우리는 기억력에 의존할 수밖에 없었다. 많은 사람들이 우리에게 끊임없이 무언가를 부탁했고 우리는 온갖 방법으로 그들을 지원하면서 그들에게 필요한 것은 무엇이든지 공급해야 했다. 문헌, 여권, 지침, 충고까지도 말이다. 어떻게 우리가 그 모든 일을 그럭저럭 감당해 냈는지, 누구에게도 지시받지 않고 순전히 '우리 자신의 자유의지'로 생활해 나가면서, 어떻게 만사를 질서 있게 조율했는지 지금은 상상도 하기 어렵다.[24]

1907년 당시 당원이 4만 6143명인 당에서 단 세 사람이 비서 업무를 수행하고 있었던 것이다!

당의 상근자는 약간의 수당을 받았다. "자신의 모든 시간을 당에 봉사한 당원들은 아주 적은 보수를 받았는데, 3~5루블, 또는 10루블 정도밖에 못 받을 때도 있었으며, 한 달에 30루블을 넘지 않았다."[25] 참고로, 1903~1905년의 평균임금은 28루블이었다.

당 기구가 아무리 소규모여도, 그리고 상근자에게 아무리 임금을 적게 줘도, 항상 돈이 문제였다. 혁명 동안에 이 문제는 주로 부유한 지지자들의 기부금으로 해결했다. 예컨대, 1905년에 당원이 약 1000명이던 모스크바 볼셰비키 조직에서는

1905년 6월 당시 위원회의 보고에 따르면, 총수입은 9891루블이었으며, 1013루블이 앞으로 들어올 예정이었다. …… 수입에는 몇몇 거액도 있었는데,

4000루블은 '친구'한테서 들어왔고, '무기 구입'을 위해 3000루블도 들어왔다. 고리키나 한 공장주의 아들을 포함해 볼셰비키의 대의에 동조했던 부자가 여럿 있었다고 한다. …… 그 밖의 개인 기부금은 1378루블에 지나지 않았다.[26]

10월에는 부유한 동조자의 거액 기부금이 크게 증가했다. '친구들'한테서 8400루블이 들어왔고, 4000루블의 경우도 둘이나 있었다.[27]

마르토프의 보고를 보면, 멘셰비키의 상황도 마찬가지였다. 혁명 기간에는

당 조직 예산이 엄청나게 증가했다. …… 하지만 당원들의 기부가 차지한 비율은 매우 적었다. 바쿠 위원회 재정 담당자의 보고에 따르면, 1905년 2월 수입 1382.8루블 가운데 노동자들의 기부금은 38.9루블, 즉 3퍼센트에 불과했다고 한다. 리가 당지부의 8월 보고에 따르면, 558.7루블의 수입 가운데 22퍼센트인 143.4루블이 노동자들의 기부금이었다. 세바스토폴 위원회 보고서에서는, 14퍼센트가 당원들의 기부금이었고, 마리우폴 지부의 보고서에서는 33퍼센트였다. 당원들의 기부금 비율이 가장 높은 곳은 러시아 사회민주노동당 이바노보보즈네센스크 지부였음이 밝혀졌는데, 여기서는 당원들의 기부금이 총수입의 53퍼센트를 차지했다.[28]

가장 중요한 기부자였던 '천사' 가운데 한 명은 A M 칼미코바(아운티로 불렸다)였는데, 그는 〈이스크라〉 창간에 필요한 기금을 전액 대 주었다. 그는 부유한 서점 주인이자 출판인으로서, 값싼 대중물이나 진보적 책자를 보급하는 데 앞장섰으며, 크룹스카야의 절친한 친구이기도 했다. 또 다른 경우로는 섬유업계의 거부인 모로조프가 있었는데, 그는 기계공인 크라신을 통해 볼셰비키에 매달 2000루블을 정기적으로 기부했다(모로조프는 1905년 혁명이 실패하자 자살했다). 뒤에서 언급할 그의 조카 시미트도 주요한 기부자였다.

반동의 공세와 더불어 부유한 동조자들은 거의 모두 당을 떠나갔다. 기금을 증액하려던 레닌의 시도는 갈수록 실패를 거듭했다. 볼셰비키의 비서였을 뿐 아니라 전국 재정도 맡았던 크룹스카야는 번번이 돈이 부족하다고 불평했다. 레닌에게는 혁명이 가장 중요했다. 혁명가들은 필요하다면 자신들의 목적을 향해 진흙탕 속이라도 기어가야만 했다. 레닌은 기금 마련의 어려움 때문에 흔들리지 않았다. 시미트의 유산상속 사례는 그의 태도를 보여 주는 한 본보기다.

섬유업계의 거부 모로조프의 조카이자 모스크바 프레스냐 지구에 있는 가구 공장 소유자인 젊은 니콜라이 파블로비치 시미트는 1905년에 노동자 편에 서게 됐고 볼셰비키에 가입했다. 그는 〈노바야 지즌〉을 발행하는 데 필요한 돈을 제공했으며, 무기 구입에 필요한 돈도 대 주었다. 그는 노동자들과 친해져서 둘도 없는 친구가 됐다. 경찰은 시미트의 공장을 "악마의 소굴"이라고 불렀다. 모스크바 봉기 때 그 공장은 중요한 구실을 했고, 니콜라이 파블로비치는 체포됐다. 그는 감옥에서 온갖 종류의 고문을 당했다. 경찰은 그에게 그의 공장이 어떻게 됐는지 보여 주고 살해당한 노동자들을 보게 한 뒤, 끝내 그를 감옥에서 살해했다. 죽기 전에 그는 밖에 있는 친구들에게 재산을 볼셰비키에 상속하겠다고 알렸다.

니콜라이 파블로비치의 여동생 엘리자베타 파블로브나 시미트는 오빠의 재산 일부를 상속받았지만 그 역시 그것을 볼셰비키에 기증하기로 결심했다. 그러나 아직 성년이 되지 않았던 탓에, 돈을 자기 마음대로 처분하려고 위장 결혼을 하기로 결심했다. 엘리자베타 파블로브나는 이그나티예프 동지와 형식적인 결혼을 했다. 이그나티예프는 전투 분견대의 일원이었다가 가까스로 합법 신분을 되찾은 동지였다. 시미트는 공식적으로 그의 부인이 돼 남편의 동의 하에 자신이 물려받은 재산을 처분할 수 있었다. 그러나 그 결혼은 정말로 위장이었다. 엘리자베타 파블로브나는 실제로 다른 볼셰비키인 빅토르 타라투타의 부인이었다. 공식 결혼을 통해 시미트는 즉시 유산을 가질 수 있었으며, 그 돈을 볼셰비키에 넘겼다.[29]

그럼에도 볼셰비키의 재정은 여전히 매우 궁핍했다. 그래서 레닌은 당 자금을 조달하려고 '자금 징발', 즉 은행이나 다른 기관들에 대한 무장 약탈을 감행하기로 결심했다. 여러 차례 '자금 징발'이 일어나자, 멘셰비키가 거세게 항의하기 시작했다. 트로츠키도 독일 사회민주당 신문에서 레닌을 격렬하게 비판했다.

다수의 볼셰비키도 그런 모험을 좋아하지 않았다. 스톡홀름 당대회(1906년)에서는, 지지 64표와 반대 4표, 기권 20표로 다수가 '자금 징발'을 금지하는 멘셰비키의 결의안을 지지했다. 이것은 볼셰비키 대의원들도 멘셰비키를 지지했다는 뜻이었다.

레닌은 스톡홀름 대회에 대한 전반적인 보고를 하면서, 무장 행동에 관한 결의안은 전혀 언급하지 않았다. 자신이 그 토론에 참석하지 않았다는 이유에서였다. "게다가 이것은 원칙의 문제도 아니었다." 레닌이 우연히 그 자리에 참석하지 않았을 리는 거의 없다. 그저 발목 잡히고 싶지 않았을 뿐이다.

1907년 5월 레닌이 실제로 다른 모든 문제들을 자신의 방식대로 이끌었던 런던 대회에서도, 압도 다수가 '자금 징발'에는 반대했다. 볼셰비키의 다수도 멘셰비키를 편들었다. 대의원들이 청중석에서 "레닌의 견해는 어떤가? 우리는 레닌의 말을 듣고 싶다"고 외쳤을 때, 레닌은 의장의 지위를 이용해 자신의 표결을 기록하지 않은 채 그저 "뭔가 숨기는 표정으로" 낄낄 웃기만 했다.[30]

이 대회에 직접 대의원으로 참석했던 스탈린은 대회 보고에서 다음과 같이 서툰 말로 그 결의안을 대충 둘러댔다.

멘셰비키의 결의안 가운데서 딱 한 가지 게릴라 행동에 관한 것만 통과됐는데, 그것도 순전히 우연이었다. 볼셰비키는 그 문제에 관한 싸움에 응하지 않았다. 더 정확히 말하면, 순전히 "멘셰비키 동지들에게도 적어도 한 번은 기뻐할 수 있는 기회를 주려는" 마음에서 그 쟁점을 놓고 끝까지 논쟁할 생각이 없었다.

사실상 볼셰비키가 "싸움에 응하지 않았"던 것은 단지 그 문제에 대해 멘셰비키뿐 아니라 폴란드 사회민주당이나 분트, 심지어 볼셰비키 분파의 많은 동지도 적으로 삼아야 했기 때문이었다.

대회 결의안에도 불구하고 런던 대회 6주 후인 6월 23일 레닌의 요원들은 전에 없이 더 대담한 '자금 징발'을 감행해서 티플리스 금고를 털었다. 이 습격으로 34만 1000루블을 얻었는데, 이 돈은 나중에 해외에 있는 볼셰비키 금고로 옮겨졌다. 그러나 그 돈이 고액 은행권인 데다 이미 외국의 은행들이 통보를 받은 뒤여서 외국에서도 돈을 바꾸기가 쉽지 않았다. 장차 외무인민위원이 될 리트비노프를 포함해서 몇몇 주요 볼셰비키가 돈을 바꾸려다 서유럽에서 체포됐다.

트로츠키와 마르토프는 런던 대회에서 볼셰비키를 강력하게 비난했고, 얼마 뒤에는 서유럽의 사회주의 신문에까지 이러한 비난 기사를 싣기도 했다.

스탈린은 티플리스 건을 포함해 '자금 징발'에서 주의 깊고도 대담한 조직가의 임무를 해낸 덕분에 레닌의 관심을 끌게 된 듯하다. '자금 징발'에 관련된 동지들 가운데는 훌륭한 볼셰비키도 몇 명 있었다.

티플리스와 그 밖의 많은 은행을 습격한 카모(세몬 아르샤코비치 테르페트로시안)를 떠올릴 필요가 있다. 그는 자신과 대원들에게 하루 생활비로 50코페이카만 허용했다. 그의 공적으로는 많은 '자금 징발' 사건과 티플리스 감옥에서 대담한 탈출, 그리고 러시아에 무기를 밀반입한 일 등이 있다. 그는 독일 감옥에서 갖가지 고문을 무릅쓰고 미친 척해 교도관을 속여서, 티플리스로 되돌아왔다. 그리고 탈출하다가 잡혀서 사형이 선고됐지만, 나중에 종신형으로 바뀌었다.

분열, 분열, 분열

스톡홀름 통합 당대회 뒤, 페테르부르크에서는 두마 선거에 관한 논쟁이 벌어지기 시작했다. 페테르부르크 의원단을 지명해야 할 시기가 왔을 때, 당시 그 도시를 확실히 통제하고 있던 레닌주의자들은 자신들의 후보가 선임되게 했다. 그러나 멘셰비키 대표자 31명은 멘셰비키가 주도하던 중앙위원회의 지시에 따라 시협의회에서 퇴장하고는 특별 지역협의회를 열어서 카데츠와 동맹하기로 결정했다.

레닌은 즉시 팸플릿을 발행해서, 카데츠와 공모한 탈퇴자들이 "노동자들의 표를 팔아 넘겨" "노동자들을 등지고 카데츠의 도움으로 자기편을 두마에 보내려고 뒷거래를 하려 한다"고 비난했다. 이것은 탈퇴자뿐 아니라 당 중앙위원회도 겨냥한 비판이었고, 사실 레닌 쪽에서 공개적으로 당 규율을 어긴 경우였다. 그는 "당원으로서 허용할 수 없는 행위"를 했다는 혐의로 당 법정에 기소됐다. 레닌은 세 명의 판사를 지명하도록 허용받았고, 중앙위원회는 또 다른 세 명을, 라트비아 사회당과 폴란드 사회민주당과 유대인 분트 조직은 각각 한 명씩 지명할 수 있었다.

멘셰비키 다수파를 뒤엎고 레닌이 통제권을 쥐게 된 새 당대회 이후에 재판이 중단된 탓에, 재판 자체는 커다란 흥밋거리는 아니었다. 그러나 재판에서 레닌이 한 행동은 매우 흥미롭다. 왜냐하면 레닌이 당내 우파에 맞서 분파투쟁을 수행할 때의 가차 없는 방식을 엿볼 수 있기 때문이다.

재판이 열리자, 레닌은 "같은 당에 있는 동지들 사이의 관계에서 용납할 수 없는 언어"를 사용했음을 조용히 인정했지만,[31] 그런 행동을 한 것에 대해 절대 사과하지 않았다. 실제로 운동 내의 청산주의자들이나 그들의 동맹자들과 투쟁할 때, 레닌은 자신이 손에 쥘 수 있는 가장 날카로운 무기를 사용하는 데 결코 주저하지 않았다. 절제는 볼셰비키의 특징이 아니다.

레닌이 플레하노프에게 화해를 제안하다

레닌은 비판할 때는 아주 가차 없었지만, 결코 원한 같은 것은 품지 않았다. 자신의 정치적 반대파가 화해의 움직임을 보일 때면, 자기 쪽에서 그들을 만나려고 했다. 이런 적절한 예가 플레하노프의 경우였다.

1908~1909년 레닌은 초좌파를 볼셰비키 분파에서 추방하고 멘셰비키 가운데서 반反청산주의자들, 즉 지하조직을 건설하려는 생각을 포기하지 않은 사람들을 끌어들여서 당을 재건할 수 있는 기회를 놓치지 않으려 했다. 그런 멘셰비키 그룹의 지도자가 플레하노프였다.

1908년 12월 플레하노프는 청산주의 신문인 〈골로스 소치알 데모크라타〉의 편집부를 떠났다. 그와 동시에 5권 분량의 공동 저작 《러시아의 사회운동》 편집부에서도 물러났으며, 그 뒤 마르토프와 마슬로프, 포트레소프가 편집부를 구성했다. 플레하노프는 이 논문집을 격렬하게 비판하는 글을 《드네프니크》(1909년 9호)에 썼으며, 청산주의자들의 대의를 주장한 포트레소프의 다음 글을 뽑아내 특별히 비판했다.

나는 독자들에게 …… 올해 1909년에 병적인 상상으로 꾸며낸 일이 아니라 지금 실재하는 어떤 것으로서 청산주의 경향이 존재할 수 있는지, 즉 이미 청산되다 못해 더는 조직된 전체로서 존재하지도 않는 것을 청산하려는 경향이 어떻게 존재할 수 있는지 묻는다.

플레하노프는 다음과 같이 반격했다.

그러나 우리 당이 존재하지 않는다고 여기는 사람은 그 자신도 우리 당을 위해서 존재하지 않는 것이 분명하다[강조는 플레하노프]. 이제 모든 당원들은 포트레소프 씨가 자신들의 동지가 아니라고 말해야 할 것이며, 당원들 가운데 일부는 오래 전부터 그를 동지로 여기지 않은 나를 더는 비판하지 않을 것이다.[32]

"포트레소프는 혁명가의 눈으로 사회생활을 볼 능력을 상실했다." 플레하노프는 계속해서 말하기를, 청산주의는 "가장 치욕스런 기회주의의 구렁텅이"에 이르게 된다고 했다. "그들[청산주의자들 ─ 지은이] 사이에서 새로운 술은 프티부르주아지의 식초를 만드는 데나 알맞은 시디신 술로 변했다." 청산주의는 "프롤레타리아의 환경에 프티부르주아 경향이 침투하도록 도와준다." "나는 영향력 있는 멘셰비키 동지들에게 그들이 많든 적든 기회주의 냄새를 풍기는 신사들과 종종 제휴하려 했을 때 큰 실수를 저지르는 것임을 입증해 주고자 거듭 노력했다." "청산주의는 사회민주주의와는 적대적인 기회주의나 프티부르주아적 열망의 진흙탕으로 가는 지름길이다."[33]

플레하노프가 이렇게 선언하자, 레닌은 플레하노프에게 화해하자고 제안했다. 1909년 11월 레닌은

당의 모든 분파와 부문에서 당을 지지하는 당원들의 화해와, 무엇보다도 당을 지지하는 멘셰비키, 페테르부르크의 비보르크 지구 동지들 같은 멘셰비키나 해외에 있는 플레하노프파와 볼셰비키의 화해를 요청한다. …… 우리는 청산주의자들과 공개적으로 투쟁하거나 아니면 공개적으로 플레하노프를 지지할 수 있는 모든 멘셰비키, 특히 모든 멘셰비키 노동자들에게 화해를 요청한다.[34]

실제로 플레하노프와 협력하려는 레닌의 노력은 별로 성과가 없었다. 그들 사이의 기본적인 차이가 너무나 근본적이었기 때문이다. 1905년에 플레하노프는 멘셰비키 극우파에 속했고, 12월 봉기가 자유주의자들을 겁먹게 할 것이라는 이유로 봉기에 반대했고, 카데츠를 배려할 것을 요구하기도 했다. 이런 사실들 때문에 레닌과 플레하노프의 협력 시도는 범위가 극히 제한될 수밖에 없었다.

레닌이 화해파들에 맞서 싸우다

레닌은 볼셰비키 분파 안에서 초좌파주의를 극복하려고 싸웠으며, 멘셰비키 청산주의자들에 맞서 투쟁했다. 그러나 레닌이 브페료드파 볼셰비키를 추방하자마자, 새로운 반대파가 볼셰비키 분파 안에 등장했다. 이들은 화해파, 또는 자칭 '사회민주당 볼셰비키'였다. 러시아 사회민주노동당은 갈기갈기 찢겨졌고, 너무 힘을 소진한 나머지 당원들은 그저 통합, 즉 볼셰비키와 멘셰비키의 화해와 모든 분파주의의 종식을 요구하고 있었다.

동시에 많은 지도적 볼셰비키가 통합 요구를 지지하면서, 레닌은 분파 내에서 지지자를 잃기 시작했다. 화해파들 가운데는 제5차 당대회에서 중앙위원회의 위원이나 후보로 선출된 동지들도 몇 명 있었는데, 리코프 · 노긴 · 두브로빈스키 · 로조프스키 · 소콜니코프가 그런 사람들이었다.[35]

이런 상황을 이용해 멘셰비키 지도자들은 1910년 1월 초 파리에서 중앙위원회 회의를 소집할 수 있었다. 그 회의에 반대했던 레닌은 이제 당 전체는 물론이고 자신의 분파에서도 소수파가 됐다. 화해주의에 반대해 레닌을 지지한 유명한 볼셰비크는 지노비예프뿐이었다(그때부터 1917년 상황에서 엄중한 시험대에 오르기 전까지 지노비예프는 레닌의 가장 절친한 동지였으며, 레닌에게 완전히 신뢰받았다).

기나긴 3주 동안 레닌은 심하게 타격을 받았다. 그는 시미트의 돈을 되돌려 주는 데 동의하지 않으면 안 됐다. 그리고 자기 분파의 신문 〈프롤레타리〉를 발간 중지하고 멘셰비키와 공동 신문 ― 〈소치알 데모크라트〉 ― 을 내는 데 동의해야 했다. 이 신문에는 볼셰비키 두 명, 즉 레닌과 지노비예프와 멘셰비키인 마르토프와 단, 그리고 폴란드 사회민주당 대표 바르스키가 편집부로 참여했다. 트로츠키가 빈에서 펴내던 〈프라우다〉가 공식 당기관지(카메네프가 트로츠키를 도와 그 신문을 편집하려고 파견됐다)로 선포됐고, 중앙위원회가 그 신문에 재정 지원을 하도록 결정됐다. 설상가상으로, 그 회의는 말로는 청산주의자들을 비난했지만 한편으로는 이들을 초대해 당 활동에 참여하게 했고, 지하 중앙위원회에 참여할 세 사람을 지명하게 했다.

트로츠키는 한술 더 떠 파리 회의의 결과를 "러시아 사회민주주의의 역사에서 가장 위대한 사건"이라며 쌍수를 들고 환영했다.[36] 레닌의 태도는 1910년 4월 11일 고리키에게 보낸 편지에서 분명하게 나타나 있다.

중앙위원회 총회('길다란 회의' ― 고통의 3주 동안 모든 신경이 곤두서고 앞일이 캄캄했습니다!)는 …… '일반적인 화해'의 분위기(누구와 무엇을 어떻게 하겠다는 분명한 생각도 없이)였고, 단호한 이데올로기 투쟁을 했다는 이유로 볼셰비키 중앙을 증오하는 분위기, 싸우고 싶어 안달이 난 멘셰비키끼리의 입씨름, 그리고 그 불똥이 튀어 온몸에 물집이 생긴 아기만 남게 됐습니다.

따라서 우리는 감수해야 합니다. 물집을 째고 고름을 빼낸 뒤, 아기를 치료해서 기른다면 그나마 다행입니다.

아니면 최악의 경우에 아기는 죽을 것입니다. 그렇게 되면 우리는 당분간 아기 없이 지내게 될 것이고(우리는 볼셰비키 분파를 재건할 것이므로 당분간입니다), 그런 다음에 더욱 건강한 아기를 낳을 겁니다.[37]

그러나 '통합'은 발효되지 않았다. 이것은 볼셰비키의 비타협성 탓이라기보다는 멘셰비키가 협상 결과를 실행할 준비가 안 돼 있었던 탓이 컸다. 1910년 1월 총회에서 볼셰비키는 보이콧파와 관계를 끊고 멘셰비키는 청산주의자들과 관계를 끊도록 결정이 내려졌다. 레닌은 이미 보그다노프, 루나차르스키, 그 밖의 보이콧파를 볼셰비키 진영에서 쫓아냈기 때문에 결정을 쉽게 이행할 수 있었다.

그러나 멘셰비키는 자신들의 임무를 완수할 수 없었다. 청산주의적 태도가 그들의 대오 속에 너무나 깊숙이 만연해 있었기 때문이었다. 만약 그들이 청산주의자들을 추방했다면 멘셰비키 그룹은 완전히 산산조각 났을 것이고, 이것은 볼셰비키가 운동에서 승리하는 데 도움이 됐을 것이다. 하지만 머지않아 마르토프는 이런 결정을 이행할 의사가 전혀 없으며, 회의에서 '통합'에 동의한 것은 순전히 당면한 분리를 감행하기에는 멘셰비키가 너무 약했기 때문이라고 명확히 밝혔다.[38]

결정적으로, 중앙위원회에 결합하도록 요구받은 청산주의자 세 명이 지하조직과 관계 맺기를 단호히 거부했을 때, 그 계획은 최종타를 맞았다. 러시아에서 다수였던 볼셰비키 '화해파들'이 다른 청산주의 지도자들에게 다시 한번 협상을 제안했지만 레닌은 그들을 무시했다. 마르토프와 단이 청산주의자들의 견해를 레닌 · 지노비예프와 공동으로 편집하기로 돼 있는 〈소치알 데모크라트〉에 실으려고 했지만, 레닌과 지노비예프가 그렇게 하지 못하도록 막았다(바르스키도 편집부에서 레닌과 지노비예프를 편들었다).

트로츠키의 〈프라우다〉 역시 통합된 당의 신문 구실을 하지 못했다. 트로츠키가 나중에 말했듯이, 멘셰비키가 스스로 분파를 해체하고 청산주의자들을 쫓아내기를 거부한 까닭에 화해를 꾀하던 트로츠키의 시도가 무산됐을 때, 그는 멘셰비키를 비난하지 않고 "판결을 뒤로 미루었다."[39] 카메네프는 트로츠키를 설득해서 더 확고한 태도를 취하게 할 수 없었다.

러시아 사회민주노동당의 통합을 방해하며 끼어든 또 다른 요인은 바로 차르의 보안경찰이었다. 초기에 화해파들의 주요 대변인은 두브로빈스키였으나, 그는 곧 체포돼 결국 시베리아 유형에서 자살하고 말았다.[40]

중앙위원회에서 지도적 화해파였던 그의 자리를 알렉세이 리코프가 대신하게 됐다. 그러나 리코프가 레닌의 분리 전술에 맞서 볼셰비키를 재조직하려고 러시아로 돌아왔을 때, 경찰은 그가 도착하자마자 지하 볼셰비키의 누구와도 만나기 전에 바로 거리에서 그를 체포했다. 차르 보안경찰은 그들의 핵심 *끄나풀*인 말리노프스키를 통해, 볼셰비키 지도부에 속한 모든 사람의 정치적 견해와 그들을 찾아낼 방법 등을 훤히 파악하고 있었다. "당시 러시아 경찰은 통합에 반대한 볼셰비키를 지지하는 데 특별히 관심이 많았다. 사회민주당이 통합돼 더 위험한 존재가 되는 것을 막으려고 보안경찰은 화해파를 체포하는 데 집중하라고 지시했다."[41]

멘셰비키는 레닌이 보안경찰과 동일한 분리 정책을 쓰고 있다는 사실에 분개했다. 하지만 보안경찰은 사회민주당의 분리가 노동운동을 약화시킬 것이라고 기대한 반면, 레닌은 분리가 노동자들의 혁명적 지도부를 강화할 것이라고 판단했다. 판정은 역사가 내려 주었다. 보안경찰의 음모는 기대했던 결실을 거두지 못했다.˙

˙ 레닌은 말리노프스키가 보안경찰의 끄나풀이라는 사실을 전혀 몰랐다. 오히려 레닌은 마르토프의 '비방'에 맞서 몇 번이나 그를 열심히 옹호하며 격찬하기까지 했다. 다음은 그 구체적 예들이다.

"≪나샤 라보차야 가제타≫는 무슨 짓을 했는가?

"그들은 말리노프스키가 경찰 앞잡이라는 음흉한 소문과 암시를 퍼뜨렸다.

"그러나 이런 지능적인 뒷공론가들은 중상모략의 명수를 능가하는 재주로 마르토프와 (또는 그에 버금가는 다른 추잡한 중상가들과) 왕래하면서 음흉한 소문을 부추기거나 그런 암시를 주워듣고 이리저리 옮기고 있는 것이다!

"이런 중상모략을 일삼는 지능적인 뒷공론자들과 한 번이라도 어울려 본 사람이 누가 누구를 이용했는가? 이 문제는 1917년 독일 육군 원수 루덴도르프가 러시아의 전쟁 노력을 약화시키고 독일의 적을 분열시킬 목적으로, 1917년 레닌이 '밀봉 열차'를 타고 독일을 통과해 러시아로 돌아갈 수 있도록 허용했을 때 다시 등장하게 됐다.

화해파들에 대한 레닌의 승리

레닌은 1912년 1월 청산주의자들을 완전히 배제한 가운데 프라하 협의회를 소집했다. 폴란드와 라트비아 민족 정당들과 유대인 분트, 〈브페료드〉 쪽 사람들, 트로츠키와 플레하노프 모두 참가하기를 거부했다. 14명의 대표자(그중 두 명은 경찰 프락치였다)가 러시아에 있는 10개 당위원회를 대표했다. 이 협의회에서는 '강경파' 7명으로 이루어진 중앙위원회를 새로 선출했는데, 레닌·지노비예프·오르조니키제·골로셰킨·스판다리안·시바르츠만·말리노프스키(경찰 프락치)가 포함됐다. 그 뒤 얼마 안 있어 쥬가시빌리(스탈린)와 벨로스토츠키 두 명이 더 중앙위원으로 선출됐다. 캅카스인 세 명, 즉 오르조니키제·스판다리안·스탈린을 포함해 위원 5명이 러시아에서 활동하려고 러시아로 파견됐다.

트로츠키는 모든 사회민주당 그룹의 단결이라는 강박관념을 버리지 않았다. 그래서 그는 레닌의 프라하 협의회에 대한 맞대응으로, 조직위원회에 결합한 멘셰비키를 설득해 1912년 8월 빈에서 사회민주당 전체 협의회를 개최했다. 트로츠키는 1905년처럼 러시아에서 혁명적 분위기가 고조되면 사

라면 틀림없이(그 사람 자신이 뒷공론가가 아니라면) 일생을 두고 이런 비열한 인간들을 혐오하게 될 것이다.

"마르토프와 단이 퍼뜨린 '헛소문'들을 털끝만큼이라도 믿으면 안 된다. 그런 소문들을 무시하고 전혀 신경쓰지 않겠다고 단단히 결심해야 한다."[42]

회민주주의 내의 서로 다른 경향 간의 불화가 사라질 것이라고 생각했다. 그는 이렇게 썼다. "〈루츠〉와 〈프라우다〉의 정치적 경향 사이에 화해할 수 없는 모순이 있다고 단언하는 것은 어리석고 터무니없는 짓이다." "우리의 역사적 분파, 즉 볼셰비즘과 멘셰비즘은 그 기원에서는 순전히 지식인들의 조직이다."•

그러나 트로츠키의 생각은 완전히 틀렸다. 여러 해 동안 볼셰비즘과 멘셰비즘 사이에 응어리진 간극은 극복하기에는 너무 깊었고, 새로운 정치적 각성도 이 간극을 더욱 깊게 할 뿐이었다. 레닌은 이제 오랜 노력의 결실을 거두고 있었다. 레닌 지지자들은 지하조직을 지도한 반면, 멘셰비키는 느슨하고 분열된 소규모 분파 무리에 불과했다. 볼셰비키는 빈 협의회에 참여하기를 거부했다. 멘셰비키, 옛 볼셰비키였던 초좌파주의자들(브페료드파), 유대인 분트 그리고 트로츠키 분파가 한데 모여 '8월동맹August Bloc'이라는 연합을 형성했다. 트로츠키는 그들의 최고 대변인으로서, 레닌의 '분리 전술'을 끈질기게 비판했다. 이 동맹은 형성되자마자 분열하기 시작했다.

프라하 협의회 직후인 1912년 2월 레닌은 합법 일간신문을 발행하기로 결심했다. 레닌이 〈프라우다〉라는 이름을 도용했으니 트로츠키의 분노를 살 만도 했다. 볼셰비키의 〈프라우다〉 첫 호는 4월 22일에 나왔다. 그 뒤 이 신문은 전쟁이 일어날 때까지 발행됐고, 볼셰비키당 건설에서 중심 구실을 했다. 한동안은 플레하노프도 이 신문의 정기 기고자였다. 보그다노프와 브페료드

• 트로츠키의 책 ≪1905년≫을 보면, 1917년 이전까지 트로츠키가 혁명에서 당이 하는 구실이나 역사에서 볼셰비즘이 차지하는 위치를 제대로 이해하지 못했음을 분명히 알 수 있다. 이 책 전체에서 볼셰비키나 레닌은 한 번도 언급되지 않는다. 바로 이런 결함 때문에, 트로츠키의 후계자들이 트로츠키의 글 가운데 훨씬 더 뒤지는 다른 글들은 거듭 출판하면서도 페테르부르크 소비에트의 지도자가 쓴 이 흥미진진한 책은 출판하지 않았던 것이다. 트로츠키 후계자들의 출판물에서도 이 책 ≪1905년≫에 대한 언급은 찾아보기 힘들다.

파의 나머지 사람들도 기고할 것을 제안받았지만, 알렉신스키를 제외하고는 이런 관계를 오래 지속하지 않았다. 이 시기에는 '최후통첩주의'나 소환주의, 마하주의Machism까지도 더는 직접적으로 중요한 문제가 되지 못했다. 레닌은 플레하노프와 알렉신스키가 〈프라우다〉에 글을 쓰게 된 것을 아주 기뻐했다.

레닌은 '강경파' 사이에도 멘셰비키나 청산주의자들과 화해하려는 움직임이 있으며, 따라서 이들과 계속 투쟁해야 한다는 것을 깨달았다. 〈프라우다〉는 3개월 동안 '청산주의자들'을 전혀 비판하지 않았다. "처음에 〈프라우다〉가 일리치의 글에서 청산주의자에 반대하는 주장들을 모두 일부러 삭제했을 때, 블라디미르 일리치가 그토록 당황한 이유가 바로 이것 때문이었다. 그는 이런 처사에 항의하는 격한 편지를 〈프라우다〉에 보냈다."[43] "비록 가끔씩이지만 때때로 일리치의 글이 실리지 않았다. 그리고 가끔은 그의 글이 얼마간 지체된 뒤에야 비로소 실렸다. 그는 이런 일 때문에 화가 나서 〈프라우다〉에 항의 편지를 보냈지만, 사태가 나아지지는 않았다."[44]

1912년 8월 1일 〈프라우다〉 편집부의 간사인 몰로토프에게 보낸 편지에서 레닌은 다음과 같이 썼다.

당신은 명백히 편집부를 대표하는 간사로서 이렇게 썼습니다. "원칙적으로 편집부는 청산주의자에 대한 태도를 포함해 내[레닌의] 글이 충분히 받아들일 수 있는 것이라고 생각합니다." 그렇다면 왜 〈프라우다〉는 내 글과 다른 동지들의 글에서 청산주의자들에 대한 언급을 모두 완고하게, 또 계획적으로 삭제합니까?[45]

1913년 1월 25일에는 두마의 볼셰비키 의원들에게 다음과 같이 써 보냈다.

우리는 편집부한테서 어리석고 무례한 편지를 받았습니다. 우리는 답변하지 않았습니다. 그들을 내쫓아야 합니다. …… 편집부를 재편하려는 계획과 소식이 없어서 우리는 크게 염려하고 있습니다. …… 재편이나 더 좋게는 낡은 사람들을 모두 추방해야 합니다. 일이 터무니없이 진행되고 있습니다. 그들은 분트와 〈차이트〉에 대해 칭찬을 아끼지 않습니다. 이것은 구역질나는 일입니다. 그들은 〈루츠〉에 맞서서 올바른 노선을 택할 수가 없습니다. 그들이 내 글을 다룰 때 보인 파렴치한 방식은 …… 우리를 화나게 할 뿐입니다. …… 우리는 이 모든 것에 대한 소식을 초조하게 기다리고 있습니다.[46]

그러나 편집부는 계속해서 걱정스런 일들을 저질렀다. 2월 9일 레닌은 스베르들로프에게 이렇게 써 보냈다.

계급의식적인 노동자들에게 그들(특히 페테르부르크 위원회)의 활동을 알리고 또 노동자들의 소식을 들으려고 〈프라우다〉를 이용하는 것은 전혀 비판할 일이 아닙니다. 당신은 이 편집부가 실수를 저지르는 이른바 자율성을 끝장내야 합니다. 당신은 다른 무엇보다 이 일을 먼저 해야 합니다. …… 당신이 편집부를 장악하십시오. …… 만약 편집부가 잘 조직된다면, 터무니없이 얼빠지고 말 한마디도 제대로 못해서 성명서 발표 기회를 죄다 놓쳐 버리는 페테르부르크 위원회도 다시 살아날 것입니다. 편집부는 거의 매일 합법적 형태로(영향력 있는 노동자들의 이름이나 기타 방식으로), 그리고 적어도 한 달에 한두 번은 불법적 형태로 성명서를 발표해야 합니다. 다시 한 번 말하지만, 전체 상황을 주도할 수 있는 열쇠는 〈프라우다〉입니다. 〈프라우다〉가 지역 활동을 장악해야 하고, 그리고 나서야(그때에만) 조직할 수 있습니다. 그러지 못하면 모든 일이 실패로 돌아갈 것입니다.[47]

중앙위원회는 스베르들로프를 페테르부르크로 보내 편집부를 재편하도록 했다.[48] 1913년 2월 9일 레닌은 스베르들로프에게 이렇게 써 보냈다. "오늘 우리는 〈프라우다〉가 개혁되기 시작했음을 알게 됐습니다. 수천 명이 인사와 축하의 말을 보내 왔으며 성공을 기원했습니다. …… 당신은 우리가 철저하게 적대적인 편집부원들과 함께 일하느라 얼마나 피곤한지 상상도 못할 겁니다."

사태는 다소간 레닌이 원하는 방향으로 조정됐다. 중앙위원회 러시아 사무국과 〈프라우다〉 편집부의 연석회의 결과, 다음과 같은 타협안에 도달했다. 즉, 현재의 편집부에서 세 명이 편집자로 남아 있기로 하고, 덧붙여 편집부는 아니지만 스베르들로프가 투표권과 신문의 모든 글에 대해 검열권을 갖기로 했다. 하지만 3주 뒤 스베르들로프가 체포되는 바람에 이 타협안은 오래가지 못했다.

새 편집부는 청산주의자들 쪽으로 기울었던 경향을 바로잡고 난 뒤, 처음에는 레닌과 그런 대로 사이좋게 작업했다. 그러나 5월 말이 되자, 또 다른 소동이 벌어졌다. 이번에는 〈프라우다〉가 다른 방향, 즉 소환파와 협력하는 쪽으로 나아갔기 때문이었다. 5월 26일 〈프라우다〉는 소환파 지도자인 보그다노프의 선언문을 발표했는데, 여기서 보그다노프는 두마 대표단에 대한 소환파의 태도를 분명히 밝히려 했다. 레닌은 〈프라우다〉 한 부를 받고서는, 격분해 편집부에 보내는 편지를 썼다.

보그다노프 씨가 당의 역사를 왜곡한 것에 대해 편집부가 보인 행동은 너무나 수치스런 것이어서, 사실대로 말하면 이런 일이 일어난 뒤에도 과연 기고자로 남아 있을 수 있는지 판단하기 어려운 지경입니다. ……

나는 동봉한 글이 모두 실리기를 강력히 요구합니다. 나는 항상 편집자가 동지다운 태도로 내 글을 바꾸는 것을 허용했습니다. 그러나 보그다노프 씨의 편지가 실린 이상, 나는 이 글에 대해 수정하거나 개작하는 등의 권리를 주지 않겠습니다. ……

즉시 답변해 주기를 힘주어 요구합니다. 나는 보그다노프 씨의 야비한 주장 앞에서는 글을 계속 기고할 수 없습니다.

편집부는 그 글이 너무 강경하다고 생각해서 레닌에게 되돌려 보냈다. 그러나 그는 보그다노프의 이름 뒤에 '씨gospodin'[경멸하는 뜻도 있다]라는 단어를 뺀다는 단 하나의 수정에만 동의했다. 편집부는 이 글을 발표하기를 거부했으며, 그 글은 [스탈린 치하에서] 1939년까지 발행이 금지됐다.[49] 레닌은 그때 카메네프에게 〈프라우다〉에 압력을 좀 넣으라고 요청하는 편지를 썼으며, 1914년 1월에는 카메네프를 러시아로 보내 편집부를 장악하도록 했다. 그러자 다시 한 번 좋은 관계가 회복됐다. 보그다노프 사건이 완전히 끝나지 않았는데도, 1914년 2월까지 레닌은 보그다노프에 대한 자신의 처리 방식을 둘러싸고 러시아 당내에서 불만을 토로하는 보고서를 계속 받았다.[50] 카메네프가 주도하던 편집부 체계에서 〈프라우다〉와 레닌은 1914년 7월 신문이 폐간될 때까지 좋은 관계를 유지했다. 전쟁이 일어나서, 전쟁에 대한 올바른 태도라는 핵심 문제를 두고 레닌과 카메네프의 견해 차이가 뚜렷해졌을 때 〈프라우다〉 발간이 중지됐기 때문에 또 다른 위기는 겪지 않았다.

화해주의는 두마의 볼셰비키 의원들에게도 영향을 미쳤다. 제4차 두마 의원 6명은 의원직 수행 때문에 1912년 12월부터 1913년 9월까지 약 1년 동안 레닌을 직접 만날 수 없었다. 선거 뒤에 그들이 한 첫 번째 일은, 멘셰비키 의원들과 협상해서 〈프라우다〉와 청산주의 신문 〈루츠〉 양쪽에 모두 기고하기로 합의한 것이었다. 〈프라우다〉에 발표한 특별결의안에서 통합파는 "사회민주당 통합이 절박한 요구"라고 인정하고, 〈프라우다〉와 〈루츠〉의 통합을 찬성하는 자신들의 견해를 표명한 뒤, 이런 방향을 향한 첫걸음으로 자기네 분파 사람들이 모두 양쪽 신문의 기고자가 되기를 권고했다. 12월 18일 〈루츠)는 의기양양하게 볼셰비키 의원 4명의 이름(두 명은 거절했다)을 기고자 명단에 발표했다. 멘셰비키 분파 7명의 이름도 〈프라우다〉 발행인란에 동시에 실렸다.[51]

나중에 12월 크라쿠프 회의에서 레닌은 볼셰비키 의원들이 〈루츠〉에 기고하기로 합의한 것을 철회해야 한다고 주장했고, 1월 말 두마가 재소집됐을 때 의원들은 적당한 성명서를 발표했다. 하지만 크라쿠프 회의는 볼셰비키 의원들이 [사회민주당 의원단 내에서] 멘셰비키 그룹과 동등한 권리를 요구해야 한다는 것도 결정했다. 멘셰비키 그룹이 볼셰비키 그룹보다 한 명 더 많은 탓에 의원단 내부 표결에서 유리했기 때문이다. 두마 의원들은 그들의 화해주의 경향을 끝장내려는 목표로 진행된 〈프라우다〉 개편을 꺼림칙하게 생각했다. 6개월 뒤인 1913년 6월 레닌은 그들에게 멘셰비키와 똑같은 권리를 요구하라고 거듭 재촉하면서, 이것이 거부되면 갈라서라고 제안하는 글을 썼다.[52] 의원들은 어떤 행동도 분명하게 취하지 않았고, 9월 포로닌 협의회에서 이 문제는 거의 똑같은 방식으로 다시 거론됐다.[53] 이 협의회는 두마 의원들을 포함해 중앙위원회와 당 간부들의 연석회의였다. 이 협의회 뒤에 의원들은 비로소 동등한 권리를 요구했다. 하지만 그들은 패배했고 사회민주당 의원단은 분열했다. 결국 이것으로 볼셰비키와 멘셰비키 사이의 우애 관계는 최종으로 끝장이 났다.

말리노프스키는 볼셰비키와 멘셰비키의 분리에서 중요한 구실 — 실제로는 이중의 구실 — 을 했다. 헌병대장 스피리도비치는 이렇게 썼다. "레닌과 경찰청의 지시를 수행한 말리노프스키는 1913년 10월에 …… '7명'과 '6명' 사이의 최종 분열을 달성했다."[54]

레닌이 볼셰비키 대표들에게 멘셰비키와 분리하라고 설득하기까지는 거의 1년이 걸렸다. 이 사실은 흔히 볼셰비키당을 레닌의 독재 아래 놓인 전체주의 조직으로 묘사하는 것과는 완전히 다른 모습을 보여 준다. 사실 레닌은, 자기 당원들을 납득시키려고 투쟁을 거듭하지 않으면 안 됐다. 그래서 아마 누군가는 레닌이 자신의 당을 식민지로 만들려고 했다는 말까지 할지도 모른다.

18 떠오르는 혁명 물결

경제 호황

1909년에 불황이 끝나고 경제 호황이 닥쳤다. 거의 모든 산업이 1907~1908년의 심각한 위기에서 회복됐다. 그 다음 몇 년 동안 생산은 계속 증가했다. 아래의 표는 주요 산업 부문의 생산량 증가를 보여 준다.[1]

산업	선철	철강	지붕용 철	철도	주석	석탄	석유	코크스	면소비
1910년	186	184	22.9	29.5	1.4	1522	588	168	22.1
1913년	283	246	25.3	35.9	2.0	2214	561	271	35.9

단위 : 100만 푸드(1푸드=16.38kg)

혁명운동도 되살아났다. 학생들이 가장 먼저 움직이기 시작했다.

학생 소요

1910년 가을의 학생 시위들은 초대 두마 의장을 지낸 자유주의자 무롬체프와 레오 톨스토이가 사망하자 벌어졌다. 이 시위들은 또한 트란스바이칼에 있는 제렌투이 감옥에서 정치수들이 학대받은 데 항의해 벌어진 것이기도 했다. 대학에서 집회가 열렸으며, 항의 결의문들이 통과됐고, 거리 시위를 조직하려는 시도가 있었다. 1911년 벽두에는 정부의 탄압 조처에 항의하는 학생들의 동맹휴업이 벌어져 러시아 전역으로 확산됐다. 레닌은 학생들의 각성을 열렬하게 환영했다. 이 운동이 노동자들의 대중행동과 무관하다는 이유로 운동의 중요성을 과소평가하려 한 사회민주당 학생 그룹이 보낸 편지를 레닌은 분명한 어조로 비판했다. 학생 그룹의 편지에는 이렇게 쓰여 있었다. "우리는 학생들의 행동이 일반적인 정치 행동과 조율돼야 하며, 어떤 경우에도 그것과 분리돼서는 안 된다고 생각합니다. 그런데 지금 학생들을 결속시킬 수 있는 요소들이 없습니다. 이런 점에서 우리는 대학생들의 행동에 반대합니다."² 레닌의 논평은 혹독했다.

그러한 주장은 철저히 잘못됐다. 여기서는 학생과 프롤레타리아 등의 서로 조율된 정치 행동을 위한 혁명적 구호가, 광범하고 다각적인 전투적 선동을 위한 살아 있는 지침이 아니라, 서로 다른 운동 형태의 서로 다른 단계에 기계적으로 적용되는 죽은 도그마가 되고 있다. 혁명의 교훈에 비추어 볼 때, '최후의 결단'을 반복하면서 정치적으로 조율된 행동을 천명하는 것만으로는 충분하지 않다. 모든 가능성, 모든 조건, 그리고 무엇보다도 선진 투사들과 제정 사이의 대중적 충돌 ─ 그것이 어떤 것이 됐든 ─ 을 이용해 정치 행동을 선동할 수 있어야 한다.

대학의 학생운동이 정치투쟁의 수준을 낮추거나 그 운동을 분열시키거나 그 운동에서 벗어날 가능성은 있다. 그리고 그럴 때 당연히 사회민주당 학생 그룹은 대학의 운동을 비판하는 선동을 집중해야 할 것이다. 그러나 현재의 객관적인 정치 조건이 그렇지 않다는 것은 누구라도 알 수 있다. 대학의 운동은, 다소 제한된 자치 수단에 익숙해져 있던 새로운 학생 '세대'의 운동이 시작됐음을 보여 준다. 그리고 다른 형태의 대중투쟁이 없는 지금, 즉 잠시 소강 상태가 지속돼 온 이때에 학생운동이 시작되고 있는 것이다.[3]

학생들은 반동기에 매우 끔찍하게 고통받은 노동자들보다 더 쉽게 움직이며 행동에 나섰다. 학생운동의 부활은 민중의 더 깊고 더 광범한 자각의 표현이었다.

노동자들이 깨어나다

1911년이 되자 노동자들은 차츰 공격에 나서기 시작했다. 1908년에 파업 참가자 수는 적었다(6만 명). 1910년에는 더 적었다(4만 6623명). 그러나 1911년에 파업 참가자 수는 10만 5110명으로 늘어났다. 1912년 1월에 볼셰비키 협의회는 다음과 같이 천명했다.

광범한 민주적 집단들, 특히 프롤레타리아 사이에서 정치적 회복이 시작됐음을 주목해야 한다. 1910~1911년 노동자들의 파업·시위와 프롤레타리아 집회의 시작, 도시의 부르주아 민주주의자들 사이에서 운동(학생들의 휴업)의 시작 등. 이 모든 것은 6월 3일 정권에 저항하는 대중의 혁명적 분위기가 고조되고 있음을 보여 준다.[4]

1912년 4월 4일 레나 금광의 끔찍한 학살은 운동을 크게 자극했다. 시베리아 철도에서 약 2000킬로미터나 떨어진 타이가 삼림[침엽수림] 지대에 있는 레나 금광에서 광부 6000여 명이 파업을 벌이고 있었다. 한 헌병 장교가 무장하지 않은 군중을 겨냥해 발포하라고 명령했고, 그 결과 500명이 죽거나 부상했다. 두마의 사회민주당 의원단은 발포를 명령한 정부를 비판했으나, 차르의 내무장관 마카로프는 "과거에도 그랬고 앞으로도 그럴 것이다" 하고 거만하게 답변했다.

레나 학살에 뒤이은 시위들에서 처음부터 민주공화정을 요구하는 구호가 등장했다는 것은 흥미로운 일이다. 이것은 차르에 대한 순진한 청원으로 시작된 1905년 혁명 초기보다 대중의 의식 수준이 훨씬 더 높아졌음을 반영한다. 1912년 4월에 러시아 노동자들은 7년 전 혁명의 절정기에 그들이 멈춰 버린 곳에서 출발한 것이다.

레나 금광의 유혈 참사 소식에 노동계급은 분노했다. 거리 시위, 집회, 그리고 항의 행동이 전국을 휩쓸었다. 30만 명이나 되는 노동자들이 항의 파업에 참가했다. 이 파업은 노동자 40만 명이 참여한 메이데이 파업과 결합됐고,[5] 또 다른 정치 파업들이 뒤를 이었다.

페테르부르크 주의 노동자 선거구에서 선출된 대의원들이 1912년 12월에 열릴 제4차 두마를 위한 선거인들을 뽑지 못하게 하려고 차르 정부는 대의원 21명이 당선 무효라고 선언했다. 노동자들은 페테르부르크의 수많은 공장에서 정치 파업을 벌여서 정부의 조처에 응수했다. 정치 파업에 참가한 노동자들이 10만 명이나 됐다.

11월 11일 리가의 노동자들은 세바스토폴의 군사 법정이 이오안 즐라토우스트 전함의 수병들에게 사형선고를 내린 데 항의하는 시위를 조직했다. 그것은 또한 알가친스키 감옥과 쿠토마르스키 감옥에서 정치수들이 고문을 당한 데 항의하는 것이기도 했다. 노동자 15만 명이 혁명가를 부르며 리가의 거리 구석구석을 행진했다. 그 다음날에는 리가의 수많은 대형 공장에서 정치 파업이 시작됐다. 11월 8일에는 모스크바에서도 수많은 공장의 노동자들이 세바스토폴에서 수병들이 처형된 것에 항의해 파업에 들어갔다.

1913년 11월에는 페테르부르크 오부호프 공장의 노동자 여섯 명이 '사회적 필수 공장'에서 파업을 금지하는 법률을 위반했다는 이유로 체포되자, 페테르부르크의 모든 공장에서 항의 집회가 열렸다. 기소된 노동자들과 연대하는 파업에 노동자 10만 명이 참여했다. 법원 앞에서는 노동자들의 조직할 권리를 요구하는 폭력 시위가 벌어졌다. 이런 행동들 때문에 압력을 받은 법정은 기소된 노동자들에게 가벼운 형량을 선고할 수밖에 없었다. 그럼에도 항소가 제기됐고, 항소가 받아들여진 1914년 5월 20일에는 그에 아랑곳하지 않고 10만 명 이상이 참가한 또 다른 항의 파업이 벌어졌다.[6] 두마가 소집된 11월 15일에는 약 18만 명이 다시 파업에 들어갔다.

레닌이 "혁명적 파업과 거리 시위의 발전"(《소치알 데모크라트》 1913년 1월 12일치)이라는 기사에서 다음과 같이 쓴 것은 옳았다.

우리는 혁명적 대중파업, 혁명적 봉기의 시작을 목격하고 있다. …… 사회 상황이 혁명적이지 않다면, 세계 어느 나라에서도 한 해 동안 노동자 수십만 명이 여러 번 분기할 수 없을 것이다. …… 오늘날 혁명적 고양은 제1차 혁명 전보다 비할 바 없이 더 높은 수준에서 시작되고 있다. 따라서 다가오는 제2차 혁명 때는 이미 벌써 드러나고 있는 프롤레타리아의 혁명적 에너지가 **훨씬** 더 거대하게 분출할 것이다. …… 1912년 러시아 노동자들의 혁명적 파업은 그 말의 가장 완전한 의미에서 국가적이었다.[7]

혁명적 정치 파업은 제1차세계대전이 터지기 전까지 계속됐다. 우리는 최고 수준의 혁명적 정치 파업 몇 건을 페테르부르크에서 찾아볼 수 있다. '피의 일요일' 기념일인 1913년 1월 9일 노동자 약 8만 명이 공구를 내려놓았다. 레나 학살 기념일인 1913년 4월 4일에는 8만 5000명이 참가한 하루 파업이 벌어졌다. 그 몇 주 뒤인 메이데이에는 25만 명이 파업에 들어갔다. 6월 1일부터 사흘 동안 6만 2000명이 노동계급 신문 탄압 ― 지속적인 신문 압수등 ― 에 항의하는 파업을 벌였다. 1914년 상반기 동안 파업에 참가한 노동자 수는 142만 5000명이었고, 그중 105만 9000명이 정치 파업에 참가했다. 이것은 184만 3000명이 정치 파업에 참가한 1905년 한 해 동안의 수치와 거의 맞먹었다. 운동은 혁명을 향해 나아가고 있었다. 그러나 전쟁이 터지자 상승 물결은 갑자기 중단됐다.

볼셰비키가 의회의 지위를 이용하다

1912~1914년에 볼셰비키는 차르의 두마를 최대한 이용했다. 소환파와 최후통첩파에 반대해 레닌은 두마에서 볼셰비키의 활동이 차르 기구 바깥의 혁명 활동에 통합되고 종속돼야 함을 분명히 했다. 볼셰비키는

> 이 영역에서 협동 작업을 구축해야 한다. …… 그래서 모든 사회민주당 의원들이 자신의 뒤에 당이 있다는 점, 당이 그의 오류를 깊이 걱정하고 그의 진로를 바르게 하려고 노력한다는 점을 실제로 느낄 수 있어야 한다. 다시 말해 당의 노동자들은 모두 당의 전반적인 두마 활동에 참가할 수 있어야 하며, 활동의 각 단계마다 행해지는 실천적 마르크스주의 비판에서 배울 수 있어야 하며, 그 활동을 도와주는 것이 자신의 임무라고 느껴야 하며, 두마 그룹의 특별한 활동이 당의 선전·선동 활동 전체에 부응하게 하도록 노력해야 한다.[8]

레닌은 계속해서 다음과 같이 말했다.

우리는 당과 두마 그룹이 더 밀접해지도록 두마 그룹 자체를 개선하려고 열

심히 그리고 지속적으로 활동해야 하며 활동할 것이다.

　당이 두마 그룹의 오류를 바로잡으려고 그 그룹과 벌이는 투쟁은 러시아의 우리에게 이제 시작일 뿐이다. 우리는 지금까지 당 협의회에서 두마 그룹에게 이러저러한 점들이 전술상의 오류였다고 명확히 설명하고 나서 바로잡아야 한다고 단호하고 분명하게 말한 적이 단 한 번도 없다. 우리는 당 전체를 대신해서 두마 그룹의 행위를 낱낱이 추적하고 지도할 수 있는 정기적으로 발간되는 중앙 기관지조차 아직 없다. 우리의 지역 조직들은 아직도 그러한 활동 — 두마의 사회민주당 의원들이 한 연설 주제들로 대중 속에서 선동하고 이러저러한 연설에서 나타난 모든 오류들을 설명하는 — 영역에서 해낸 것이 거의, 거의 없다.[9]

의회 만능주의와 싸우고 오로지 의회 밖을 향한 선전 연단으로만 두마를 이용해야 한다는 점을 분명히 하려고 레닌은 두마의 볼셰비키 의원들이 지켜야 할 행동 규칙을 매우 명확하게 정식화했다.

두마의 사회민주당 그룹이 발의하는 법안이 그 목적을 달성하려면 다음과 같은 조건이 필요하다.

　1. 법안은 우리 당의 최소강령이나 이 강령에서 필연적으로 도출되는 요구 같은 사회민주주의의 개별적 요구들을 가장 명확하고 가장 분명한 형태로 말해야 한다.

　2. 법안은 복잡한 법률적 세부 사항에 짓눌려서는 안 된다. 법안은 법률을 발의하는 주요 근거를 제시해야지, 온갖 세부 사항을 자세히 늘어놓아서는 안 된다.

　3. 법안은 사회 개혁과 민주 변혁의 다양한 영역들을 과도하게 분리해서는 안 된다. 협소한 법 행정의 관점이나 '순수한 의회주의' 관점에서는 그렇게

하는 것이 본질적인 것처럼 보일 수 있겠지만, 우리의 법안은 사회민주당의 선전과 선동 목표에 맞게 공장(그리고 일반으로는 사회) 개혁과 민주적 정치 변혁을 반드시 결합시킬 수 있다는 명확한 생각을 노동계급에게 불어넣어야 한다. 그러한 정치 변혁이 없으면, 스톨리핀 독재 정부가 추진하는 '개혁'은 모두 '주바토프주의적' 왜곡을 겪을 수밖에 없고 공문구일 수밖에 없다는 생각을 말이다. 물론 경제개혁과 정치개혁을 결합시켜야 한다는 것을 보여 주는 방식은 모든 법안에 일관된 민주주의 요구들을 통째로 포함하는 방식이 아니라 각각의 개별 개혁에 상응하는 민주주의적인, 특히 프롤레타리아 민주주의적인 제도들을 전면에 부각시키는 방식이어야 한다. 그리고 급진적 정치 변혁을 이루지 않으면 그러한 제도들을 현실화할 수 없음을 입법 취지에서 강조해야 한다.[10]

레닌은 의원단이 당을 통제하는 지위를 가져야 한다는 개혁주의자들의 생각을 반박했다. 그는 의원단 전체가 당에 종속돼야 하며, 공장과 거리의 대중 투쟁이 하는 구실을 보조해야 한다고 생각했다.

의원단은 ('군사적' 비유를 사용해도 좋다면) 참모부가 아니라 …… 어떤 때는 나팔수 부대, 어떤 때는 정찰 부대, 또 어떤 때는 다른 예비 '부대'의 한 조직이다.[11]
볼셰비키는 대중의 직접 투쟁이 …… 운동의 최고 형태라고 보며, 대중의 직접 행동이 없는 의회 활동은 운동의 최저 형태라고 본다.[12]
대중의 혁명 투쟁을 인정하면서도 의회에서 사회주의자들이 순전히 법률적이고 순전히 개혁주의적인 활동을 벌이는 것을 용인하기는 불가능하다. …… 의회에서 사회민주주의자들은 의회 연설뿐 아니라 의회 밖 노동자들의 불법 조직과 혁명 투쟁을 모든 방면에서 지원하기 위해서도 자신의 지위를 이용해야 한다는 점, 그리고 대중 스스로 자신의 지도자들이 벌이는 활동을

불법 조직을 통해 감독해야 한다는 점을 명확하고 공공연하게 말하는 것이 극히 중요하다.[13]

두마의 사회민주당 의원들에 대한 당의 통제는 매우 엄격했기 때문에, 경찰 프락치인 로만 말리노프스키가 볼셰비키 두마 의원단의 지도권을 장악했을 때조차도 당은 그의 두마 활동으로 경찰보다 훨씬 더 많은 이익을 얻을 수 있었다. 레닌은 많은 의회 연설문을 썼다. 말리노프스키는 자신이 읽을 연설문을 레닌한테서 전해 받으면 그것을 경찰국장에게 전달했다. 처음에 경찰국장은 원문을 바꾸려 했다. 그러나 의원들에 대한 당의 통제가 대단히 엄격했기 때문에 말리노프스키는 원문을 고쳐 읽지 못했다. 그가 몇 구절을 빠뜨리고 읽고 나서 두마의 소란 탓에 일어난 실수였다고 변명했을 때조차, 레닌이 쓴 원래의 연설문은 당의 일간지 〈프라우다〉를 통해서 전문이 인쇄됐다. 말리노프스키는 꽤 쓸모있는 볼셰비키 선동가라는 점을 스스로 입증했다!

숙련 금속공 출신으로 페테르부르크에서 선출된 볼셰비키 두마 의원이었던 바다예프는 볼셰비키 의원단의 활동이 〈프라우다〉 편집부의 활동, 그리고 공장에서 볼셰비키가 벌인 활동과 얼마나 밀접하게 연결됐는지를 증언했다.

〈프라우다〉와 [두마] 프랙션은 손을 맞잡고 일했다. 오로지 신문의 도움을 통해서만 프랙션은 당과 혁명운동의 과제를 수행할 수 있었다. 우리는 두마 연단에서 견해가 다양한 의원들을 무시한 채 대중에게 연설했다. 하지만 이것은 오로지 우리의 노동자 신문이 있었기에 가능했다. …… 볼셰비키의 노동자 신문이 없었다면, 우리의 연설이 타우리다 궁전의 벽을 넘어 알려지지는 않았을 것이다.

〈프라우다〉에게 도움받은 일이 이것만은 아니었다. 편집부 사무실에서 우리는 페테르부르크의 여러 공장과 작업장 대표들을 만났다. 그리고 그들과 여러 가지 문제를 논의하고, 그들한테서 정보를 얻었다. 간단히 말해서, 〈프라우다〉는 혁명적 노동자들이 결집할 수 있고, 두마 프랙션 활동을 지지하는 중심축이었다.[14]

볼셰비키 두마 의원들은 노동자 투쟁을 조력하는 일에 깊이 관여했다. 그래서 1913년 10월 말부터 1914년 6월 6일까지 그들은 감옥과 망명지에 있는 동지들을 후원하고 많은 공장의 파업자들을 돕고 노동계급 운동에 필요한 여러 가지 일에 쓰기 위해 1만 2819루블(이 가운데 1만 2063루블은 1295개의 노동자 그룹이 기부한 것이었다)의 기부금을 모았다.[15]

볼셰비키는 1912년 제4차 두마 선거를 잘 치른 덕분에 의원 6명이 당선했다(멘셰비키는 7명이 당선했다). 볼셰비키 의원들은 모두 노동자 선거구에서 당선한 반면, 대다수의 멘셰비키 의원들은 중간계급 선거구에서 배출됐다. 멘셰비키 의원들을 배출한 7개 주에는 산업 노동자가 통틀어 13만 6000명 있었던 반면, 볼셰비키 의원들을 배출한 6개 주에는 114만 4000명이 있었다. 다시 말해, 멘셰비키 의원들은 노동자 유권자의 11.8퍼센트를 대표했고, 볼셰비키 의원들은 88.2퍼센트를 대표했다.[16]

볼셰비키 의원들은 모두 직장에서 배출됐다. 4명은 금속 노동자 출신이었고, 2명은 직물 노동자 출신이었다. 말리노프스키 · 바다예프 · 페트로프스키 · 무라노프는 금속 노동자 출신이었고, 샤고프 · 사모일로프는 직물 노동자 출신이었다. 그들은 가장 커다란 산업 지역에서 당선됐다. 바다예프는 페테르부르크에서, 말리노프스키는 모스크바에서, 페트로프스키는 예카테리노슬라프에서, 무라노프는 하리코프에서, 샤고프는 코스트로마 주에서, 사모일로프는 블라디미르 주에서 당선했다.

떠오르는 볼셰비키의 깃발

차르 당국이 시행한 선거 절차 덕분에 대중이 오랫동안 활발한 선거 활동을 벌이기가 쉬워졌다. 선거법은 노동자들을 농민들과 분리하려고 노동자 선거구를 두도록, 즉 노동자 의원들을 따로 선출하도록 규정했다. 노동자 선거구에서 선거운동은 여러 단계에 걸쳐 진행됐다. 먼저 공장과 직장에서 대표자들을 선출하면 그 대표자들이 선거인단을 선출하고 마지막으로 선거인단이 의원을 선출하는 선거를 거쳤다.

후보든 후보를 선출하는 대표자든 선거에 참가하는 이유를 밝힐 때는 자신이 지지하는 혁명 강령을 숨기지 않았다. 그래서 예컨대 1912년 10월 선거에서 페테르부르크 선거인단은 다음과 같은 성명을 발표했다.

1905년의 운동이 제기한 러시아 민중의 요구들은 실현되지 않은 채로 남아 있다.

노동자들은 파업할 권리를 빼앗겼을 뿐더러(파업을 하면 기소되지 않으리라는 보장이 없다) 노조를 결성하고 집회를 조직할 권리도 없다(그렇게 하면 체포되지 않으리라는 보장도 없다). 노동자들은 심지어 두마 선거에 참여할 권리도 없다. 왜냐하면, 그랬다가는 "자격 박탈"을 당하거나 유형지로 가야 할 것이기 때문이다. 며칠 전에 푸틸로프 공장과 네프스키 조선소의 노동자들이 "자격 박탈"당한 것처럼 말이다.

여기에는 지주들과 지방 경찰국장들의 횡포에 시달리는 수많은 농민들이 굶주리고 있는 현실이 전혀 포함돼 있지 않다.

이 모든 것은 1905년의 요구들이 실현돼야 함을 보여 준다. 러시아의 경제 상황, 즉 산업 위기가 가까워지고 있고 광범한 농민층의 궁핍이 심해지고 있음을 드러내는 징표들을 볼 때, 1905년의 목표들을 실현해야 하는 과제가 그 어느 때보다도 시급하다.

따라서 우리는 러시아가 아마도 1905년보다 더욱 격렬한 대중운동의 전야에 있다고 생각한다. 이것은 레나 사건, "자격 박탈"에 대한 항의 파업 등이 증명한다.

1905년에 그랬듯이 러시아 사회에서 가장 선진 계급인 프롤레타리아는 다시 운동의 전위로서 행동할 것이다.

그들의 동맹자는 오랫동안 고통받고 있는 농민뿐이다. 농민은 러시아가 봉건제에서 해방되는 것과 긴요한 이해관계가 있다.

두 전선에서 벌이는 투쟁 - 봉건 질서에 대항하고, 낡은 권력과 연합하려는 자유주의 부르주아지에 대항하는 - 은 민중의 다음 행동이 취해야만 하는 형태다. 현재 두마의 연단은 광범한 프롤레타리아 대중을 계몽하고 조직하는 최상의 수단 가운데 하나다.

우리가 두마에 의원을 보내는 것은 바로 이러한 목적 때문이다. 우리의 두마 의원과 제4차 두마의 사회민주당 프랙션 전체는 두마 연단에서 우리의 요구들을 광범하게 알려야 하고, 국가 두마에서 신선놀음을 해서는 안 된다.

프롤레타리아의 최종 목표를 선언하고, 생략되지 않은 1905년의 온전한 요구들을 선언하고, 러시아 노동계급이 민중운동의 지도자임을 선언하고, '민중'의 자유를 배신한 자유주의 부르주아지를 규탄하는 사회민주당 프랙션 성원들의 목소리가 두마 연단에서 큰 소리로 울려 퍼지는 것을 보고 싶다.

제4차 두마의 사회민주당 프랙션은 위와 같은 구호들을 바탕으로 활동할 때 일치단결해 행동해야 하고 자체 대오를 긴밀하게 유지해야 한다.

사회민주당 프랙션이 광범한 대중과 끊임없이 연락을 주고받으면서 대중의 힘을 모으게 하자.

그들이 러시아 노동계급의 정치 조직과 어깨를 나란히 하고 행진하게 하자.[17]

선거와 대중행동

선거운동은 결코 지루한 일이 아니었다. 오히려 파업과 대중 시위가 [선거운동에서] 중요한 구실을 했다. 바다예프는 선거운동을 다음과 같이 묘사했다.

선거가 치러진 분위기와 공장과 작업장에서 뽑힌 대표들의 절반 정도에게 내려진 성급한 "자격 박탈"에 페테르부르크 노동자들은 분노했다. 정부는 이미 너무 멀리 나아갔다. 노동자들은 강력한 항의 운동으로 응수했다.

푸틸로프 공장이 맨 먼저 행동에 들어갔다. 선거일인 10월 5일 노동자들은 저녁 식사 후 작업대로 되돌아가지 않고 작업장에 모여서 파업을 선언했다. 공장 전체가 파업을 했다. 1만 4000명에 가까운 노동자들이었다. 새벽 3시에 노동자 수천 명이 공장을 나와서 혁명가를 부르며 나르프스키 문™을 향해 행진했다. 그러나 경찰이 그들을 해산했다. 운동은 네프스키 조선소로 확대됐는데, 이곳에서는 노동자 6500명이 집회와 정치 시위를 조직했다. 페일·맥스웰·알렉세예프 공장 등의 노동자들이 그들과 합류했다. 다음날에는 에릭손·레스너·하이슬러·불칸·두플롱·피닉스·체셔·레베데프 등의 공장도 파업에 들어갔다.

파업은 재빨리 페테르부르크 전역으로 확산됐다. 파업은 대표자 선거가 무효가 된 공장에만 한정되지 않았다. 다른 많은 공장도 파업에 동참했다. 집회와 시위가 조직됐다. 일부 공장들은 노동조합 탄압에 대한 항의와 선거 무효화에 대한 항의를 결합시켰다. 파업은 완전히 정치적인 파업이었다. 경제적 요구는 전혀 제기되지 않았다. 열흘 동안 7만 명 이상이 이 운동에 참여했다.

파업 운동은 계속 성장했다. 결국 정부는 노동자들의 투표권을 박탈할 수 없음을 인정해야 했고, 운동의 영향을 받은 공장들에서 다시 1차 선거를 실시한다고 발표할 수밖에 없었다. 대표자 선거를 하지 않은 많은 공장들이 새 명단에 포함됐다. 그 결과 선거인단 선거도 무효화해야 했으며, 대표자들이 추가로 선출된 후에 새로운 선거인단 선거가 치러졌다. 이것은 노동계급, 특히 혁명적 계급의식을 보여 준 페테르부르크 프롤레타리아의 위대한 승리였다.

스무 곳 넘는 작업장에서 추가로 대표자를 뽑는 선거가 일요일인 10월 14일로 정해졌다. 〈프라우다〉와 우리 당 조직은 첫 번째 선거 때 한 것과 같은 강력한 홍보 활동을 펼쳤다. 선거가 진행되는 동안 노동자들의 선거권을 박탈한 것에 항의하는 운동은 계속됐고, 공장들에서 열린 집회는 혁명적 정서의 성장과 선거운동에 대한 높은 관심을 보여 주었다.

볼셰비키 의원들의 연설과 법안 발의는 계속 대중행동을 불러일으켰다. 사실 이런 대중행동이 그들의 연설과 대정부 질문의 주된 목적이었다.

우리가 대정부 질문을 하는 목적은 현 체제의 진정한 성격을 드러내고 폭로하는 것이었다.

반동적인 두마 내에서 사회민주당 프랙션이 조직한 시위는 같은 날 하루 파업을 선언한 페테르부르크 노동자들의 행동으로 지지받고 강화됐다. 우리가 두마 연단에서 정부가 최근에 억압한 사례들을 말하는 동안 공장과 작업장에서 빠져나온 노동자들은 급히 집회를 열고 항의 결의를 했다. ……

파업은 12월 14일에도 끝나지 않았다. 그 다음날 아침 다른 공장과 작업장의 노동자들도 결합했으며, 이미 공장에서 나온 노동자들도 돌아가지 않았다. 여러 공장이 잇따라 파업에 들어갔으며 모든 공장에서 파업 운동은 일주일 이상 지속됐다. 참여한 노동자의 숫자를 정확히 계산하기는 어렵지만, 틀림없이 6만 명 이상이었다. 그것은 페테르부르크의 가장 큰 공장들에 고용된 노동자의 숫자였다. 그 밖에 인쇄소, 정비공장 등 많은 소규모 작업장의 노동자들도 참여했다. 페테르부르크 프롤레타리아의 거대한 항의 파업은 대중과 두마 의원들의 완전한 연대를 보여 주었다. 사회민주당 프랙션, 즉 노동자 의원들은 투쟁의 한가운데 있었다. 우리는 파업 참가자들과 끊임없이 의사소통을 했으며, 그들의 요구를 정식화하는 데 도움을 주었고, 모아진 기부금을 전달했으며, 정부 당국과 협상하는 등의 일을 했다.[18]

노동자들의 물질적 조건을 개선하려는 투쟁, 노동자 신문 탄압에 반대하는 투쟁, 차르의 전쟁 준비에 반대하는 투쟁 등 서로 결합된 이러한 쟁점들은 볼셰비키 두마 의원들의 선전·조직 활동의 중심이었다.

1914년 3월 페테르부르크에서는 노동자 운동을 대단히 강력하게 분출시킨 사건들이 여럿 발생했다. 3월 초에 페테르부르크에서는 많은 정치 파업이 벌어졌다. 노동자 신문 탄압, 우리 프랙션의 대정부 질문에 대한 두마의 체계적인 방해, 노동조합과 교육기관을 탄압하고 금지하는 조처 등에 반대해 노동자들이 하루 파업으로 항의했다. 운동이 도시 전체로 확산됐으며, 많은 노동자가 참여했다. 또한 노동자들은 두마의 의장인 로지안코가 군비를 늘리려고 비밀 협의회를 소집한 것에도 항의했다. …… 우리가 민중의 돈을 뻔뻔스럽게 군비에 지출하는 것에 항의하자 노동자 3만 명이 파업으로 우리를 지지해 주었다.

　운동은 3월 내내 계속 성장했고, 레나 노동자들에 대한 발포일이 되자 새로운 활력을 얻었다. …… 우리는 임박한 기념일을 고려해 새로운 대정부 질문을 하기로 결정했다. ……

　당의 모든 기구는 레나 학살 2주년 시위를 준비했으며, 모든 공장과 작업장에서 선전을 수행했다. 페테르부르크 위원회는 노동자들에게 대정부 질문을 지지하는 거리 시위 참여를 호소하는 성명서를 발표했고, 많은 공장의 노동자들은 하나의 대열을 이루어 국가 두마까지 행진하기로 결정했다.

시위는 3월 13일로 결정됐고, 비보르크 지구에서 파업이 시작됐다. 노비 아이바스 공장에서는 야간 교대조가 새벽 3시에 공장을 떠났고, 그날 아침 다른 노동자들도 그들과 합류했다. 파업은 급속하게 시 전체로 확산됐다. 남성 노동자들이 6만 명이 넘게 그 운동에 참여했는데, 그 가운데 금속 노동자가 4만 명이었다.[19]

또한 볼셰비키의 두마 프랙션은 불법 활동을 배제하지 않고 오히려 당의 모든 활동을 자연스럽게 조정하는 중심 구실을 했다.

노동자들은 특히 월급날에 파업기금을 내려고 나를 찾아와서 온갖 문제를 질문했다. 기부금을 내려 오는 노동자들도 많은 질문을 했다. 나는 '불법' 상황에 처한 사람들을 위해 여권과 비밀 은신처를 마련하고, 파업 기간에 희생당한 사람들의 일자리를 찾는 데 도움을 주고, 체포된 사람들을 대신해 장관들에게 청원을 하고, 망명자들의 후원을 조직하는 일 등을 조정해야 했다. 파업의 깃발이 휘날릴 기미가 있는 곳에서는 파업 참가자들에게 원기를 불어 넣고 필요한 도움을 주며 전단을 인쇄해 보내는 등의 조처를 취해야 했다. 더욱이 나는 항상 개인적인 문제들도 상담했다.[20]

결국 바다예프는 다음과 같이 말할 수 있었다. "공장이나 작업장, 더 내려가 가장 작은 단위까지 내가 이렇게 저렇게 연관 맺지 않은 곳은 단 한 곳도 없었다."[21]

볼셰비키가 노동조합에 뿌리내리다

제정 러시아에서 노동조합 운동은 정말이지 매우 미약했다. 노동조합의 맹아는 다양한 상호부조 모임과 함께 '노동위원회'나 '파업위원회' 형태로 1890년대에 등장했다. 1895~1897년의 파업 이후로는 파업위원회(흔히 파업기금으로 불렸다)가 노동자 조직의 주된 형태였다. 파업위원회는 가끔씩 벌어진 파업을 조직하고 파업 노동자들을 도왔을 뿐더러 산업 내에서 상시적인 조직 건설을 목표로 삼았다. 특정 지역이나 산업에서 기존의 노동자 조직들을 모두 결속하는 중심체를 만들려는 시도가 여러 번 있었지만 1905년 혁명기가 돼서야 목적을 달성했다.*

1905년 혁명기에조차 러시아 전체의 산업 노동자 가운데 매우 작은 비율 — 약 7퍼센트, 즉 24만 5555명 — 만이 노동조합에 속해 있었다.[23] 존재하는 노동조합도 그 규모가 매우 작았다. 전체 노동조합이 약 600개인데, 그 중 349개는 조합원이 100명 미만이었다. 108개는 조합원이 100~300명이었다. 조합원 수가 2000명 이상 되는 노동조합은 22개에 지나지 않았다.[24] 반동기인 1908~1909년에 노동조합은 거의 존재하지 않았다. 그 다음 시기에도 노동조합은 소규모로 형성됐다. 전국적인 노동조합은 결코 존재하지 않았다. 당시 존재했던 몇몇 지역 노조들의 조합원 수는 전국을 통틀어도 2만에서 3만을 넘지 않았다.[25]

노동조합 활동의 기회가 아무리 제한적일지라도 볼셰비키는 노동조합을 활용하는 데 최선을 다했다. 볼셰비키는 특히 페테르부르크의 노동조합에서 그들의 정치적 경쟁자인 멘셰비키와 사회혁명당보다 더 많은 영향력을 행사했다. 1913년 4월 21일 페테르부르크 금속노동조합의 집행위원 선거가 있었다. 선출된 14명 가운데 10명이 〈프라우다〉가 실은 명단에 있는 사람들, 즉

---

* 파업위원회를 넘어 상시적인 조직을 건설하려는 노력은 러시아령 폴란드와 라트비아에서 훨씬 더 발전했다. 1900년에는 유대인 노동인구의 약 20~40퍼센트가 노동조합으로 조직됐다. 1897년에 세워진 분트는 파업위원회들의 큰 지지를 받았으며 파업위원회 활동에 토대를 두었다.[22]

볼셰비키 지지자들이었다. 1913년 8월 22일에 같은 노조의 집행위원 재선거가 있었다. 선거가 치러진 집회에 금속 노동자 약 3000명이 참석했다. 볼셰비키가 추천한 명단이 압도 다수의 지지로 채택됐고, 약 150명만이 멘셰비키가 후원한 명단에 지지표를 던졌다.

1914년 6월 레닌은 페테르부르크의 노동조합 18개 가운데 볼셰비키가 14개, 멘셰비키가 3개를 장악했으며, 나머지 하나에서는 두 당이 비슷한 지지를 받고 있다고 썼다. 모스크바의 노동조합 13개 가운데 10개는 프라우다파였고, 나머지 3개는 불명확했지만 프라우다파에 가까웠다. 모스크바에서는 청산주의자들이나 나로드니키를 지지한 노동조합은 단 하나도 없었다.[26]

사회보험

비록 그 활동 범위는 제한적이었지만 당시 노동운동에서 독보적인 구실을 한 합법 단체가 의료보험 조직이었다. 이 조직은 볼셰비즘을 지지하는 노동자 네트워크를 건설하는 데서 노동조합보다 사실상 더 중요한 구실을 했다.

차르 당국이 사회보험 제도를 도입할 때 노렸던 목적은 실제 결과와 매우 달랐다. 당국이 사회보험 분야의 노동 입법을 통해 노동자들의 몫을 늘려 주기로 결정한 것은 노동자 대중 속에서 혁명가들의 영향력을 차단하기 위해서였다. 경찰청의 부청장이었던 벨레츠키는 다음과 같이 썼다. "노동자들이 재정적으로 더 잘 보호받을수록 노동 대중은 혁명가들의 선전에 영향을 덜 받을 것이다."[27] 내무장관 마클라코프는 비밀 회보에서 그 취지를 다음과 같이 주장했다.

우리에게 노동 입법은 역사적 전례가 없는 매우 새로운 현상이다. 노동계급을 이용해 이익을 채우려는 혁명정당들이 노동계급에 매우 크게 영향을 미치고 있다. 그러나 노동계급은 이전의 경험을 통해 파업의 주된 부담이 자신들의 어깨에 부과된다는 점을 깨닫고 있으며, 혁명적 구호를 더는 믿지 않는다. 따라서 바로 지금이 보험 법령을 제정해서, 노동 대중을 혁명적 활동에서 멀어지게 할 기회다. ······ 그러나 다른 한편으로 보험법은 피보험자들이 거액의 돈을 쓸 수 있게 해 줄 것이다. 따라서 혁명정당의 영향력을 마비시킬 수 있도록 실제 작업들을 처음부터 잘 조직하는 것이 대단히 중요하다.[28]

1912년 6월 23일 두마는 사고가 나거나 병에 걸린 노동자에게 보험금을 지급하도록 규정한 두 개의 보험법을 통과시켰다. 이 법은 1903년에 제정된 법률과 비교하면 일보 전진이었지만, 여전히 매우 불만족스러웠다. 소수의 노동자들에게만 적용된다는 점이 주요 결점이었다. 20인 이하의 국내 산업이나 기업에 고용된 모든 노동자, 농업과 건설업에 고용된 모든 노동자, 시베리아와 투르케스탄의 모든 노동자, 병자, 노인과 실업자는 혜택에서 제외됐다. 사실상 전체 산업 노동자 가운데 약 20퍼센트만이 그 법률의 적용 대상이었다. 노동자들은 보험금 업무를 관리하는 직접 책임이 있는 지위를 차지할 수 없었고, 그 대신에 후보를 지명할 권한만 있었다.

볼셰비키는 노동자들이 그 법에서 최대한 혜택을 볼 수 있도록 법률 조항을 정확히 설명하는 것을 자신들의 임무로 삼았다. 또한 볼셰비키는 그 법의 적용 범위를 확대하고 보험 기구 안에서 노동자 대표를 늘리려고 활동했다. 1912년 페테르부르크의 공장들에서 병자들에게 주는 보조금의 할당을 관장하는 의료기금이 설립되기 시작했다. 이 조직은 200인 이상의 공장 단위에서만 설립됐다. 소규모 공장들이 몇 개씩 모여 하나의 의료기금을 설립했다. 각각의 기금은 관례적으로 700명에서 1000명 사이의 노동자들에게 혜택을 제공했다. 이 기금은 노동자들이 내는 분담금(임금의 1~3퍼센트)과 노동자 전체 분담금의 3분의 2에 해당하는 사용자들의 보조금으로 운영됐다. 일부는 노동자들이 선출하고 일부는 사용자가 지명하는 관리위원회가 이 기금을 운영했다. 다섯 명은 선출됐고, 네 명은 임명됐다. 따라서 해고당하는 즉시 기금의 조합원 자격도 없어진다는 점을 이용해 사용자가 해고 위협으로 선출된 관리위원들을 압박했는데도, 노동자들은 상당한 자치권을 누렸다. 볼셰비키 일간지 〈프라우다〉는 기금 관리를 제한하는 조처들을 비판하고 폭로하는 데 전념했고, 노동자들의 완전한 통제권, 노동자들의 재정 분담금 폐지, 전체 비용의 사용자 부담을 요구했다.

1912년 12월 사회민주당의 두마 의원들은 기금 관리를 비판하기 시작했다. 페테르부르크 볼셰비키 위원회는 운동을 확대하려고 전단을 발행해 두마 의원들을 지지하는 하루 파업을 호소했다. 이것이 앞서 말한 파업 운동인데, 노동자들 약 6만 명이 참가한 이 운동은 12월 14일 시작돼 일주일 동안 계속됐다.

볼셰비키 선동의 또 다른 영역은 기금에 적극 참여해서 보험 문제라는 협소한 한계를 훨씬 뛰어넘는 선전을 수행하는 것이었다. 1912년 11월 3일치 〈프라우다〉는 다음과 같이 선언했다. "공장 보험기금은 결국에는 노동자 세포가 될 것이다. 수많은 노동자가 그 성원이 될 것이다. 이 조직은 러시아 전역의 네트워크로 확대될 것이다."²⁹

〈프라우다〉는 기금 관련 기사를 잇따라 싣고 나서 "노동자 보험 : 문제점과 대안"이라는 제목 아래 사회보험 문제를 정기적으로 다뤘다. 볼셰비키는 노동자들에게 보험과 관련한 문제들을 토론하는 집회를 조직하고 공장 내부의 상황을 두마 의원들에게 모두 알려 달라고 촉구했다. 보험 캠페인에 대한 관심이 확산되자 볼셰비키의 요구는 더욱 분명해졌다. 주요 도시에 기금을 설립하고, 노동자가 전적으로 기금을 관리하게 하고, 의료 보조금을 기금으로 통합하라는 것이 볼셰비키의 요구였다.

1912년 1월에 열린 볼셰비키 협의회에서 레닌은 정부 법안에 대한 결의안을 제안했는데, 이 결의안은 볼셰비키당이 원하는 보험법이 어떠한 것인지를 명확히 밝혔다.

(a) 이 법령은 정상 생활이 불가능해진 **모든 경우**(사고, 병, 고령, 영구적 불구의 경우, 임신 중이거나 출산한 여성 노동자에 대한 생계 보조, 가장이 사망한 가족의 과부나 고아를 위한 혜택)에 처한 노동자들에게, 그리고 실업으로 소득이 없어진 노동자에게 혜택을 제공해야 한다. (b) 보험은 **모든 임금노동자**와 그 가족에게 혜택을 주어야 한다. (c) 모든 피보험자는 소득 **전체와 맞먹는** 보상을 받아야 하며, 보험 비용은 **모두 사용자와 국가가** 부담해야 한다. (d) 모든 형태의 보험은 **지역적 구분만 있는 단일 보험 조직**으로 유지돼야 하며, 피보험자들 자신이 **전적으로 관리한다**는 원칙에 입각해야 한다.[30]

레닌은 보험법을 위해 투쟁해야 하지만 궁극 목적은 혁명의 승리라는 점을 잊지 말아야 한다고 주장했다.

당 협의회는 반혁명이 지배하는 현 시기에 법적으로 허용되는 것만 선동하는 식으로 사회민주주의 선동을 줄이거나 완전히 왜곡하려는 모든 시도에 맞서야 한다고 노동자들에게 가장 엄숙하게 경고한다. 다른 한편, 새로운 혁명이 없이는 노동자들의 처지를 실질적으로 개선할 수 없다는 사실을 프롤레타리아 대중에게 설명하는 것이 이러한 선동의 주된 핵심이어야 한다고 강조했다.[31]

또한 레닌은 볼셰비키가 사회보험 문제로 공공연히 운동을 벌일 수 있는 기회를 모두 이용해야 한다고 주장했다.

계급의식적인 프롤레타리아가 항의했는데도 두마의 법안이 법률로 제정된다면, 당 협의회는 새 법률이 규정하는 조직들(노동자 질병기금협회 따위)에서 사회민주당의 사상을 정력적으로 선전하고, 프롤레타리아에게 새로운 사슬과 멍에를 덧씌우는 수단으로 고안된 새 법률을 프롤레타리아의 계급의식을 발전시키고 조직을 강화하며 완전한 정치적 자유와 사회주의를 위한 투쟁을 심화하는 수단으로 바꾸기 위해서 이러한 조직들을 이용하라고 동지들에게 요구할 것이다.[32]

보험 캠페인을 지지하려고 볼셰비키는 1913년 10월 〈보프로시 스트라호바니야(보험의 문제들)〉라는 주간 신문을 발행했다. 이 신문의 발행 부수는 약 1만 5000부에 달했다. 레닌이 이 신문에 꽤 자주 기고했다. 내무장관 마클라코프는 차르 체제를 안정시키는 데 사회보험을 이용할 수 없었다. 레닌은 사회보험을 수많은 노동자들을 동원해서 정권에 대항하는 수단으로 능숙하게 바꾸어 버렸다. 볼셰비키 지지자 네트워크가 기금을 중심으로 형성됐다.

1914년 3월 전 러시아 보험위원회와 대도시 보험위원회에 속한 각각의 노동자 질병보험협회 대표자를 뽑는 선거가 페테르부르크에서 실시됐다. 전자의 기구에서 노동자들은 위원 5명과 부위원 10명을 선출했으며, 후자의 기구에서는 위원 2명과 부위원 4명을 뽑았다. 두 경우에 모두 볼셰비키가 내세운 후보들이 선출됐다. 후자의 기구 선거에서 의장이 발표한 득표수는 다음과 같았다. 〈프라우다〉 지지자들(볼셰비키) 37표, 멘셰비키 7표, 나로드니키 4표, 기권 5표.[33]

아무리 작은 문제라도 많은 노동자들을 일깨우고 그들을 독립적인 계급으로 단결시킬 수 있다면, 그 가치를 즉각 파악할 줄 아는 레닌의 재능은 기금과 관련한 볼셰비키의 활동에서 매우 명확하게 드러났다. 이 점은 제1

차세계대전이 일어나자 더욱 명확해졌다. 볼셰비키 두마 그룹이 시베리아로 추방당하고 당의 합법 일간지도 폐간되자 보험 조직은 볼셰비키의 유일한 합법 공간이 됐다. 이 이야기는 지금 다루는 주제에서 벗어나지만, 레닌이 이러한 측면에서 발휘한 기예의 중요성을 살펴볼 필요가 있다.

〈보프로시 스트라호바니야〉 창간호는 볼셰비키 정책의 중심 주제를 다음과 같이 설명했다. "질병 기금 설립으로 합법적이고 필수적인 활동 영역이 열렸다."[34] 전쟁이 일어나자 이 신문은 사실상 전쟁을 공공연히 반대하는 성명서를 실었다.

> 높은 생활비용은 모든 사람에게 잘 알려져 있다. 우리 모두 그 사실을 알고 있으며, 우리 모두 그 사실을 들었다. 그러나 우리는 노동자들의 임금이 올랐다는 말은 전혀 듣지 못했으며, 높은 가격 부담을 줄일 수 있는 노동조건 개선에 관해서도 전혀 듣지 못했다.[35]

1916년 5월 이 신문은 레닌이 쓴 "독일과 비독일 쇼비니즘"이라는 제목의 기사를 실었다. 이 기사는 독일 쇼비니즘을 공공연하고 대단히 날카롭게 비판하고 나서 프로이센과 러시아 쇼비니즘 사이에는 어떤 질적 차이도 없다는 말로 끝맺고 있다. "어떤 민족의 소인이 찍혀 있을지라도 쇼비니즘은 쇼비니즘이다."[36]

1915년 중반 전시산업위원회를 구성하는 선거운동 기간에 〈보프로시 스트라호바니야〉는 볼셰비키의 매우 유용한 무기였다. 전시산업위원회는 노동자들에게 생산을 독려할 목적으로 구성됐다. 전쟁을 반대하는 볼셰비키는 전시산업위원회 선거 보이콧을 호소한 반면에 멘셰비키는 참여를 지지했다. 〈보프로시 스트라호바니야〉는 사실상 전시산업위원회를 공개적으로 규탄하는 글을 발표했다.

정치적·시민적 자유의 환경 속에서만, 제정의 위험이 사라졌을 때만, 전 러시아 프롤레타리아의 자유로운 연합이 존재하게 될 때만, 오직 그때에만 노동계급은 국가를 방어하는 문제에 관해 신뢰할 만한 의견을 내놓을 수 있다.[37]

전쟁 동안에 기금을 중심으로 전개된 대규모 운동은 레닌의 가장 원대한 꿈조차 능가할 정도였다. 1916년 2월 노동자 200만 명이 이 기금의 성원이었다.[38] 그리고 이 노동자들에 대한 볼셰비키의 영향력은 거대했다. 1916년 1월의 보험위원회 선거에서 대표자 70명 가운데 39명이 〈보프로시 스트라호바니야〉가 추천하는 명단에 지지표를 던졌다. 즉, 볼셰비키를 지지했다.[39]

오흐라나는 이러한 상황을 잘 알고 있었다. 1916년 9월 오흐라나의 한 정보원이 쓴 보고서는 이렇게 밝히고 있다. "고참 당원들이 질병기금의 관리위원 — 노동자 위원들이 선출한 — 을 구성하기 시작했고, 그 결과 기금은 명확한 정치적 색깔을 띠게 됐다."[40] 이 기구가 하게 될 구실에 관한 한, 마클라코프가 아니라 레닌이 명백히 옳았던 것이다!

볼셰비키가 사회보험을 다룬 방식은, 미래의 인류 해방을 열망하면서도 가장 작은 투쟁에 참여하려는 시도를 끊임없이 해야 하는 모든 혁명가들에게 본보기를 보여 준다. 볼셰비키는 다음과 같은 사실을 알고 있었다.

프롤레타리아의 모든 운동은 그 시작이 아무리 작고 평범할지라도, 또 그 기회가 아무리 사소할지라도, 불가피하게 당장의 목표를 뛰어넘어 구체제 전체와 양립할 수 없게 되며 그것을 파괴하는 힘으로 발전할 가능성이 있다.
　　프롤레타리아의 운동은 자본주의에서 프롤레타리아 계급이 처한 위치라는 본질적 특수성 때문에 필사적이고 **전면적인 투쟁**으로, 착취와 억압을 자행하는 모든 어둠의 세력들에 맞서 완전한 승리를 쟁취하기 위한 투쟁으로 발전하는 뚜렷한 경향이 있다.[41]

19 | 〈프라우다〉

합법 신문

볼셰비키는 모든 합법 기회를 이용해 출판물을 냈다. 앞서 얘기했듯이, 1912년 1월 당협의회는 합법 일간지 〈프라우다〉를 발행하기로 결정했다. 이것은 1910년 12월 16일부터 페테르부르크에서 합법으로 발행되던 주간지 〈즈베즈다〉를 대체한 것이었다. 1911년 1월에 〈즈베즈다〉는 매주 2회 발행되기 시작했고, 3월부터는 매주 3회 발행됐다. 그때마다 당국은 〈즈베즈다〉 발간을 거듭 금지했다. 당국은 63호까지 발간된 〈즈베즈다〉 가운데 30개 호를 압수했고 8개 호에 벌금을 물렸다. 〈즈베즈다〉는 노동자 단체들한테서 기부금을 대대적으로 모아서 〈프라우다〉가 나올 수 있는 기반을 마련했다. 그래서 1912년 4월 22일 〈프라우다〉 제1호가 나왔다.

또한 〈프라우다〉는 빈번하게 탄압을 받았으므로 8번이나 이름을 바꿔야 했다. 그래서 신문 이름이 〈라보차야 프라우다(노동자의 진실)〉, 〈세베르나야 프라우다(북쪽의 진실)〉, 〈프라우다 트루다(노동의 진실)〉, 〈자 프라우다(진실을 위해)〉, 〈프롤레타르스카야 프라우다(프롤레타리아의 진실)〉, 〈푸트 프라우

디〈진실의 길〉〉, 〈라보치(노동자)〉, 〈트루도바야 프라우다(노동자의 진실)〉로
계속 바뀌었다.

〈프라우다〉 신문사 건물은 거듭 공격당했고, 신문들은 압수당했고, 벌금
을 물었고, 편집자들은 체포됐고, 〈프라우다〉를 계속 파는 신문팔이 소년들
은 괴롭힘을 당했다. 그러나 〈프라우다〉는 계속 발행됐다. 1912년 4월 22일
부터 1914년 7월 8일까지 〈프라우다〉는 645호가 발행됐다. 이것은 〈프라우
다〉 편집진이 이런저런 기지와 재치로 탄압을 피했고, 독자들이 재정을 지원
했고, 신문법에 허점이 있었고, 경찰이 비효율적이었기 때문에 가능했다.[1]

〈프라우다〉는 이솝우화식의 에두르는 말을 썼기 때문에 신문이 자동 압
수당하는 위험을 겪지 않으면서도 현실 문제를 다룰 수 있었다. 러시아 사회
민주노동당을 언급하는 것이 금지됐기 때문에 〈프라우다〉는 러시아 사회민
주노동당을 언급할 때는 '지하운동', '전체', '고참들'이라는 말을 썼다. 민주공
화정, 지주 재산 몰수, 8시간 노동이라는 볼셰비키 3대 강령은 '축소되지 않
은 1905년의 요구' 또는 '세 개의 축'으로 언급했다. 볼셰비크 개인은 '일관된
민주주의자' 또는 '일관된 마르크스주의자'로 언급했다. 선진 노동자들은 〈프
라우다〉를 읽고 이해하는 방법을 터득하고 있었다.

신문법에 따르면 모든 신문은 매호마다 처음 세 부를 검열관한테 보내야
했다. 〈프라우다〉 편집자들은 검열관이 좋아하든 싫어하든 신문을 배포하기
로 마음먹었다. 그래서 그들은 신문 세 부가 검열관한테 배달되는 시간과,
뻔질나게 들이닥치는 경찰이 도착하는 시간 사이의 여유 시간을 최대한 많이
벌려고 노력했고 그래서 검열 문제를 재치 있게 해결했다. 신문법에는 신문
을 검열관한테 제출해야 한다는 조항은 있었어도 신문을 검열관한테 언제까
지 제출해야 한다는 조항은 없었던 것이다. 날마다 신문을 검열관한테 갖다
주는 일은 70살 먹은 인쇄 노동자가 맡았다. 그는 나이도 많았고 걸음걸이까
지 느렸으므로 검열관 사무실까지 가는 데는 대충 두 시간이 걸렸다. 검열관

한테 신문을 갖다 준 뒤에 그 노인은 검열관 사무실에 남아 있었다. 겉으로는 잠시 쉬려고 남아 있는 척했으나 실제로는 〈프라우다〉 외에도 다른 신문을 살펴보는 검열관을 자세히 지켜보기 위해서였다. 검열관이 〈프라우다〉를 읽고 나서 다른 신문을 읽으면 노인은 느릿느릿한 걸음걸이로 인쇄소로 돌아갔다. 그러나 검열관이 〈프라우다〉 인쇄소를 관할하는 제3지구 경찰서에 전화를 걸면 노인은 얼른 검열관 사무실을 빠져나와 마차를 잡아타고는 급히 인쇄소로 돌아왔다. 인쇄소 근처에는 언제나 노인이 돌아오는 모습을 지켜보려고 망을 보는 사람들이 배치돼 있었는데, 노인이 골목 모퉁이를 헐레벌떡 도는 모습이 눈에 띄면 그들은 무슨 일이 일어났는지 즉시 알아차렸다. 그러면 경보가 울렸고 모든 사람은 일손을 바쁘게 움직였다. 사람들은 신문을 얼른 다른 곳에 감추고 배포 부서는 모두 퇴근하고, 기계는 작동을 멈췄다. 경찰이 들이닥칠 때면, 이미 대부분의 신문이 없어진 뒤였고, 남은 것이라고 해야 '조서'를 꾸미는 데 필요한 몇 부가 전부였다.[2]

명목상의 편집자들이 임명됐는데, 그들은 실질적인 편집자들이 자유롭게 활동하는 것을 보장하기 위해 감옥에 갔다. 이런 '편집자'들이 40명가량 있었는데, 그들은 대체로 글을 읽지 못했다. 〈프라우다〉 발행 첫 해에 그들은 47개월 보름가량 징역을 살았다. 645호까지 발행된 〈프라우다〉 가운데 155개 호가 경찰에게 형식적으로 압수당했고 36개 호가 벌금을 물었다.

매호마다 절반은 거리에서 신문팔이 소년들을 통해서 팔렸고 나머지 절반은 공장에서 팔렸다. 페테르부르크의 대공장들에서는 부서마다 〈프라우다〉 판매 책임자가 한 명씩 있었는데, 그는 신문을 팔고 기금을 모으고 편집자들과 접촉했다. 페테르부르크 이외의 다른 곳에서는 신문 배포가 아주 어려웠다. 사실 우편으로 6000부가 구독됐지만, 신문을 배달하는 일은 생각만큼 그리 쉽지 않았다. 신문을 보호하려고 신문을 옥양목으로 싸야 했고 경찰의 추적을 따돌리기 위해서 서로 다른 우체국 6개를 날마다 바꾸어 이용해 신문을 보내야 했다. 게다가 〈프라우다〉를 여러 뭉치로 묶어서 수많은 복잡한 경로로 지방에 배달해야 했다. 그래서 철도에서 일하는 당원들이나 지지자들이 기차를 타고 가다가 특별히 지정된 장소에 〈프라우다〉 뭉치를 던지면 다른 동지들이 기다렸다가 받아갔다. 어떤 곳에서는 신문을 직접 우체국으로 배달했는데, 그런 우체국에는 우체부들 가운데 동지가 있어서 신문이 도착하면 그가 알아서 가져갔다.

〈프라우다〉 구독 부수는 특히 그것을 발행하는 당이 불법 상태에 있었다는 점을 감안하면 대단히 인상적이다. 〈프라우다〉는 하루에 4만~6만 부쯤 팔렸는데, 매주 토요일에는 더 많이 팔렸다. 이것은 레닌이 처음에 손으로 쓰고 인쇄 활자로 조심스럽게 베껴 펴낸 네 장짜리 유인물에 견주면 커다란 발전이었다. 또한 그것은 레닌이 1897년에 다른 사람들과 공동으로 펴낸 최초의 신문이자 페테르부르크 노동계급 해방투쟁 동맹의 기관지였던 페테르부르크 〈라보치 리스토크(페테르부르크 노동자 회보)〉와도 크게 달랐다. 〈라보치 리스토크〉의 판본은 두 개였는데, 하나는 러시아에서 등사판으로 제작돼 300~400 부를 찍은 판본(1897년 1월)이고 다른 하나는 제네바에서 인쇄된 판본(1897년 9월)이다. 4만~6만 부의 구독 부수는 오늘날 서구의 기준에 비추어 보면 별로 대수롭지 않은 듯하지만 억압적인 제정 상황에서 보면 대단한 성과였다. 그래서 〈프라우다〉의 사상은 수많은 노동자들 사이에서 반향을 얻었다.*

그러나 레닌은 그러한 구독 부수에 결코 만족하지 않았다. 그는 1914년 4월 "우리의 과제"라는 기사에서 다음과 같이 썼다.

〈푸트 프라우디〉는 구독 부수가 지금보다 세 배, 네 배, 다섯 배 더 많아야

---

* 〈프라우다〉 구독은 아주 불안정했다. 다시 말해서 상황에 따라 크게 변했다. 그래서 1912년 4월과 5월에 〈프라우다〉 구독 부수는 6만 부였으나, 여름에는 2만 부로 줄어들었다.[4]

한다. 우리는 노동조합판을 내야 하고, 편집부에 모든 노동조합과 단체의 대표들을 참여시켜야 한다. 우리 신문은 지역판(모스크바, 우랄, 캅카스, 발트해, 우크라이나)을 내야 한다. …… 계급의식 있는 노동자들의 조직적·이데올로기적·정치적 삶을 다룬 기사가 더 많아야 한다.

…… 지금 상태의 〈푸트 프라우디〉는 계급의식이 있는 노동자들한테 반드시 필요한 것이고, 지면을 훨씬 더 많이 확대해야 한다. 그러나 그것은 실업 노동자와 현장조합원과 아직 운동으로 이끌리지 못한 수많은 대중에게 너무 비싸고 너무 어렵고 너무 크다.

20만 부에서 30만 부쯤 구독되는 1코페이카짜리 〈베체르나야 프라우다〉*를 발간해야 한다. ……

우리는 다양한 공장과 지역 등에서 〈푸트 프라우디〉 독자들을 지금보다 훨씬 더 많이 조직해야 하고, 그들이 더 열심히 신문에 기고하고 신문을 배포하고 구독하게 해야 한다.[3]

널리 읽히는 신문을 갖고자 했던 레닌의 열망은 혁명 이후에야 비로소 실현됐다.

진정한 노동자 신문

〈프라우다〉는 노동자들을 위한 신문이 아니었다. 〈프라우다〉는 노동자들의 신문이었다. 그것은 트로츠키가 빈에서 같은 이름으로 발간하던(1908~1912년) 격월간지와 아주 딴판이었다. 트로츠키가 내던 신문 기사는 사실상 소수의 재능 있는 필자들(레온 트로츠키, 아돌프 이오페, 다비드 랴자노프 등)이 독

---

* 〈프라우다〉는 2코페이카였다.

점하다시피 해서 썼다. 레닌은 이렇게 썼다. "트로츠키의 노동자 신문은 노동자들을 위한 신문이다. 왜냐하면 그 신문에서는 노동자의 창발력이라든가 노동계급 조직과 무슨 관련이라도 맺고 있다는 흔적을 찾아볼 수 없기 때문이다."[5] 이와는 대조적으로 레닌의 〈프라우다〉에는 한 해에 노동자들이 보낸 편지와 투고가 1만 1000통 넘게 실렸다. 365일로 나누어 따져 보면 날마다 35개씩 실린 셈이다.

〈프라우다〉가 발간을 시작하고 몇 달 뒤에 레닌은 노동자 신문에 대한 생각을 다음과 같이 명확하게 밝혔다.

러시아 전역의 공장 노동자와 사무직 노동자가 보낸 편지들과 **더불어** 노동자들의 모금 관련 기사들을 읽으면서, 러시아 생활의 끔찍한 외적 조건들 때문에 대체로 서로 분산돼 있는 〈프라우다〉 독자들은 다양한 업종과 지역의 프롤레타리아가 어떻게 싸우고 있는지, 그리고 어떻게 노동계급 민주주의를 방어하는 데 눈을 뜨게 되는지 **어느 정도** 알게 된다.

노동자들의 생활을 다룬 기사들은 이제 겨우 〈프라우다〉의 상시적 특징으로 발전하기 시작했다. 그래서 이 노동자 신문은 공장에서 노동자들이 받는 학대를 고발한 편지들, 새로운 부문의 프롤레타리아가 눈을 뜨고 있음을 말해 주는 편지들, 이런저런 노동자 대의를 위한 모금 관련 편지들 말고도 노동자들의 관점과 정서, 선거운동, 노동자 대표 선출, 노동자들의 읽을거리, 그들의 특별한 관심사 등을 다룬 편지들도 받게 될 것이다.

노동자 신문은 노동자의 토론 광장이다. 노동자들은 러시아 전체를 상대로 노동자 생활 일반에 관한 다양한 문제들과 특수하게는 노동계급 민주주의의 문제들을 곳곳에서 제기해야 한다.[6]

레닌은 노동자 스스로 자기 삶을 다룬 글을 써야 한다고 생각했다.

노동자들은 온갖 방해를 뛰어넘어 자신들의, 즉 노동자들의 파업 통계를 수집하려고 거듭거듭 노력해야 한다. 계급의식이 있다면 두세 명의 노동자라도 파업 하나하나를 정확히 묘사할 수 있을 것이다. 그들은 파업이 시작되는 시간과 끝나는 시간, 참여한 사람들의 수(가능하다면 성과 연령에 따라 사람들을 구분하고), 파업의 원인과 결과를 정확히 기록할 수 있을 것이다. 그러한 기록은 한 부 복사해서 관련 노동자 단체(노동조합이나 다른 단체, 또는 노동조합 신문사) 본부에 전달해야 한다. 두 번째 복사본은 중앙 노동자 신문에 전달해야 한다. 마지막으로 세 번째 복사본은 국가 두마의 노동계급 대표한테 보내서 파업 소식을 알려야 한다. …… 노동자들은 자신들의 문제와 씨름할 때만 — 끈질기게 활동하고 노력한 뒤에야 — 자신들의 운동을 더 잘 이해할 수 있고 그래서 운동이 더 크게 성공할 수 있게 할 것이다.[7]

레닌은 〈프라우다〉에 짧고 매우 대중적인 기사들을 쓰는 법을 알고 있었다. 그가 쓰는 기사들은 언제나 사실로 이루어져 있었고, 모든 기사가 사람들이 논쟁하고 있는 하나의 사상에 초점을 맞추었다. 그는 하나의 주제를 거듭거듭 되풀이했지만 언제나 다른 각도에서 다른 사례들과 다른 이야기들을 동원했다. 그가 쓰는 기사들이 어떤 인상을 주었는지 알아보기 위해 여기 두 가지 사례를 나열해 보겠다.

"러시아인들과 흑인들"

독자들은 참으로 이상하게 비교하는구나 하고 생각할 것이다. 하나의 인종을 어떻게 하나의 국민과 비교할 수 있을까?

그러한 비교는 얼마든지 할 수 있다. 흑인들은 노예제에서 마지막으로 해방된 사람들이지만, 그들은 노예제의 잔인한 상징들을 어느 누구보다 더 많이 — 선진국에서조차 — 갖고 있다. 왜냐하면 자본주의는 법적 해방 말고는 다른 해방을 위한 '여지'가 없으며 더욱이 자본주의는 법적 해방조차 가능한 모든 수단을 동원해서 축소하기 때문이다.

러시아인들로 말하자면, 역사는 러시아인들이 1861년에 농노제의 속박에서 벗어날 '뻔'했음을 말해 준다. 북미 흑인들이 노예제에서 해방된 것도 미국 노예 소유주들에 대항한 내전[남북 전쟁]이 끝난 뒤와 거의 같은 시기였다.

미국 노예들의 해방은 러시아 노예들의 해방보다 덜 '개혁주의적' 방식으로 이루어졌다.

바로 이런 이유 때문에 그로부터 반세기가 지났는데도 여전히 러시아인들이 흑인들보다 노예제의 흔적이 훨씬 더 많은 것이다. 사실 더 정확히 말한다면 흔적이 아니라 제도가 그렇다. 그러나 이 짧은 기사에서는 우리의 주제, 즉 문자 해독 문제만을 약간 언급하고 지나가려 한다. 문맹은 노예제의 특징이라고 알려져 있다. 고관대작들, 푸리시케비치 같은 자들한테 억압받는 나라에서 인구의 다수는 문맹일 수밖에 없다.

9세 이하 아이들을 제외하고 러시아의 문맹률은 73퍼센트이다.

미국 흑인들 가운데 문맹자는 44.5퍼센트였다(1900년에).

그렇게 수치스러울 만큼 문맹률이 높은 것은 북아메리카 공화국 같은 문명화된 선진국한테는 창피거리다. 게다가, 미국에서 흑인의 지위가 일반으로 문명국이라는 이름에 걸맞지 않는다는 것을 누구나 안다. 자본주의는 완전한 해방이나 완전한 평등을 이룰 수 없다.

미국 백인들의 문맹률이 6퍼센트를 넘지 않는다는 것은 교훈적이다. 그러나 미국을 과거의 노예 소유 지역(미국판 '러시아')과 노예를 소유하지 않았던 지역(미국판 비러시아)으로 나누면, 전자에서 백인 문맹률은 11~12퍼센트인 반면 후자에서는 4~6퍼센트다!

전에 노예를 소유했던 지역에 사는 백인 문맹률이 두 배나 더 높다. 노예제의 흔적을 보여 주는 것은 흑인들만이 아니다!

혹인들의 처지는 미국한테는 창피거리다.[8]

"러시아에서 대지주와 소농의 토지 소유"

최근에 있었던 1861년 2월 19일*을 기념하는 날과 관련해 유럽 러시아의 현재 토지 분배를 떠올리는 것은 부적절하지는 않을 것이다.

1905년부터 내무부는 유럽 러시아의 토지 분배에 관한 공식 통계를 발표해 왔다.

이 통계를 보면 500데샤친 이상을 소유한 대지주가 (어림잡아) 3만 명가량 있었고, 그들이 소유한 토지는 모두 합쳐서 700만 데샤친가량이었다.

약 100만 명의 빈농이 같은 규모의 토지를 소유했다.

따라서 평균적으로 대지주 1인의 토지 소유 규모가 빈농 330인의 토지 소유 규모와 같다는 결론이 나온다. 그러니까 대지주 1인이 2300데샤친의 토지를 소유한 반면, 빈농 1가구가 7데샤친의 토지를 소유한 것이다.

이것을 그림으로 그려 보자.

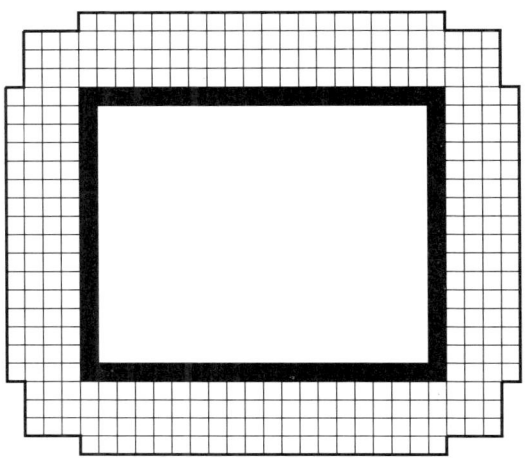

---

* 러시아의 농노제 폐지일.

가운데 있는 커다란 흰 사각형은 대지주의 토지를 나타낸다. 그 주위에 있는 작은 정사각형들은 소농을 나타낸다.

전부 합쳐서 정사각형이 324개가 있다. 하얀 사각형은 정사각형 320개와 크기가 같다.[9]

복잡한 마르크스주의 분석을 속류화하지 않고 얼마나 흥미진진하고 간단하게 얘기하고 있는가.

마르크스주의 언어로 간부 당원들을 겨냥해 글을 쓰는 것보다 대중을 겨냥해 글을 쓰는 것이 훨씬 더 어렵다. 당원들을 대상으로 글을 쓸 때는 분석적으로 주장을 펼칠 수 있다. 대중을 상대로 글을 쓸 때는 마르크스주의 지식이 필요한 주장들을 사용해서는 안 되며 노동자 자신의 경험에 바탕을 둬야 한다. 레닌은 이 두 종류의 청중을 상대로 글을 쓰는 데 탁월한 재능을 보였다. 그의 문체는 단순하고 직접적이었다. 그는 설득하기를 열망하는 사람이었다. 그는 지면의 형태에는 아랑곳하지 않았다. 그가 쓰는 글은 평범하고, 정곡을 찌르고 반복적이었다. 그의 사상이 진실되고 깊이가 있음을 보여 주는 것은 바로 이러한 엄밀함과 문체의 직접성이었다. 그가 쓰는 글에는 꾸밈이나 뭉뚱그림, 에두름이나 유보가 없었다.

레닌은 체르니셰프스키를 가장 뛰어난 러시아 혁명가라고 찬양했다. 이 두 사람은 문체를 포함해 두드러지게 비슷한 점이 많았다. 체르니셰프스키는 자신이 지은 ≪무엇을 할 것인가?≫ 서두에서 독자들한테 다음과 같이 말하고 있다. "나는 예술적 재능이라고는 눈곱만큼도 없다. 심지어 내가 쓰는 어휘는 아주 부족하다. 그러나 그것은 중요하지 않다. 친절한 독자들이여, 그냥 읽기만 하라. 이것을 읽으면 독자들은 유익할 것이다. 진실이야말로 위대하다. 진실은 그것을 위해 봉사하는 작가의 결함을 메워 준다." 이것은 레닌의 태도이기도 했다. 그는 자기 글과 글이 묘사하려는 현실 사이에 장벽을 세우는 잘난 척하는 사람, 말만 많은 사람, 문체의 기교를 부리는 사람을 혐오했다. 체르니셰프스키와 레닌한테서 문체의 기교를 부린 부분을 찾으려 해 봤자 헛수고일 것이다.

1919년에 거친 문체로 작성한 강령 초안을 옹호하면서 레닌은 다음과 같이 말했다.

> 이질적 내용으로 구성된 강령은 거칠다(물론 그것은 중요하지 않다). 그러나 다른 강령은 모두 그릇됐다. 아무리 기분이 나쁘더라도, 그리고 아무리 부족한 부분이 있더라도, 우리는 오랫동안 이러한 이질성, 즉 서로 다른 재료들에서 추출해 만들어야 한다는 사실에서 벗어날 수 없을 것이다.[10]

레닌은 현실을 정직하게 바라보지 않으면서 말만 멋들어지게 하는 것을 참을 수 없었다. 그는 아주 복잡한 문제를 간단하게 설명했다. 그는 청중을 얕잡아 보는 투로 말하지 않았다. 그 반대로 청중에 대한 커다란 존경심을 보여 주었다.

> 대중적인 필자는 독자가 널리 알려진 단순한 사실에서 시작해 심오한 생각, 심오한 연구로 나아가게 한다. 간단한 주장이나 두드러진 사례를 이용해 그러한 사실에서 끌어낼 수 있는 중요한 **결론**을 보여 주고, 생각 있는 독자들의 머릿속에 전보다 더 새로운 문제들이 떠오르게 한다. 대중적인 필자는 생각하지 않는 독자, 생각하려 하지 않거나 생각할 수 없는 독자를 가정하지 않는 법이다. 오히려 대중적 필자는 후진적 독자가 생각하려는 진지한 의도가 있다고 가정하고 그가 진지하게 애써 노력하는 것을 돕고, 그를 이끌어 주고, 그가 첫걸음을 내딛도록 도와주고, 그가 혼자서 전진할 수 있도록 **가르친다**. 속물적 필자는 독자가 생각도 하지 않고 생각할 능력도 없다고 가정한다. 속

물적 필자는 독자가 진지한 생각으로 나아가는 첫걸음을 떼도록 이끌어 주지도 않고, 왜곡되고 단순한 형태로 농담과 거짓만을 잔뜩 늘어놓으면서 이미 알려진 이론의 '기존' 결론만을 전달한다. 따라서 독자는 그가 주는 것을 곱씹어볼 여유도 없이 그냥 삼켜야 할 뿐이다.[11]

레닌은 위대한 교사였다. 그는 올림피아 산꼭대기에서 제자들에게 내려온 것이 아니라 제자들과 함께 새로운 고지로 올라갔다. 그는 노동자들을 이끌었고 노동자들은 그를 이끌었다. 레닌은 노동자들과 함께 난관을 극복하는 방법을 알려고 노력했고, 그의 청중은 자신들의 지도자가 자신들을 위해 그리고 자신들과 더불어 진지하게 생각하고 있다고 느꼈음이 틀림없다. 레닌의 연설은 대체로 미사여구가 아니라 아주 간단한 말로 끝났다. "우리가 이것을 이해한다면, 그래서 우리가 행동한다면, 우리는 반드시 이길 것입니다." 또는 "우리는 그것을 위해 말이 아니라 행동으로 노력해야 합니다." 또는 훨씬 더 간단하게 "바로 그게 제가 여러분한테 말씀드리고자 하는 바입니다."

많은 사람들이 레닌을 처음 만나고 나서 실망했다. 그들은 9척 장신을 만날 줄 알았으나, 아주 작은 사람을 보았다. 그러나 그가 하는 말을 들은 뒤 그들은 자신들이 9척 장신이라고 느꼈다.

레닌의 간단하고 꾸밈없는 문체는 〈프라우다〉에 실린 수많은 기사들에서 가장 잘 나타난다. 그 기사들은 노동자 독자들한테 스스로 문제를 파악하고 세계를 이해하고 변혁할 수 있다는 자신감을 주었다. 동시에 그 기사들은 볼셰비키와 다른 조직, 특히 멘셰비키와의 차이를 흐리지 않았다. 그 기사들은 명확한 정치적 방향을 제시했다. 이 점에서도 레닌의 〈프라우다〉는 트로츠키가 내던 같은 이름의 신문과 달랐다. 트로츠키는 "정치적 사고를 하는 당원들보다는 '평범한' 노동자들한테 말하려 했고 독자들을 '지도하는 것이 아니라 독자들에게 봉사'하려 했다."[12]

도이처는 이와 관련해 다음과 같이 말했다.

[트로츠키의 — 지은이] 〈프라우다〉는 평범한 언어를 사용하고 당의 단결을 호소했다는 사실 덕분에 어느 정도 인기가 있었지만 꾸준한 정치적 영향력은 없었다. 특정 분파나 그룹을 위해 주장을 펴는 사람들은 흔히 복잡한 논쟁에 개입하고 평당원보다는 운동의 상층부와 중간층에 호소한다. 이와는 반대로, 트로츠키처럼 당은 어떤 견해 차이가 있더라도 단결해야 한다고 말하는 사람들은 설명하기 쉽고 확실한 호소력이 있는 단순한 주장을 한다. 그러나 흔히 이 호소력은 피상적이다. 그들의 반대파는 더 깊숙한 논쟁을 위해 당의 간부 당원들을 획득해 결국 평당원들까지도 반대파의 말을 경청하게 만들 가능성이 크다. 간부 당원들은 자신의 주장을 단순한 형태로 기층에 전달하기 때문이다. 사회주의자들은 모두 단결하라는 트로츠키의 호소는 당장에는 다수의 갈채를 받았다. …… 그러나 이제 그 호소에 갈채를 보낸 바로 그 사람들이 나중에는 그것을 무시하고 이런저런 파벌을 따르면서 단결을 역설한 사람을 고립시킨다. 이것과는 별도로 트로츠키의 대중적 자세에는, 그리고 평이한 이야기를 강조하면서 "지도하는 것이 아니라 봉사하겠다"고 약속한 태도에는 데마고기의 기미 이상의 것이 있었다. 왜냐하면 정치인, 특히 혁명가는 자기 말을 경청하는 사람들을 지도하는 것이 그들에게 가장 훌륭하게 봉사하는 것이기 때문이다.[13]

레닌이 〈프라우다〉에 게재한 기사들은 평당원들뿐 아니라 간부 당원들도 겨냥했다.

기초 원리를 가르치고 기초 지식을 가르치고 독립된 사고를 가르치는 것은 어떤 상황에서도 이 커다란 학교에서는 무시할 수 없는 것이다. 그러나 기초 원리를 가르쳐야 한다는 구실로, 더 높은 수준의 배움을 얻어야 풀리는 문제들을 제쳐 놓는 사람이 있다면, 그리고 이 높은 수준의 배움(기초 원리를 배우는 사람들보다 훨씬 더 소규모 서클에서나 가능한)에서 비롯한 일시적이고 모호하고 '협소한' 결과들을 기초 학교의 오래가고 심오하고 포괄적이고 내실 있는 결과들로 상쇄하고자 한다면, 그것은 엄청나게 근시적인 태도를 무심코 드러내는 셈이다. 그런 사람은 이 커다란 학교의 목적 전체를 왜곡하는 데 일조할 수도 있다. 왜냐하면 더 높은 수준의 교육을 무시해서, 수다쟁이들·참주선동가들·반동들이 기본 원리만 배운 사람들을 엉뚱한 길로 이끌고 가는 것을 더 쉽게 만들 것이기 때문이다.[14]

레닌은 사실상 〈프라우다〉를 운영했다. 그가 주요 편집 계획을 결정했다. 날마다 그는 〈프라우다〉에 기사를 보내고 다른 사람들이 쓴 기사들에 대한 비판과 제안과 수정한 내용 등도 보냈다. 〈프라우다〉를 더 잘 지도하려고 그는 1912년 6월 파리에서 오스트리아의 크라쿠프(폴란드령 갈리치아)로 이주했다. 그곳은 페테르부르크에서 기차로 겨우 24시간 걸리는 곳이었다.

레닌은 〈프라우다〉뿐 아니라 다른 저널들도 활용해 간부 당원들을 도왔다. 예컨대 ≪프로스베셰니예(계몽)≫라는 월간지가 있었다. 이것은 1911년 12월부터 1914년 6월까지 페테르부르크에서 발간된 사회·정치·문학 잡지였다. 레닌은 주된 기고자였고 문학과 예술 지면은 막심 고리키가 편집했다. 그것은 5000부 가량 구독됐다.

볼셰비키당은 간부 당원들을 겨냥해 또 다른 이론지 ≪소치알 데모크라트≫도 냈다. 이것은 불법 잡지였으므로 특정한 문제들을 합법 신문보다 더 공공연하게 다룰 수 있었다. 1908년 2월부터 1917년 1월까지 통권 58호가 발행됐고 5회에 걸쳐 보충판이 발행됐다. 레닌은 이 잡지에 80편이 넘는 글을 썼다. 1912~1913년에 ≪소치알 데모크라트≫는 오랜 간격을 두고 발행돼

2년 동안 통권 6호만이 발행됐다. ≪소치알 데모크라트≫를 러시아로 몰래 들여가기는 아주 어려웠다. 1913년에 쓴 한 편지에서 레닌은 이렇게 말하고 있다. "러시아로 가는 적절한 운송망을 구축하기가 거의 불가능합니다. 1910년과 1911년의 경험을 보면, 러시아로 반입되는 신문이 창고에 가득 쌓여 있었고 주소도 없고 배포를 위해 만날 장소도 없다는 것을 알 수 있습니다."[15] 이것은 놀라운 일이 아니다. 왜냐하면 1912년까지 러시아로 반입되는 신문의 배포를 맡은 사람은 오흐라나 첩자인 브렌딘스키였기 때문이다.

그러나 오흐라나는 외국에서 발행되는 볼셰비키 신문의 중요성을 과소평가하는 잘못을 저질렀다. 1914년 6월 오흐라나의 한 첩자는 상부에 올린 보고서에 다음과 같이 썼다.

신문을 운반하는 일에 많은 노력과 돈을 쏟아 부었지만, 결과는 좋지 않았다. 전적으로 망명한 이론가들이 쓰고 상당한 시일이 지난 뒤에 러시아에 들어오는 이들 신문의 주제들은 모두 사람들의 관심을 끌지 못했고 글을 반쯤 깨우친 하층계급은 이해할 수도 없고 사회 분위기를 자극하는 데 아무 의미가 없었다.[16]

그 반대로, ≪소치알 데모크라트≫는 그 전에 나왔던 〈프롤레타리〉와 마찬가지로 볼셰비키당의 주요 간부 당원들을 지도하는 데서 중심 구실을 했다. 이 잡지들은 레닌과 그 주위 소수 망명자들의 사상이 러시아에 있는 그들의 친밀한 동료 활동가들에게 전달되는 주요 통로 구실을 했다.

또한 볼셰비키는 책과 팸플릿을 내는 출판사를 갖고 있었다. 가장 인기 있는 책들 가운데 하나는 주머니에 넣고 다닐 수 있는 1914년 달력 ≪스푸트니크 라보체고(노동자 안내서)≫였다. 그것은 러시아 노동법, 러시아와 국제 노동계급 운동, 정당, 단체, 노조, 신문 등에 대한 기본 정보를 담고 있었다. 경찰은 그것을 압수했지만, 그것은 하루 만에 매진됐다. 경찰은 겨우 그것을 만져 봤을 뿐이다. 레닌은 그것을 한 부 받아보고는 이네사 아르망한테 이미 5000 부가 팔렸다고 편지를 썼다.[17] 1914년 2월에 2판이 나왔는데, 그것은 검열을 피하기 위해 내용을 삭제하고 수정한 것이었다. 그것은 2만 부가 팔렸다.

레닌은 정치적 출판은 모두 당 기구에 완전히 예속돼야 한다고 주장했다.

사회주의 프롤레타리아는 부르주아 관습, 이윤을 추구하는 상업적 부르주아 언론, 부르주아적 저술 활동을 통한 출세주의와 개인주의, '귀족적 아나키즘', 이윤 추구가 아니라 당 출판물이라는 원칙을 내세워야 하고 이러한 원칙을 발전시키고 최대한 충분하고 완전하게 실천해야 한다.

당 출판물의 원칙이란 도대체 무엇인가? 출판이 사회주의 프롤레타리아 개인이나 집단을 부유하게 하는 수단일 수 없다는 뜻이다. 또, 출판은 사실 프롤레타리아 공동의 대의와 무관한 개인의 일일 수 없다. 당파적이지 않은 필자들을 타도하라! 글만 멋지게 쓰는 사람들을 타도하라! 출판물은 프롤레타리아 공동의 대의의 일부가 돼야 하고, 노동계급 전체의 정치의식적인 전위가 모두 작동시키는 단 하나의 위대한 사회민주주의라는 기계의 '톱니바퀴와 나사'가 돼야 한다. 출판물은 사회민주당의 조직되고 계획되고 통합된 활동의 일부가 돼야 한다.

…… 출판사와 배포망, 서점과 독서실, 도서관과 그 밖의 비슷한 시설들은 모두 당의 통제를 받아야 한다. 우리는 자유로운 신문, 즉 경찰한테서 자유로울 뿐 아니라 자본과 출세주의 그리고 가장 중요하게는 부르주아 아나키즘적 개인주의에서 자유로운 신문을 만들고 싶고 또 만들 것이다.[18]

그로부터 한 해가 지난 뒤 레닌은 사회민주당과 부르주아 언론에 대해 얘기하면서 다음과 같이 덧붙였다.

사회민주당원이 부르주아 신문에 기고하는 것을 허용할 수 있을까?

물론 허용할 수 없다.

여기 러시아에서 우리가 이러한 원칙에서 벗어날 권리가 있는가? 어떤 사람들은 예외 없는 규칙은 없다는 말로 응수할 것이다. 그것은 정말 맞는 얘기다. 어떤 사람이 이런저런 신문에 글을 쓴다고 해서 그를 쫓아낼 수는 없는 노릇이다. 생계를 해결하려고 부르주아 신문사의 작은 부서에서 일하는 사회민주당원을 비난하기가 어려울 때가 더러 있다. 긴급하고 실질적인 반박 등의 내용을 담은 출판물은 정당화될 수 있다.[19]

조직자 〈프라우다〉

〈프라우다〉는 조직자 구실을 했다. 왜냐하면 노동자 수천 명이 〈프라우다〉를 읽고 팔고 〈프라우다〉에 글을 썼을 뿐더러 〈프라우다〉가 신문에 기부금을 내는 노동자 단체의 결성을 고무했기 때문이다. 볼셰비키 일간지 〈프라우다〉와 멘셰비키 일간지 〈루츠〉는 기부금과 모금 관련 기사를 정기적으로 실었다. 1912년 7월 12일치 〈프라우다〉에서 레닌은 다음과 같이 썼다.

노동자들 자신의 주도력과 활력이라는 관점에서 볼 때, '동조자' 수십 명이 기부하는 1000루블보다 노동자 그룹 30개가 기부하는 100루블이 훨씬 더 중요하다. 작은 공장의 노동자 서클이 내는 5코페이카짜리 동전을 기반으로 창간한 신문이 동조자 지식인들이 내는 수천 루블을 기반으로 창간한 신문보다 훨씬 더 믿을 수 있고 견실하며 진지한 과제다(재정 측면과 가장 중요하게는 노동자 민주주의 운동의 발전이라는 관점에서 볼 때).[20]

이틀 뒤 그는 다음과 같이 덧붙였다.

모든 노동자가 월급날마다 노동자 신문〈프라우다〉에 1코페이카를 헌금하는 것을 관례화해야 한다. 평소에 헌금을 하게 하고 좀 더 많이 헌금할 수 있는 사람들은 그렇게 하게 하자. 그들이 과거에 했던 것처럼 말이다. 더욱이 '노동자 신문에 1코페이카를' 내는 습관을 확립하고 널리 퍼뜨리는 것이 아주 중요하다.

그러한 헌금의 중요성은 무엇보다도 월급날마다 돈이 정기적으로 걷히는 것에, 그리고 갈수록 많은 노동자들이 정기적 헌금에 참여하는 것에 달려 있을 것이다. 걷힌 돈은 단순하게 공개할 수 있을 것이다. '얼마만큼의 코페이카'는 특정 공장에서 그만큼 많은 노동자가 노동자 신문에 헌금했음을 뜻할 것이다. 헌금이 더 늘어나면 다음과 같이 보도할 것이다. '추가로 ○○명의 노동자가 ○○코페이카를 헌금했다.'[21]

1912년에 〈프라우다〉는 노동자 그룹 620개의 헌금을 받은 반면, 멘셰비키 신문은 89개의 헌금을 받았다. 1913년에 〈프라우다〉는 노동자 그룹 2181개의 헌금을 받은 반면, 멘셰비키는 661개의 헌금을 받았다. 1914년에는 5월 13일까지 〈프라우다〉는 노동자 그룹 2873개의 지지금을 받은 반면, 멘셰비키는 671개의 지지금을 받았다. 〈프라우다〉파는 1913년에 러시아 노동자 그룹의 77퍼센트를 조직했고, 1914년에 81퍼센트를 조직한 셈이었다.[22] 〈프라우다〉에 기부금을 내는 노동자 그룹들의 형성은 합법 정당의 부재不在를 메워 주었다. 그래서 레닌은 다음과 같이 아주 올바르게 결론내렸다. "…… 노동자들 가운데 5분의 4가 〈프라우다〉파의 결정을 자신의 결정으로 받아들였고, 〈프라우다〉 노선을 지지했으며, 실제로 〈프라우다〉 노선을 중심으로 모였다."[23]

1912년 4월부터 1914년 5월 13일까지 〈프라우다〉에 돈을 기부한 노동자 그룹의 수는 전부 합쳐서 5674개였다.(물론 일부 그룹들은 여러 차례 기부금을 냈다. 그러나 이들 각각에 대한 통계는 구할 수 없다. 따라서 〈프라우다〉를 지지한 노동자 그룹의 수는 실제로는 앞에서 얘기한 수치보다 상당히 적은 셈이다.) 1914년 1월 1일부터 5월 13일까지 〈프라우다〉가 받은 평균 헌금 액수는 6.59루블, 즉 페테르부르크 노동자 평균 주급과 비슷했다.

〈프라우다〉는 노동자들의 재정 원조에 거의 전적으로 의존했다. 1914년 1월 1일부터 5월 13일까지 〈프라우다〉가 받은 기부금 가운데 87퍼센트가 노동자들이 보낸 헌금이었고 13퍼센트가 노동자가 아닌 사람들이 보낸 기부금이었다(반면에 멘셰비키는 44퍼센트가 노동자 헌금이었고 56퍼센트가 노동자가 아닌 사람들이 보낸 기부금이었다).[24]

레닌은 1914년 6월 14일 〈트루도바야 프라우다〉에서 다음과 같이 썼다. "〈프라우다〉파를 중심으로 단결한 노동자 그룹이 2년 6개월도 채 안 되는 기간에 5674개나 됐다는 것은 러시아의 가혹한 상황을 감안할 때 꽤 커다란 성과다. 그러나 이것은 겨우 시작일 뿐이다. 우리는 수천이 아니라 수만의 노동자 그룹이 필요하다. 우리는 우리 활동을 열 배로 늘려야 한다."[25] 불행하게도 몇 주 뒤 전쟁이 터지는 바람에 〈프라우다〉는 레닌이 설정한 목표를 달성하지 못했다.

20 | 볼셰비키당이 대중 정당이 되다

플레하노프 세대의 사회민주주의자들은 한 자릿수였다가 그 후에 수십 명이 됐다. 레닌(그는 플레하노프보다 14살 어렸다)이 속한 두 번째 세대는 1890년대 초에 정치 활동을 시작했는데, 당시 이들의 수는 수백 명이었다. 레닌보다 약 10년 어린 사람들로 이루어진 세 번째 세대(트로츠키, 지노비예프, 카메네프, 스탈린 등)는 세기의 전환기에 사회민주주의 운동에 결합했는데, 이들의 수는 수천 명이었다.

1903년 12월 페테르부르크의 러시아 사회민주노동당 당원(볼셰비키와 멘셰비키의 지지자들)은 고작해야 360명이었다. 1904년 겨울 동안에 당원 수가 상당히 감소해[1] 1905년 초에는 300명도 채 안 됐다. 하지만 1905년 혁명이 일어나 당의 성장에 큰 영향을 미쳤다. 그래서 페테르부르크 위원회는 1905년 제3차 당대회에 보고하면서 페테르부르크의 볼셰비키 수가 전부 737명이라고 했다.[2] 1905년 4월 멘셰비키의 〈이스크라〉는 페테르부르크의 멘셰비키가 1200~1300명이라고 주장했다.[3] 그래서 1905년 중반에 페테르부르크의 전체 당원은 대략 2000명이었다. 1907년 1월에는 볼셰비키가 2105명, 멘셰비키가 2156명이었으며 전체로는 4261명이었다.[4] 모스크바에서는 사회민주당 당원이 1904년 11월 300명에서 1905년 9월에 8000명으로, 1년도 채 안 돼 25배 증가했다.[5]

전국에서 당원 수가 증가했다. 제2차 당대회(1903년)에 제출된 보고서로 판단해 보면, 분트를 제외한 당원 수는 수천 명을 넘지 못했다.[6] 그러나 1906년 4월에 열린 제4차 당대회 때 당원 수는 볼셰비키가 1만 3000명, 멘셰비키가 1만 8000명으로 증가했다.[7] 1907년에는 전체 당원 수가 15만 명으로 증가했다. 볼셰비키가 4만 6143명, 멘셰비키가 3만 8174명, 분트가 2만 5468명, 폴란드당이 2만 5654명, 라트비아당이 1만 3000명이었다.[8]

기본적으로 당은 노동계급의 당이 됐으며 지식인은 거의 없었다. 레닌은 1914년 5월에 "지금 러시아에서 조직된 마르크스주의자들 가운데 대다수는 …… 젊은 노동자들이다" 하고 썼다.[9] 레닌은 1912년에 지식인에 대해 다음과 같이 말했다.

소위 상류사회에서 다수의 '교육받은 자들'과 '지식인들'은 …… 십중팔구 또는 백이면 아흔아홉이 …… 백만장자가 될 만큼 크게 성공해서 배신을 일삼지만, 급진적 학생으로 **출발**해서 나중에는 이런저런 속임수로 이런저런 사무실에서 '편안한 일'이나 하는 자들도 십중팔구 또는 백이면 아흔아홉이 똑같은 배신을 일삼는다.[10]

1913년 3월 말 레닌은 카메네프에게 보내는 편지에서 다음과 같이 썼다. "'지식인들'은 모두 청산주의자와 함께하고 있습니다. 노동자 대중은 우리와 함께 있으며, 노동자들은 매우 어렵게 그들 자신의 지식인을 만들어 내고 있습니다. 느리면서도 어렵게 만들고 있습니다."[11] 1913년 12월 20일 보이친스키에게 보내는 편지에서 레닌은 "지식인들을 일소했으며(그들을 쫓아내고 나

니 후련합니다) 노동자들은 청산주의자들에 대항해 자신들의 능력을 발휘했습니다" 하고 썼다.[12]

바다예프는 페테르부르크 위원회의 활동을 묘사하면서 당내 지식인이 없다고 거듭 말했다. "전단을 내는 것은 매우 중요했다. 위원회는 전단을 발행하고 배포하는 일에 많은 노력을 쏟아 부었다. 위원회는 노동자들로만 이루어져 있어서 우리가 전단을 썼다. 그리고 이 전단을 교정하는 것을 도와줄 지식인을 찾는 데 큰 어려움을 겪었다."[13] 말리셰프는 1914년 체포될 때까지 〈프라우다〉의 사무원이었는데, 그는 다음과 같은 어려움을 토로했다.

> 노동자 신문을 어떻게 조직하고 경영해야 할지 몰라서 매우 힘들었다. 우리는 학교에 다닐 수 없었다. 우리는 모두 반쯤만 글자를 깨우친 볼셰비키였다. 거의 항상 그랬듯이, 우리는 체포돼 감옥에 갈 때까지 공부하는 것을 미뤘다. 감옥에서 우리는 날마다 격변화, 동사, 종속절 그리고 분사를 공부했다. 감옥에서 풀려났을 때, 우리는 당의 명령에 따라 사무원이 되거나 편집부 책상에 앉았다.[14]

볼셰비키당의 계급 구성은 당의 계급 강령과 일치했다. 1912~1914년에 당 밖에서는 분열과 통합, 다시 재분열이 다반사였지만, 대중 속에 깊이 뿌리 내린 볼셰비키당은 분열을 겪지 않았고 심지어 개인적 축출도 전혀 없었다. 대중의 강력한 힘이 볼셰비키당을 결속시켰다.

대중적 뿌리가 없는 집단은 실천에서 반드시 머뭇거리게 된다. 레닌은 이렇게 말했다.

> 이러한 집단에서는, 노동자들을 끌어당기며 생생한 경험을 통해 확인되는 확고하고 명확한 노선이 아니라 협소한 서클적 외교술이 지배하게 된다. 대중과

접촉하지 않는 것, 러시아 사회민주노동당의 대중적 경향 속에 역사적으로 뿌리내리지 못한 것, …… 수년 간의 경험을 통해 검증받은 일관되고 필수적이며 명확하고 매우 단호한 노선이 없는 것, 즉 전술·조직·강령 문제들에 대한 해답이 없는 것 등이야말로 협소한 서클적 외교술이 번성할 수 있는 토양이자 그 징후들이다.[15]

그는 다른 곳에서도 같은 점을 지적했다. "일반으로 정치에서, 그리고 특수하게는 노동계급 운동에서 대중적 영향력을 발휘하는 그러한 경향만이 진지하게 다룰 만한 세력이다."[16] "대중 없는 정치는 모험주의 정치다."[17]

1905년 혁명 동안에 당은 크게 성장했지만 반동기에 당은 거의 해체됐다. 이 시기에는 믿을 만한 인물도 없었다. 1910년에 전체 당원 수는 1905년 전보다 더 적었다. 그러나 첫 번째 혁명이 끝난 후부터 다시 새로운 혁명 투쟁이 상승할 때까지 그 기간은 4~5년 정도로 비교적 짧았기 때문에 반동기에 당을 떠났던 많은 노동자들이 후에 다시 합류했다.

이제 볼셰비키는 반동기에 지하에서 노력한 결실을 거두어들였다. 당을 지켜 낸 소수가 수천 명을 끌어들였다. 사실 1890년대 초처럼 수십 명에서 1천 명으로 성장하는 것보다 1천 명에서 1만 명으로 성장하기가 더 쉽다는 것을 역사는 보여 주었다. 레닌과 그의 동지들은 정치적으로 타협하거나 단호한 혁명적 원칙을 희생하지 않으면서도 대중 속으로 들어가고 합법 기회를 이용할 수 있는 능력이 있었다.

볼셰비즘의 '불안정성'과 안정성

볼셰비즘의 역사는 불안정과 불연속의 역사였다. 이것은 무엇보다 당이 활동하던 불법 상황의 불가피한 결과였다.

고참 볼셰비키 활동가들은 경찰의 탄압 때문에 20세기 초 사회민주주의 그룹의 평균 수명은 단 3개월이라고 생각했다.[18] 모스크바와 페테르부르크를 잇는 철도 노선 중간에 위치한 소도시이자 러시아 사회민주주의의 주요 중심지였던 트베르에서 나온 1903년의 보고서는 노동자 서클의 성원이 매우 급격하게 변동했다고 적고 있다. "많은 사람들이 정기적으로 들어왔고, 어떤 사람들은 한두 번 참석한 뒤에 서클을 떠났다."[19] 레닌도 1908년 11월에 이와 비슷하게 썼다. "우리 혁명[1905년 혁명 — 지은이]의 첫 번째 시기에 혁명가의 평균 '활동 수명'은 몇 달을 넘지 못했다."[20]

당의 상층 기구가 더 안정적인 것도 아니었다. 중앙위원회의 위원과 그 수임자들은 사실상 경찰의 탄압에 훨씬 더 노출돼 있었다. 이들 가운데 극소수만이 외국에서 돌아온 뒤에도 꽤 오랫동안 체포되지 않고 국내에서 활동할 수 있었다. 최상급 볼셰비키 가운데 두브로빈스키, 골덴베르크, 톰스키, 브레슬라프, 시바르츠만, 세레브랴코프, 잘루츠키, 스탈린, 스베르들로프는 러시아로 돌아온 뒤 3개월도 채 안 돼 모두 체포됐다. 오르조니키제, 이네사 아르망, 골로셰킨, 카메네프, 퍄트니츠키, 스판다리안은 1년 이내에 체포됐다. 벨로스토츠키, 제빈, 말리노프스키, 이스크라얀니스토프 4명만이 체포를 면했다. 이들 가운데 뒤의 두 사람은 경찰의 프락치였다. 1년 이상 체포되지 않고 국내에 머무른 사람은 15명뿐이었다. 리코프, 코스트로프, 벨로스토츠키, 제빈, 골로셰체킨, 스판다리안*, 로보바, 시바르츠만, 로즈미로비치와 두마 의원 여섯 명이 그들이었다. 이러한 일은 결코 놀라운 게 아니다. 우리가 언급했듯이, 경찰 프락치가 한 명도 참여하지 않은 볼셰비키 협의회는 없었다![21]

당위원회들은 매우 불안정했다. 그래서 중앙위원회 러시아 사무국을 세우는 데 수년이 걸렸다. 이 일은 마침내 1912년 초에야 이루어졌다.[22] 페테르부

---

* 그가 자유롭게 활동한 기간이 정확히 1년이었기 때문에 그를 두 목록에 넣었다.

르크 위원회는 1912년 11월에야 구성됐다.[23] 1912년 여름에 모스크바에 위원회를 구성했지만 1913년 봄에 붕괴했다.[24] 1914년 봄에 크룹스카야는 사실상 당 조직이 붕괴했다고 불평했다.[25] 1914년 7월에 페테르부르크 위원회의 위원 가운데 경찰 프락치가 세 명이었다.[26] 1914년 1월부터 7월까지 이 위원회는 5번 이상 체포돼 약해졌다. 우리가 살펴본 것처럼, 당위원회들은 동질적이지도 않았다. 위원회들은 자주 머뭇거렸으며, 꽤 자주 레닌과 갈등을 빚었다.

가장 주요한 변화는 당의 최고 지도부에서 있었다. 1896~1900년에 레닌의 동료는 마르토프와 포트레소프였다. 1900~1903년에는 플레하노프, 악셀로드, 자술리치가 지도부에 있었다. 1903~1904년 분열을 겪을 동안 레닌은 혼자였다. 1904년에 보그다노프, 루나차르스키, 크라신이 레닌의 지도부에 결합했다. 나중에 이들 세 명은 레닌과 갈라섰으며, 끝내는 당을 떠났다(크라신은 1907년에, 다른 사람들은 1909년에 떠났다). 지도부는 레닌, 지노비예프, 카메네프로 구성됐다. 1917년의 혁명 동안에 이들 두 명은 10월 봉기에 반대해 레닌과 분열했다.

지도부가 이렇게 급격하게 변동한 이유는 무엇인가? 당을 지도하는 사람들을 선택하는 과정 자체에 이러한 위험이 내재한다. 당연하게도 최고지도부에 오르는 사람들은 그들의 활동 방식과 사고와 행동을 당시의 특수하고 당면한 필요에 알맞게 형성하는 경향이 있다. 러시아의 혁명운동은 계급투쟁이 변하면서 많은 노선 변화를 겪었다. 한 단계에서 당면의 필요에 자신을 적응시켰던 지도자는 그 다음의 전환에서는 보조를 맞추지 못했다. 예컨대, 보그다노프, 루나차르스키, 크라신은 1905년 상승하는 혁명적 폭풍기에 적용했다. 그러나 반동기와 그 뒤 느린 전진의 시기에는 적용하지 못했다. 지노비예프와 카메네프는 당장의 혁명 가능성을 과장하는 것은 오류이며, 반동기와 그 뒤의 사소한 행동 — 두마 활동, 보험 캠페인 등 — 의 시기에는 조직과 선동 작업을 느리고 체계적으로 해야 한다는 점을 이해했다. 1917년 혁명이 일어났을 때, 지노비예프와 카메네프는 부족했다.

볼셰비키 위원들은 중요한 정책 결정을 할 필요가 없었던 반면, 당의 최고 지도부는 그렇게 해야 했다. 따라서 지도자는 당에서 지위가 높을수록 당면 상황에 더 잘 적응하는 경향이 있었으며 따라서 더 보수적으로 됐다. 허버트 스펜서의 말을 되풀이하자면, 모든 유기체는 완벽할수록 보수적으로 된다. 이것은 정치 조직에도 똑같이 적용된다. 그래서 장점도 단점으로 변한다. 레닌의 적응력은 당 지도자들 가운데 독보적이었음에도, 그는 한결같은 목표, 즉 노동자 권력을 가차 없이 추구해 나갔다.

불안정성을 유발하는 이 모든 요소들에도 불구하고 당이 예전의 활력을 잃지 않고 살아남은 것은 볼셰비키가 계급에 깊숙이 뿌리내린 진정한 노동자 대중정당이었기 때문이다. 물론 크기는 모두 상대적이다. 1922년에 볼셰비키 당이 22개 주州를 대상으로 실시한 여론조사 결과를 보면 1905년 이전에 가입한 당원은 1085명이었다.[27] 많은 지역이 조사에서 배제됐기 때문에 러시아 전국으로는 이 수치의 두 배 정도가 1905년 이전 당에 가입했다고 추정할 수 있다. 많은 당원이 혁명과 내전 시기에 목숨을 잃었다는 것을 감안하더라도 1905년과 1922년 사이에 당원의 상당한 연속성을 발견하게 된다. 이들은 당에 안정성을 가져다준 간부들이었다. 산업 프롤레타리아가 고작 250만 명 정도에 지나지 않는 나라에서, 그것도 불법 상황에서 활동한 당이 10여 년 동안 살아남은 수천 명의 간부 조직을 갖고 있었다는 것은 주목할 만한 성과다.

전위 페테르부르크

페테르부르크는 1917년 사건을 예고했던 1912~1914년에 볼셰비키당과 프롤레타리아의 발전에서 주도적 구실을 했다.

그러나 1905년에는 그렇게 중요하지 않았다. 1905년 혁명 동안 페테르부르크에서는 멘셰비키가 볼셰비키보다 더 강력했으며, 볼셰비키의 거점은 상대적으로 모스크바에 제한돼 있었다. 혁명 직후에도 볼셰비키는 페테르부르크에서 그리 잘나가지 않았다. 특히 도시 북서쪽의 가장 현대적인 기계산업 중심지인 비보르크 지구에서 그랬다. 1907년에 레닌은 "비보르크 지구는 멘셰비키의 아성"이라고 말했다.[28] 1907년 3월 25일 열린 페테르부르크 위원회 선거에서 멘셰비키는 비보르크에서 267표를 얻은 반면 볼셰비키는 155표만을 얻었다. 푸틸로프 공장이 있는 네바 지구에서도 멘셰비키는 231표를 얻은 반면 볼셰비키는 202표를 얻었다. 이와는 반대로 오루조프 지구에서 볼셰비키는 300표를 얻은 반면 멘셰비키는 50표를 얻었다.[29]

페테르부르크에서 볼셰비키가 겪었던 어려움을 더 말해 보자면, 나로드니키의 후예들인 사회혁명당은 1905~1907년에 산업 노동자들에 대한 볼셰비키의 영향력에 도전했다. 1907년의 제2차 두마 선거 때 페테르부르크에서 사회민주당은 선거인으로 17명(사회민주당 동조자 한 명을 포함해)을 당선시킨 반면 사회혁명당은 14명을 당선시켰다. 사회혁명당은 매우 큰 공장에서 가장 성공적이었다. 노동자 선거인 가운데 9명이 거대 공장 두 개(세먀니코프 공장과 오부호프 공장)에서 나왔다. 네 개의 가장 큰 공장도 사정은 마찬가지였다. 선출된 총 선거인은 14명이었는데, 사회혁명당이 11명이었고, 사회민주당이 3명이었다. 작은 공장에서 사회민주당은 15명, 사회혁명당은 3명을 당선시켰다. 사회민주당은 50~100명의 노동자가 있는 중간규모의 공장에서 주된 지지를 받았다.

사회혁명당이 대공장에서 그렇게 잘나갔던 것은 일반으로는 노동계급의 미성숙 때문이었고, 특수하게는 농촌에서 올라온 지 얼마 되지 않은 미숙련 노동자의 비율이 높았던 대공장의 미성숙 때문이었다.

반동기 동안 멘셰비키보다도 사회혁명당의 간부들이 흔히 지식인들이 걸리는 질병 ― 불안정성, 비관주의, 분파주의, 청산주의 ― 의 제물이 됐다.

그래서 사회혁명당은 페테르부르크에서 거의 존재하지 않았다. 멘셰비키도 비슷한 운명을 겪었다.

그러는 동안 페테르부르크의 노동자들은 투쟁의 부침 속에서 성숙해지고 있었다. 레닌은 "매를 맞아 본 사람이 그렇지 않은 사람보다 두 배나 더 가치 있다"는 농민들의 속담을 자주 인용했다. 혁명과 반동의 시기에 러시아 노동계급 선진 부위의 의식이 발전했다. 그 최정예는 페테르부르크였다. 페테르부르크의 산업 노동자 수는 모스크바의 절반이었는데도 파업 기록은 모스크바보다 더 많았다. 1905년에 페테르부르크의 파업 건수는 103만 3000회였지만, 모스크바는 54만 회였다.[30] 페테르부르크 노동자들의 임금은 모스크바의 거의 갑절이었다. 주도적인 지역은 비보르크였는데, 이 지역은 앞으로 여러 번 등장할 것이다.

볼셰비키는 반동기 동안 지하에서 꾸준히 활동했고, 점차 노동계급 속에서 주도권을 획득했다. 1912년 이후로 볼셰비키는 페테르부르크 노동자들을 지도하는 데서 한참 앞섰다. 1914년 7월 2일 〈트루도바야 프라우다〉에서 레닌은 이렇게 쓸 수 있었다.

지난 몇 년 동안 페테르부르크는 노동계급 운동의 맨 앞에 있었다. 몇몇(지금은 아주 적은 수의) 지방의 프롤레타리아는 아직 1907~1911년의 혼수상태에서 깨어날 수 없고, 다른 지역에서는 페테르부르크 프롤레타리아와 보조를 맞추려는 첫발을 막 떼기 시작했을 뿐이다. 페테르부르크의 프롤레타리아는 노동계급 운동과 관련된 모든 사건에 대응했다. 페테르부르크 프롤레타리아는 선두에 서 있다.[31]

페테르부르크에서 볼셰비키가 떠오른 것은 계급투쟁의 성장을 반영했으며 그 도움을 받았다.

1905년 혁명의 몇 달 동안에 경험한 것은 수백만 대중의 가슴과 머릿속에 깊은 인상을 남겼다. 이것은 당원들뿐 아니라 특히 반동기 동안에 당을 떠났다가 서서히 동면기에서 깨어난 사람들에게도 해당하는 것이었다. 당을 떠났던 당원 수천 명이 그들의 기억뿐 아니라 혁명에 도취됐던 나날들에 나왔던 문헌, 팸플릿, 신문들을 가슴속에 간직하고 있었다. 새로운 혁명 투쟁이 전개된 1912~1914년에 이들 수천 명이 다시 당에 들어왔다. 1905년과 1906년에 멘셰비키는 볼셰비키보다 우위에 있었지만, 1907년에는 볼셰비키에게 유리한 작은 변화가 있었다. 볼셰비키는 특히 페테르부르크의 조직된 노동자들 사이에서 우위를 획득했다.

앞서 19장에서 인용했듯이, 〈프라우다〉에 기부한 많은 노동자 그룹의 숫자와 그 신문에 보낸 편지나 보고서의 숫자를 볼 때 1912~1914년에 볼셰비키는 혁명적 대중정당이 됐다(이것은 산업 노동자 규모에서 본 맥락이다). 1913년 8월에 레닌은 당원이 3만 명에서 5만 명 사이라고 추정했다.[32] 그러나 아마도 이 숫자는 과장된 것 같다.

그렇지만 레닌이 다음과 같이 말한 것은 정당했다. "당은 정치에 적극적으로 참여하는 계급의식적인 노동자 마르크스주의자를 다수 발견할 수 있는 곳이다."[33] "진정한 마르크스주의 정당을 위한 진정한 프롤레타리아적 토대가 처음으로 확고하게 놓였다."[34] "노동계급 운동이 가진 강점의 유일한 원천 ─ 과 그 운동 속에 있는 불굴의 요소 ─ 은 노동자들의 계급의식과 이들의 광범한 투쟁, 다시 말해 임금노동자 대중의 투쟁 참여다."[35]

경찰청장의 말은 1913년 볼셰비즘의 강점에 대한 레닌의 평가를 뒷받침해 준다.

지난 10년 동안 …… 지칠 줄 모르는 투쟁과 저항 그리고 확고한 조직을 건설할 수 있었던 가장 정력적이고 용기 있는 사람들은 …… 레닌을 중심으로 결집한 조직과 사람들이다. …… 당의 중요한 모든 활동을 상시적으로 조직한 심장이자 영혼은 레닌이다. …… 레닌주의파는 다른 분파보다 더 잘 조직돼 있으며, 더 확고하게 목적에 전념하며, 노동자들에게 사상을 선전하는 재주가 더 뛰어나다. …… 지난 2년 동안 노동운동이 더 강력해지기 시작했을 때, 다른 누구보다 레닌과 그의 지지자들이 노동자들과 더 밀접해졌으며, 레닌이야말로 진정 혁명적인 구호를 외친 최초의 인물이었다. …… 볼셰비키 서클과 핵심과 조직은 모든 도시에 흩어져 있다. 거의 모든 공장 핵심들과 계속 서신을 교환하고 접촉하고 있다. 중앙위원회는 거의 정기적으로 기능하고 있으며, 전적으로 레닌의 수중에 있다. …… 지금까지 말한 관점에서 보면 현재 전체 지하 정당은 볼셰비키 조직을 중심으로 구축되고 있고, 사실상 볼셰비키가 러시아 사회민주노동당이라는 사실은 놀랍지가 않다.[36]

레닌이 볼셰비즘의 대중적 기반을 보며 낙관주의와 자신감을 드러낸 반면, 마르토프는 멘셰비즘의 조직적 취약함을 불평했다. 그래서 1913년 9월 금속노동조합 선거에서 볼셰비키가 승리했다는 소식을 접했을 때, 마르토프는 포트레소프에게 보내는 편지에서 다음과 같이 썼다.

나는 우리가 늘 그랬던 것보다 더 많이 취약하다는 사실이 드러난 금속노조의 이야기에 낙담했습니다. 앞으로 페테르부르크에서 우리의 지위는 크게 위축될 것 같습니다. 그러나 끔찍한 것은 이것이 아닙니다. 조직적 관점에서 볼 때 멘셰비키가 …… 여전히 작고 취약한 서클이라는 점이 더 끔찍한 일입니다.[37]

〈프라우다〉의 절반 이상이 페테르부르크에서 팔렸다. 1914년 1월 1일에서 5월 13일까지 〈프라우다〉에 헌금한 액수를 살펴보면, 전체 2873개의 노동자 그룹이 낸 헌금 1만 8934루블 10코페이카 가운데 페테르부르크의 2024개 노동자 그룹이 1만 3943루블 24코페이카를 냈다. 그래서 페테르부르크는 헌금 그룹의 70퍼센트와 모금한 액수의 74퍼센트를 차지했다.[38] 페테르부르크에서 노동자 신문에 헌금한 노동자 그룹의 86퍼센트가 〈프라우다〉에 기부한 반면, 14퍼센트만이 멘셰비키 신문에 기부했다. 한편 지방에서는 노동자 그룹의 32퍼센트가 멘셰비키를 지지했다.[39]

1912~1914년에 페테르부르크의 볼셰비키당 조직은 매우 강력했다. 1911년 12월 〈라보차야 가제타〉(레닌이 편집한 대중 신문으로 파리에서 발행됐다)에 실린 편지는 여러 당세포들 사이의 연계고리가 생겼고 페테르부르크 위원회가 구성됐다고 말했다. 페테르부르크 위원회는 그 도시의 다음과 같은 지구에서 연계고리를 가지게 됐다. 나르프스키, 비보르스키, 페테르부르크스키, 고로드스코이, 바실레오스트로프스키. 그중에서는 구 위원회뿐 아니라 동 위원회도 활동하고 있었던 바실레오스트로프스키의 조직이 가장 나았다.[40]

1913년 1월 말에 페테르부르크 위원회 집행부 모임이 열렸는데, 여기서 다음과 같은 조직 구조 방안을 채택했다. "되도록 선출하고, 여의치 않으면 위원의 3분의 1이 호선互選하는 광범한 민주적 페테르부르크 위원회와 3명으로 구성되는 협소하고 비밀스런 집행부. 후자는 안전과 활동의 연속성을 위해 주로 호선돼야 하며, 호선 결과는 페테르부르크 위원회의 승인을 받아야 한다." 페테르부르크 위원회의 영향력은 훨씬 더 확대됐다. 모든 노동자 단체는 러시아 사회민주노동당의 권위 있는 지역 조직은 페테르부르크 위원회뿐이라고 생각했다.[41]

1913년 말 조직의 기반은 더욱 확고해졌다. 모든 지구에 그룹이 있었으며, 더욱더 많은 지구에서 위원회에 대표를 보냈다. 페테르부르크 위원회는 두세 주마다 한 번씩 정기적으로 모였고, 집행부는 매우 활동적이었다. 집행부는 위원 세 명과 후보위원 두 명으로 구성됐다. 노동자가 세 명, 지식인이 두 명이었다. 이들은 일주일에 두 번 모여서 현실 상황과 당의 대응은 어떠해야 할지를 논의했다. 집행부는 해외의 중앙위원회와 접촉하면서 페테르부르크에서 벌어진 모든 활동을 보고했다.

1913년 9월 포로니노 볼셰비키 협의회에서 바다에프는 페테르부르크 볼셰비키 조직과 이들이 수행한 활동의 성격에 대해 보고했다. 그는 당시 상황을 명확하게 설명했는데, 상황을 매우 만족스럽게 평가했다.

페테르부르크 지역의 활동은 모두 지난해 가을부터 제구실을 하기 시작한 페테르부르크 위원회가 통제하고 있다. 위원회는 모든 작업장·공장과 접촉해 모든 상황을 보고받고 있다. 지구 조직은 다음과 같다. 공장에서 당원들은 여러 작업 부문에서 중핵을 이루고 있고 이 중핵 출신의 대표들이 공장위원회를 구성하고 있다(작은 공장에서는 당원들이 스스로 위원회를 구성한다). 모든 공장위원회나 대공장의 작업 부문 중핵은 월급날마다 회비와 그 밖의 기금, 도서, 신문 구독료 등을 모으는 사람을 임명한다. 이렇게 돈을 모으는 기관을 방문해서 정확한 액수가 걷혔는지를 점검하고 돈을 관리하는 회계감사도 임명한다. 이러한 체계를 통해서 자금 횡령 등의 비리를 막고 있다.

각 지구위원회는 실제 집행위원이 누구인지를 위원회 전체가 알아서는 안 된다는 점을 고려해, 비밀투표로 집행위원 세 명을 선출한다.

지구 집행위원들은 페테르부르크 위원회에 대표자를 보내는데, 이때도 지구위원회 전체가 그 이름을 알지 못하도록 주의를 기울인다. 페테르부르크 위원회도 집행위원 세 명을 선출하는데, 때때로 보안 때문에 지구위원들 가운데서 대표를 선출하는 것이 현명하지 못함이 드러나서 페테르부르크 위원회의 지도에 따라 호선하기도 했다.

이러한 체계 덕분에 보안경찰은 누가 페테르부르크 위원회의 멤버인지를 알기가 힘들었다. 따라서 페테르부르크 위원회는 자신들의 활동을 수행하고 조직 활동을 지도하고 정치 파업을 선언하는 등의 일을 할 수 있었다.[42]

당 전체뿐 아니라 페테르부르크 당에서도 조직 구조상 취약한 부분은 두마 의원단이었다. 경찰 프락치인 말리노프스키가 의원단을 이끌었고 다른 의원들도 모두 전쟁 발발 직후 곧 체포됐기 때문에, 의원단은 분쇄됐다. 그러나 이것은 그 뒤의 이야기다.

페테르부르크 이외 지역의 당 조직 상태는 1914년까지만 하더라도 매우 형편없었다. 그래서 1914년 2월 21일 크룹스카야는 엘레나 스타소바에게 이렇게 썼다.

불법 조직은 갈가리 찢겨 있다. 강고한 지역 중심들이 없다. 지역 조직들은 서로 단절돼 있다. 대부분의 경우 조직에는 노동자들만 있고 전문개직업혁명가 — 지은이는 사라진 지 이미 오래다. 어디서든 비밀 주소도 없고 그러한 비밀 실천도 없다.[43]

조직적 관점에서 보면 페테르부르크의 볼셰비키는 다른 지역의 동지들보다 앞서 있었다. 많은 지역에서 볼셰비키는 1917년 2월 혁명이 일어난 뒤에야 멘셰비키와 조직적으로 분리했다.

예카테린부르크, 페름, 툴라, 니즈니노브고로드, 소르모보, 콜롬나, 유조프카 같은 노동자 도시의 볼셰비키는 1917년 5월 말에야 멘셰비키와 분리했다. 오데사, 니콜라예프, 엘리자베트그라드, 폴타바 그리고 우크라이나의 여러 지역에서 볼셰비키는 6월 중순까지도 따로 조직을 꾸리지 못했다. 바쿠, 즐라토

우스트, 베제츠크, 코스트로마의 볼셰비키는 6월 말이 돼서야 멘셰비키와 분리했다.[44]

사실상 351개의 당 조직이 볼셰비키와 멘셰비키의 통합 조직에 남아 있었으며, 많은 경우에는 1917년 9월까지 그랬다.[45]

앞으로 보게 되겠지만, 1917년에 지역 조직들은 중앙위원회가 페테르부르크에만 관심을 쏟는다고 ─ 이유가 없었던 것은 아니지만 ─ 자주 불평했다.

전쟁 전야의 혁명적 파고

1914년 상반기의 정치 파업 건수가 1905년 수준에 달했다는 점은 이미 지적했다. 1914년 메이데이 시위는 그 이전 해들의 시위보다 훨씬 더 거대했다. 페테르부르크에서는 노동자 25만 명이 파업을 했고, 모스크바에서는 약 5만 명이 파업을 했다. 많은 지방 소도시에서도 파업이 벌어졌다.

가장 반동적인 두마 의원이던 푸리스케비치는 5월 2일 이 사태에 대한 인상을 이렇게 묘사했다. "우리는 중요한 장면을 목격하고 있다. 지금은 1904년과 매우 비슷한 시기다. 우리가 장님이 아니라면 지금 일어나는 일과 1904년에 벌어진 일 사이에는 차이점보다 공통점이 더 많다는 사실을 알아야 한다. 우리는 필요한 결론을 이끌어내야 한다."[46]

7월 7일 페테르부르크 볼셰비키는 그 며칠 전에 노동자들에게 발포한 사건에 항의하는 파업과 시위를 호소했다.

7월 7일 아침에 도시는 1905년 동안과 흡사했다. 몇 곳을 제외한 공장들과 작업장들이 문을 닫았으며, 노동자 약 13만 명이 파업을 벌였다. 노동자들은 거리로 쏟아져 나왔고 순찰 경관들은 노동자들을 통제할 수 없었다. 경찰은 네프스키 지구에서 시위가 벌어지는 것만 간신히 막을 수 있었다. 프랑스 대통령 면전에서 '수치스런 사태'가 벌어지는 것을 막으려고 대규모 경찰 병력이 도시 중심부에 집중 배치돼서 노동자들의 진입을 차단했다. 운동은 단지 시위에만 한정되지 않았다. 일상 교통이 중단돼서, 전차가 멈췄고, 승객들은 하차해야 했고, [교통]통제가 사라졌다. 노동자들이 차량들을 차지하고 운행을 막았다. 그날 오후 전차 창고의 노동자들이 파업에 합류했다. …… 노동자들은 경찰을 전혀 두려워하지 않았다. 노동자들은 경찰의 폭력 행위에 맞서 힘차게 싸웠고, 많은 접전이 벌어졌다.

그날 밤 시장과 내무장관은 낮에 벌어진 일을 급히 의논해서 강력한 조처를 취하기로 결정했다. 다음날 아침 시장은 시민들에게 이러한 혼란의 결과를 경고하는 담화문을 발표했고, 사실상 1905년 트레포프가 내린 유명한 명령, 즉 "탄약을 아끼지 마라"는 명령을 다시 내렸다.

그런데도 운동은 약해질 기미가 없었다. 운동은 7월 12일까지 며칠 동안 계속 성장했다. 파업 참여자는 15만 명으로 늘어났고, 7월 9일에는 페테르부르크에서 바리케이드가 등장했다. 전차, 술통, 장대 등으로 만든 바리케이드가 주로 비보르크 지구에 세워졌다. 모든 교통은 마비됐고, 노동자들은 많은 지역에서 거리를 완전히 통제했다.[47]

1914년 7월 운동은 8월 1일 러시아가 전쟁을 선포하자 중단됐다. 운동은 후퇴했지만 나중에 다시 부상했다. 결국 전쟁은 혁명운동을 촉진하고 강화하고 심화했다.

후주

1장 나로드주의에서 마르크스주의로

1   V I Lenin, *Works*, 러시아어판 제4판 번역본, Vol. 5, p 48.

2   I Lalaiants, 'On My Meetings with V I Lenin in the Period 1893~1900', *Proletarskaia revoliutsiia*, No.1(84), 1929, p 49.

3   A Elizarova, 'Memories of Alexander Ilyich Ulyanov', *Proletarskaia revoliutsiia*, Nos.2~3, 1927, p 287.

4   P P Pospelov et al, *Vladimir Ilyich Lenin : Biografiia*, Moscow 1963, p 9.

5   E Foss, 'The First Prison of V I Lenin', *Ogonek*, No.11, 1926, p 5.

6   V Adoratsky, 'After 18 Years(meeting Vladimir Ilyich)', *Proletarskaia revoliutsiia*, 3(26) 1924, p 94.

7   Lenin, *Works*, Vol. 5, pp 517~518.

8   G M Krzhizhanovsky, *O Vladimire Ilyiche*, Moscow 1924, pp 13~14.

9   N Valentinov, *Vstrechi s Leninym*, New York 1953, p 106.

10 L Trotsky, *The Young Lenin*, New York 1972, p 192.

11 같은 책, p 131.

12 Lenin, *Works*, Vol. 42, p 443.

13 같은 책, p 453.

14 I Deutscher, *Lenin's Childhood*, London 1970, pp 52~53.

15 F Venturi, *Roots of Revolution*, London 1960, pp 34~35.

16 같은 책, p 129.

17 같은 책, p 136.

18 같은 책, p 159.

19 같은 책, p 505.

20 같은 책, p 503.

21 G V Plekhanov, *Selected Philosophical Works*, Vol. 1, Moscow 1961, p 182.

22 B A Chagin, *Proniknovenie idei marksizma v Rossiiu*, Leningrad 1948, p 10.

23 A Walicki, *The Controversy over Capitalism*, London 1969, p 63.

24 *Manifesto of the Communist Party*, in K Marx and F Engels, *Selected Works*, Vol. 1, London 1950, pp 36~37.

25 *Perepiska K Marksa i F Engelsa s russkimi politicheskimi deiateliami*, Moscow 1947, p 341.

26 Walicki, 앞의 책, p 26.

27 Plekhanov, *Selected Philosophical Works*, p 439에서 재인용.

28 Trotsky, *The Young Lenin*, pp 52~53.

29 V Korolenko, *Die Geschichte meines Zeitgenossen*, Berlin 1919, Vol. 1, pp 47~48.

30 N K Karataev, *Narodnicheskaia ekonomicheskaia literatura*, Moscow 1958, p 631.

31 V Ivanov-Razumnik, *Istoriia russkoi obshchestvennoi mysl*, St Petersburg 1908, Vol. 2, p 335.

32 S H Baron, *Plekhanov*, London 1963, p 44.

33 Venturi, 앞의 책, p 511.

34 같은 책, p 481.

35 같은 책, p 516.

36 M N Pokrovsky, *Brief History of Russia*, Vol. 1, London 1933, p 220.

37 G V Plekhanov, *Sochineniia*, Vol. 1, Moscow 1923, pp 67ff.

38 Plekhanov, *Selected Philosophical Works*, p 844.

39 Plekhanov, 'Our Differences', 같은 책, p 384.

40 Pokrovsky, *Brief History of Russia*, p 230.

41 Plekhanov, *Selected Philosophical Works*, p 451.

42 같은 책, p 224.

43 같은 책, p 266.

44 같은 책, p 120.

45 같은 책, p 452.

46 같은 책, p 138.

47 같은 책, p 390.

48 같은 책, pp 391~392.

49 같은 책, p 392.

50 같은 책, pp 402~403.

51 Trotsky, *The Young Lenin*, pp 189~190.

52 Baron, 앞의 책, p 126.

53 L Martov, *Razvitie krupnoi promyshlennosti i rabochee dvizhenie v Rossii*, Petersburg-Moscow 1923, p 19.

54 M Gordon, *Workers before and after Lenin*, New York 1941, p 16.

55 Lenin, *Works*, Vol. 18, p 297.

56 N S Krupskaya, *Memories of Lenin*, London 1970, pp 14~15를 보시오.

57 E Lampert, *Sons against Father*, Oxford 1965, p 173.

58 D Geyer, *Lenin in der russischen Sozialdemokratie*, Cologne-Graz 1962, pp 7~8.

59 Baron, 앞의 책, p 144.

60 G V Plekhanov, *Izbrannie filosofskie proizvedeniia*, Vol. 4, Moscow 1956, pp 113~114.

61 같은 책, Vol. 1, p 392.

62 같은 책, Vol. 4, p 86.

63 A Gramsci, *Prison Notebooks*, London 1971, p 387.

64 Plekhanov, *Selected Philosophical Works*, p 789를 보시오.

65 Lenin, *Works*, Vol. 1, p 338.

66 같은 책, p 394.

67 같은 책, p 499.

68 같은 책, p 400~401.

69 같은 책, p 401.

70 *Perepiska G V Plekhanova i P B Akselroda*, Vol. 1, Moscow 1925, p 271.

71 Plekhanov, *Selected Philosophical Works*, pp 116~117.

72 Lenin, *Works*, Vol. 1, p 503.

73 *Works*, Vol. 18, p 359.

74 *Works*, Vol. 16, pp 119~120.

75 *Works*, Vol. 4, p 246.

76 *Works*, Vol. 5, pp 474~475.

2장 마르크스주의 학습 서클에서 산업투쟁으로

1 G V Plekhanov, 'The Russian Worker in the Revolutionary Movement', *Sochineniia*, Vol. 3, p 131.

2 같은 책, p 143.

3 E Mendelsohn, 'Worker Opposition in the Russian Jewish Socialist Movement : from the 1890s to 1903', *International Review of Social History*, 1965.

4 A K Wildman, *The Making of a Workers' Revolution : Russian Social Democracy 1891~1903*, Chicago 1967, p 31.

5 *Vladimir Akimov on the Dilemmas of Russian Marxism 1895~1903*, edited by J. Frankel, London 1969, pp 235~236.

6 Mendelsohn, 앞의 책, 같은 쪽에서 재인용.

7 S I Mitskevich, *Revoliutsionnaia Moskva*, Moscow 1940, p 144.

8 Wildman, 앞의 책, p 34.

9 같은 책, p 32.

10 같은 책, p 37.

11 L Martov, *Zapiski sotsial-demokrata*, Berlin-Petersburg-Moscow, 1922, pp 224~225.

12 같은 책, p 227.

13 G V Plekhanov, *O zadachi sotsialistov v borbe s golodom v Rossii*, Geneva 1892, p 58.

14 같은 책, p 79.

15 S N Valk, 'Materials on the History of May Day in Russia', *Krasnaia letopis*, No.4, 1922, p 253.

16 V V Sviatlovsky, *Istoriia professionalnogo dvizheniia v Rossii*, Leningrad 1925, p 301.

17 D Pospielovsky, *Russian Police Trade Unions*, London 1971, p 7.

18 *Ob agitatsii*, Geneva 1896, p 1.

19 같은 책, p 9.

20 같은 책, p 16.

21 같은 책, p 17.

22 같은 책, pp 17~18.

23 L Martov, *Istoriia RSDRP*, Moscow 1922, p 28.

24 Martov, *Zapiski sotsial-demokrata*, pp 250~252.

25 Akimov, 앞의 책, p 238.

26 같은 책, p 288.

27 Martov, *Zapiski sotsial-demokrata*, pp 227~232.

28 Akimov, 앞의 책, p 214.

29 Martov, *Zapiski sotsial-demokrata*, pp 227~228.

30 A Voden, 'At the Dawn of Legal Marxism', *Letopis marksizma*, No.3, 1927, p 80.

31 Wildman, 앞의 책, p 166.

32 같은 책, p 164.

33 L Deich, editor, *Gruppa 'Osvobozhdenie Truda'*, Moscow 1928, Vol. 6, p 174.

34 *Perepiska G V Plekhanova i P. B. Akselroda*, Vol. 1, p 166.

35 같은 책, p 32.

36 Deich, 앞의 책, pp 204~205.

37 같은 책, pp 207~208.

38 Lenin, *Works*, Vol. 2, p 114.

39 같은 책, p 115.

40 같은 책, p 72.

41 같은 책, p 85.

42 *Novy mir*, June 1963.

43 Krupskaya, 앞의 책, p 19.

44 같은 책, p 20.

45 Geyer, 앞의 책, p 49.

46 Lenin, *Works*, Vol. 5, p 491.

47 Krupskaya, 앞의 책, p 21.

48 같은 책, p 26.

49 같은 책, p 25.

50 R Pipes, *Social Democracy and the St. Petersburg Labor Movement*, 1885~1897, Cambridge, Mass. 1963, pp 93~94.

51 Pokrovsky, 앞의 책, Vol. 2, p 37.

52 Krupskaya, 앞의 책, p 29.

53 T Dan, *The Origins of Bolshevism*, New York 1964, pp 211~212.

54 Pipes, 앞의 책, p 124.

55 Lenin, *Works*, Vol. 4, pp 173~174.

56 Martov, *Zapiski sotsial-demokrata*, p 410.

57 Lenin, *Works*, Vol. 4, p 367.

58 같은 책, pp 293~294.

59 같은 책, p 367.

60 같은 쪽.

61 Dan, 앞의 책, p 212.

62 Krupskaya, 앞의 책, p 27.

63 Lenin, *Works*, Vol. 36, pp 51~52.

3장 당 건설을 향해

1 레닌, 'What is to be done?', *Works,* Vol. 5, p 467.

2 *Kommunisticheskaia partiia sovetskogo soiuza v rezoliutsiakh i resheniiakh sezdov, konferentsii i plenumov Tsk*, seventh edition, Moscow 1953, Vol. 1, p 14.

3 Krupskaya, 앞의 책, p 43.

4 Lenin, *Works*, Vol. 4, pp 215~216.

5 같은 책, p 216.

6 같은 책, pp 216~217.

7 같은 책, pp 218~219.

8 같은 책, pp 222~223.

9 같은 책, pp 333~334.

10 같은 책, p 334.

11 같은 책, p 335.

12 같은 책, p 334.

13 같은 책, p 338.

14 같은 책, p 340.

15 같은 책, pp 341~342.

16 같은 책, p 348.

17 Krupskaya, 앞의 책, pp 54~55.

18 L Trotsky, *My Life,* New York 1960, p 150.

19 A V Lunacharsky, *Revolutionary Silhouettes*, London 1967, p 39.

20 M Gorky, *Lenin,* Edinburgh 1967, p 42.

21 Letter to Lenin's Mother, 1 October 1900, Lenin, *Works*, Vol. 37, p 592.

22 A N Potresov, *Posmertnyi sbornik proizvedenii*, Paris 1937, p 299.

23 Trotsky, *My Life*, p 152.

24 Z Krzhizhanovskaia, *Neskolko shtrikov iz zhizhni Lenina*, Moscow 1925, Vol. 2, p 49.

25 C Zetkin, *Reminiscences of Lenin*, New York 1934, pp 50~51.

4장 《무엇을 할 것인가?》

1   Lenin, *Works*, Vol. 5, p 349.

2   같은 책, p 375.

3   같은 책, p 384.

4   같은 책, p 386.

5   같은 책, pp 384~385.

6   같은 책, p 422.

7   Gramsci, 앞의 책, p 197.

8   Lenin, *Works*, Vol. 4, p 315.

9   같은 책, p 316.

10 같은 쪽.

11 Marx, Engels, Lenin, *Anarchism and Anarcho-Syndicalism*, Moscow 1972, p 57.

12 Lenin, *Works*, Vol. 5, p 402.

13 같은 책, p 412.

14 같은 책, p 425.

15 *Works,* Vol. 6, p 475.

16 Trotsky, *My Life*, pp 106~107을 보시오.

17 Lenin, *Works*, Vol. 5, p 423.

18 같은 책, pp 441~442.

19 같은 책, p 442.

20 같은 책, p 443.

21 같은 책, p 467.

22 같은 책, p 464.

23 같은 책, pp 472~473.

24 *Works,* Vol. 1, p 298.

25 *Works,* Vol. 5, pp 22~23.

26 같은 책, pp 514~516.

27 같은 책, p 515.

28 *Works,* Vol. 6, p 238.

29 같은 쪽.

30 같은 책, pp 243~245.

31 같은 책, pp 248~249.

32 같은 책, p 252.

33 같은 책, p 251.

34 같은 책, pp 476~478.

35 레닌, 'One Step Forward, Two Steps Back', *Works,* Vol. 7, p 244.

36 같은 책, p 246.

37 Lunacharsky, 앞의 책, p 69.

38 B Lockhart, *Memoirs of a British Agent*, London 1932, pp 233~234.

39 M A Silvin, 'To the Biography of V I Lenin', *Proletarskaia revoliutsiia*, No.7, 1924, p 68.

40 Gorky, 앞의 책, p 13.

41 Lenin, *Works*, Vol. 42, p 457.

42 *Works,* Vol. 16, p 253.

43 J Martow, *Geschichte der russischen Sozialdemokratie*, Berlin 1926, pp 49~50.

44 같은 책, p 60.

45 Lenin, *Works*, Vol. 19, p 329.

46 같은 책, p 330.

47 *Works,* Vol. 7, p 384.

5장 1903년 당대회 — 볼셰비즘의 탄생

1 Krupskaya, 앞의 책, p 56.

2 같은 책, p 69.

3 Trotsky, *My Life*, p 152.

4 Krupskaya, 앞의 책, p 78.

5 *Pisma P V Akselroda i Iu O Martova*, Berlin 1924, Vol. 1, p 46.

6 I Getzler, *Martov*, London 1967, p 75.

7 Lenin, *Works*, Vol. 36, p 112.

8 같은 책, p 113.

9 Wildman, 앞의 책, p 241.

10 L Trotsky, *Stalin*, London 1947, p 39.

11 Krupskaya, 앞의 책, pp 100~101.

12 O Piatnitsky, *Memoirs of a Bolshevik*, London n.d., p 57.

13 Krupskaya, 앞의 책, p 71.

14 Geyer, 앞의 책, pp 319~320.

15 J P Nettl, *Rosa Luxemburg*, London 1966, Vol. 1, pp 263~266.

16 Krupskaya, 앞의 책, p 83.

17 *Vtoroi sezd RSDRP*, Moscow 1959, p 374.

18 *Protokoly 2-go ocherednogo sezda zagranichnoi ligi russkoi revoliutsionnoi sots.-demokratii*, Geneva 1904, p 57.

19 *Vtoroi sezd RSDRP*, p 169.

20 대회에 제출된 강령 초안은 *Iskra*, No.21, 1 June 1902를 보시오. 대회에서 채택된 강령은 *KPSS v Rezoliutsiakh* etc. 앞의 책, pp 37~47을 보시오.

21 Lenin, *Works*, Vol. 6, pp 502~503.

22 *Vtoroi sezd RSDRP*, p 169.

23 Marx, Engels, Lenin, *Anarchism and Anarcho-Syndicalism*, p 103.

24 Martow, *Geschichte der russischen Sozialdemokratie*, p 81.

25 Lenin, *Works*, Vol. 7, p 363.

26 같은 책, p 286.

27 같은 책, p 395.

28 같은 책, p 31.

29 *Works,* Vol. 34, p 195.

30 Krupskaya, 앞의 책, p 52.

31 같은 책, p 53.

32 같은 책, pp 92~93.

33 같은 책, p 217.

34 Letter to P A Krasikov, 5 April 1905, Lenin, *Works*, Vol. 36, p 145.

35 *Works,* Vol. 35, p 99.

36 Krupskaya, 앞의 책, pp 229~230.

37 같은 책, p 76.

38 Trotsky, *Stalin*, p 42에서 재인용.

39 Piatnitsky, 앞의 책, pp 59~60.

40 Trotsky, *Stalin*, p 42.

41 Lenin, *Works*, Vol. 7, p 39.

42 *Works,* Vol. 18, pp 181~182.

43 *Works,* Vol. 34, pp 164~165.

44 *Works,* Vol. 7, p 206.

45 같은 책, p 404.

46 같은 책, pp 346~347.

47 같은 책, pp 147~148.

48 Krupskaya, 앞의 책, p 79.

49 같은 책, p 89.

50 Lenin, *Works*, Vol. 7, pp 356~357.

51 같은 책, pp 391~392.

52 같은 책, pp 324~325.

53 L Trotsky, *History of the Russian Revolution*, London 1934, p 1156.

54 Lenin, *Works*, Vol. 34, pp 200~201.

55 *Leninskii sbornik*, Vol. 15, pp 249~259, 351~353.

56 Lenin, *Works*, Vol. 7, p 571.

57 같은 책, p 574.

58 *Works,* Vol. 8, pp 143~144.

59 D Lane, *The Roots of Russian Communism*, Assen 1969, p 71.

60 Trotsky, *Stalin*, p 43.

61 Geyer, 앞의 책, p 410.

62 Lenin, *Works*, Vol. 34, p 245.

63 *Works,* Vol. 8, p 37.

64 *Works,* Vol. 34, p 303.

65 *Listovki Petersburgskikh bolshevikov 1902~1917 gg.* Vol. 1, Leningrad 1939.

66 Lane, 앞의 책, p 74.

67 같은 책, p 101.

68 V I Nevsky, *Rabochee dvizhenie v ianvarskie dni 1905 goda,* Moscow 1930, p 85. S M Schwarz, *The Russian Revolution of 1905,* Chicago 1967, p 65.

69 Nevsky, 앞의 책.

70 같은 책, p 157. Schwarz, 앞의 책, p 67.

71 *Tretii sezd RSDRP,* Moscow 1959, pp 544~545.

72 Martow, *Geschichte der russischen Sozialdemokratie,* p 88.

73 Lane, 앞의 책, p 72.

74 Lenin, *Works,* Vol. 8, p 143.

75 같은 책, p 145.

76 *Works,* Vol. 34, p 293.

77 같은 책, pp 314~315.

78 같은 책, p 315.

79 같은 책, p 324.

80 같은 쪽.

81 같은 쪽.

82 *Works,* Vol. 36, p 78.

83 'What is to be Done?', *Works,* Vol. 5, p 467.

84 K Marx and F Engels, *Werke,* Berlin 1966, Vol. 27, p 185.

85 같은 책, p 186.

86 L Trotsky, *Nashi politicheskie zadachi,* Geneva 1904, p 4.

6장 자유주의자들에 반대한 투쟁

1 Lenin, *Works,* Vol. 11, p 385.

2 D J Dallin, *The Rise of Russia in Asia,* London 1950, p 79.

3 같은 책, p 81.

4 B Pares, *A History of Russia,* London 1937, p 428에서 재인용.

5 Dan, 앞의 책, p 297.

6 Lenin, *Works,* Vol. 7, pp 501~502~507.

7 같은 책, pp 509~510.

8 A Martynov, *Dve Diktatury,* Geneva 1904, pp 57~58.

9 G Zinoviev, *Istoriia Rossisskoi Kommunisticheskoi Partii(Bolshevikov),* Moscow-Leningrad 1923, p 158에서 재인용.

10   Plekhanov, *Selected Philosophical Works*, p 116.

11   Plekhanov, *Sochineniia*, Vol. 15.

12   Lenin, *Works*, Vol. 7, p 507.

13   같은 책, p 511.

14   같은 책, p 512.

15   *Works,* Vol. 8, p 258.

16   같은 책, pp 511~512.

17   같은 책, p 492.

18   P D Dolgorukov와 I I Petrunkevich, *Agrarnii vopros,* Moscow 1905(eds.)에 실린 토지 문제에 관한 글들을 보시오. 특히 M Ia Gertsenshtein의 'Land Nationalisation'이라는 글을 보시오.

19   Lenin, *Works*, Vol. 12, p 191.

20   같은 책, p 532.

21   같은 책, p 191.

22   같은 책, p 257.

23   *Works,* Vol. 15, p 22.

24   같은 책, p 25.

25   Pokrovsky, 앞의 책, Vol. 2, p 148.

26   같은 책, p 181.

27   같은 쪽.

28   같은 책, p 246.

29   S E Sef, *Burzhuaziia v 1905 godu,* Moscow-Leningrad 1926, p 82.

30   P N Miliukov, *God borbi. Publitsisticheskaia Khronika 1905~1906,* St Petersburg 1907, p 171.

31   Sef, 앞의 책, p 109에서 재인용.

32   같은 책, p 101.

33   Krupskaya, 앞의 책, p 17.

7장 1905년 혁명

1   S S Harcave, *First Blood : the Russian Revolution of 1905,* London 1965, p 23.

2   Pokrovsky, 앞의 책, Vol. 2, pp 52~53.

3   Lenin, *Works*, Vol. 15, p 276.

4   *Works,* Vol. 8, p 118.

5   Harcave, 앞의 책 p 97.

6   L Trotsky, *1905,* New York 1972, p 77.

7   같은 책, p 76.

8   Lenin, *Works*, Vol. 8, p 97.

9   같은 책, p 98.

10   같은 책, p 167.

11 *Tretii sezd RSDRP*, p 54.

12 N Doroshenko, 'The Role of the Social-Democratic Bolshevik Organisations in January 1905 Days', *Krasnaia letopis*, No.3. 1925, p 211. Schwarz, 앞의 책 pp 68~69에서 재인용.

13 Doroshenko, 앞의 책, p 212.

14 같은 책, pp 213~214.

15 같은 책, p 214.

16 같은 책, p 215. Schwarz, 앞의 책, pp 68~70.

17 Lenin, *Works*, Vol. 8, pp 90~91.

18 같은 책, p 114.

19 Krupskaya, 앞의 책, p 104.

20 Lenin, *Works*, Vol. 8, p 106.

21 같은 책, p 416.

22 Krupskaya, 앞의 책, pp 104~105.

23 'The Correspondence of N. Lenin and N. K. Krupskaya with S. I. Gusev', *Pro- letarskaia revoliutsiia,* No.2(37), 1925, pp 23~24. Schwarz, 앞의 책, p 66.

24 같은 책, p 36. Schwarz, 같은 쪽.

25 'The Correspondence of N. Lenin and N. K. Krupskaya with the Odessa Organization', *Proletarskaia revoliutsiia*, December 1925, p 62. Schwarz, 앞의 책, pp 157~158에서 재인용.

26 Lenin, *Works*, Vol. 34, p 359.

27 *Works,* Vol. 10, pp 160~161.

28 V S Voitinsky, *Gody pobed i porazhenii*, Moscow 1923. J L H Keep, *The Rise of Social Democracy in Russia*, London 1964, p 230에서 재인용.

29 Voitinsky, 앞의 책, p 194. Keep, 앞의 책, p 231.

30 B I Gorev, *Iz partiinogo proshlogo*, Leningrad 1924, pp 75~76. Schwarz, 앞의 책, p 180.

31 Schwarz, 같은 책, pp 180~181.

32 *Novaia zhizn*, No.5, November 1905. Lane, 앞의 책, p 88.

33 P Gorin, *Ocherki po istorii sovetov rabochikh deputatov v 1905 godu*, Moscow 1925, p 60. Schwarz, 앞의 책, p 181.

34 V I Nevsky, 'Sovety v 1905 godu', pp 39~40, 70. Schwarz, 앞의 책, pp 183~184.

35 Schwarz, 앞의 책, p 181. Sverchkov, *Na zare revoliutsii*, Moscow 1921, pp 6~7에 트로츠키의 편지가 서문을 대신해 실려 있다.

36 Lenin, *Works*, Vol. 10, p 19.

37 같은 책, p 20.

38 같은 책, p 21.

39 같은 쪽.

40 같은 책, pp 23~24.

41 Trotsky, *1905*, p 224.

42 Lenin, *Works*, Vol. 8, p 99.

43 *Works,* Vol. 11, pp 124~125.

44 Nettl, 앞의 책, Vol. 1, p 340.

45 Trotsky, *1905*, pp 251. 253~254.

46 L Trotsky, *Nashe slovo,* 17 October 1915. L Trotsky, *The Permanent Revolution*, London 1962, p 254에서 재인용.

8장 "당 문호를 개방하라"

1 J V Stalin, *Works*, Vol. 1, p 80.

2 Trotsky, *Stalin*, p 64.

3 Krupskaya, 앞의 책, pp 114~115.

4 Lenin, *Works*, Vol. 8, pp 145~146.

5 *Works,* Vol. 34, p 307.

6 *Works,* Vol. 8, pp 409~410.

7 *Tretii sezd RSDRP*, p 255. Schwarz, 앞의 책, p 217.

8 *Tretii sezd RSDRP*, p 267.

9 같은 책, p 265.

10 같은 책, p 334.

11 같은 책, p 275.

12 같은 책, p 335. Schwarz, 앞의 책, pp 218~219.

13 Lenin, *Works*, Vol. 8, p 408.

14 *Tretii sezd RSDRP*, p 362.

15 Lenin, *Works*, Vol. 8, pp 407~415.

16 Martow, *Geschichte der russischen Sozialdemokratie*, p 136.

17 Lenin, *Works*, Vol. 13, pp 107~108.

18 *Works,* Vol. 10, p 32.

19 *Works,* Vol. 16, pp 301~302.

20 *Works,* Vol. 13, p 102.

21 'The Reorganization of the Party', *Works,* Vol. 10, p 32.

22 같은 책, p 31.

23 같은 책, p 23.

24 *Works,* Vol. 9, p 238.

25 *Works,* Vol. 8, p 408.

26 *Works,* Vol. 10, p 36.

27 *Works,* Vol. 11, p 359.

28 Lane, 앞의 책, pp 12~13.

29 같은 책, p 37.

30 같은 책, p 36.

31 같은 책, p 35.

32 Lenin, *Works*, Vol. 11, pp 354~355.

33 *Works,* Vol. 43, p 613.

34 Lane, 앞의 책, pp 25~26.

35 같은 쪽.

36 *Tretii sezd RSDRP*, pp 547~553.

37 *Proletary*, No.22, October 1905. Lane, 앞의 책, p 116.

38 Keep, 앞의 책, p 287.

39 Lane, 앞의 책, p 37.

40 같은 책, p 38.

41 같은 책, p 39.

9장 무장봉기에 대한 레닌의 견해

1   Lenin, *Works*, Vol. 9, p 132.

2   *Works,* Vol. 2, p 342.

3   *Works,* Vol. 5, pp 515~516.

4   *Works,* Vol. 8, pp 373~374.

5   *Works,* Vol. 9, pp 18~19.

6   같은 책, p 132.

7   같은 책, p 369.

8   *Works,* Vol. 11, pp 177.

9   같은 책, pp 176~177.

10 같은 책, pp 174~175.

11 *Leninskii Sbornik*, Vol. 26, pp 355~365.

12 Lenin, *Works*, Vol. 9, p 344.

13 같은 책, pp 344~346.

14 *Works,* Vol. 8, p 153.

15 8 October 1917, *Works,* Vol. 26, p 181.

16 *Pokrovsky*, 앞의 책, Vol. 2, pp 208~209.

17 같은 책, p 212.

18 Lenin, *Works*, Vol. 23, p 250.

19 *Works,* Vol. 10, pp 113~114.

20 *Works,* Vol. 11, p 173.

21 *Iskra*, 2 March 1904. Dan, 앞의 책, p 203.

22 Lenin, *Works*, Vol. 8, p 174.

23 *Piatyi sezd RSDRP*, Moscow 1934, p 62.

24 Lenin, *Works*, Vol. 8, p 398.

25 *Works,* Vol. 11, p 178.

10장 임시혁명정부 논쟁

1 Dan, 앞의 책, p 332.

2 Lenin, *Works*, Vol. 8, p 286.

3 *Works,* Vol. 9, p 56.

4 같은 책, p 94.

5 같은 책, pp 56~57.

6 같은 책, p 23.

7 같은 책, pp 28~29.

8 같은 책, p 112.

9 같은 책, pp 27.

10 *Works,* Vol. 21, p 33.

11 *Works,* Vol. 13, p 328.

12 Trotsky, *1905*, p 35.

13 'Results and Prospects', in Trotsky, *The Permanent Revolution*, pp 194~195.

14 같은 책, p 201.

15 같은 책, p 203.

16 같은 책, pp 204~205.

17 같은 책, pp 233~234.

18 같은 책, pp 236~237.

19 Marx and Engels, *Seleted Works*, Vol. 2, p 161.

20 Trotsky, *1905*, pp 316~317.

21 Lenin, *Works*, Vol. 13, p 111.

22 *Works,* Vol. 8, p 27.

23 *Works,* Vol. 9, p 314.

24 같은 쪽.

25 'Results and Prospects', in Trotsky, *The Permanent Revolution*, pp 163~164.

11장 반란을 일으킨 무지크

1 G T Robinson, *Rural Russia under the Old Regime*, London 1932, pp 155~156.

2 L O Owen, *The Russian Peasant Movement 1906~1917*, London 1937, p 20.

3 Trotsky, *1905*, p 188.

4 같은 책, pp 189~190.

5 Lenin, *Works*, Vol. 13, p 227.

6 같은 책, p 256.

7 같은 쪽.

8 같은 쪽.

9   *Works,* Vol. 4, pp 44~45.

10   *Works,* Vol. 10, p 170.

11   *Works,* Vol. 6, pp 127~128.

12   같은 책, p 132.

13   같은 책, p 133.

14   같은 책, p 134.

15   같은 책, p 140.

16   Krupskaya, 앞의 책, p 110.

17   같은 쪽.

18   Lenin, *Works,* Vol. 13, p 257.

19   같은 책, p 256.

20   같은 책, pp 256~257.

21   *Works* Vol. 10, p 177.

22   같은 책, p 88.

23   같은 책, pp 194~195.

24   *Works,* Vol. 13, pp 291~292.

25   *Works,* Vol. 15, p 309.

26   같은 책, p 310.

27   같은 책, p 311.

28   같은 책, p 313.

29   같은 책, pp 313~314.

30   *Works,* Vol. 13, pp 398~399.

31   *Works,* Vol. 15, p 311.

32   *Works,* Vol. 13, p 398.

33   Plekhanov, *Sochineniia,* Vol. 3, p 119.

34   같은 책, pp 382~383.

35   Lenin, *Works,* Vol. 12, p 189.

36   같은 책, p 203.

37   *Works,* Vol. 13, p 458.

38   *Works,* Vol. 10, pp 158~159.

39   *Works,* Vol. 13, pp 243~244.

40   같은 책, pp 292~293.

41   같은 책, pp 319~320.

42   *Works,* Vol. 15, p 138.

43   *Works,* Vol. 13, p 323.

44   같은 책, pp 324~325.

45   같은 책, p 430.

46   *Works,* Vol. 10, p 411.

47   같은 책, p 191.

48 *Works,* Vol. 15, p 59.

49 *Works,* Vol. 13, p 121.

50 *Works,* Vol. 12, p 467.

51 *Works,* Vol. 15, p 349.

52 *Works,* Vol. 12, pp 181~182.

53 *Works,* Vol. 9, p 315.

54 *Works,* Vol. 13, p 349.

55 *Works,* Vol. 10, p 280.

12장 예행총연습

1 Lenin, *Works,* Vol. 15, p 268.

2 같은 쪽.

3 같은 책, p 269.

4 같은 책, p 268.

5 *Works,* Vol. 23, p 241.

6 같은 책, p 237.

7 *Works,* Vol. 16, p 387.

8 *Works,* Vol. 15, p 53.

9 같은 책, pp 208~209.

10 같은 책, p 274

11 *Works,* Vol. 10, pp 253~254.

12 같은 책, p 259.

13 *Works,* Vol. 17, p 293.

14 *Works,* Vol. 23, p 240.

15 *Works,* Vol. 13, p 26.

16 *Works,* Vol. 8, p 563.

17 *Works,* Vol. 11, p 435.

18 *Works,* Vol. 16, p 123.

19 *Works,* Vol. 29, p 563.

20 같은 책, p 396.

21 *Works,* Vol. 13, p 65.

13장 암울한 반동의 승리

1 Lenin, *Works,* Vol. 10, p 135.

2 *KPSS v Rezoliutsiiakh etc.* Vol. 1, pp 100~101.

3   Lenin, *Works*, Vol. 10, p 152.

4   *Works,* Vol. 11, p 17.

5   같은 책, p 130.

6   같은 책, p 351.

7   *Works,* Vol. 12, p 142.

8   Trotsky, *My Life*, p 223.

9   Trotsky, *Stalin*, pp 126~127.

10 Lenin, *Works*, Vol. 16, pp 395~396.

11 같은 책, p 395.

12 같은 책, p 406.

13 Pokrovsky, 앞의 책, Vol. 2, p 284.

14 Lenin, *Works*, Vol. 15, p 17.

15 같은 책, p 345.

16 Krupskaya, 앞의 책, p 192.

17 Stalin, 앞의 책, Vol. 2, pp 150~151.

18 Lane, 앞의 책, p 104.

19 Martow, *Geschichte der russischen Sozialdemokratie*, p 195.

20 Trotsky, *Stalin*, p 95.

21 Lenin, *Works*, Vol. 15, pp 17~18.

22 같은 책, pp 345~346.

23 *Works,* Vol. 34, p 411.

24 *Works,* Vol. 16, p 289.

25 *Works,* Vol. 17, p 17.

26 같은 책, p 202.

27 같은 책, p 581.

28 *Works,* Vol. 36, p 21.

29 Zinoviev, 앞의 책, p 241.

30 Krupskaya, 앞의 책, p 148.

31 Lenin, *Works*, Vol. 18, p 319.

32 *Works,* Vol. 37, p 372.

33 같은 책, pp 396~397.

34 같은 책, p 451.

35 같은 책, p 56.

36 *Works,* Vol. 34, p 421.

37 Krupskaya, 앞의 책, pp 185~186.

38 같은 책, p 218.

39 D A Longley, 'Central Party Control in the Bolshevik Party 1909~1917', 미발표 논문, 1973.

40 레닌, *Sochineniia*, 러시아어판 제5판, Vol. 48, pp 54~55.

41 *Works,* Vol. 47, p 223.

42 *Works,* Vol. 48, p 267.

43 같은 책, p 58.

44 Stalin, 앞의 책, Vol. 2, p 159.

45 Piatnitsky, 앞의 책, p 162.

46 *Proletarskaia revoliutsiia,* No. 2(14) 1923, p 452.

47 *Istoriia KPSS,* Moscow 1966, p 369.

48 Lenin, *Works,* Vol. 31, p 28.

49 *Works,* Vol. 9, p 182.

50 *Works,* Vol. 12, pp 513~514.

51 *Works,* Vol. 9, pp 182~183.

52 *Works,* Vol. 10, pp 423~424.

53 *Works,* Vol. 11, pp 80~81.

54 같은 책, p 141.

55 같은 책, p 145.

56 *Works,* Vol. 13, p 60.

57 *Works,* Vol. 11, p 278.

58 *Works,* Vol. 13, pp 39~40.

59 같은 책, p 42.

60 *Works,* Vol. 25, pp 305~306.

14장 전략과 전술

1 Lenin, *Works,* Vol. 24, p 43.

2 *Works,* Vol. 30, p 356.

3 *Works,* Vol. 35, p 131.

4 *Works,* Vol. 9, p 86.

5 *Works,* Vol. 7, p 65.

6 *Works,* Vol. 27, p 48.

7 *Works,* Vol. 26, p 135.

8 같은 책, p 56.

9 *Works,* Vol. 9, p 103.

10 *Molodaia gvardiia,* February~March 1924, p 248.

11 Gramsci, 앞의 책, p 201.

12 I Deutscher, *Stalin,* London 1949, p 116.

13 Lenin, *Works,* Vol. 17, p 280.

14 *Works,* Vol. 9, p 146.

15 L Trotsky, *Terrorism and Communism,* University of Michigan Press 1961, p 101.

16 Lenin, *Works,* Vol. 13, p 36.

17 Trotsky, *History of the Russian Revolution*, p 138.

18 Lenin, *Works*, Vol. 9, p 149.

19 *Works,* Vol. 12, p 22.

20 같은 책, p 489.

21 *Works,* Vol. 9, p 262.

22 Trotsky, *History of the Russian Revolution*, p 978.

23 Lenin, *Works*, Vol. 5, p 502.

24 L Trotsky, *On Lenin*, London 1971, pp 124~125.

25 같은 책, pp 193~194.

26 'Can the Bolsheviks Retain State Power?', Lenin, *Works*, Vol. 26, p 120.

27 Krupskaya, 앞의 책, p 106.

28 L Trotsky, *Diary in Exile*, London 1958, p 81.

29 T Deutscher, editor, *Not by Politics Alone*, London 1973, p 71.

30 Lenin, *Works*, Vol. 5, pp 509~510.

31 *Works,* Vol. 35, p 242.

32 *Works,* Vol. 33, p 227.

33 *Works,* Vol. 31, p 57.

34 *Works,* Vol. 26, p 58.

35 *Works,* Vol. 8, p 523.

36 *Works,* Vol. 10, pp 310~311.

37 *Works,* Vol. 13, p 159.

38 *Works,* Vol. 10, pp 442~443.

39 *Works,* Vol. 11, p 230.

40 같은 책, p 321.

41 Carl von Clausewitz, *On War*, London 1971, pp 164~165.

42 같은 책, p 91.

43 같은 책, p 166.

44 같은 책, p 241.

45 같은 책, p 389.

46 같은 책, p 266.

15장 멘셰비키와 반쯤 통합하다

1 Getzler, 앞의 책, p 110.

2 Trotsky, *My Life*, p 182.

3 Lenin, *Works*, Vol. 12, p 352.

4 *Works,* Vol. 16, p 104.

5 M I Vasilev-Iuzhin, *Moskovskii sovet rabochikh deputatov v 1905 g.*, Moscow 1925, p 85.

6 M N Pokrovsky, editor, *1905*, Moscow-Leningrad 1926, pp 443~445.

7 B D Wolfe, *Three who made a Revolution*, Boston 1948, p 340.

8 Trotsky, *My Life*, pp 182~183.

9 Lenin, *Works*, Vol. 10, p 37.

10 Piatnitsky, 앞의 책, pp 90~91.

11 Lenin, *Works*, Vol. 10, pp 251~252.

12 A Lunacharsky, *Vospominaniia o Lenine*, Moscow 1933, p 21.

13 Lenin, *Works*, Vol. 11, p 321.

14 같은 책, p 325.

15 같은 책, p 321.

16 같은 책, p 322.

17 같은 쪽.

18 *Works,* Vol. 7, p 306.

19 *Works,* Vol. 11, pp 441~442.

20 같은 책, p 323.

21 같은 책, p 434.

22 같은 책, p 435.

16장 레닌이 초좌파주의자들을 당에서 축출하다

1 A Levin, *The Second Duma*, Newhaven 1940, p 70.

2 Lenin, *Works*, Vol. 15, p 458.

3 *Works,* Vol. 16, p 42.

4 같은 책, pp 68~74.

5 T Hammond, *Lenin on Trade Unions and Revolution 1893~1917*, New York 1957, pp 56~57.

6 Lenin, *Works*, Vol. 16, p 67.

7 같은 책, p 48.

8 K Marx, *The Cologne Communist Trial*, London 1971, p 131.

9 Lenin, *Works*, Vol. 16, p 349.

10 *Works,* Vol. 15, pp 458~459.

11 같은 책, pp 457~458.

12 *Works,* Vol. 31, p 32.

13 *Works,* Vol. 16, p 52.

14 *Works,* Vol. 15, p 449.

15 Stalin, *Works*, Vol. 2, p 172.

16 Letters to his Mother, 14 February와 29 May 1898, Lenin, *Works*, Vol. 37, pp 155, 264.

17 *Works,* Vol. 8, p 389.

18 *Works,* Vol. 13, pp 448~449.

19   같은 책, p 449.

20   같은 책, pp 452~453.

21   *Works,* Vol. 34, p 393.

22   *Works,* Vol. 17, p 51.

23   *Works,* Vol. 14, p 19.

24   M Gorky, *The Confession,* London 1910, pp 309, 319~320.

25   Lenin, *Works,* Vol. 35, p 122.

26   *Works,* Vol. 16, p 366.

27   Krupskaya, 앞의 책, pp 174~175.

28   *Nasha Zariia,* No.3, 1914. Getzler, 앞의 책, p 137.

17장 멘셰비키와 최종 분열하다

1   Lenin, *Works,* Vol. 10, pp 323~324.

2   같은 책, p 369.

3   *Works,* Vol. 11, pp 57~58.

4   같은 책, p 320.

5   *Works,* Vol. 16, pp 242~243.

6   *Works,* Vol. 17, p 164.

7   L Martov, 'On Liquidationism', *Golos sotsialdemokrata,* August~September 1909. Getzler, 앞의 책, p 125.

8   Lenin, *Works,* Vol. 16, pp 158.

9   같은 쪽.

10   같은 책, p 153.

11   *Works,* Vol. 15, pp 432~433.

12   *Works,* Vol. 12, p 390.

13   *Zhivaia zhizn,* 25 July 1913, *Works,* Vol. 19, pp 414~415.

14   N R-kov, 'The Present Situation in Russia and the Main Tasks of the Working Class Movement at the Present Moment', *Nasha Zariia,* Nos.9~10, *Works,* Vol. 17, p 322.

15   같은 책, p 323.

16   같은 책, pp 357~358.

17   같은 책, p 540.

18   *Works,* Vol. 18, p 395.

19   같은 책, pp 458~459.

20   같은 책, pp 417~418.

21   같은 책, p 243.

22   Trotsky, *Stalin,* 앞의 책, p 111.

23   Lenin, *Works,* Vol. 19, p 398.

24 Krupskaya, 앞의 책, pp 127~128.

25 E Yaroslavsky, *History of the Communist Party*, Moscow 1927, Vol. 5, p 15.

26 Lane, 앞의 책, p 108.

27 같은 쪽.

28 Martow, *Geschichte der russischen Sotzialdemokratie*, 앞의 책, p 133.

29 Krupskaya, 앞의 책, pp 161~162.

30 Trotsky, *My Life*, 앞의 책, p 218.

31 Lenin, *Works*, Vol. 12, pp 424~425.

32 *Works*, Vol. 17, pp 493~494.

33 *Works*, Vol. 16, pp 19~20.

34 같은 책, p 101.

35 Zinoviev, 앞의 책, p 162.

36 *Pravda*, Vienna, 12 February 1910. Getzler, 앞의 책, p 132.

37 Lenin, *Works*, Vol. 34, p 420.

38 L Martov, *Spasiteli ili uprazdniteli?*, Paris 1911, p 16.

39 *Pravda*, Vienna, No.12, in I. Deutscher, *The Prophet Armed*, London 1954, p 195.

40 Zinoviev, 앞의 책, pp 244~245.

41 M A Tsialovsky, editor, *Bolsheviki, Dokumenty po istorii bolshevizma 1903 po 1916 god bivshago moskovskago okhrannago otdeleniia*, Moscow 1918, pp 48ff. O H Gankin과 H H Fisher, *The Bolsheviks and the World War*, Stamford University Press 1940, p 106.

42 Lenin, *Works*, Vol. 20, p 475~476.

43 Krupskaya, 앞의 책, p 209.

44 같은 책, p 226.

45 Lenin, *Works*, Vol. 35, p 47.

46 *Works*, Vol. 43, p 335.

47 *Works*, Vol. 35, p 79.

48 A footnote in Volume 16 of Lenin's *Sochineniia*, 3th edition, p 696. Trotsky, *Stalin*, p 148에서 재인용.

49 Lenin, *Works*, Vol. 43, p 356.

50 같은 책, pp 385~387.

51 Trotsky, *Stalin*, p 144.

52 Lenin, *Works*, Vol. 35, pp 101~102.

53 *Works*, Vol. 19, pp 425~426을 보시오.

54 Trotsky, *Stalin*, p 160.

18장 떠오르는 혁명 물결

1   P I Lyashchenko, *History of the National Economy of Russia*, New York 1949, p 688.

2 Lenin, *Works*, Vol. 15, pp 214~215.

3 같은 책, pp 215~216.

4 *Works,* Vol. 17, p 467.

5 *Works,* Vol. 18, p 105.

6 T Dan, in Martow, *Geschichte der russischen Sozialdemokratie*, pp 268~269.

7 Lenin, *Works*, Vol. 18, pp 471~472.

8 *Works,* Vol. 15, pp 352~353.

9 같은 책, pp 298~299.

10 *Works,* Vol. 16, pp 111~112.

11 *Works,* Vol. 15, p 294.

12 *Works,* Vol. 16, p 32.

13 *Works,* Vol. 36, p 384.

14 A Badaev, *The Bolsheviks in the Tsarist Duma*, London 1933, p 179.

15 Lenin, *Works*, Vol. 20, pp 541~542.

16 *Works,* Vol. 19, p 462.

17 Badaev, 앞의 책, pp 21~22.

18 같은 책, pp 53~56.

19 같은 책, pp 135~136.

20 같은 책, p 86.

21 같은 쪽.

22 S P Turin, *From Peter the Great to Lenin*, London 1935, p 53.

23 V Grinevich, *Professionalnoe dvizhenie rabochikh v Rossii*, St Petersburg 1908, p 285.

24 같은 쪽.

25 S M Schwarz, *Labor in the Soviet Union*, New York 1952, p 338.

26 Lenin, *Works*, Vol. 20, p 387.

27 M Korfut, 'The 1912 Insurance Act', *Krasnaia letopis*, No.1(25) 1928, p 139.

28 같은 책, p 163.

29 S Miligan, 'The Petrograd Bolsheviks and Social Insurance. 1914~1917', *Soviet Studies*, January 1969.

30 Lenin, *Works*, Vol. 17, p 476.

31 같은 책, p 478.

32 같은 책, pp 478~479.

33 *Works,* Vol. 20, p 234.

34 *Voprosy strakhovaniia*, 26 October 1913. Milligan, 앞의 책.

35 같은 책, 20 March 1913. 같은 책.

36 같은 책, 31 May 1916. Lenin, *Works*, Vol. 22, p 184.

37 같은 책, 31 August 1915. Milligan, 앞의 책.

38 같은 책, 16 February 1916. 같은 책.

39 같은 쪽.

40 M G Fleer, *Peterburgskii komitet bolshevikov v gody voiny* 1914~1917, Leningrad 1927, p 69.

41 Lenin, *Works*, Vol. 8, p 426.

19장 〈프라우다〉

1 이것과 관련한 흥미로운 기사로는 W Bassow, 'The Pre-revolutionary Pravda and Tsarist Censorship', *The American Slavic and East European Review*, February 1954를 보시오.

2 같은 쪽.

3 레닌. *Works*, Vol. 36, p 283.

4 같은 책, p 212.

5 *Works*, Vol. 20, p 328.

6 *Works*, Vol. 18, p 300.

7 *Works*, Vol. 19, p 324.

8 *Works*, Vol. 18, pp 543~544.

9 같은 책. pp 586~587.

10 *Works*, Vol. 29, pp 166~167.

11 *Works*, Vol. 5, pp 311~312.

12 *Pravda*, Vienna, No.1. Deutscher, *The Prophet Armed*, 앞의 책. p 193.

13 같은 책. pp 193~194.

14 Lenin, *Works*, Vol. 8, pp 454~455.

15 *Proletarskaia revoliutsiia*, No.2(14) 1923, p 45.

16 같은 책, p 455.

17 Lenin, *Works*, Vol. 35, p 132.

18 *Works*, Vol. 10, pp 45~47.

19 *Works*, Vol. 11, p 262.

20 *Works*, Vol. 18, p 188.

21 같은 책. p 201.

22 *Works*, Vol. 20, p 363.

23 같은 책. p 320.

24 같은 책. p 369.

25 같은 책. p 370.

20장 볼셰비키당이 대중 정당이 되다

1 Lane, 앞의 책, p 72.

2 *Tretii sezd RSDRP*, 앞의 책, p 547.

3 *Iskra* No. 97, April 1905. Lane, 앞의 책, p 74.

4   레닌 *Works,* Vol. 12, p 400.

5   Pokrovsky, *Brief History of Russia,* 앞의 책, p 155.

6   *Vtoroi sezd RSDRP* 앞의 책, pp 514~685.

7   Lenin, *Works*, Vol. 11, pp 264~265.

8   M Liadov, 'The London Congress of the RSDLP in Figures', *Itogi Londonskogo sezda*, St Petersburg 1907, p 84.

9   Lenin, *Works*, Vol. 20, p 329.

10   *Works,* Vol. 18, p 274.

11   *Works,* Vol. 35, p 93.

12   *Works,* Vol. 43, p 368.

13   Badaev, 앞의 책, p 110.

14   S V Malyshev in *Molodaia gvardiia*, Nos. 2~3, 1925, pp 138~139.

15   Lenin, *Works*, Vol. 20, pp 471~472.

16   같은 책, p 465.

17   같은 책, p 356.

18   O Piatnitsky, *Iskrovski period v Moskve*, Moscow-Leningrad 1928, p 60.

19   N Angarsky, editor, *Doklady sotsial-demokraticheskikh komitetov vtoromu sezdu RSDRP* Moscow-Leningrad 1930, p 616.

20   Lenin, *Works*, Vol. 15, pp 289~290.

21   Longley, 앞의 책.

22   *Istoriia KPSS*, Moscow 1966, Vol. 2 p 338.

23   같은 책, pp 384~385.

24   *Proletarskaia revoliutsiia*, No. 2(14) 1923, p 452.

25   *Istoricheskii arkhiv*, No. 1, 1957, pp 26~27.

26   A Kiselev, 'In July 1914', *Proletarskaia, revoliutsiia*, No. 7(30) 1924.

27   Lane, 앞의 책, p 12.

28   Lenin, *Works*, Vol. 12, p 20.

29   같은 책, p 400.

30   *Works,* Vol. 16, p 399.

31   *Works,* Vol. 20, p 553.

32   *Works,* Vol. 19, p 406.

33   같은 책, p 444.

34   *Works,* Vol. 20, P 279.

35   같은 책, p 363.

36   Trotsky, *Stalin,* 앞의 책, pp 162~163에서 재인용.

37   L Harrison, 'The problem of Social Stability in Urban Russia, 1905~1917', *Slavic Review*, December 1964에서 재인용.

38   Lenin, *Works*, Vol. 20, pp 364~365.

39   같은 책, p 366.

40 *Partiia bolshevikov v gody novogo revoliutsionnogo podema 1910~1914 gg.,* Moscow 1959, pp 284~287.

41 같은 책, p 291.

42 Badaev, 앞의 책, p 109.

43 R H. McNeal, *Bride of the Revolution,* London 1973, p 145.

44 Trotsky, *History of the Russian Revolution,* 앞의 책, p 445.

45 V V Anikeev, in *Voprosy Istorii KPSS,* Nos. 2와 3, 1958.

46 Badaev, 앞의 책, p 153.

47 같은 책, pp 176~177.

찾아보기